Dr. med. Roy Martina

Emotionale Balance

Von Schwerarbeit zu Mühelosigkeit:
Der Weg zu innerem Frieden und Heilung

KOHA-Verlag

*Meinen beiden Söhnen Joey und Sunray gewidmet,
meinen spirituellen Führern und Begleitern.*

ANMERKUNG:

Das vorliegende Buch ist das Ergebnis jahrelanger Untersuchungen und Erforschung der menschlichen Seele. Es bietet eine Menge Hilfsmittel, die Ihr Leben bereichern und alte Wunden heilen. Sehen Sie es als Leitfaden auf Ihrem ureigenen Weg zu innerem Frieden.

Lesen Sie es mehr als einmal – es steckt viel mehr darin als Sie beim ersten Lesen erfassen werden. Beginnen Sie dann, die Emotionale Heilformel und andere Übungen zur Herstellung des emotionalen Gleichgewichts aktiv umzusetzen. Erzählen Sie anderen davon und unterstützen Sie sich gegenseitig – ursprünglich und letztendlich sind wir alle EINS. Leben Sie jeden Tag so, als ob er Ihr letzter sei, ohne Bedauern.

Gehen Sie es auf Ihre eigene Weise an, denn nur so funktioniert es!

Lesen Sie das Buch immer wieder.

Ich hoffe, irgendwo in diesem Raum-Zeit-Ereignis werden wir uns begegnen, um uns von unseren vielen Heilungsgeschichten zu berichten und noch viel mehr voneinander zu lernen.

Ich wünsche Ihnen eine herrliche Reise (die ja in Wirklichkeit gar keine Reise ist).

Barbados, 27. November 1998

INHALT

Einführung: Die drei Bewusstseinsebenen ... 7

Teil I: Emotionen sind Energie in Bewegung ... 25

Kapitel 1:	Unaufgelöste Emotionen: Freie radikale Energie	25
Kapitel 2:	Reaktionstrigger als Spiegel unserer Innenwelt	39
Kapitel 3:	Selbstablehnung: Innere Turbulenzen	51
Kapitel 4:	Karma und Emotionen: zwei Seiten ein und derselben Medaille	66
Kapitel 5:	Emotionale Heilungsblockaden	84
Kapitel 6:	Chakren: Tore zum Bewusstsein	105
Kapitel 7:	Das Zellgedächtnis: Unbegrenzte Gigabytes an karmischen Informationen	161

Teil II: Wege zur Emotionalen Balance ... 184

Kapitel 8:	Die vierzehn Tore zur Emotionalen Balance	188
Kapitel 9:	Emotionale Fehlschaltungen	210
Kapitel 10:	Die letzte Hürde auf dem Weg zur Freiheit: Verzeihen	246
Kapitel 11:	Gewahrsein ist ein Pradox	270
Kapitel 12:	www.God.com	296
Kapitel 13:	Lassen wir die Heilung beginnen	314
Kapitel 14:	Der Weg zu innerem Frieden	336
Kapitel 15:	Synchronoetik: Wie wir unsere Zukunft anziehen	352

Anhang ... 364

Literaturempfehlungen ... 365

Einführung: Die drei Bewusstseinsebenen

Eines haben wir alle gemeinsam: Wir wollen glücklich sein. Glück kann bedeuten, ein Dach über dem Kopf zu haben, etwas zu essen zu haben, gesunde Kinder, eine glückliche Liebesbeziehung etc. Einige Menschen streben eine höhere Form des Glücks an, »Seligkeit« genannt. Im Wörterbuch wird Seligkeit als ein Zustand vollkommenen Glücks definiert. Man kann sogar glück-selig sein. Das Wort »Glückseligkeit« soll hier für den Zustand gebraucht werden, in dem wir grundlos glücklich sind. Das ist der höchste Ausdruck des Glücks und des Selbst.
Aber warum sollten wir glücklich sein, wenn wir gar keinen Grund dazu haben?
Nun, wie wäre es damit, einfach glücklich darüber zu sein, wer wir sind? Die meisten würden hier einwenden: »Warum sollte ich glücklich darüber sein, wer ich bin?« Sie bringen Glück damit in Verbindung, erfolgreich zu sein, viel Geld zu haben, gut auszusehen etc. Um den Zustand der Glückseligkeit zu erreichen und aufrecht zu erhalten, müssen wir drei Ebenen von Glück unterscheiden:

Ebene eins: Ein auf Konkurrenzdenken basierendes Glück

Das begegnet uns beim Sport, in der Geschäftswelt, bei Kriegen, Spielen, Wetten, im Studium und vielem mehr. Wir sind glücklich, wenn wir gewinnen und andere übertreffen. Als Unternehmer sind wir über die Maßen glücklich, wenn Konkurrenten auf der Strecke bleiben oder als Studenten sind wir glücklich, wenn wir besser abschneiden als unsere Studienkollegen.
Diese Form von Glück ist immer flüchtiger Natur. Früher oder später kann es sich gegen uns wenden. Einige Menschen verharren auf diesem Niveau und können sehr unglücklich und destruktiv werden, wenn sie anderen gegenüber als Verlierer dastehen. Sie sehen das als tragisches Versagen. Die erzielten Erfolge sind immer kurzlebig, da meist schon die nächste Schlacht darauf wartet, geschlagen zu werden. Das ist also die niedrigste Form von Glück.

Die folgende alte Geschichte aus Indien illustriert diese Form des Glücks:
> In alter Zeit waren einmal in einer kleinen Stadt zwei Kaufleute, die unmittelbar nebeneinander an einer belebten Straße sehr ähnliche Läden unterhielten. Sie wetteiferten verbissen um Kunden,

und ihr einziges Glück bestand darin, dem anderen einen Kunden stehlen zu können oder mehr Gewinn zu machen als ihr Nachbar. Die beiden lebten förmlich nur dafür, den anderen als Verlierer zu erleben.
Eines Tages schickte Gott einen Engel zu einem der beiden. Der Engel sagte: »Du kannst haben, was du willst, jeder Wunsch von dir soll erfüllt werden, doch unter einer Bedingung.« Der Kaufmann frohlockte vor Glück, weil der Engel zu ihm gekommen war und nicht zu seinem Konkurrenten. »Und die wäre?«, fragte er eifrig. »Nun, was du auch bekommst, dein Konkurrent wird davon doppelt so viel erhalten.«
Der Kaufmann blickte ihn bestürzt an. Was um alles in der Welt sollte er tun? Er grübelte ein paar Minuten, und schließlich sagte er: »Ich weiß, was ich will: Lass mich auf einer Seite erblinden!«
Genau das ist typisch für diese Bewusstseinsebene. Ähnliches erleben wir etwa auch bei Gerichtsverfahren: Menschen, die vollkommen verbittert reagieren, weil sie das Gefühl haben, jemand, der ihnen Unrecht zugefügt hat, würde nicht ausreichend bestraft, oder weil dieser sogar frei gesprochen wird. Säuernis und Bitterkeit können ihnen von da an das gesamte Leben vermiesen.

Ebene zwei: Bedingungsabhängiges Glück

Diese Art von Glück begegnet uns noch häufiger. Wir sind sehr glücklich, wenn wir jung, stark, gutaussehend, energiegeladen sind. Wir entwickeln Depressionen, wenn die ersten Anzeichen des Alterns einsetzen. Wir sind überglücklich, wenn unser Kind zur Welt kommt, und sind unglücklich, wenn es sich zu einem hyperaktiven, kaum zu bändigenden Balg entwickelt oder wenn es in die Pubertät kommt und gegen uns rebelliert. Wir sind glücklich über das Zusammensein mit unseren Freundinnen und Freunden, solange sie nett zu uns sind, aber nur allzu oft kippen Freundschaften um, wenn man uns etwas sagt, was wir nicht gerne hören oder wenn wir mitbekommen, dass unsere Vertrauten etwas Unangenehmes über uns ausgeplaudert haben. Wenn wir uns verlieben, ist alles traumhaft, und ein paar Jahre später sind wir dann schon weniger überschwänglich und neigen eher dazu, am anderen herumzukritteln.
Ein Glück, das an bestimmte Bedingungen geknüpft ist, kann nie von Dauer sein. Früher oder später stellen wir fest, dass etwas doch nicht

so ist, wie wir es uns vorgestellt haben, und dann sind wir plötzlich gar nicht mehr glücklich über das, was wir haben.

Generell kann man sagen, dass Liebe am häufigsten deshalb umschlägt, weil die eine Person sich mit dem Geben leicht tut, und die andere in der Beziehung immer nur nimmt, ohne etwas zurückzugeben. Doch wenn das Geben kein bedingungsloses Geben ist, basiert es nicht auf Liebe und einem Annehmen des Gegenübers. Wenn Sie bewusst etwas geben, weil Sie dafür wiederum etwas haben möchten, ist das in Ordnung. Nur müssen Sie diesen Deal dann unmissverständlich deutlich machen und auf Ihren Bedingungen beharren! Entweder Sie geben von Herzen, oder sie bringen sehr klar zum Ausdruck, was Sie mit dem Geben beabsichtigen, damit Ihr Gegenüber versteht, wo Sie dabei stehen.

Ebene drei: Bedingungsloses Glück – Seligkeit

In diesem Zustand brauchen wir keinen Impuls oder Reiz von außen, um Glück und inneren Frieden zu verspüren. Wir haben uns mit der Tatsache arrangiert, dass wir fehlbare menschliche Wesen sind; wir akzeptieren und begrüßen Veränderungen, Leiden und Tod. Wir können mit Unangenehmem wie auch mit Angenehmem gleichermaßen leben und kleben nicht am Ausgang von etwas, sondern haben unsere Freude daran, das Leben in all seiner Fülle auszukosten. Wir sind dankbar für all die Segnungen und Erfahrungen, die uns auf unserem Weg zuteil werden und haben Frieden mit uns selbst und anderen geschlossen. Wir lösen uns von dem Bedürfnis, andere zu be- oder verurteilen beziehungsweise im Recht zu sein, und wir können leicht verzeihen. Wir verstehen auch, dass wir eins mit dem Universum sind. Wir sind eins mit allem, was ist, eins mit unserem Schöpfer, eins mit unserem gesamten Sein. Wir sind die meiste Zeit über in diesem Raum, in dem es keinerlei Turbulenzen gibt und den ich den Stillpunkt nenne. Dort spüren wir, wer wir sind: Es ist dieser Moment in Zeit und Raum, in dem es keine Zeit gibt, kein innerliches Getöse, keine Ablenkungen, und in dem wir eins sind mit dem Jetzt, das zeitlos ist. Es ist der Moment vollkommenen inneren Friedens, der Moment der Harmonie und eines Erlebens der Verbundenheit und Unendlichkeit. Es ist der Augenblick, in dem wir in jeder Zelle unseres Körpers erkennen, dass wir unserer Essenz nach vollkommen sind, und dass unser alleiniger Daseinszweck darin besteht, zu diesem Ort hinzufinden, der frei von innerem Lärm und Disharmonie ist. Dadurch, dass wir mit diesem Ort in unserem Herzen in Verbindung kommen, geht auch anderen Wesen ein Licht auf, und sie beginnen danach zu streben, das Bestmögliche zu erlangen. Diese innere Verbindung wird unser Umfeld erhellen und eine Kettenreaktion auslösen, die viele weitere beeinflussen und ihnen helfen wird, frei von ihren eigenen Disharmonien oder Turbulenzen zu werden. Seligkeit ist die Stille einer Vollkommenheit, die das gesamte Spektrum dessen umfasst, was es gibt – wie das Sonnenlicht alle Farben enthält. Sie gleicht der Erkenntnis, dass wir dort, wo kein Licht ist, unsere selbst auferlegten Grenzen antreffen, die in Wirklichkeit nur deshalb existieren, weil wir diese Bereiche nicht mit unserem Licht erhellt haben. Wenn wir im Zustand der Seligkeit sind, gibt es nichts, was uns einschränkt. Sobald wir an unsere Grenzen stoßen oder in inneren Aufruhr geraten, sind wir aus der Seligkeit herausgeraten, wir haben uns vom Stillpunkt entfernt.

In diesem Buch geht es darum, Ihnen zu helfen, Ihren »Stillpunkt« zu finden. Von der Essenz her bedeutet das, mit Gott in Verbindung zu kommen. Meine Definition von »Gott« wird wohl automatisch durch mein eigenes begrenztes Denken eingeschränkt sein. Um die Definition also so grenzenlos und uneingeschränkt sein zu lassen wie möglich, muss Gott bedeuten: »Alles, was es gibt, was es je gab und was je sein wird.« Oder Gott ist »Das, was ist, was war und was je sein wird«. Genau das vergessen und vernachlässigen wir ständig, indem wir uns aus der Einheit lösen, und indem wir uns energetisch von allem anderen und von der Quelle allen Seins isolieren. Isolation ist immer selbst auferlegt. Wir bewirken sie selbst und werden dann richtig gut darin, zu glauben, die anderen, bestimmte Umstände, die Natur oder höhere Gewalt hätten sie uns aufgezwungen.
Der Hauptgrund, warum wir vergessen, wer wir in Wirklichkeit sind, hängt mit unserer starken Ausrichtung auf unsere fünf Sinne zusammen, die naturgemäß sehr eingeschränkt sind. (Hierauf gehen wir später noch genauer ein.) Unser ganzer Fokus ruht darauf, wie wir die Materie wahrnehmen – was lediglich eine vom kollektiven Bewusstsein geschaffene Illusion ist – und schon tappen wir in die Falle: Wir glauben, was wir sehen. Unsere Wirklichkeit ist eine Projektion, die unsere eingeschränkten Sinne auf unsere innere Leinwand werfen. Es ist die äußerste Begrenzung der wahren Gestalt. Da wir in einer Welt aufwach-

sen, in der den Menschen nicht klar ist, wer sie wirklich sind, beginnen auch wir zu glauben, Begrenztheit, Schmerz, Krankheit und Leid seien auf unserem Lebensweg ganz normal. Die wenigsten Menschen haben ein waches Gespür für ihr eigentliches Potenzial, und so erzeugen sie in ihrem Leben immer wieder Muster, die zeigen, dass sie nur von ihren fünf elementaren Sinnen Gebrauch machen. Zudem wird der Bestand an Wissen von jeder Generation an die nächste weitergegeben, und das wird zur größten Einschränkung. Um die Weisheit zu erlangen, die wir brauchen, um bedingungsloses Glück zu finden, müssen wir uns von vielen einengenden Glaubenssätzen frei machen, die Bildungseinrichtungen und Autoritäten uns eingetrichtert haben. Nur dann können wir die von uns projizierte Wirklichkeit umgehen und bekommen eine Ahnung von dem, was in Wirklichkeit ist.

Es gibt in der vedischen (altindischen) Literatur eine wunderschöne Erzählung, die verdeutlicht, wer wir in Wirklichkeit sind und warum wir Swarupa (unser ursprüngliches volles Potenzial) vergessen haben: Tief in einem Urwald Indiens gebar eine Löwin ihr Junges. Unglücklicherweise starb die Löwenmutter, als das Junge erst wenige Wochen alt war. Nachdem das Kleine vergeblich versucht hatte, seine Mutter zum Aufstehen zu bewegen, verließ es sie und begab sich auf der Suche nach Fressbarem in den Dschungel. Bald hatte es sich bei seinem Streifzug hoffnungslos verirrt. Ein glückliches Schicksal wollte es, dass der kleine Löwe auf ein Mutterschaf stieß, das seine Lämmer säugte. Die Schafe nahmen den Kleinen in ihre Mitte auf, und so wuchs er unter ihnen heran. Natürlich war er felsenfest überzeugt, auch selbst ein Schaf zu sein – er kannte einfach nichts anderes. Mitunter allerdings dachte er bei sich, was für ein merkwürdiges Schaf er doch war, da ihm das Blöken so viel schwerer fiel als den anderen. Mit dem Gras hatte er Verdauungsprobleme, aber wenn man einmal von der inneren Stimme absah, die immer lauter wurde und ihm sagte, dass er anders sei als die anderen, wusste er es eben nicht besser. Die innere Stimme war eine Sache, seine äußere Wirklichkeit eine andere, und so nahm er hin, dass er wohl so sei wie die anderen Schafe.
Eines Tages, als die Schafe gerade wieder einmal ihrer normalen Beschäftigung nachgingen, nämlich zu grasen, kam mit lautem Gebrüll ein mächtiger Löwe herbeigerannt und setzte den Schafen

nach. Die Herde geriet in helle Panik und stob blökend davon, und mit ihr der kleine Löwe.

Als der große Löwe sah, dass da inmitten der Schafe ein Löwenjunges war, das Angst vor ihm hatte und blökte wie ein Schaf, blieb er vor Staunen wie angewurzelt stehen. Er packte den kleinen Löwen im Nacken und trug ihn in den Dschungel.

Der Löwe erklärte dem verängstigten Löwenjungen, dass er nicht vorhabe, es zu fressen, denn schließlich sei es ja der Sohn eines Löwen – seines Zeichens König des Dschungels. Aber für einen Löwen sei es schlichtweg nicht standesgemäß, sich in der Gesellschaft von Schafen aufzuhalten, und schon gar nicht, wie sie zu blöken und zu grasen. Der kleine Löwe verstand vor lauter Aufregung gar nicht, was der alte Löwe ihm sagte und bat immer wieder flehentlich, er solle ihn nicht auffressen. Da wusste der Löwe, dass das Löwenjunge sich gar nicht darüber im Klaren war, wer es in Wirklichkeit war – was seine wahre Natur war. Also nahm er den Kleinen mit zu einem nahegelegenen Fluss und wies ihn an, sein eigenes Spiegelbild auf dem Wasser zu betrachten. Und da endlich begriff der kleine Löwe, dass der große Löwe Recht hatte. Von dem Moment an schritt er hoch erhobenen Hauptes mit der Grazie eines Löwen umher und nicht wie zuvor mit gesenktem Kopf wie ein Schaf. Er hörte auf zu blöken und ließ wie die anderen Löwen laut sein Gebrüll ertönen.

Diese alte Geschichte erzählt man sich schon seit tausenden von Jahren, und sie ist heute aktueller als je zuvor. Die meisten von uns sind nämlich ganz genauso wie das Löwenjunge und haben ihre wahre Natur vergessen. Wir sind von anderen Menschen umgeben, die wie Schafe sind und ohne Selbstachtung und hohe Meinung von sich selbst durch das Leben gehen. Um kleiner materieller Vorteile willen verkaufen wir unsere Würde, fühlen uns unerfüllt und suchen Vergessen in Alkohol, Zigaretten, Süssigkeiten oder Drogen. Viele Menschen sind unablässig schlecht gelaunt. Das kleinste Problem bringt sie dazu, mürrisch zu werden, sich mit anderen zu streiten oder in Stress zu geraten.

Die Erzählung ruft uns den göttlichen Funken in Erinnerung, den wir alle in uns tragen, mitunter auch »höheres Selbst« genannt. Alle großen Lehrer des Westens, wie Deepak Chopra, Wayne Dyer, Louise Hay, sagen das, was die Weisen uns bereits seit Äonen sagen: Dass wir uns von unserer angeblichen Schwäche verabschieden und erkennen sollten, dass wir göttlich sind. Akzeptieren wir erst einmal unbeirrt unsere Göttlichkeit und handeln danach, so werden wir Herr über unser eigenes Schicksal. Wir führen ein Leben, das von Selbstachtung geprägt ist und stellen uns kühn den Herausforderungen, die uns auf unserem Weg begegnen. Wir behandeln dann auch alle anderen als gleichermaßen göttlich, selbst wenn diesen ihre eigene Göttlichkeit nicht bewusst ist.

Nur dann können wir Menschen ungeachtet ihrer ethnischen Herkunft, ihres Geschlechtes, ihres Alters, ihrer Religionszugehörigkeit, ihres Glaubens, ihrer Bildung, ihrer Nationalität, ihres sozialen oder finanziellen Status lieben, achten und annehmen. Wir überwinden mühelos Ärger, Hass, Eifersucht, Habgier, nachtragende Gedanken und spüren den freudigen Überschwang, den Liebe, Einfühlungsvermögen, Opferbringen und Verzicht auf jede Abwehr mit sich bringen.

Genau darauf wollen wir in diesem Buch hinaus: Wir trainieren und disziplinieren gekonnt und mit Wohlwollen unseren Verstand; Schritt für Schritt. Der beschriebene Ansatz ist sehr subtil und stützt sich auf mehr als zwanzig Jahre klinischer Praxis und Beobachtung. Die meisten von uns haben keine Kontrolle über ihren Verstand. Die Folge: Wir werden seine Sklaven, statt sein Herr. Wenn wir begreifen, wie der Verstand funktioniert und ihn angemessen schulen, wird er vieles können, was normalerweise für uns unerreichbar wäre.

Die Frage, die mir am häufigsten gestellt wird, lautet: »Wie kommt es, dass wir zum Sklaven unseres eigenen Verstandes werden?«

Die Antwort wird nach der Lektüre dieses Buches deutlich werden, aber ich würde gerne schon einmal kurz vorgreifen, um einige der grundlegenden Prinzipien darzulegen.

Um überleben zu können, kommen wir mit bestimmten grundlegenden Überlebensprogrammen auf die Welt. Sie ähneln Computerprogrammen. Als Baby hatten wir ein leichtes Leben: Essen, Schlafen, Ausscheiden und Wachsen. Das ist ein sehr materialistischer Seinszustand. Um unsere Ziele erreichen zu können, müssen wir liebenswert sein, aus diesem Grund ist es sozusagen in Babys eingebaut, niedlich und zum Knuddeln zu sein. Selbst die Laute, die wir von uns geben, sind so programmiert, dass uns alle Aufmerksamkeit sicher ist und wir gegebenenfalls Panik hervorrufen können. Man kann nicht sagen, dass sich all das bewusst abspielt. Es gehört vielmehr mit zu einer unterbewussten Programmierung, die wir alle brauchen, um die frühen Jahre unseres Lebens durchzustehen. Mit zunehmendem Alter sollten wir durch entsprechende Übung lernen, dieses Basis-Überlebensprogramm hinter uns zu lassen und durch anderes zu ersetzen. Die Eltern können uns Zärtlichkeit und Liebe zeigen, selbst wenn wir keinen Hunger haben, und unsere elementaren Bedürfnisse durch qualitativ wertvolle Zeit, die wir miteinander verbringen, durch Respekt, Bewunderung, Vertrauen, Bestätigung, Verständnis, Akzeptanz, Trost, Ermutigung, Fürsorge, Zustimmung etc. erfüllen, ohne dass wir irgendetwas dafür aufgeben müssen – einfach nur für das, was wir sind. Geschieht das nicht, entwickeln wir ein Verlangen nach der Erfüllung dieser Bedürfnisse, die nicht in ausreichendem Maße erfolgt ist. Wir werden so lange versuchen, diese ausgeprägten unterbewussten Wünsche erfüllt zu bekommen, bis anderes an ihre Stelle tritt. Das größte Problem ist, dass wir ausgerechnet darauf programmiert sind, uns Menschen zu suchen, die uns im Allgemeinen nicht geben werden, was wir wollen und brauchen. Von daher wächst in uns die Verzweiflung. Wir werden entweder zunehmend depressiv und klammern uns an andere, oder es schlägt in das Gegenteil um, und wir werden verbittert, aggressiv oder negativ. Wir neigen dazu, entweder uns oder der Welt die Schuld daran zu geben, dass wir nicht bekommen, was wir brauchen.

Soweit in Kurzfassung der Weg, der uns dazu führt, uns in elementaren Überlebensprogrammen zu verheddern und unbemerkt die Zügel aus der Hand zu geben, so dass wir uns von diesen Bedürfnissen gängeln lassen. Die einzig wirkungsvolle Kontrolle liegt darin, die Kontrolle aufzugeben! Das aber verstößt gegen unsere grundlegenden Überlebensinstinkte.

Dieses Buch will bewusst machen, wie das oben Beschriebene funktioniert, damit Sie diese unterbewussten Programme hinter sich lassen können. Im Grunde kann man sagen, dass wir erst dann anderen dienen können, wenn wir die Beschäftigung mit dem eigenen Überleben hinter uns gelassen haben. Das so genannte Ego, das die Folge all dieser unterbewusst laufenden Programme darstellt, ist ein zweischneidiges Schwert. Man kann es entweder dazu einsetzen, sich durch die Fata Morgana einer Führungsrolle über andere zu erheben (was das eigene Denken angeht), oder man nutzt es dazu, anderen zu dienen und lässt durch Selbstzurückhaltung Altruismus und Liebe manifest werden, was das natürliche Resultat bewussten menschlichen Wachstums darstellt.

Wollen wir die drei grundlegenden Bewusstseinsebenen besser verstehen (sie lassen sich noch weiter unterteilen), müssen wir uns darüber im Klaren sein, dass es in der Natur ein Phänomen gibt, bei dem sich eine dynamische Harmonie findet, und das ist in fast allen Fällen die Synthese zweier gegensätzlicher Kräfte. Der Mensch ist das einzige Wesen, das mit der Fähigkeit ausgestattet ist, Dinge zu beobachten, vernunftmäßige Überlegungen anzustellen und Schlüsse aus Beobachtungen zu ziehen.

Das befähigt uns dazu, die Kräfte der Natur zu überwinden. Eine urmenschliche Eigenschaft ist das Wachstum – über die Wirklichkeit der Materie, so wie wir sie wahrnehmen, hinauszugehen, um zur höchsten Form des Bewusstseins zu gelangen, der Antimaterie. Befassen wir uns noch einmal mit den drei Ebenen des Bewusstseins.

Ebene eins: Materie
Ebene zwei: Energie
Ebene drei: Antimaterie

Was wir nun verstehen können ist, dass es für alles, was in der Materie entsteht, zunächst einmal einen konzeptionellen Entwurf, eine Blaupause, in der Antimaterie geben muss. Diese Blaupause gilt es dann zu energetisieren, und dann zu materialisieren: Es entsteht eine Form, eine Gestalt. In der Materie bewegen sich Informationen langsamer fort als das Licht. In energetischer Form können Informationen sich so schnell bewegen wie das Licht. In der Antimaterie wandern Informationen ohne jede zeitliche Verzögerung weiter, es tritt weder ein Energieverlust noch ein Widerstand auf. Hier ist die sofortige Manifestation angesiedelt.

Übertragen wir diese Vorstellung einmal auf ganz Naheliegendes. Betrachten wir, wie wir in unserem Leben unsere Ziele, Träume und Wünsche entstehen lassen.

Die drei Ebenen der Manifestation
Ebene eins: Harte Arbeit. Kostet viel Energie; oft stoßen wir auf Widerstände und werden durch die Zahl der Stunden, die ein Tag hat, eingeschränkt. Wenn wir sehr intensiv »dranbleiben«, haben wir größeren Erfolg. Auf dieser Ebene arbeiten die meisten Gurus des Motivations-

trainings, die bekanntesten unter ihnen Anthony Robbins, Les Brown, Zig Ziglar etc.

Motivationsseminare bewirken einen Energieschub und wecken das Verlangen nach etwas, und die Teilnehmerinnen und Teilnehmer müssen die Botschaft immer wieder von Neuem hören, um ihre Motivation zu stützen und den Energiepegel weiter aufrecht zu erhalten. Positives Denken wird dabei ebenfalls stark angeregt, was zu einer Unterdrückung von Emotionen führen kann (mehr dazu später).

Schlüsselbegriffe: Intensität, auf Konkurrenzdenken basierendes Glück, bewusster Fokus, zielorientiert (Ergebnis/Resultate).

Wer sich auf dieser Ebene befindet und Erfolg haben will, für den bedeutet dies harte und sehr intensive Arbeit. Sie sind zwar vielleicht sehr erfolgreich, doch oft zu einem hohen Preis. Die meisten Menschen opfern Zeit, die sie sonst für ihre Familie hätten, und ihre körperliche Gesundheit, um ihre Ziele zu erreichen. Sie können zum Workaholic werden und machen ihr Glück von ihrer Leistung abhängig. Die meisten Menschen dieser Art gehören zum sogenannten Persönlichkeitstyp A und sind anfälliger für Herzerkrankungen, Allergien, Stress und Bluthochdruck. Materielle Manifestation ist hier das höchste Ziel.

Ebene zwei: Kluge Arbeit. Viele von uns kommen an diesen Punkt, nachdem sie lange Zeit hart gearbeitet haben und feststellen mussten, wie wenig diese Herangehensweise bringt. Dank der Weiterentwicklung auf dem Telekommunikationssektor arbeiten nun zunehmend mehr Menschen von zu Hause aus oder ziehen aufs Land. Das ist der Trend unserer Zeit.

Langsam gelangen wir zu der Einsicht, dass wir eine Menge Dinge nicht brauchen, wenn wir klug arbeiten. Wir beginnen auf unsere Gefühle zu hören und uns nach unserer Intuition zu richten. Wenn wir gut darin werden, Entscheidungen aus dem Bauch heraus zu treffen (Intuition), gelingt es uns, ein Leben voller Harmonie zu erschaffen.

Auf dieser Ebene sind wir eher geneigt, uns an Wegweiser wie Stephen Covey, Dennis Waitley, Joan Borysenko und Louise Hay zu halten. Hier haben wir es eher mit inspirierenden Seminaren zu tun, die uns dazu bringen, dass wir uns ansehen, wer wir sind und was uns antreibt. Wir gehen stärker dazu über, uns auf unseren Instinkt (die Intuition) zu verlassen und ersetzen positives Denken durch positives Fühlen.

Schlüsselbegriffe: Intuition, bedingungsabhängiges Glück, innere

Stimme, Unterbewusstsein, prozessorientiert, körpereigene Weisheit. Wenn Sie sich auf dieser Ebene befinden und erfolgreich sein wollen, wird das bedeuten, sich dabei von Ihren zentralen Werten leiten zu lassen. Die Familie und Lebensglück sind wichtiger als Ihre Karriere. Indem Sie Ihre Arbeit auf kluge Weise angehen und strategische Bündnisse eingehen, die für alle gewinnbringend sind, können Sie dennoch eine Zukunft für sich schaffen. Hier besteht oft die Neigung, sich mit weniger zu begnügen als nötig, und oft herrschen Verwirrung und Unstimmigkeiten im Hinblick auf Wohlstand und Erfolg. Werden Intuition und Gefühle unterdrückt, so neigen diese Menschen eher dazu, sich Störungen des Immunsystems, Krebs und chronische Müdigkeit zuzuziehen.

Inneres Gleichgewicht und Harmonie sind auf dieser Ebene absolut grundlegend.

Ebene drei: Keine Arbeit. Nun, das Schlagwort »keine Arbeit« ist hier etwas irreführend; besser ist es da schon, von »Mühelosigkeit« zu sprechen. Es ist der Weg des geringsten Widerstands. Arbeit kostet uns hier keine Energie, sondern sorgt für einen Energieschub. Auf dieser Ebene, der dritten, sind wir synchron mit dem Universum. Wir ziehen in unserem Leben zur rechten Zeit die rechten Menschen an und erschaffen Dinge ohne jede zeitliche Verzögerung. Andere betrachten so etwas als Zufall oder bloßes Glück. Unser Tun kostet uns keine Energie. Wir sind voll und ganz auf unser höheres Bewusstsein eingestimmt und fühlen uns geführt. Wir wissen, dass wir für alle Ereignisse in unserem Leben verantwortlich sind. Wir sind grundlos glücklich und fühlen uns eins mit dem Universum. Auf dieser Ebene finden sich Wegbereiter wie Deepak Chopra, Neale D. Walsh, Wayne Dyer und andere spirituelle Lehrer. Auf dieser Ebene erkennen wir, dass wir alle unbegrenzte Wesen sind und dass das Universum dazu da ist, uns zu unterstützen. Das ist die Ebene der höchsten Synchronizität, die Ebene des Sichhingebens und der Ergebung, auf der wir zulassen können, dass unsere Absichten vom Universum manifestiert werden.

Schlüsselbegriffe: Intention, bedingungsloses Glück (»Seligkeit«), höheres Bewusstsein, universelle Führung, Magie, auf Zwiesprache ausgerichtet sein, in der Gegenwart leben. Auf dieser Ebene geht es um nichts anderes als darum, zu dienen.

Wenn Sie sich auf dieser Ebene befinden, stellt sich der Erfolg ohne harte Anstrengung ein. Sie nehmen alle Signale wahr, die das Universum Ihnen sendet und halten unentwegt Zwiesprache mit Ihren Geistführern. Ihre oberste Priorität ist spirituelles Wachstum, und Sie lösen sich von allem, was Sie hiervon ablenkt. Beziehungen basieren auf spirituellen Werten, und nicht auf einer an bestimmte Bedingungen geknüpften Liebe. Sie werden ein Meister oder eine Meisterin der Synchronizität und manifestieren problemlos Fülle. Sie vertrauen vollkommen auf die Verbindung mit dem Universum. Das ist die Ebene der wahren Heilung und der Spontanremissionen. Die meisten von uns schaffen es nicht, sich ständig auf dieser Ebene zu halten, und wir pendeln immer zwischen ihr und der zweiten Ebene. Außerdem müssen Sie sich darüber im Klaren sein, dass es auf den verschiedenen Ebenen diverse Unterebenen gibt.

Es gibt viele Möglichkeiten, dieses Konzept zu betrachten, und in diesem Buch werden wir auf einige von ihnen eingehen. In was auch immer wir erfolgreich sein wollen – immer müssen wir diese drei Stadien durchlaufen:
1. Stadium: Harte Arbeit, um die Erinnerung im Nervensystem zu speichern: Wir gelangen von unterbewusst-inkompetent zu bewusst-kompetent.
2. Stadium: Wir beginnen, unsere Arbeit auf klügere Weise anzugehen; wir hören auf unsere natürlichen Rhythmen und unseren Körper. Wir bekommen zunehmend das, was wir wollen. Wir brauchen nicht mehr daran zu denken: unterbewusst-kompetent.
3. Stadium: Nun haben wir es so oft getan, dass es uns mühelos von der Hand geht; wir sind nun unterbewusst brillant darin. Das ist die Ebene der Meisterschaft.

Im Kern ist das also eine natürliche Entwicklung im Leben. Um in irgendetwas auf Ebene drei zu gelangen, braucht es eine einzige Zutat, ohne die es keinen Erfolg gäbe: Selbstdisziplin. Selbstdisziplin ist dann am wirkungsvollsten, wenn sie vom Herzen, und nicht vom Kopf kommt. Kinder lernen laufen und später rennen, weil sie es unbedingt wollen und nichts sie davon abhalten kann. Manche Menschen werden gut in dem, was sie tun, weil sie es leidenschaftlich gerne tun; Selbst-Disziplin vom Herzen her ist mühelos. Das ist es, was ich Ihnen weitergeben möchte. Es geht darum, Ihre Gefühle dazu einzusetzen, sich zu

Ebene drei hin zu entwickeln (Mühelosigkeit). Doch lassen Sie uns, bevor wir weitergehen, doch einmal eine Bestandsaufnahme machen, die uns zeigt, wo Sie jetzt gerade stehen. So haben wir den Überblick über die Bereiche, auf die es sich zu konzentrieren gilt.

Zunächst einmal möchte ich Ihnen empfehlen und Sie anregen, sich ein Tagebuch zuzulegen, und zwar am besten ein gebundenes. Dieses Tagebuch wird Ihnen auf Ihrer Reise Orientierung bieten. In ihm verzeichnen Sie Ihre Fortschritte. Nehmen Sie sich jeden Tag ein paar Minuten Zeit dafür, aufzuzeichnen, was gerade geschieht. Später werden wir definieren, was Turbulenzen sind und wie Sie lernen, keine Energien mehr auf die Erschaffung von und den Umgang mit Turbulenzen zu verschwenden.

Fragen Sie sich, nachdem Sie von den drei Ebenen der Manifestation gelesen haben (auch die drei Bewusstseinsebenen genannt):

- Auf welcher Ebene befinden Sie sich die meiste Zeit?
- Was bereitet Ihnen noch immer eine Menge Stress?
- Woran arbeiten Sie hart?
- Welche Menschen lösen bei Ihnen am meisten aus? Wie gehen Sie damit um?
- Wo setzen Sie sich am heftigsten ein?
- Was kostet Sie weniger Anstrengung?
- In welchen Bereichen Ihres Lebens haben Sie das Gefühl, Ihre Intuition zu nutzen?
- In welchen Bereichen nicht?
- Was geht Ihnen mühelos von der Hand und macht Ihnen Freude?
- Fühlen Sie sich oft mit dem Universum in Verbindung?
- Gefällt es Ihnen, anderen dienen zu können?
- Was schließen Sie aus all dem?

Gehen wir noch etwas ausführlicher auf die drei Bewusstseinsebenen ein.
In der chinesischen Medizin nennt man die beiden einander entgegengesetzten Pole in der Natur Yin und Yang. Yang ist die expandierende, aggressive, sozusagen männliche, nach Außen gerichtete Energie (zentrifugal). Yin ist die nach Innen gerichtete, weichere, sozusagen weibliche Energie (zentripetal). Bei der gesamten Philosophie von Yin

und Yang geht es um die beiden einander entgegen wirkenden Kräfte, die die Polarität der Energie, Chi genannt, verändern. Befinden sich die beiden im Gleichgewicht, so entsteht ein friedvoller, harmonischer Zustand, namens Tao oder Einheit (Tai-Chi). Tai-Chi ist eine kosmische Wissenschaft, deren Prinzipien mittlerweile von der Quantenphysik bewiesen wurden. Die Gesetze der Energie regieren unser Leben. Indem wir sie verstehen und mit ihnen arbeiten, erschaffen wir Harmonie und ein langes Leben.

Betrachten wir noch einmal die drei Ebenen:

Ebene eins	Ebene zwei	Ebene drei
Yang	Yin	Tao
bewusst	unterbewusst	höheres Bewusstsein
Vernunft	Gefühl	Wissen
Verstand	Intuition	Erkenntnis
schwer	klug	mühelos
Materie	Medium (Energie)	Entwurf (Antimaterie; Blaupause)
Intensität	Intuition	Intention
Gehirn (Denken)	Herz	universeller Geist in uns
Wissen	Überzeugungen	Weisheit
konkurrierendes Glück	bedingtes Glück	bedingungsloses Glück
Routine	gefühlsmäßiges Erleben	Zustand des Fließens
Fokus auf der Zukunft	Fokus auf Vergangenheit	Fokus auf dem Jetzt
Krankheitsbekämpfung	Heilung	Sein
wissenschaftlich	natürlich	magisch (spontan)
Zufall	Synchronizität	sofortiges Erschaffen

Das Folgende gibt Ihnen einen Überblick über die Kennzeichen der drei unterschiedlichen Zustände.
Wenn wir uns auf Ebene eins befinden, gilt: Dinge widerfahren uns, wir haben Glück oder Pech, es kommt zu Zufällen, die sich auf unser Leben auswirken.
Auf Ebene zwei wird zunehmend die Verbindung zwischen den einzelnen Ereignissen für uns sichtbar. Doch noch immer haben wir nicht die Zügel in der Hand; wir akzeptieren und befolgen die Ratschläge, die man uns gibt.
Auf Ebene drei erschaffen wir uns unsere eigene Wirklichkeit; wir

meistern das kosmische Spiel und sind in Synchronizität mit den Intentionen des Kosmos. Wir lassen das Ego los und ergeben uns der alles verbindenden universellen Macht.

Die Frage, die in meinen Seminaren am häufigsten gestellt wird, lautet: »Wie komme ich von Ebene eins auf Ebene drei?«

Der schnellste Weg zu Ebene drei führt über Ebene zwei. Das ist die Abkürzung – nicht durch harte Arbeit kommt man auf Ebene drei: Man gelangt auf Ebene zwei, indem man lernt, zu fühlen und seine inneren Eingebungen zu hören und auf dieses Gefühl zu vertrauen. Es werden unterwegs noch viele Straßensperren und Umleitungen auftauchen. Die Frage lautet: »Wer hat sie geschaffen?« Die Antwort hierauf heißt: »Sie selbst!« Um spirituell zu wachsen, müssen wir nämlich ein Grundprinzip akzeptieren: »Ich erschaffe mir meine eigene Wirklichkeit.«
Mit anderen Worten: Nichts passiert Ihnen einfach so; es gibt keine Zufälle im Leben; es gibt keine Bestrafungen, nur Ursache und Wirkung. Genau das bezeichnet man auch als »Karma«. Im nachfolgenden Kapitel werden wir hierauf noch intensiv eingehen und »Karma« vom Standpunkt der Quantenphysik betrachten. In dem Moment, in dem wir unsere Rolle als Erschaffer unseres eigenen Schicksals akzeptieren, erkennen wir auch, dass wir das erschaffen können, was wir wirklich wollen.
Das führt gleich zur nächsten Frage: »Was wollen wir wirklich?«

Wer sich auf Ebene eins befindet, will wirklich materielle Dinge. Unterbewusst suchen Sie auf dieser Ebene Sicherheit! Sie wollen so viel Materielles erschaffen wie nur irgend möglich.
Wenn Sie sich auf Ebene zwei befinden, ist das, was Sie wirklich wollen, sich immer gut zu fühlen, aber Sie wollen geliebt werden, beachtet, respektiert. Sie wollen, dass man Ihnen vertraut, Sie wollen bewundert werden und umsorgt. Nicht um Ihres Geldes willen, sondern als die Person, die Sie sind. Sie tun anderen Gutes, weil Sie auf diese Weise mehr von dem bekommen, was Sie wollen. Es gelingt Ihnen, die Aufmerksamkeit zu erhalten, die Sie wollen. Alles das gehört zu der auf Bedingungen basierenden Liebe. Sie wollen unterbewusst geliebt und nicht abgelehnt werden.

Auf Ebene drei ist das, was Sie wirklich wollen, ein Einswerden mit dem Universum; Sie dienen und ergeben sich der höchsten Quelle. Sie gewinnen Freude daraus, Sie selbst zu sein, Ängste loszulassen und Entscheidungen danach zu treffen, was für Ihr spirituelles Wachstum am Besten ist.
Sie suchen bewusste Zwiesprache.
In diesem Buch werden wir immer wieder auf das Konzept dieser drei Ebenen zurückkommen.
Betrachten wir uns nun, wie das in einer alltäglichen Situation funktioniert.
Vor kurzem war ich in China und besuchten dort das größte arzneimittelfreie Krankenhaus der Welt. Die einzige Therapie, die dort angewandt wird, ist eine Form von chinesischer Meditation in Bewegung, »Zhi-Neng Qi Gong« genannt. Es handelt sich um eine ganz einfache Abfolge von Bewegungen, die mit geschlossenen Augen ausgeführt werden, während man sich vorstellt, wie das Chi (die Energie) durch die eigenen Meridiane (Energiekanäle) fließt.
Alle fünfzig Tage treffen viertausend neue Patientinnen und Patienten mit allen erdenklichen chronischen Krankheiten ein: Krebs, Diabetes, Herzprobleme, Nierenerkrankungen etc. Die Heilungsquote liegt bei etwa fünfundneunzig Prozent, davon ist die Hälfte komplett geheilt, es sind keine messbaren Symptome zurückgeblieben, und die andere Hälfte zeigte enorme Verbesserungen. Bei ihnen waren alle Symptome und Krankheitszeichen fast komplett verschwundenen Worin also liegt das Geheimnis?
Beim Studium der Ergebnisse fand ich Folgendes heraus:
In der ersten Gruppe tritt etwas ein, das wir Spontanremission oder Sofortheilung nennen. Dies geschieht innerhalb von ein bis zwei Wochen. Bei einer kleinen Gruppe kommt es schon nach nur einer Sitzung zur Heilung. Selbst Tumore und Krebs verschwinden in dieser Gruppe rasant.
Gruppe zwei lässt sich mehr Zeit und braucht zur Heilung vier bis sieben Wochen. Ihren Mitgliedern geht es während der Wochen im Krankenhaus allmählich immer besser. Bei einigen zeigen sich zunächst keine Verbesserungen, und dann plötzlich legen sie einen Zahn zu, und es kommt zur Spontanremission. Es ist einfach nur so, als seien da erst einmal ein paar Blockaden aus dem Weg zu räumen.
Die dritte Gruppe kommt langsam voran und muss nach dem Kranken-

hausaufenthalt noch hart weiterarbeiten, um weitere Fortschritte zu machen.

Bemerkenswert war, dass die Art der Erkrankung keine sonderliche Rolle spielte. Selbst bei Kindern mit einem angeborenen Herzfehler wie etwa einer Mitralklappenstenose (einer verengten Herzklappe) kam es zur Heilung. Menschen, die aufgrund einer Rückenmarksverletzung gelähmt waren, konnten wieder gehen. Insulinabhängige Diabetiker brauchten kein Insulin mehr zu spritzen. Wichtig war, dass die betreffende Person sich öffnete und zuließ, dass die Heilung eintreten konnte. Am schnellsten geheilt wurden diejenigen, die bereit waren und überzeugt davon, dass die Heilung eintreten würde. Je besser sie mit dem Prozess übereinstimmten und je sicherer sie sich ihrer Sache waren, desto schneller funktionierte es auch. Diejenigen, die zwar offen waren, aber doch gewisse Zweifel hatten, brauchten mehr Zeit. Nachdem sie erst einmal begonnen hatten, die Energie und die Verbesserung ihres Zustandes zu spüren, funktionierte das Ganze nur um so schneller.

Dann gab es in der dritten Gruppe noch diejenigen, die verzweifelt auf der Suche nach einem Heilmittel waren; es war ihre letzte Hoffnung. Die Interviews jedoch ergaben, dass sie tief in ihrem Innern nicht wirklich glaubten, dass es Grund zu hoffen gab. Einige konnten nicht glauben, dass etwas so Simples wie Qigong sie heilen konnte, hatten aber keine andere Alternative und waren insofern bereit, offen für diese Möglichkeit zu sein.

Überblick:

Ebene eins: Überzeugungen decken sich nicht mit den eigenen Zielen, beides klafft auseinander. Offen für Glauben, wenn der entsprechende Beweis erbracht wird. Veränderung zu erleben ist wichtig.

Ebene zwei: Glaube mit einigen Zweifeln. Wenn die Gefühle der Betreffenden mit ihren Überzeugungen übereinstimmten, ließen sie von ihren Zweifeln ab. Fühlen zu erleben ist wichtig.

Ebene drei: Vollkommene Übereinstimmung mit den eigenen Überzeugungen. Sie brauchten keinen Beweis. Es einfach nur zu tun, war für sie alles, was sie brauchten. Das Tun ist wichtig.

Was wird Ihnen hieraus deutlich? Wie gehen Sie an Ihr Leben heran?

Brauchen Sie einen Beweis, bevor Sie sich für eine Therapie entscheiden? Oder können Sie zulassen, dass die Therapie Ihre eigenen inneren Heilungsprozesse unterstützt? Wir können feststellen, dass diese drei Prinzipien bei allen Aspekten des Lebens wirksam sind. Wenn wir die Anstrengungen maximieren wollen, die wir unternehmen, um in unserem Leben Glück zu erzeugen, müssen wir das Glück zu einem mühelosen Daseinszustand machen, der durch nichts gestört wird. Wir können traurig und dennoch »selig« sein, wenn wir erkennen, dass die Traurigkeit nichts anderes ist als ein bestimmter Fokus unserer Aufmerksamkeit, und dass wir, sobald wir den Fokus wieder auf unser wesensmäßiges Sein richten, erneut in die Harmonie und an den Stillpunkt zurückgelangen.

TEIL I
Emotionen sind Energie in Bewegung

KAPITEL I

UNAUFGELÖSTE EMOTIONEN: FREIE RADIKALE ENERGIE

*Unser Leben gründet sich auf das, was vernünftig ist und
dem gesunden Menschenverstand entspricht;
die Wahrheit neigt dazu, keines von beidem zu sein.*

Christmas Humphreys in: Timothy Freke, *The Wisdom of Zen*

Um den Gedanken des emotionalen Gleichgewichts zu verstehen, muss man zuerst einmal verstehen, was »Emotion« eigentlich bedeutet. Die Emotionen, die wir im Hinblick auf bestimmte Reize durchleben, basieren auf Konditionierungen und unterbewussten Mustern aus der Vergangenheit – frei gewählt sind sie meist nicht. Frei zu wählen bedeutet ja bewusste Entscheidung.

Wir können unsere Empfindungen in zwei Kategorien untergliedern: angenehme und unangenehme Gefühle, und dann ist da noch die Möglichkeit, gefühlsmäßig neutral zu sein. Außerdem unterscheiden wir zwischen verschiedenen Arten von angenehmen oder unangenehmen Gefühlen. Dadurch sind wir normalerweise in der Lage, zu wissen, was wir tun müssen, damit sich dieses Gefühl ändert. So haben wir mehr Wahlmöglichkeiten.

Einige unterscheiden auch gar nicht zwischen Angst, Unruhe, Enttäuschung, Eifersucht, Besorgnis, Schuldgefühlen, Langeweile, Unruhe, kritisch, argwöhnisch sein etc. oder Dankbarkeit, Freude, Ekstase, Glück, Sorglosigkeit, Seligkeit, Begeisterung, Hoffnung, Anerkennung etc. Solche Menschen erleben nur gut oder schlecht, okay oder nicht okay (Schwarzweißdenken). Es kommt vor, dass Menschen ihr Augenmerk lediglich darauf richten, dass sie sich schlecht fühlen. Alles andere wird ausgefiltert. Die Flasche ist dann »fast leer«, wenn sie halb voll ist.

Was also hat es mit diesen Emotionen auf sich, und wie gewinnen sie solche Macht, dass sie uns als Geiseln gefangen nehmen und uns manipulieren können, statt dass wir selbst die Zügel in der Hand halten?

Wie finden wir unser emotionales Gleichgewicht und lernen, unsere Emotionen zu lenken?

Emotionale Intelligenz ist die Fähigkeit, seine Emotionen so zu erkennen, anzuerkennen, zu akzeptieren und mit ihnen zu arbeiten, dass sie nicht unterdrückt werden. So werden Emotionen zur führenden Kraft, die uns zum Überleben oder Erfolg führt.

In Situationen der Trauer über den Verlust eines geliebten Wesens oder in Situationen, in denen Gefahr besteht oder Kummer über nahe Beziehungen oder Dinge, die sich im sozialen Miteinander abspielen etc., ist unser Tun von Emotionen geleitet. Unser emotionaler Zustand entscheidet dann über unser Verhalten.

Überlegen Sie einmal, wie Sie reagieren würden, wenn Sie im Stau säßen, oder Sie hätten gerade erst eine beträchtliche Summe in der Lotterie gewonnen, oder Sie hätten gerade eine grauenhafte Nacht hinter sich, in der Sie sich mit Ihrem Partner oder Ihrer Partnerin gestritten hätten. Oder aber Sie fühlten sich bei Ihrer Arbeit sehr unterstützt. Na, würden Sie unterschiedlich reagieren? Die meisten von uns schon.

Unseren Handlungen liegen immer Emotionen zugrunde.

Was ist Karma?

Wenn wir von Karma sprechen, wird uns klar werden, dass ein Großteil unserer negativen emotionalen Reaktionen durch ungelöste kritische Themen aus der Vergangenheit ausgelöst wird. Sobald wir hier keine bewussten Entscheidungen treffen, bleiben wir in den sogenannten »Killerschlaufen« oder negativen Endlosspiralen des Karmas hängen. Die Emotionen können uns aber auch in die richtige Richtung lenken und uns helfen, angemessenere Entscheidungen zu treffen, die positives Karma erzeugen.

Hier ein Beispiel: Jemand vollkommen Fremdes (sagen wir in diesem Zusammenhang, jemand an der Kasse im Supermarkt) schreit Sie an und behandelt Sie aus keinem erkenntlichen Grund unfair. Wie würden Sie reagieren? Einige Angehörige ethnischer Minderheiten würden hierauf sofort reagieren, und zwar aufgrund früherer Zusammenstöße, die sie als rassistisch gefärbt erlebt haben. Je nach Persönlichkeit und dem erlebten Leiden kann die Reaktion sehr aggressiv oder auch völlig anders ausfallen. Eine andere Person wird diesen Supermarkt vielleicht künftig meiden. Einige werden sich schriftlich beschweren, andere tragen danach noch lange Zeit ein ungutes Gefühl mit sich herum. Alles hängt von der emotionalen Verfassung ab, in der sie sich zu diesem Zeitpunkt befanden. Die meisten werden jedoch die eine oder andere Auswirkung auf ihren Gemütszustand erleben.

Emotionen sind Teil unserer *Heartware*, der Verstand gehört zur *Hardware* (unseren neurologischen Verknüpfungen). Fehlt das Gleichgewicht, kommt es zum Stress. Analysieren wir also einmal die Emotionen. Emotionen korrekt zu definieren, ist nahezu unmöglich. Oft werden Emotionen als Gefühle beschrieben. Doch ist eine Emotion ein Gefühl oder ein Etikett, das man einer bestimmten Empfindung anheftet?
Nach dem zu urteilen, was ich selbst herausfinden konnte, ist eine Emotion eine Assoziation, die wir mit einer bestimmten Empfindung in Zusammenhang bringen. Die Empfindung selbst ist oft vorwiegend energetischer Natur, gepaart mit elektro-chemischen Reaktionen im Zentralnervensystem. Die elektro-chemischen Reaktionen sind sekundär gegenüber den energetischen Reaktionen.
Jedes Mal, wenn wir eine Emotion erleben, kommt es zu einem gewissen Maß an Energie, die sich aufbaut und danach verlangt, auch wieder freigesetzt zu werden. Mit anderen Worten: Emotionen stehen für eine Energie, die Richtung, Bewegung, Handeln braucht, unabhängig von der Ursache. Die Ursache oder der Reiz ist überhaupt nicht von Bedeutung; ob wichtig oder unmaßgeblich – worauf es ankommt, ist, was wir mit dieser Energie anstellen.
Emotionen zu durchleben, ist eine Seite der Medaille, sie auszudrücken und die Energie zirkulieren oder sich auflösen zu lassen, die andere. Alle Emotionen verleihen der Empfindung eine zweite Bedeutung und sorgen dafür, dass diese mit einem Handlungsimpuls geladen wird. Dieser kann in Weinen oder Lachen bestehen, was Anspannung zu lösen oder zu mildern vermag. Emotionen treiben uns auch an, aktiv zu werden: ihnen Ausdruck zu geben, Vermeidungsverhalten, Konfrontation etc. Das Problem ist, dass es nicht immer sehr praktisch ist, die Emotionen herauszulassen. Sie können in ein gesellschaftlich inakzeptables Verhalten münden wie etwa jemanden zu schlagen, zu stehlen, vergewaltigen, sich kindisch aufzuführen etc. Also lernen wir schon früh in unserem Leben, Emotionen zu unterdrücken, um in die Schablone hineinzupassen, in die unsere Eltern uns hineindrängen wollen. Es gibt verschiedene Wege, wie wir unsere Emotionen unterdrücken können:

- leugnen (das Gefühl nicht zur Kenntnis nehmen)
- rationalisieren (uns davon abtrennen)
- bagatellisieren (es herunterspielen)
- positives Denken (kann eine Form von allem Obigen sein)
- ihnen widerstehen (sie nicht annehmen)

Um zu verstehen, was passiert, wenn wir unsere Emotionen unterdrücken, müssen wir mehr über den Energiekreislauf verstehen.

In der Akupunktur, einem mehr als fünftausend Jahre alten chinesischen Heilverfahren, hat man die Theorie, dass jedes Organ eine bestimmte Art von Energie erzeugt, auch »Chi« genannt. Dieses Chi wandert zu den mehr als hundert Milliarden Zellen und dem Gewebe überall im Körper. Dies erfolgt über ein komplexes System, das wir unter dem Namen »die Meridiane« kennen. Je nachdem, in welchem Organ die Energie erzeugt wird, ist die Essenz der Energie unterschiedlich. Die Leberenergie hat eine andere Schwingungsfrequenz als die Nierenenergie. Die Chinesen beschrieben die Qualität der Energie in ihrer Beziehung zu ihrem natürlichen Umfeld. So zum Beispiel kennzeichnet die Nieren- und Blasenenergie eine kühle, formbare Qualität, so dass man von »Wasserenergie« spricht. Die Leber- und Gallenblasenenergie ist beweglicher, unberechenbarer; sie hat eine schnell veränderliche Qualität und wird als »Holzenergie« bezeichnet (wobei das Holz auch für die Eigenschaften von Keimlingen und Jungpflanzen steht).

Die chinesische Medizin unterscheidet zwischen fünf Basiselementen: Feuer, Erde, Metall, Wasser und Holz. Das interessanteste Konzept, das wir von dieser traditionellen chinesischen Medizin lernen können, hängt damit zusammen, wie sie die Verknüpfung mit den Emotionen sehen. Aufgrund gewissenhafter Beobachtungen über tausende von Jahren kamen sie zu dem Schluss, dass Emotionen sich unmittelbar auf den Energiefluss im Körper auswirken. Bestimmte Arten von Emotionen wirken auf verschiedene Meridiane und Organe. Wird mit den Emotionen nicht auf angemessene Weise umgegangen, so werden sie zu einer Form von unkontrollierter, zerstörerischer Energie, die ich als freie radikale Energie bezeichne – in Analogie zu den freien Radikalen, die als Stoffwechselprodukte entstehen, wenn ein Mangel an Antioxidanzien besteht.

Unaufgelöste Emotionen oder Gefühle verhalten sich wie freie radikale Energie
Sie beeinflussen die mit ihnen korrespondierenden und zusammenhängenden Organe und Gewebspartien. Betrachten wir uns hierzu, um dies von der Akupunktur auf Alltäglicheres zu übertragen, einige Beispiele:
Frustration, mit der über lange Zeit nicht angemessen umgegangen wird, kann zu Gallensteinen oder Erkrankungen der Gallenblase führen. Bei übergewichtigen Frauen, die viele Diäten ausprobiert haben, treten viel häufiger Gallensteine auf als bei Frauen, die sich nicht auf den Diätparcours begeben haben oder als bei anderen Kontrollgruppen. Meiner Überzeugung nach könnte es hier eine Verbindung zu Frustration geben.
Chronische Angstzustände und Sorgen wirken sich auf den Magenmeridian aus und können Magengeschwüre, Gastritis etc. auslösen. Neuesten Untersuchungen zufolge beeinflussen Sorgen das Immunsystem, und wir neigen dann eher zu Infektionen. Seit einigen Jahren bringt man Magengeschwüre mit einem Bakterium, Heliobacter pyloris, in Verbindung, und behandelt sie »erfolgreich« mit Antibiotika. Die eigentliche Ursache wird in der klassischen westlichen Medizin fast nie angesprochen, nämlich: Warum sind wir überhaupt anfällig für dieses Bakterium geworden? Nehmen wir einmal an, die Wissenschaftler des Orients haben die Zusammenhänge zwischen Emotionen und Energie zutreffend beobachtet – gibt es Beweise für sie in der westlichen Wissenschaft?

Dr. Deepak Chopra, einer der Pioniere in der Verbreitung wertvollen Wissens aus alter Zeit, das man durch aktuellste Forschungsergebnisse untermauern konnte, spricht vom mechanischen Quantenkörper. Seinen Lehren[*] zufolge ist dieser ein Intelligenz-Netzwerk, das sofort auf unseren kleinsten Gedanken und unsere kleinsten Emotionen reagiert. Er ist nicht in Raum und Zeit angesiedelt, sondern viel allgemeinerer Natur und erstreckt sich wie ein Feld in alle Richtungen. Man kann seinen eigenen Quantenkörper nicht sehen, da er komplett

---

[*] »Perfect Health«, Deepak Chopra

aus leisen Schwingungen, Fluktuationen innerhalb des Feldes besteht, aber man kann lernen ihn wahrzunehmen.
Wir werden später noch darauf eingehen, sich auf den Quantenraum einzuschwingen. Wichtig ist es, hervorzuheben, dass wir, wenn wir von Schwingungen sprechen, ein energetisches Prinzip meinen. Energie richtet sich nach einfachen Gesetzen. Eines von ihnen lautet, dass Energie nicht verschwindet – sie kann nur die Form verändern. Sie kann zu Materie werden, aber sie kann nicht verschwinden; immer wird eine Erinnerung oder ein Energiefeld übrig bleiben.

Ein weiterer Pionier unserer Zeit ist Prof. William Tiller, Ph. D. In seinem Buch *Science and Human Transformation* geht er auf feinstoffliche Energien und das Bewusstsein ein. Einigen Stimmen zufolge ist er der neue »Einstein« der Wissenschaft. Er ist einer der weltweit führenden Wissenschaftler im Hinblick auf die Erforschung der Struktur der Materie und seit über dreißig Jahren Professor am Department of Materials Science an der Stanford University. Er hat sich mit Homöopathie, Yoga, Qigong, Meditation, Lasern etc. befasst – zu vieles, um alles zu erwähnen. Er erdachte ein bislang unbekanntes Modell, das die Wissenschaft auf eine vollkommen neue Ebene bringt. Er machte dort weiter, wo Einstein aufhören musste und fand heraus, dass Informationen sich schneller fortbewegen können als das Licht. Wir begeben uns nun in die »Startrek«-Wissenschaft, den sogenannten Hyperraum.

In Kapitel sechs befassen wir uns mit weiteren Aspekten seiner Arbeit, wenn es um Meridiane und Chakren geht. Fürs erste mag es genügen zu sagen, dass die Meridiane existieren und dass sie in der Tat Energie durch unseren Körper befördern. Jeder, der dies leugnet, ist nicht wirklich offen für wissenschaftliche Beweise, sondern in seinen/ihren eigenen Überzeugungen gefangen. Mit anderen Worten: Emotionen sind vom Prinzip her zunächst einmal energetischer Natur, und wenn diese Energie nicht ihren entsprechenden Weg nimmt, kann sie sich gegen uns wenden.

Betrachten wir die Haupttodesursachen in den westlichen Gesellschaften. Seit vielen Jahrzehnten führend sind Herzerkrankungen. Der Hauptrisikofaktor ist nicht die Ernährung, sondern Unzufriedenheit, Unglücklichsein, Frustration. In der chinesischen Medizin haben wir es hier mit dem Element Holz zu tun – Leber und Gallenblase. Mit Holz nährt man das Feuer (Herz); ist das Holz aufgrund der oben erwähnten Emotionen feucht, so schwächt dies das Element Feuer, und das Feuer kann sich nicht selbst erhalten.

Leber und Gallenblase spielen beim Cholesterin- und Fettstoffwechsel eine wichtige Rolle. Spielt der Cholesterinpiegel verrückt, so liegt das nicht an Ernährungsproblemen, sondern an Störungen des emotionalen Gleichgewichts. Die Pharmaindustrie verdient Milliarden mit cholesterinsenkenden Medikamenten, ohne jemals auch nur annähernd die wahre Ursache anzugehen. Das beste Heilmittel für das Herz besteht in Loslassen und Annehmen. Im Japanischen spricht man hier von »shoganai«: Annehmen, was man nicht ändern kann, und auf das einwirken, was sich beeinflussen lässt!

Das *Prevention Magazine* hat ein Buch veröffentlicht mit dem Titel *The Complete Guide to Your Emotions and Your Health* (Rodale Press 1986). Es ist randvoll von interessanten Fakten für den Laien.
Eine der wegweisenden Veröffentlichungen zum Thema Herzerkrankungen und Emotionen war das Buch *Der A-Typ und der B-Typ: Wie man lernt, Stress zu vermeiden und damit das Herzinfarktrisiko zu senken*, von Meyer Friedman, M.D, und Ray H. Rosenman, M.D., beide Kardiologen. Sie fanden heraus, dass Persönlichkeiten vom Typ A ein erhöhtes Risiko haben, an einem Herzleiden zu erkranken und zu sterben. Typische extreme A-Typ-Persönlichkeiten sind ungeduldige, leicht reizbare, aggressive, schnell sprechende Menschen, die dazu neigen, sich zu Workaholics zu entwickeln. Sie sind die typischen harten Arbeiter (Ebene eins) und bauen ihr Glück auf Konkurrenzdenken auf. Selbst beim Spiel mit ihren eigenen Kindern geben sie keinen Fingerbreit nach. Sie haben eine enorme Eigenmotivation, sind ehrgeizig, treiben sich selbst fortwährend an und versuchen so viel wie möglich in so wenig Zeit wie möglich hineinzupacken. »Zeit ist Geld«; »Winning is the name of the game« – so ihre Wahlsprüche. Man kann nur in Ansätzen oder bis zum Extrem dem Typ A entsprechen. Diese Menschen lieben harte Arbeit. Sie haben das Wort »Powerlunch« erfunden: Oft schlingen sie ihre Mahlzeiten auffallend schnell herunter, rasen auf der Autobahn, sind immer in Eile, und wenn es etwas gibt, womit sie sich definitiv nicht anfreunden können, so ist es die Meditation.

Die gute Nachricht lautet: Diese »Macke« ist nicht angeboren, sondern nichts anderes als ein erworbenes Verhaltensmuster, das man ändern kann. Das wichtigste Merkmal dieser Persönlichkeit ist eine leicht aufflammende Wut und Ungeduld. Beides wird als Treibstoff eingesetzt, um die Karriere voranzutreiben und ist in der Geschäftswelt sehr verbreitet. Man findet es auch beim alten Managertyp, dem »Dinosaurier«. In der chinesischen Medizin entsprechen diese Menschen dem Holz-Yang-Typ.

Die wichtigste Fähigkeit, die sie zu erwerben haben, ist die, eine andere Gangart einzulegen und zu lernen, klug zu arbeiten, intuitiver, statt hart. Keinen Schuss aus der Hüfte abzugeben, sondern zuzuhören. Schaffen sie diesen Übergang erfolgreich, so werden sie langsamer essen, können geduldig Schlange stehen oder im Stau stehen, langsamer sprechen und wirklich zuhören, und dabei Interesse an der Person entwickeln, mit der sie gerade sprechen, und so werden sie weniger egozentrisch. Es ist wichtig zu wissen, dass nicht das hohe Engagement für den Job oder die drängende Zeit schuld an der Herzerkrankung ist: Der entscheidende Faktor ist Feindseligkeit. Feindseligkeit – und das ist eine schlechte Nachricht – ist nicht allein als Risikofaktor für Herzerkrankungen führend, sondern steht auch mit vielen anderen möglichen Todesursachen in Verbindung. Diese Feindseligkeit ist ein grundlegender Mangel an Vertrauen in die menschliche Natur und die menschlichen Motive. Sie basiert auf der Überzeugung und der sich selbst erfüllenden Prophezeiung, dass die Menschen eher schlecht als gut seien – sie verurteilen einen, betrügen und behandeln einen schlecht.

Im nächsten Kapitel betrachten wir, inwiefern wahre Überzeugungen immer sich selbst erfüllende Prophezeiungen darstellen. In einer Studie von Dr. Williams und anderen an der Duke University wurden die Daten von über vierhundert Menschen in Bezug auf feindselige und A-Typ-Verhaltensweisen ausgewertet. Außerdem unterzog man sie Untersuchungen auf arteriosklerotische Plaque. Der Feindseligkeitslevel war, wie sich herausstellen sollte, ein viel genauerer Vorhersagefaktor für Herzerkrankungen als andere Verhaltensweisen, die dem Typ A zugeordnet werden. Siebzig Prozent der Personen mit hohen Punktzahlen für Feindseligkeit wiesen arteriosklerotische Plaques auf, verglichen mit fünfzig Prozent, bei denen in Sachen Feindseligkeit niedrige Punktzahlen erreicht wurden. In anderen Studien zeigte sich bei Personen mit hohen Punktzahlen für Feindseligkeit ein sechsfach erhöhtes Auftreten von Herzerkrankungen. Der Schlüsselfaktor hier ist der, zu lernen, sich zu entspannen. Die besten Therapieformen für den Holz-Yang-Typ sind Meditation, Qigong, Tai Chi, Yoga, Spaziergänge in der Natur, entspannende Musik hören, Mantragesang und andere Arten von Entspannung. Yang-Zustände werden mit Yin-Therapie ausgeglichen. Ich werde Ihnen spezielle Akupunkturpunkte vorstellen, durch die sich in Verbindung mit speziellen Affirmationen die Holz-Yang-Energie beruhigen lässt. Ich hoffe, dass klar ist, dass Feindseligkeit, ob ausgedrückt oder unterdrückt, immer einer geschwächten Holzenergie entspringt und Auswirkungen auf die betreffende Person hat. Schaltet diese einen Gang tiefer, reagiert sie weniger heftig und kann dabei von Ebene zwei kommen, statt von Ebene eins. Übungen und Akupunkturpunkte werden beim Übergang helfen.

Es gilt mittlerweile auch als erwiesen, dass Stress den Cholesterinspiegel in die Höhe treibt. Anspannung und nervöse Ausbrüche im Alltag korrelierten den Befunden entsprechend mit signifikanten plötzlichen Anstiegen des Cholesterinspiegels.
Die positive Nachricht lautet, dass Berührungen wie etwa Massage, Umarmen, Streicheln und soziales Miteinander großartige Stresskiller sind.

Dr. James J. Lynch, Ph.D. des Center for Study of Human Psychophysiology an der University of Maryland School of Medicines in Baltimore, fand heraus, dass Alleinlebende viel häufiger erkranken oder vorzeitig sterben. Auch Verbindungen zwischen Krebs und Isolation wurden gefunden. Krebs ist ein weiterer großer Killer der Menschheit.

Dr. Joan Borysenko, Ph.D. der Harvard Medical School, ist Psychologin und Zellbiologin und gehört zu einer Gruppe von Ärzten, die sich mit der Verbindung zwischen Persönlichkeitstyp und Krebs befassen. Sie fand bei ihren Untersuchungen heraus, dass krebsanfällige Personen im Allgemeinen ein schlechtes Verhältnis zu ihren Eltern hatten.

Dr. Richard B. Schekelle, Ph. D., Professor der Epidermologie von der University of Texas School of Public Health in Houston, fand heraus, dass bei Männern, die die höchsten Punktzahlen für Depressionen aufwiesen, Krebs doppelt so häufig auftrat wie bei einer Kontrollgruppe. Es hat sich gezeigt, dass ein Zusammenhang zwischen Depressionen und geschwächten Immunreaktionen besteht. Menschen mit weniger Ängsten und Angst zeigen weniger eingeschränkte Immunreaktionen als die stressanfälligeren Vergleichspersonen.

Andere Untersuchungen ergaben, dass ein Großteil der Krebsopfer eine Möglichkeit verloren hat, sich kreativ auszudrücken, zum Beispiel durch Pensionierung, Tod des Ehepartners oder der Ehepartnerin, Auszug der Kinder, Aufgabe eines Hobbys oder Sports etc. Andere Ärzte fanden heraus, dass auch die Unterdrückung von Wut und Ärger ein signifikanter Risikofaktor ist. Viele sind außerstande, Wut oder Feindseligkeit auszudrücken, um sich selbst zu verteidigen, konnten es jedoch durchaus, wenn es darum ging, sich für andere oder eine bestimmte Sache einzusetzen. Bei Brustkrebs fand man heraus, dass ein hoher Prozentsatz von Frauen mit bösartigen Tumoren häufiger wütend war als Frauen mit gutartigen Tumoren.

Hier ein paar recht interessante Erkenntnisse: An Krebs erkrankte Frauen neigten offenbar eher dazu, sich für ihre Wut oder ihren Ärger zu entschuldigen, selbst wenn sie sich im Recht fühlten, während Frauen mit gutartigen Tumoren tendenziell eher wütend wurden und dann bei ihrer Wut blieben. Bei Frauen, die überhaupt keine Tumore entwickelten, weder gut- noch bösartige, war es wahrscheinlicher, dass sie explodierten und die Sache dann losließen, um ihren Fokus und ihre Energien auf angenehmere Dinge zu richten.

Ein anderer Bereich, auf den Emotionen und die innere Einstellung sich immens auswirken, ist die Lebensdauer. Schon seit Jahren weiß man, dass körperlich aktive Menschen eine durchschnittlich um sieben Jahre höhere Lebenserwartung haben als Menschen, die viel sitzen (*Prev. Med. 1972; 1: 109-21*). Menschen, die körperlich aktiv sind, werden weniger anfällig sein für Depressionen und Angstzustände. Sie sind geistig leistungsfähiger, haben mehr Selbstachtung, ihr Schlaf ist erfrischender, sie erleben sich als entspannter, spontaner enthusiastischer und sie können sich selbst besser annehmen. (*Journal of Clinical Psychology 1917; 27: 411-12*). Ich persönlich bin der Überzeugung, dass körperliche Bewegung ein Weg ist, den Energiefluss in den Meridianen zu stärken. Man kann die Meridiane am besten vergleichen mit elektrischen Strömen, die durch den Körper fließen. Unaufgelöste Emotionen sind wie große Steine, die wir in den Fluss werfen und die bewirken, dass das Wasser beim Fließen mehr Widerstand zu überwinden hat. Durch körperliches Training vermehren wir die Menge an Wasser, die der Fluss führt, so dass er leichteres Spiel hat, wenn es darum geht, die Geröllbrocken und Staudämme zu überwinden. Übungen, bei denen es gezielt um den Energiefluss geht, etwa Qigong, Tai-Chi, Meditation u. a., haben sogar eine noch größere Wirkung auf die emotionale Verfassung.

Noch etwas, das ich bei meinen Untersuchungen feststellen konnte, ist, dass Rauchen und andere Formen von Abhängigkeiten nie körperlich, sondern immer emotional sind. Rauchen ist einer der besten Wege, Emotionen zu unterdrücken und mehr freie radikale Energie zu erzeugen. Eine Nikotinsucht lässt sich leichter mit besonderen Akupunkturtechniken überwinden, durch die die Blockaden der Meridiane aufgelöst werden, die durch jahrelange Unterdrückung von Emotionen entstanden sind. Depressionen und Suizid sind unter Rauchern weiter verbreitet (*Acta Psychiatr. Scand. Suppl.* 1995; 272: 16-22).

Etwas, woran es zu arbeiten gilt, ist das Loswerden von allen Süchten, um sich von Blockaden zu befreien, die dem emotionalen Gleichgewicht im Wege stehen. Emotionales Gleichgewicht ist sehr wichtig für ein langes Leben. Untersuchungen zum Alterungsprozess kommen zu dem Schluss, dass zu den wichtigsten emotionalen Vorhersagefaktoren für ein langes Leben ein Gefühl der Verbundenheit mit anderen gehört, ein Lebenssinn und auch Neugier.

In einer skandinavischen Studie an 1062 Senioren von 67 Jahren und älter gehörten körperliche Gesundheit und Aktivität insgesamt zu den wichtigsten Faktoren, die einen Einfluss auf die Lebensdauer hatten. Unter den jüngsten jedoch war die geistige Gesundheit ein noch erheblicherer Faktor für die Prognose der Lebensdauer als körperliche Gesundheit, auch größer als das soziale Netz, die Mobilität und das spirituelle Leben (*Scand. Journal of Social Medicine* 1996; 24: 90-101).

In einer anderen Studie standen im Ergebnis die eigene Wertschätzung, soziale Bindungen und die Zufriedenheit mit dem eigenen Leben an prominenter Stelle (*Arch. Family Medicine* 1997; 6:67-70). Die emotional-psychologische Gesundheit ist ein guter Vorhersagefaktor für die Sterblichkeit (*Health Psychol.* 1995; 14:381-7). Bei der »Study of 12 Centaurus« stieß man auf folgende gemeinsame Punkte: Beziehungen zu anderen, das Gefühl, etwas Produktives zu leisten und ein wertvoller Mensch zu sein sowie der Glaube an Gott. (*Journal Holist. Nurs.* 1997 15:199-213).

Meine eigenen Erkenntnisse, gewonnen an Menschen, die selbst in sehr hohem Alter gesund bleiben, laufen darauf hinaus, dass der verlässlichste Faktor, den sie alle gemein haben, ihre Fähigkeit ist, sich Missgeschicken, Verlusten und den unerwarteten Bällen, die das Leben einem zuwirft, zu stellen und sie gleich wieder loszulassen. Wenn wir hieraus lernen, entdecken wir das erste Gesetz des emotionalen Gleichgewichts, nämlich zu akzeptieren, was uns widerfährt, ohne aus dem Blick zu verlieren, was wir tun können, um etwas zu verändern. Hilflosigkeit und sich wie ein Opfer zu fühlen, ist der sicherste Weg, das Immunsystem in Schwierigkeiten zu bringen.
Ihr Immunsystem reagiert darauf, ganz genauso wie ihre Gemütsverfassung. Es ist über eine so genannte kybernetische physiologische Schleife mit Ihrem emotionalen Befinden gekoppelt. Wie Sie sich fühlen, verändert Ihren energetischen Zustand sowie Ihren biochemisch-physiologischen Zustand. Mit anderen Worten, wenn Sie am Boden sind, ist auch Ihr Immunsystem am Boden und wird von Eindringlingen oder aufständischen Zellen (Krebsgeschwüren /Tumoren) überrannt.
Wenn Sie sich wie ein Opfer fühlen, wird auch Ihr Immunsystem wehrlos und anfällig für einen völligen Zusammenbruch. Hegen Sie eine chronische Neigung zu unaufgelöstem Ärger, so erliegt Ihre Leber der Belastung, und Ihr Körper schafft es nicht mehr, sich wirksam zu entgiften. Dies führt irgendwann zu einer Mattigkeit, und daraufhin werden dann Depressionen einsetzen, womit sich der Kreis schließt.
Ich glaube, der Schluss, den es hieraus zu ziehen gilt, ist ganz einfach: Unaufgelöste Emotionen wenden sich irgendwann gegen uns und schädigen unseren Organismus (unsere Organe und unser Gewebe). Einige Forscher schätzen, dass neunzig Prozent aller körperlichen Probleme auf psychologische Wurzeln zurückzuführen sind. Ich halte dies ganz und gar nicht für eine krasse Übertreibung – im Gegenteil: Das mag sogar noch niedrig gegriffen sein! Es gibt genügend Hinweise darauf,

die, wenn man sie zusammenbringt, zeigen, dass buchstäblich jede Krankheit oder jedes Un-wohl-sein, das wir auf der physischen Ebene manifestieren können, positiv oder negativ durch unsere Emotionen beeinflusst wird. Wenn Sie sich erinnern, dass die effektive Heilungsrate durch eine simple Geist-Körper-Methode wie etwa Qigong bei chronischen Erkrankungen in nur dreißig bis fünfzig Tagen mehr als siebenundneunzig Prozent beträgt, werden Sie mir vielleicht zustimmen, wenn ich sage, dass der Geist eine enorme Wirkung hat, wenn er dazu genutzt wird, unsere Energien in eine bestimmte Richtung zu lenken. Das ist das einzige, wozu Qigong gedacht ist: die Energien unseres Körpers wieder in ihre Bahnen zu lenken und alle Systeme zu harmonisieren.

Fließt die Energie, so nehmen die emotionalen Blockaden ab und verschwinden schließlich. Eine der häufigsten »Nebenwirkungen« von Qigong ist das glückliche Grundlebensgefühl, das die meisten erleben, die Qigong praktizieren. Diese Glückseligkeit war den meisten neu, und sie ist mit ein Grund dafür, warum sie mit den Übungen fortfahren. Für mich und viele andere Forscher steht fest, dass der Geist das wirksamste Instrument zur Heilung ist, das der Menschheit zur Verfügung steht.

Durch Techniken wie Akupressur, Qigong, Meditation, Selbsthypnose, Biofeedback, Reiki und therapeutische Berührung können wir das Gehirn mit positiven Heilbildern und Botschaften überfluten, die in die Biochemie, die Sprache des Körpers umgesetzt werden. Wie sie den obigen Überlegungen entnehmen können, ist Energie die Matrix, nach der sich die Materie formt. Wo aufgrund unaufgelöster Emotionen energetische freie Radikale vorhanden sind, finden wir Disharmonie. Disharmonie hat einen störenden Einfluss auf die elektrischen Felder der Zelle und bewirkt, dass die Biochemie verrückt spielt, womit die Integrität des Gesamtorganismus beeinträchtigt wird und wir anfällig für Krankheiten werden. Umgekehrt ist jede Form von Krankheit ein Signal, nach innen zu schauen, um die wahre Ursache herauszufinden. Selbst ein banaler Schnupfen ist ein Zeichen, unser Inneres zu ergründen, um festzustellen, was uns belastet. Welche Emotionen verlangen nach Auflösung? Was macht Ihnen zu schaffen? Was erzeugt Unbehagen, Sorgen oder Ängste in Ihnen? Wie steht es um Ihr Selbstwertgefühl? Fühlen Sie sich verletzlich, bedroht, kleben zu sehr an etwas? Wo in Ihrem Leben liegen derzeit Ihre Ängste? Sind Sie darauf ausgerichtet, spirituelles Wachstum zu erschaffen und zu entdecken, wer Sie wirklich sind?

Jedes Unbehagen ist nach meiner Definition eine Turbulenz. Turbulenzen entstehen durch unaufgelöste Emotionen. Wenn Sie nicht entsprechend handeln (und wie, werden wir Ihnen noch zeigen), werden sie die gleiche oder eine ähnliche Turbulenz früher oder später aufs Neue durchleben.

Bei Stress geht es nicht um äußerliche Faktoren, sondern darum, inwieweit Sie diesen äußeren Faktoren erlauben, sich auf Ihre inneren Faktoren auszuwirken.

Abschließend hier noch ein Zitat von Dr. Wayne W. Dyer aus seinem Buch *Staying on the Path*:

»*Deine Lebensumstände entscheiden nicht darüber, wie sich dein Leben gestaltet. Sie offenbaren vielmehr, welche Arten von Bildern du dir bislang ausgesucht hast.*«

KAPITEL 2

REAKTIONSTRIGGER ALS SPIEGEL UNSERER INNENWELT

Ein Schüler kam zum Kloster,
um die höchsten Wahrheiten des Buddhismus zu ergründen.
»Warum bist du zum Kloster gekommen?«, fragte der Meister.
»Warum vernachlässigst du den kostbaren Schatz bei dir zu Hause?«
»Welchen Schatz?«, fragte der Schüler.
»Derjenige, der die Frage stellt – das ist der Schatz«, antwortete da der Meister.

Timothy Freke, The Wisdom of the Zen Masters, Journey Editions 1998

Alle großen Lehrerinnen und Lehrer unserer Zeit sagen ein und dasselbe: »Wir erschaffen uns unsere eigene Wirklichkeit.« Den meisten unter uns fällt es sehr schwer, das zu glauben. Wenn wir das tun, warum sollten wird dann so viel Elend, Kriege, Armut, Leid etc. erschaffen?
Um zu verstehen, dass alles, was sich in unserer Außenwelt (dem Makrokosmos) ereignet, ein Spiegelbild dessen ist, was in unserer inneren Welt geschieht, müssen wir etwas in die moderne Quantenwissenschaft eintauchen. In Kapitel 1 sprachen wir schon über Energie und Felder. Emotionen, Überzeugungen und sonstige nichtmaterielle Eigenschaften wie Intuition, Antriebskraft, Motivation, Kreativität und Weisheit haben ihren Ursprung im dynamischen Chaos unseres energetischen Körpers. Dieses energetische Feld befindet sich in einem bestimmten Schwingungszustand und in Wechselbeziehung mit anderen energetischen Felder.
Betrachten wir einmal genauer, welche Konsequenzen das hat. Man weiß mittlerweile, dass Materie aus 99,999 Prozent Raum besteht, und nur zu 0,0001 Prozent aus Atomen. Was wir sehen, ist eine Illusion und entsteht durch die Schwingungen der Atome. Es ist wie bei einem Kinofilm; da der Film so schnell weiterbefördert wird, wirken die Bewegungen auf der Leinwand fließend und echt. In Wirklichkeit ist das alles eine Illusion.
Das elektromagnetische Spektrum ist so unermesslich, dass es unsere Vorstellungskraft weit übersteigt. Sichtbares Licht macht weniger als ein hundertstel Milliarde dieses Spektrums aus. Was wir sehen können, ist nichts verglichen mit dem, was wir nicht sehen können. Selbst die

Dinge, die wir sehen, deuten wir unterschiedlich, je nachdem, wie wir Informationen auf der Grundlage unserer früheren Erfahrungen und unserer Assoziationen filtern. Wahrnehmungen sind nichts anderes als eine subjektive Verzerrung dessen, was wir als vorhanden wahrnehmen. Deshalb wird jede Begebenheit von jedem einzelnen Menschen vollkommen unterschiedlich erlebt. Verlassen wir uns ausschließlich auf unsere fünf Sinne, so haben wir nur ein dürftiges Bild von der Wirklichkeit. Der Mensch ist mit anderen als den fünf physiologischen Sinnen begabt, und indem wir uns dieser gewahr werden und sie einsetzen, können wir uns auf Ebene zwei entwickeln, eine stärker intuitive Ebene. Auf dieser Ebene beginnen wir Resonanzen zu spüren, die vollkommen anders sind als die auf Ebene eins, wo unsere groben Sinne dominierten.

Was man herausgefunden hat, ist, dass jede Person durch ihre Energiefelder in Interaktion mit den Feldern anderer lebender Wesen und mit Reizen aus der Umwelt tritt. Auch elektromagnetische Felder von Elektrogeräten können uns negativ beeinflussen. Ein Bruchteil der energetischen Informationen, denen wir ausgesetzt sind, gelangen in unsere Energiefelder, und wir nehmen sie über unsere Sinne, Gedanken oder Intuition wahr.

Der größte Teil der energetischen Felder, die auf uns einwirken, bleiben vor unserer Wahrnehmung verborgen. Dieses ungebetene Einströmen von Informationen kann auch von anderen Menschen kommen. Auch können Menschen mit besten Absichten durch ihre Gedanken, ihre Sorgen und ihre Gebete auf uns einwirken.

Bei ihrer Untersuchung des menschlichen Energiefeldes zeichnete Dr. Valerie Hunt Hirnwellen, galvanische Hautreaktionen, Herzschlag, Blutdruckveränderungen und Muskelkontraktionen von Patienten auf, während Auraleser Veränderungen im Energiefeld beobachteten. Dr. Hunt entdeckte, dass die Veränderungen im Energiefeld früher als Veränderungen in allen anderen Systemen auftraten (*Townsend Letter for Doctors* Nr. 150, S. 124-26).

Kommen wir also nun zu der Vorstellung davon, wie wir uns unsere eigene Wirklichkeit erschaffen. Beginnen wir mit etwas Einfachem: der Anspannung vor einer Prüfung. Prüfungsstress ist eine sehr weit verbreitete Form von Stress, die eine eindeutige Ursache hat: die Prüfung. Eine gewisse Angespanntheit oder bange Erwartung sind

während der Examensphase normal. Sie helfen sogar, die Konzentration und das Lerntempo zu steigern. Sehr oft trifft man in dieser Situation zuvor nie gekannte Konzentrationsausfälle von vielleicht nur ein paar Stunden bis mitunter hin zu einer Woche oder länger an. Vielen Prüflingen kommen womöglich negative Gedanken in den Sinn, etwa »Ich falle durch«; »Die Prüfung ist bestimmt zu schwer«; »Mir fällt wahrscheinlich nichts mehr ein«. Oft führt dies zu Symptomen wie Angst, Schlaflosigkeit, Appetitlosigkeit, Durchfall, Übelkeit, Unruhe, häufiger Harndrang, Kopfschmerzen, Anfällen von Aggressivität, Reizbarkeit und Schwindelgefühlen, was sich wiederum ernsthaft auf die Leistung auswirken kann. Bei einigen kann das massiven Stress verursachen, der wiederum zum Rücktritt von der Prüfung führt oder der Weigerung, zur Prüfung hinzugehen, zu schlimmen Angstattacken, Schlaflosigkeit oder übermäßigem Schlafbedürfnis, Verlust oder Zunahme des Appetits. Bei einigen wird das Befürchtete Wirklichkeit, und sie fallen in der Tat durch die Prüfungen, was sie in ihrem negativen Denken bestätigt. Mit anderen Worten: Angst kann genau das Gestalt annehmen lassen, was wir nicht wollen. In diesem Fall löst die Prüfung Ungelöstes in uns aus. Wir reagieren entsprechend dieser ungelösten Themen und erschaffen uns unsere Wirklichkeit auf der Basis von Vergangenem, statt auf der Basis der aktuellen Wirklichkeit. Setzen wir nun unsere Reise fort, indem wir darauf eingehen, wie wir unsere mikrokosmische Wirklichkeit erschaffen.
Unsere Gedanken, Überzeugungen und Wahrnehmungen beeinflussen jede einzelne Zelle in unserem Körper. Verstehen wir die Macht unserer Emotionen, halten wir den Schlüssel zu unserer Gesundheit in der Hand. Insbesondere wiederkehrende Gedanken oder Einstellungen schaffen die Voraussetzungen für Krankheit oder Gesundheit.
Auslöser sind dabei Impulse von unserem äußerlichen oder innerlichen Umfeld. Betrachten wir nun also, wie sich Auslöser auf unseren Körper auswirken.
In der Psychoneuroimmunologie erforscht man die Verbindung zwischen dem Geist (den Emotionen) und dem Immunsystem. Das zentrale Nervensystem und das Immunsystem sind in zweierlei Hinsicht miteinander verbunden.
Zunächst einmal wird jeder Gedanke in eine biochemische Sprache übersetzt: die Neuropeptide. Kern aller Materie ist eine Informationsgrundlage (Energiemuster). Der Energiekörper und sein Feld bilden

eine Schablone für den physischen Körper. Untersuchungen der Neurobiologin Candace Pert zeigen, dass emotional geladene Gedanken und Erinnerungen bewirken, dass der Körper unterschiedliche Neuropeptide produziert.

Wissenschaftlerinnen und Wissenschaftler am HearthMath-Institut (Boulder, Colorado) fanden heraus, dass positive Emotionen den DHEA- (ein verjüngendes und Stress entgegenwirkendes Hormon) und IgA-(Immunprotein)-Spiegel ansteigen lassen, während negative Emotionen beide herabsetzen. Die Neuropeptide wirken nicht nur auf das Gehirn, sondern auf sämtliche Organe, Drüsen, Zellen und Gewebe. Jeder Gedanke, den wir denken und jede Emotion, die wir spüren, teilt sich jeder Zelle in unserem Körper mit. Dazu kommt entsprechend der Ausführungen in Kapitel 1, dass die Organe auch emotionale Informationen speichern können. Angesichts der zahlreichen Organtransplantationen, die mittlerweile stattfinden, wird dies nun noch offensichtlicher.

Paul Pearsalls Buch *Heilung aus dem Herzen* (Goldmann 1999) beschreibt dreiundsiebzig Fälle, bei denen eine Herztransplantation offenbar mit einer Verpflanzung von Erinnerungen einherging. In einem Fall konnte aufgrund der mit dem Herzen transplantierten Erinnerung ein Mordfall gelöst werden. Es gibt viele Beispiele in dieser Richtung – von einer älteren Dame, die es mit einem Mal nach Bier und Hamburgern gelüstete, wie ihrem Spender, bis zu Worten und Sätzen in einer Sprache, die der Empfänger des Transplantats gar nicht sprach, die aber dem Spender oder der Spenderin selbstverständlich war. Die Liste lässt sich endlos fortsetzen. Pearsalls Hypothese lautet, dass Zellen elektromagnetisch miteinander kommunizieren, und dass in jeder Zelle Erinnerungen gespeichert werden können.

Auf diese Weise wird jede Zelle zu einem Hologramm des gesamten Körpers. Die Idee, dass eine Herzzelle eben nichts weiter als eine Zelle ist, ist nicht mehr haltbar. Wir können nun feststellen, dass alle Organe und Zellen Informationen speichern.

Es gibt noch eine zweite Art und Weise, wie das zentrale Nervensystem mit dem Immunsystem verknüpft ist, nämlich durch das autonome Nervensystem, das sich in zwei Teile untergliedert: das parasympathische Nervensystem (PNS) und das sympathische (SNS). Sie sind das Yin und Yang des Nervensystems.

PNS entspricht der Yin-Seite und fördert Wachstum, Regeneration und Assimilation. Am besten funktioniert es, wenn wir uns entspannen und ausruhen. Auf diese Weise erschaffen wir einen Puffer, der uns durch stressreiche Zeiten hindurch hilft.

Das SNS ist ein reaktives System, das äußere Reize überwacht und sich diesen anpasst: Geräusche, Temperatur, Schmerz etc. Das SNS ist ein Teil unseres Überlebensmechanismus und kann uns im Handumdrehen auf intensive Muskelaktivität vorbereiten. Das PNS ist nach innen ausgerichtet, auf Emotionen und Wahrnehmungen; der Fokus des SNS liegt im Außen. Im modernen Leben ist das SNS aufgrund der Schnelllebigkeit, der Informationsschwemme, dem vorhandenen Arbeitsdruck etc. stärker in den Vordergrund getreten. Aus diesem Grund sind Hilfsmittel, die das PNS stützen, heute von zentraler Bedeutung. Auch hier sind die wichtigsten wieder Meditation, Tai Chi, Qigong, Entspannung etc.

Wie Wahrnehmungen unsere Biologie beeinflussen
Hier ein Beispiel dafür, wie Ihre Wahrnehmungen oder bestimmte Auslösefaktoren sich auf Ihr Immunsystem auswirken.
Nehmen wir einmal an, Sie stehen in Ihrem aktuellen Job hervorragend da. Aufgrund Ihrer erstklassigen Leistungen bietet Ihnen Ihr Vorgesetzter eine Beförderung an, und mit einem Mal müssen all die Leute, mit denen Sie einmal auf einer Ebene standen, sich von Ihnen etwas sagen lassen. Lassen Sie uns einmal annehmen, Ihre erste Reaktion ist Freude pur. Von nun an erhalten Sie fünfzig Prozent mehr Gehalt, einen Firmenwagen, Sonderzulagen etc. Sie sind ganz aus dem Häuschen. Ihr Gehirn setzt chemische Stoffe frei, die diesem Zustand entsprechen. Alle Zellen werden erregt, und es kommt zu einer Reaktion des PNS, wodurch die Parasympathikus-Aktivität im Körper erhöht wird (und der Beta-Endorphin-Spiegel steigt). Das ist eine gute Nachricht, und Ihre Pufferzone (Ihre Fähigkeit, mit Belastungen fertig zu werden) wächst. Nach einer Weile schleichen sich jedoch andere Gedanken ein. Ihnen wird klar, dass Sie einer der jüngsten leitenden Angestellten sind. Sie werden Untergebene haben, die Ihr Vater oder Ihre Mutter sein könnten. Nun schleichen sich Ängste ein, und mit einem Mal packt Sie die Angst, die Erwartungen, die das Unternehmen in Sie setzt, nicht erfüllen zu können. Jetzt ruft das, was Sie von dieser Situation erwarten, eine SNS-Reaktion und die entsprechende Ausscheidung von chemischen Stoffen wie etwa Norepinephrin in Gang, eine

Substanz, die die schlechte Nachricht auf chemischem Weg an alle Zellen weitergibt. Schon gerät der Körper in Alarmzustand, und die Nebennieren werden angeregt, ein hoch wirksames Hormon, Kortisol, zu produzieren. Diese Reaktion bereitet uns darauf vor, zu kämpfen oder zu fliehen. Die gleiche Botschaft kann in unserem Körper also entgegengesetzte Reaktionen hervorrufen, je nach dem, worauf wir in einem bestimmten Moment unseren Fokus richten.

Wie Sie mit Ihren Gedanken (Auslöser) Krankheiten (Mikrokosmos) hervorrufen

Wie unsere Gedanken biochemische Veränderungen auslösen, ist klar. Was wir denken, wirkt sich auf unseren Körper aus. Unser Körper wird von unserem Energiesystem beherrscht. Die beiden bekanntesten Teile unseres energetischen Körpers sind sein Kreislaufsystem (die Meridiane) und seine zentralen Energiezentren, die sogenannten Chakren (Sanskrit-Begriff). Ebenfalls von zentraler Bedeutung ist das Energiefeld, das uns umgibt. Dies ist das elektromagnetische Feld, durch das wir es merken, wenn uns jemand von hinten ansieht oder wenn sich jemand von hinten genähert hat, obwohl wir die Person weder gesehen noch gehört haben.

Außerdem ist es die Grundlage unserer Intuition und des so genannten sechsten Sinns (diese Formen außersinnlicher Wahrnehmung werden stärker aktiviert, wenn wir uns auf Ebene zwei der Manifestation befinden). Dieses Energiefeld hat auch spirituelle Funktionen, zum Beispiel dient es als Verbindung zwischen der Seele und dem physischen Körper.

Der Grund dafür, dass wir am Ende immer noch die gleichen Symptome aufweisen, trotz der Tatsache, dass unser Körper sich ständig erneuert, ist der, dass unsere Energiemuster sich nicht verändern. Unsere Blaupause bleibt dieselbe. Ist unser energetisches System aus dem Gleichgewicht, geschwächt oder beschädigt, entwickeln sich Probleme in unseren anderen Systemen, etwa im Verdauungstrakt, dem endokrinen System, dem Bindegewebe etc. Was aber schwächt oder schädigt den Energiekörper?

Alles, was uns geschieht, hat eine Wirkung: Verletzung, Krankheit, Traumata, Gedanken, Überzeugungen etc. Wenn Sie vor Eintritt eines Stressfaktors bereits durch andere Herausforderungen geschwächt worden sind, werden seine Auswirkungen noch verstärkt.

Sehen wir uns einmal an, wie viele Auslöser Sie wiedererkennen:

Gedanken in Verbindung mit etwas, das Sie hören
Beispiele:
Jemand kommentiert kritisch Ihre Leistungen.
Manche sind auch unangenehm berührt, wenn sie ihre eigene Stimme von Band hören.
Eine bestimmte Musik, bestimmte Geräusche oder Stimmen können in Ihnen akute Reaktionen auslösen. Einige Menschen können erst schlafen, wenn es absolut ruhig ist. Andere brauchen beruhigende Klänge zum Einschlafen.
Die Stimmen bestimmter Personen können Sie irritieren.

Gedanken in Verbindung mit etwas, das Sie sehen
Beispiele:
Ihre Ex-Frau oder Ihren Ex-Mann mit jemand anderem zu sehen.
Für einige ist der Anblick von Blut, Gewalt oder Ähnlichem ein extremer Auslöser. Es gibt eine unendliche Zahl visuell möglicher Auslöser.

Auslöser in Form von Berührungen
Es gibt an Ihrem Körper vielleicht bestimmte Stellen, mit denen negative Erinnerungen verbunden sind. Bestimmte Berührungen können bei Ihnen die Alarmglocken läuten lassen. Viele Menschen sind sehr heikel, wenn es darum geht, berührt, umarmt oder geküsst zu werden.

Auslöser in Form von Gerüchen
Gerüche können angenehm oder unangenehm sein, aber daneben können sie auch bestimmte Reaktionen in uns auslösen.
So zum Beispiel kann der Duft eines Parfüms oder Eau de Cologne Erinnerungen an früher Erlebtes in uns wachrufen.

Auslöser in Form von Geschmack
Auch unsere Geschmacksknospen spielen beim Auslöseprozess eine Rolle, ebenso wie unser Geruchssinn. Ich verbinde unangenehme Erinnerungen mit dem Geschmack von Haferbrei. Er erinnert mich an eine Zeit in meiner Kindheit, die nicht besonders angenehm war.

Alle oben erwähnten Auslöser gehören in die Kategorie der fünf Sinne und sind leicht zu erkennen. Der wichtige Hinweis steckt darin, dass alle unangenehmen Trigger dieser Art sehr wichtige Zeichen für unerlöste Aspekte sind. Unser Unterbewusstsein erinnert uns daran, uns diese Punkte zu betrachten. Ignorieren wir die entsprechenden Auslöser, so verpassen wir die Chance, wichtige emotionale Themen in unserem Leben anzugehen.

Die nächste Gruppe von Auslösern hängt nicht mit unseren Sinnen zusammen, sondern hier werden unsere eigenen inneren Prozesse zum Auslöser. Wir können zum Beispiel aufwachen und fühlen uns ohne jeden Grund schrecklich. Wir machen Stimmungsschwankungen durch, können wegen des Wetters deprimiert sein oder auch ohne ersichtlichen Grund, nachdem wir uns mit jemandem unterhalten haben. Auch hier ist das Unterbewusstsein am Werk und versucht unsere Aufmerksamkeit auf Punkte zu lenken, die uns nicht bewusst sind. Wenn wir diese Chancen zur Heilung links liegen lassen, beschreiten wir weiter den Weg, der in Selbstzerstörung oder Krankheit münden wird.

Andere Gefühle wiederum können völlig aus dem Nichts aufsteigen, ohne erkennbaren Auslöser. Es besteht immer eine gewisse Chance, dass wir uns auf die Energien oder Emotionen anderer eingeschwungen haben oder sie treffen in uns auf Widerhall. Andere Energien können einen Einfluss auf den Rhythmus, die Frequenz, Wellenlänge und elektromagnetischen Ladungen der schwingenden Energiewellen haben, aus denen sich unser Energiekörper zusammensetzt.

Dies bezeichnet man als Resonanz. Damit jemand etwas von einer anderen Person aufnehmen kann, muss in ihrem System eine ähnliche energetische Struktur vorhanden sein. Mit anderen Worten: Die Energiewellen in Ihrem Körper können sich nur verändern, wenn eine Resonanz mit den Energiewellen anderer vorliegt.

Auslöser jeder Art können nur wirken, wenn sich eine toxische Emotion in Ihrem System befindet. Eine toxische Emotion ist eine ungelöste oder falsch interpretierte Emotion, die nicht gelöst worden ist und die in Ihren inneren energetischen Erinnerungssystemen gefangen ist. Das ist die freie radikale Energie, von der in Kapitel eins die Rede war.

Eine Emotion bewirkt nicht, dass ein bestimmter chemischer Stoff in Ihrem Nervensystem freigesetzt wird. Vielmehr geschieht seine Freisetzung durch die Bedeutung, die wir diesem ganz bestimmten Gefühl verliehen haben, unsere Interpretation – das ist es, was die biochemische Reaktion auslöst und mit den Gedanken in Verbindung steht. Dies wiederum wird in Ihrem Körper Krankheit und Ungleichgewicht auslösen.

Emotionen sind weder gut noch schlecht, sie sind das, was uns leitet. Wenn wir uns gut fühlen (man unterscheide hier zwischen konkurrenzbestimmten, auf bestimmten Bedingungen basierenden, und bedingungslosen Glücksgefühlen), beginnt ein Weg zu Gesundheit und Erfüllung. Unangenehme Emotionen sind Warnzeichen, die uns sagen, wir sollten unser Verhalten oder unsere Wahrnehmung eingehender betrachten. Auslöser, die unangenehme Gefühle wachrufen, sollten immer begrüßt werden, denn sie bieten uns eine Chance, uns zu verändern und einem bedingungslosen Glückszustand näher zu kommen.

Durch unsere Wahrnehmungen können wir uns unseren eigenen Gesundheitszustand erschaffen, indem wir den Dingen Beachtung schenken, die uns Dankbarkeit, Freude, Spaß und ein Wohlgefühl schenken. Sie haben vielleicht keine Kontrolle über das, was auf der Welt geschieht, aber Sie haben die absolute Kontrolle darüber, wie Sie mit diesen Ereignissen umgehen.

Jeder Tag, jeder Augenblick in unserem Leben bietet uns die Chance zu einem neuen Anfang, einem neuen Moment, Dinge loszulassen, die uns nicht mehr dienlich sind. Wenn wir nicht selbst die Verantwortung übernehmen, werden wir uns selbst die Ohnmacht schaffende Überzeugung abkaufen, dass uns Dinge eben widerfahren und dass wir ein Opfer der Umstände seien. Wenn Sie sich selbst als Opfer sehen, werden Sie und Ihre energetischer Körper genau darauf entsprechend reagieren. Machen Sie sich jedoch frei von diesen entmachtenden Überzeugungen und Gefühlen, indem Sie nicht gegen sie ankämpfen, sondern sie akzeptieren, ohne über sie zu urteilen, unternehmen Sie den ersten Schritt in Richtung Befreiung von der Vergangenheit. Freiheit von der Vergangenheit bedeutet frei fließende Energie, keine Blockaden mehr, die durch Erinnerungen oder Gedanken hervorgerufen werden. Wie Sie an diesen Punkt kommen, ist das Thema dieses Buches; in Teil II werden wir uns eher auf praktische Methoden konzentrieren.

Es ist unverkennbar, dass Triggerfaktoren die beste Wachstumschance bieten; gestatten Sie mir hier also eine Wiederholung, und dass ich Ihnen diese Sache näher erkläre. Das Wort, das ich für »Auslöser« verwende, wird »Turbulenz« lauten. Sie befinden sich im Stau, sind zu spät für eine wichtige Besprechung, und der Akku Ihres Handys ist leer.

Wie fühlen Sie sich? Wenn Sie aufgelöst, frustriert, sauer, ängstlich oder irgendetwas sonst sind, das nicht unter »shoganai« einzustufen wäre (Akzeptieren dessen, was man nicht verändern kann und dann weiter sein Leben leben), oder Glückseligkeit (ein Glücksgefühl trotz der unangenehmen Situation), wirken bestimmte Auslöser auf Sie, und sie müssen sich selbst einmal ernsthaft unter die Lupe nehmen.
Betrachtet man das Ganze aus dem Blickwinkel der ersten Bewusstseinsebene, haben Sie jedes Recht der Welt, frustriert zu sein. Befinden wir uns auf der zweiten Ebene des Bewusstseins, so müssen wir Verantwortung für diese Situation übernehmen und in Verbindung mit der Intuition in uns treten.

Wir müssen Folgendes überprüfen:
> Gibt es womöglich einen Grund, warum diese Besprechung jetzt vielleicht nicht gut für mich ist?
> Beispiel: Welche Folgen hat es, wenn sie sich als positive Besprechung erweist? Was werde ich aufgrund dieses Erfolgs aufgeben müssen?
> Was fürchte ich zu verlieren? Bin ich soweit, diese Stufe des Erfolgs anzunehmen? Habe ich Zweifel oder schlechte Gefühle in Verbindung damit?

Schürfen Sie so tief wie möglich, und es ist am besten, das in Stille zu tun. Sich auf Ihr inneres Wissen zu konzentrieren, indem Sie sich von dem Ergebnis lösen und sich in Meditation begeben. Haben Sie erst einmal Stille geschaffen und fühlen sich unbeschwert, können sie sich ansehen, was aus Ihrem Innern aufsteigt, von dem Ort, der alles weiß. Deepak Chopra spricht hier vom Beobachter oder Zeugen.

> Welche Zeichen habe ich nicht ausreichend beachtet, die hätten verhindern können, dass dies geschieht? Was hat zu der Serie von Ereignissen geführt, die diese Situation hervorgerufen haben? Was habe ich übersehen? Welche anderen Vorsichtsmaßnahmen hätte ich treffen können? Was kann ich jetzt tun? (Zum Beispiel: an der nächsten Autobahnabfahrt abzweigen und möglichst zu einer Telefonzelle fahren, soweit vorhanden).
> Warum sollte ich das hier geschaffen haben? Welche Vorteile hat es? (Vielleicht den Vorteil mehr Zeit zu haben, sich vorzubereiten?)

Natürlich können wir nicht alles im Blick behalten, aber Sie werden überrascht sein, wie viel Sie zusammenbringen, wenn Sie es wirklich versuchen. Alles in unserem Leben geschieht aus einem bestimmten Grund, und das, was dabei herauskommt, dient langfristig betrachtet, immer unserem eigenen Wohl.

Begeben wir uns auf die dritte Bewusstseinsebene, die Ebene der Mühelosigkeit, so verstehen wir, dass dies die optimalen Umstände sind, da wir sie uns so geschaffen haben. Wir wissen, dass es eine Intention hinter dem Ganzen gibt, unsere Intention, und wir wissen bereits, worin sie besteht. Immer wenn wir mitten in einer Turbulenz stecken, müssen wir uns zunächst einmal zu diesem Ausgangspunkt begeben.
Der Zustand der Mühelosigkeit ist der Zustand des Vertrauens in die göttliche Absicht, in Verbindung zu treten mit unserer eigenen Absicht, und die beiden miteinander in Einklang zu bringen. Es ist der Zustand des Annehmens, Verzeihens und Loslassens. Es ist der Weg des geringsten Widerstands, nicht weil wir arbeitsscheu sind, sondern weil wir wissen, dass wir mehr bewerkstelligen werden, wenn wir dem Universum erlauben, seine Arbeit zu tun. Wenn wir Situationen durchleben, die in uns Emotionen oder Turbulenz auslösen, wissen wir sofort, dass das nichts mit den äußeren Reizen zu tun hat, dafür aber alles mit einem ungelösten Problempunkt in uns selbst. Indem wir uns nicht gegen die Turbulenz sträuben oder ihr Widerstand bieten, sondern sie lieben, wandeln wir sie in etwas anderes um.
Der bekannte Therapeut Gay Hendricks stellte fest, dass jeder Bereich in unserem Leben, der mit Schmerz, Schuldzuweisungen oder Scham verbunden ist, sich deshalb in unserem Leben findet, weil wir diesen Teil unserer selbst nicht genug geliebt haben. Die beste Möglichkeit, ein »unangenehmes« Gefühl wie etwa Schuldgefühle oder Scham wegzubekommen, liegt darin, uns einfach dafür zu lieben, dass wir solche Gefühle haben. Indem Sie diese Gefühle oder Gedanken mühelos akzeptieren und keine Energie darauf verschwenden, über sie zu urteilen, machen Sie sich buchstäblich frei dafür, wieder kreativ zu werden – die Energie kann wieder ungebremst zirkulieren, und der Effekt der Turbulenz ist verschwunden.
Die dritte Bewusstseinsebene bedeutet auch das mögliche Auftauchen eines neuen Paradigmas. Es kommt nun, trotz mächtiger gegenläufiger Trends, zu einer tiefgreifenden Verschiebung der Muster im Hinblick

auf globale Werte – einer Verschiebung hin zu einer Perspektive, die ein bewussteres Leben propagiert.
Der Zustand der Welt spiegelt unser kollektives Bewusstsein. Mehr und mehr Menschen erfahren sich selbst als Herren über ihre Umgebung, als aktive Schöpfer in einer bereits existierenden Welt. Das Bewusstsein wird mehr und mehr zur kausalen Wirklichkeit. Dieses Wirken des Bewusstseins auf allen Wirklichkeitsebenen resultiert in Quantenphänomenen, die auf allen Ebenen wissenschaftlich belegt werden können. Das erfolgt, sobald die Wissenschaft nicht den natürlichen Beweggründen des menschlichen Gehirns folgt, einem Bemühen nämlich, »Sinn« zu finden, statt einem »Bemühen um die Wahrheit«.

Das Fazit dieses Kapitels lautet, dass alle Turbulenzen (gleich, wie wir sie nennen, ob Auslöser, Stress, Not, Verletzung, Unfall, Zufall, Pech etc.) unser eigenes Bewusstsein spiegeln und mit einer bestimmten Absicht eintreten. Die Absicht ist immer gut, nur kann unsere Wahrnehmung von ihr anderer Art sein.

Beschließen wir diesen Teil mit Dr. Wayne W. Dyer (*Staying on the Path*):
Glück und Erfolg sind innere Prozesse, die wir in das Unterfangen Leben hineinbringen, sie sind nicht etwas, das uns von »da draußen« geschenkt wird.

KAPITEL 3

SELBSTABLEHNUNG: INNERE TURBULENZEN

Alles Lebendige ist in Veränderung begriffen, alle Formen von ihm, und wir fließen entweder mit dem Strom oder weigern uns, das zu tun. Wenn wir frohgemut fließen, sehen wir, wie die Wissenschaft es tut, dass Dinge Ereignisse in Zeit und Raum sind, dass Ereignisse größere und kleinere Strudel im Fluss der Zeit darstellen. Fließen wir mit dem Strom, dem unablässigen Strom unseres Karmas, so können wir es sozusagen in diesem Fließen verarbeiten wie es ist und verspüren kein Leid. Nehmen wir es an, so sind wir eins mit ihm; leisten wir ihm Widerstand, so verletzt es uns.

Christmas Humphreys in: Timothy Freke, The Wisdom of the Zen Masters, Journey Editions 1998

Im ersten Kapitel haben wir uns mit der Wirkung von Emotionen als energetischen Phänomenen befasst, die sich gegen unser inneres Gleichgewicht wenden und so zu chronischen Erkrankungen beitragen können.

Im zweiten Kapitel befassten wir uns mit dem Gedanken, dass das, was wir in unserer alltäglichen Realität erleben, ein Ausdruck von innerem Aufruhr ist. Als wir das Ganze noch einen Schritt weiter durchspielten und auf die dritte Bewusstseinsebene hoben, wurde uns klar, dass wir unsere Lebensumstände mit einer bestimmten Absicht so geschaffen haben, wie sie sind. Blicken wir zurück und beurteilen unser Leben, so werden wir auf viele Male stoßen, wo unsere Gefühle uns im Weg standen und uns davon abhielten, uns wirklich so zu verhalten, wie wir es wollten. Unsere Emotionen entscheiden in hohem Maße über unsere Reaktionen. Mitunter gehen wir wegen der kleinsten Kleinigkeit in die Luft – vielleicht haben wir gerade einen harten Arbeitstag hinter uns oder viele ärgerliche Konfrontationen im Job. Scheinbar ist unsere Pufferkapazität begrenzt, und nachdem wir acht Stunden lang die Rolle des netten Jungen oder Mädels von nebenan gespielt haben, sind wir irgendwann nicht mehr auf der Hut und stellen oft zu unserem Bedauern fest, dass wir unseren Lieben gegenüber nicht mehr die Geduld aufbringen, die wir mit unseren Kunden oder anderen, denen wir begegnen, zu haben vorgeben. Man kann sogar zu der Überzeugung gelangen, dass wir Menschen gar nicht sonderlich die Wahl haben, wenn es darum geht, wie wir uns fühlen, und dass sich das Leben einfach nur darum dreht, mit den Umständen fertig zu werden. Und hier nun die gute Nachricht: Wir, die Menschen, sind wie Apfelsinen. Drückt man sie, so läuft das heraus, was sich in ihnen befindet. Ist eine Menge Bitterkeit oder Ärger darin, wird der Saft bitter oder nach Ärger schmecken. Das Beste ist, dass wir durch gewissenhaftes Einüben einiger ganz einfacher Techniken die Bitterkeit durch Freude und Vergnügtsein ersetzen können. Selbst wenn wir also körperlich müde sind, können wir uns dahin entwickeln, dass wir trotzdem unseren Lieben und allen anderen gegenüber unsere Liebe und Güte zeigen. Unser Unvermögen, emotional mit etwas fertig zu werden, rührt im Kern von einer Selbstablehnung (hierauf kommen wir gleich noch zu sprechen); betrachten wir uns zunächst einmal, wie der Saft, der sich in uns befindet, herauskommt.

Ohnmachtsgefühle
Hier besteht die Reaktion auf stressreiche Ereignisse in Emotionen, mit denen wir uns selbst herunterziehen, etwa Hilflosigkeit, Verzweiflung, Frustration, Wut oder Ärger, Eifersucht, Unzulänglichkeitsgefühle, Schuld- und Schamgefühle etc.
Gefühle dieser Art können durch einen Anruf ausgelöst werden, einen Brief von jemandem, der uns kritisiert, durch etwas, das Ihr Partner oder Ihre Partnerin getan hat und das Ihnen nicht gefiel, oder auch durch den Hund, der nicht auf Sie hörte. Alles das kann bewirken, dass der saure Saft aus der Apfelsine hervortritt.

Kontraproduktive Bewältigungsstrategien
Viele wissen mit bestimmten Emotionen nicht umzugehen, wenn sie sie verspüren. Sie flüchten vielleicht vor ihnen, indem sie sich zurückziehen oder bewusstseinsverändernde Substanzen (etwa Alkohol, Medikamente und Drogen) beziehungsweise stimmungsverändernde Mittel (etwa Essen, Naschereien, Schokolade, Zigaretten etc.) missbrauchen. Es kann auch passieren, dass sie übermäßig aggressiv reagieren, Schimpftiraden vom Stapel lassen, Herumbrüllen, einen Tobsuchtsanfall bekommen. Und sie können auf vollkommene Gleichgültigkeit und äußerliche Ruhe umschalten.

Negative Glaubenssätze
Andere mögen zu dem Glauben neigen, es sei falsch, bestimmte Emotionen oder Gefühle wie etwa Ärger, Frustration, Verlangen etc. zu haben. Wenn sie solche Emotionen durchleben, empfinden sie zu allem Überfluss auch noch außerordentliche Scham oder Schuldgefühle.

Selbstzerstörerische Verhaltensweisen
Ein anderer Weg, auf Situationen zu reagieren, mit denen sie emotional nicht fertig werden, ist für manche, Dinge zu tun, die sehr gefährlich sind. Es besteht ein unterbewusster Todeswunsch, und sie begrüßen es unterbewusst, sich zu verletzen und die Aufmerksamkeit zu bekommen, die diese Handlungen ihnen sichert.
All diese Reaktionen auf äußerliche Reize basieren auf unserem Selbstbild. Selbstwertgefühl ist für das emotionale Überleben grundlegend wichtig; ohne ein ausreichendes Selbstwertgefühl wird das Leben zu einer schmerzhaften Angelegenheit, und wir verpassen dafür eine Erfahrung, die erfüllend und beglückend sein könnte. Wir unterscheiden uns von den Tieren dadurch, dass wir die Fähigkeit haben, uns selbst zu erschaffen und entsprechend wertzuschätzen. Die Ironie an der Geschichte ist, dass wir uns ein Bild von uns selbst erschaffen, und dann über dieses Bild urteilen. Den meisten Menschen gefällt das Bild, das sie geschaffen haben, von vorn herein nicht voll und ganz; jede Ablehnung gegenüber diesem Bild ist eine Ablehnung von uns selbst und Hauptursache unserer meisten Probleme.
Das ist die größte Herausforderung am Menschsein, denn wenn wir unser Bild oder Teile von uns ablehnen, schwächen und zerstören wir das psychologische Fundament, das uns am Leben erhält. Einen Großteil des Lärms oder der Turbulenzen in uns verursachen wir selbst. Ständig lehnen wir uns selbst ab und verurteilen uns und fügen uns unnötigen Schmerz zu. Dies ist eine abwärts führende Spirale, die schließlich bewirken wird, dass wir allem aus dem Weg gehen, was diesen Schmerz der Selbstablehnung verschlimmern könnte. Wir erschaffen alle Arten von Verteidigungsmechanismen und vermeiden eine Konfrontation. Das Schlimmste an all dem ist, dass wir unsere Objektivität und Intuition verlieren. Wir filtern alles auf der Grundlage der folgenden Vorstellungen: Ist es etwas, was es zu meiden, leugnen, unterdrücken, beschuldigen, kritisieren etc. gilt? Wir schränken unser Vermögen ein, Intimität aufzubauen, unsere Gefühle auszu-

drücken, uns Kritik anzuhören, um Hilfe zu bitten oder unsere Konflikte zu lösen.

Das Ende vom Lied ist, dass wir emotional keine Wahl haben – wir sind unseren eigenen Schatten zum Opfer gefallen, emotionale Geiseln mit eingeschränkten Möglichkeiten, zu reagieren. Die Resultate sind fast immer dieselben:
> Ohnmachtsgefühle
> Verhalten, das sich gegen Sie selbst richtet
> negative Überzeugungen
> selbstzerstörerische Verhaltensweisen

Lassen Sie uns, bevor wir weitermachen, einen Moment über das bislang Gelesene nachdenken.

Erkennen Sie irgendetwas wieder, das Sie auch an sich selbst erleben?
Falls ja, wie würden Sie es gerne verändern?
Was hält Sie nach Ihrem Dafürhalten davon ab, diese Veränderung zu vollziehen?
Welche Mittel bräuchten Sie, um die Veränderung umzusetzen?
Was können Sie tun, damit Ihnen diese Mittel besser zugänglich werden?

Die größten Illusionen, die wir zu überwinden haben, sind folgende:
1. Äußerliche Faktoren erzeugen Stress für uns.
2. Wenn wir gestresst (oder krank) sind, brauchen wir Hilfe von außen.

Haben Sie erst einmal begriffen, wie lächerlich diese Gedanken und die heimliche Botschaft dahinter sind, sind Sie bereits auf dem halben Weg zu emotionalem Gleichgewicht. Würde es stimmen, dass die äußerlichen Faktoren die Ursache Ihres inneren Aufruhrs sind, dann hätten wir ja Recht damit, nach Methoden zu suchen, wie wir uns schützen können, etwa Vermeidungsverhalten, Rückzug, Leugnung etc. Dann sind wir Opfer der Umstände und haben unser Leben nicht in der Hand. Wenn wir selbst die Ursache unseres inneren Chaos sind, die wiederum die Malheurs in ihrem Leben selbst erschaffen, dann sollten wir besser die Kontrolle über die Kommandozentrale übernehmen und lernen, wie wir so steuern können, dass wir der steinigen Straße fern bleiben. In diesem Fall ist die einzige Hilfe von außen, die wir brauchen, ein

Kurs, der uns zeigt, wie wir unser eigenes Leben in die Hand nehmen können, und wenn wir wollen ein unterstützendes Netzwerk von Menschen (als Zugabe). Die Essenz lautet, dass alles Wichtige von innen kommt. Das ist der erste Schlüssel für die Erschaffung innerer Harmonie. Wir müssen uns selbst akzeptieren, müssen akzeptieren, dass das Leben schwer ist, dass wir vor Straßensperren stehen werden, dass wir eine Menge Fehler machen werden und dass viele Menschen glauben werden, schuld an ihrer Misere seien wir.

Bitte lesen Sie noch mindestens zweimal von der Auflistung an abwärts und lesen Sie nicht eher weiter, bis Sie diese Stelle komplett verstanden haben. Es wird Menschen geben, die Sie nicht mögen, und das dürfte okay sein. Wir können nicht allen gefallen. Warum ist es so wichtig, das zu begreifen?

Es hängt mit dem Überlebenstraining zusammen, das wir als Kinder mitbekommen haben. Fast alle unterliegen diesem Überlebenstraining als Heranwachsende! Die meisten von uns lernen einige grundlegende Überlebensregeln, denen es unter allen Umständen zu gehorchen gilt. Ich bin sicher, dass Sie die meisten der nachfolgenden zehn Regeln wiedererkennen werden; in Ihrem Fall sind sie nur vielleicht ein wenig anders oder Sie haben noch etliche mehr davon.

Zehn Überlebensregeln für Heranwachsende

Prüfen Sie einmal nach, welche Sie wiedererkennen:
1. Deine Eltern sind der Boss. Was sie sagen, muss unter allen Umständen gemacht werden, es sei denn, man hat Chancen, ungeschoren davonzukommen.
2. Die Eltern haben immer Recht, denn sie wissen es einfach besser und sind zudem Hellseher (sie können deine Zukunft vor sich sehen).
3. Selbst wenn du absolut sicher bist, Recht zu haben, ist dennoch Regel zwei in Kraft.
4. Du liebst deine Eltern bedingungslos, denn schließlich verdankst du ihnen dein Dasein, sie haben dir zu essen gegeben, ein Dach über dem Kopf und Spielzeug (das ist also an Bedingungen geknüpfte Liebe).

5. Du wirst alle Emotionen unterdrücken, die man so auslegen könnte, dass du den Boss nicht liebst oder nicht mit ihm übereinstimmst.
6. Du wirst dich so verhalten, wie es die Gesellschaft akzeptiert. Außerdem hast du außerordentlich viel Macht darüber, wie sich der Boss fühlt. Mit einem bestimmten Verhalten kannst du dafür sorgen, dass er sich schlecht und unglücklich fühlt, oder im Gegenteil glücklich und selig. Du bist verantwortlich dafür, wie er sich fühlt.
7. Wenn du dich nicht auf eine akzeptable und dem Boss genehme Weise benimmst, bist du schlecht und nicht liebenswert. Du wirst abgelehnt und möglicherweise entlassen.
8. Die meisten deiner echten Emotionen sind unannehmbar; sie werden negative Auswirkungen auf deinen Boss haben.
9. Der Boss braucht seine/ihre Versprechen nicht zu halten, du aber musst deine unter allen Umständen halten.
10. Der Boss darf Dinge tun, die schlecht für seine/ihre Gesundheit und sein/ihr Wohlergehen sind, weil er/sie älter und »weiser« ist. Du solltest von Derartigem Abstand nehmen, bis du alt genug bist, dich selbst kaputt zu machen.

Soweit zu den Regeln von vor fünfunddreißig Jahren, an die ich mich noch erinnere aus der Zeit, als ich das Survival-Training durchlief, das mir helfen sollte, mit dem Leben fertig zu werden. Damals waren sie nützlich. Wenn wir uns nicht von diesem veralteten Wirklichkeitsmodell lösen, werden wir anfällig für psychische Störungen. Die Psychiater sprechen, wenn es darum geht, sich an ein überholtes Bild von der Wirklichkeit zu klammern, von einer Übertragung.
Übertragungen sind die Art und Weise, wie wir äußere Reize wahrnehmen und auf sie reagieren, die wir in unserer Kindheit entwickelt haben und die in der Kindheit ein angemessenes Verhalten waren, um unser Überleben zu sichern, nun jedoch unangemessener Weise in unsere Erwachsenenwirklichkeit übertragen werden.
In der Kindheit sind unsere Eltern alles für uns, sie stehen für unsere künftigen Werte, die Welt, so wie wir sie sehen. Wir gehen davon aus, dass die Art, wie unsere Eltern Dinge angehen, die einzige sei. In Wahrheit verhält es sich so, dass man, wenn man zum Beispiel feststellt, dass man seinen Eltern nicht trauen kann, dies überträgt und sagt:

»Menschen ist nicht zu trauen.« Die Zeit sowie die Qualität der Zeit, die unsere Eltern uns widmen, bilden die Grundlage für unsere Eigenliebe und unser Selbstwertgefühl.

Alle Kinder haben entsetzliche Angst davor, verlassen zu werden, denn für ein Kind bedeutet Verlassenwerden soviel wie Tod. Wenn wir nicht ein Fundament der Sicherheit und Geborgenheit bekommen, wird die Welt für uns zu einem unsicheren Ort. Eines der großen Probleme, die wir haben können ist, dass Eltern uns überbehüten. Oft wollen die Eltern uns so sehr helfen, dass sie uns nicht die Chance geben, die Fähigkeit zu entwickeln, selbst Probleme zu lösen. In unserem späteren Leben werden wir dann erwarten, dass andere uns unsere Probleme abnehmen, und dann übernehmen wir nicht SELBST die Verantwortung.

Ein anderer Bereich, wo es vielleicht hapert, ist Disziplin. Disziplin ist der größte und wichtigste Faktor im Hinblick auf Erfolg, aber auch für das spirituelle Wachstum. Die meisten Menschen scheuen vor spirituellem Wachstum zurück, da sie erwarten, dass dieses ihnen zu viel Disziplin abverlangt. Dr. M. Scott Peck schrieb in seinem Buch *Der wunderbare Weg* Folgendes:

»Lehren wir uns selbst und unsere Kinder die Notwendigkeit des Leidens und seinen Wert, die Notwendigkeit, uns Problemen direkt zu stellen und den Schmerz zu erfahren, der mit ihnen einhergeht. Ich habe festgestellt, dass die Disziplin das grundlegende Handwerkszeug darstellt, das wir brauchen, um die Probleme des Lebens zu lösen. Es wird deutlich werden, dass dieses Handwerkszeug die Techniken des Leidens sind, Mittel, mit deren Hilfe wir den Schmerz oder Probleme so erfahren, dass wir uns durch sie hindurcharbeiten, sie erfolgreich lösen und dabei lernen und wachsen.«

Wenn wir uns selbst und unseren Kindern Disziplin vermitteln, lehren wir sie und uns selbst, mit dem Leiden umzugehen und auch, wie wir an ihm wachsen können.«

Dr. Peck erwähnt vier Instrumente der Disziplin:
- Aufschub der Bedürfnisbefriedigung
- Übernahme von Verantwortung
- sich der Wahrheit verpflichten
- die Kunst des Gleichgewichts

Wie wir sehen können, rührt viel an innerem Aufruhr daher:
- Sofortige Befriedigung unserer Bedürfnisse zu wollen
- sich vor der eigenen Verantwortung zu drücken
- uns selbst und anderen gegenüber nicht ehrlich zu sein
- nicht in der Lage zu sein, mit den Bällen umzugehen, die das Leben uns immer wieder unerwartet zuwirft.

Immer, wenn wir mit inneren Turbulenzen konfrontiert sind, müssen wir in der Lage sein, mit uns selbst in Verbindung zu bleiben. Das Schlimmste, was wir dann tun können ist:
- Auf die Überlebensregeln aus unserer Kindheit zurückzugreifen
- die Elternrolle zu übernehmen, indem wir unser Verhalten/unsere Leistung kritisieren
- aufhören, uns selbst Gutes zu tun und uns zu lieben.

Nach zwanzig Jahren, in denen ich mich mit kranken Menschen befasst habe, komme ich zu folgendem Schluss: Alle innere Turbulenz (emotionaler Stress) geht auf Selbstablehnung zurück.
Woher kommt diese Selbstablehnung?
Wir alle haben einen so genannten »inneren Richter«, den wir normalerweise als Stimme in unserem Kopf hören. Dieser »innere Richter« ist das Ergebnis unserer Sozialisationserlebnisse durch unsere Eltern. Wir sind entsprechend für das Überleben konditioniert und trainiert worden, indem sie uns beibrachten, welche Verhaltensweisen falsch, schlecht, gefährlich sind, über welche sich andere aufregen, welche liebenswert, akzeptabel, gut etc. sind. Wenn wir ihre Erwartungen nicht erfüllten, wurden wir auf die eine oder andere Weise bestraft. Wir alle weisen noch emotional Reste von diesem antrainierten Verhalten auf – bewusste, aber auch unterbewusste Erinnerungen an all die Situationen, wo wir uns schlecht oder abgelehnt fühlten wegen der Dinge, die wir taten. Außerdem hatten wir die nahezu unmögliche Aufgabe, zwischen Verhaltensweisen und Identität zu unterscheiden. Wenn wir oft diszipliniert oder zurechtgewiesen wurden, so glaubten wir, wir als Person seien mit einem Makel behaftet und hoffnungslos schlecht. Das sind unvermeidbare subtile Traumata, die eine außerordentliche Auswirkung auf unser Selbstwertgefühl haben. Solche Erfahrungen bilden die Grundlage des »inneren Richters«, der schließlich an die Stelle unserer Eltern tritt und sich von den unangenehmen Empfindungen nährt,

die mit diesem bestimmten Teil unserer Identität oder unseres Verhaltens verknüpft sind, den wir als »nicht in Ordnung« betrachten. Es gibt ein unterbewusstes Programm in Ihnen, das will, dass Sie noch immer glauben, Sie seien ein schlechter Mensch, sobald jemand nicht mit Ihnen übereinstimmt, sich über Sie aufregt oder Sie nicht leiden mag, oder wenn Sie einen Fehler gemacht oder eine Aufgabe nicht beendet haben.
Der »innere Richter« bestätigt irgendetwas Negatives, was Sie ohnehin schon von sich glauben.

Es gibt sechs zentrale Faktoren, die darüber entscheiden, wie stark die Selbstablehnung ist:

1. Das Ausmaß, in dem Ihre Eltern es nicht geschafft haben, zwischen Ihrer Identität und Ihrem Verhalten zu unterscheiden. Die meisten von uns lernen nicht, dass ein himmelweiter Unterschied zwischen dem besteht, was wir tun (Verhalten), und der Person, die wir sind (Identität). Eltern sollten uns immer in unserer Identität bestätigen und ihre Liebe zu ihr zeigen, und deutlich machen, dass es lediglich bestimmte Verhaltensweisen sind, die sie missbilligen. Dies erfolgt am besten mit Hilfe eines »Sandwich-Feedbacks«.
Funktionieren kann das in etwa so:
 - Die erste Schicht besteht darin, Ihnen zu sagen, was Sie richtig machen;
 - die zweite Schicht besteht darin, Ihnen zu sagen, was verbesserungsbedürftig ist und wie diese Verbesserung gewünscht wird;
 - die dritte Schicht wäre, Ihnen dafür zu danken, dass Sie bereit waren, zuzuhören und mit ihnen zu kooperieren und Ihnen zu sagen, wie stolz sie darauf sind, Sie zu haben.

Der »innere Richter« wird immer sowohl Ihr Verhalten als auch Ihre Identität kritisieren, Ihnen sagen, dass Sie zu nichts taugen, dass Sie ein ewiger Versager sind etc.

2. Das Ausmaß, in dem Punkte miteinander vermischt oder falsch benannt wurden, indem zum Beispiel Moral ins Spiel kam, wo es eigentlich um persönliche Bedürfnisse, Sicherheit etc. ging.

Sagen wir einmal, das Kind bevorzugt eine bestimmte Kleidung, weil alle in seinem Freundeskreis sie auch haben, und Sie halten ihm eine

Standpauke, dass seine Freundinnen und Freunde ja schließlich sozial unter Ihnen stünden. Oder ein Vater sagt, wenn es um die schulischen Leistungen seines Sohnes geht, dass er sich für ihn schämt oder der Sohn sei undankbar, wo er als Vater doch Opfer bringe, um ihn auf diese Schule zu schicken. Immer wenn die Eltern ihre Kinder moralisch ins Unrecht setzen, weil sie schlechte Leistungen bringen, ein schlechtes Urteilsvermögen beweisen oder auch unerwünschte persönliche Vorlieben zeigen etc., wird dies zu Problemen mit dem Selbstwertgefühl führen.

3. Die Häufigkeit der Negativbotschaften.
Im Durchschnitt haben Sechzehnjährige etwa hundertachtzigtausend Mal gehört, worin sie nicht gut sind, was sie nicht tun sollten, warum sie etwas nicht verdienen, wie schlecht sie sich benehmen und andere negative Äußerungen. »Irgendetwas stimmt nicht mit dir«; »Kannst du denn nie etwas richtig machen?«; »Bist du denn blöd?« Früher oder später werden diese Botschaften in uns einsickern und künftige Munition für unseren »inneren Richter« werden.

4. Die konsequente Einhaltung der Disziplin (Regeln)
Kinder werden ihre Eltern ständig testen, um herauszufinden, wie konsequent sie im Hinblick auf die Regeln sind. Besteht eine gewisse Beliebigkeit und/oder andere Formen von Inkonsequenz – etwa wenn die Eltern nicht auf Einhaltung der Regeln bestehen, weil sie müde und abgeschlagen sind – bleibt nur der Schluss, dass man nicht deshalb bestraft wird, weil man etwas Bestimmtes gemacht hat, sondern weil man so ist, wie man ist. Oft gehen also mit Inkonsequenz bei der Durchsetzung von Regeln Schuldgefühle einher.

5. Ablehnung durch die Eltern
Lehnen Eltern ein Kind ab, indem sie sich von ihm zurückziehen, es ignorieren oder sich über etwas rasend aufregen und diese Wut lange bestehen lassen, so kann dies das Selbstwertgefühl heftig beschädigen. Es ist eine Bestätigung, unwürdig zu sein oder Liebe nicht zu verdienen.

6. Verbale Beschimpfungen und Ablehnung
Wenn Eltern ihre Kinder verbal beschimpfen und ihnen wiederholt zu verstehen geben, dass sie wertlose Geschöpfe seien und es nicht

verdienten, geliebt zu werden, ist das – neben körperlicher Misshandlung und sexuellem Missbrauch – der schlimmste Schaden, den man sich vorstellen kann. Es wird tiefe emotionale Narben hinterlassen, die einen enormen Einfluss auf das zukünftige Selbstwertgefühl haben werden.

Das sind die wichtigsten Gründe, warum wir uns selbst ablehnen und oft zu unserem schlimmsten Feind und Kritiker werden. An ihnen liegt es auch, dass viele Menschen auf der ersten Bewusstseinsstufe hängen bleiben. So hart sie auch daran arbeiten, sich selbst zu beweisen, in ihnen werden da diese Dämonen sein, die für Chaos sorgen und ihrem inneren Frieden im Weg stehen.

Wir alle haben bestimmte Grundbedürfnisse, und diese Bedürfnisse können sich, wenn ihnen nicht Rechnung getragen oder angemessen mit ihnen umgegangen wird, gegen uns wenden und inneren Aufruhr auslösen. Wir alle wollen das Gefühl haben:

1. Geborgen und angstfrei leben zu können
2. von anderen akzeptiert zu werden (oder, noch lieber, von anderen geliebt)
3 kompetent und den Anforderungen gewachsen zu sein
4. uns in den meisten Situationen als wertvoll und selbständig zu erleben.

Haben wir ein entsprechendes Selbstwertgefühl, werden wir vollkommen andere Herangehensweisen und Strategien haben als dann, wenn es uns an Selbstwertgefühl mangelt. Und so handhaben wir Situationen, wenn wir von unserer inneren Kraft her kommen:

1. Wir stellen uns unseren Ängsten und finden Lösungen
2. Wir akzeptieren es, dass nicht jeder uns mögen oder akzeptieren wird.
3. Wir akzeptieren es, dass wir nicht auf allen Gebieten kompetent sein können, und wenn wir etwas unbedingt wollen, engagieren wir uns dafür, es zu bekommen und finden Wege, die Straßensperren zu umgehen.
4. Wir bewältigen zwischenmenschliche Konflikte, statt ihnen aus dem Weg zu gehen.
5. Wir akzeptieren, dass wir nicht perfekt sind und von daher Fehler machen werden.

Ist unser Selbstwertgefühl am Boden, sieht alles ganz anders aus. Es fällt so viel schwerer, mit dem Leben umzugehen, und oft werden wir Ausschau nach möglichen Verstecken und Fluchtmöglichkeiten suchen. Wir bewältigen Ängste und Konflikte, indem wir die Situation meiden, die diese Gefühle der Unzulänglichkeit hervorruft.

Hier bietet der »innere Richter« Hilfe an. Das große Widerspruch ist, dass der »innere Richter« trotz seiner Härte und negativen Haltung in der Tat bewirkt, dass Sie sich besser fühlen. Sie werden sich darin bestätigt sehen, eben zu nichts zu taugen oder etwas nicht zu können, dass andere Sie nicht lieben, dass Sie niemandem über den Weg trauen können etc. Nun können Sie sich bequem im Sessel zurücklehnen, weil jetzt ja die ängstliche Anspannung weg ist, und gleich fühlen Sie sich weniger inkompetent, weniger verletzlich. Der ultimative Rückzieher wäre dann, sich selbst die folgenden Aussagen abzukaufen: »Daran kann ich nichts ändern«, »So bin ich eben«, »Bei einer anderen Kindheit wäre alles anders gelaufen!«.

Warum ist dieser Punkt so wichtig?

Er ist es deshalb, weil unsere Gedanken und Gefühle eine derart massive Wirkung auf unseren energetischen Körper haben. Welche Richtung ein Gedanke auch nimmt, Energie und Lebenskraft werden ihm folgen. Die meisten Menschen nehmen bewusst wahr, wie sie Energie in Form emotionaler Bindungen und Bande zu anderen Menschen und sogar Haustieren verlieren. Die meisten von uns jedoch sind nicht gewahr, wie viel Lebensenergie wir auf frühere Begebenheiten verwenden, auf Dinge, denen wir nachtrauern, auf alte Überzeugungen (oft nicht einmal unsere eigenen) und Verlusterfahrungen. Die Gedanken, die wir in jedem Moment haben, zeigen uns, wohin unsere Energie fließt.

Stecken in unseren Gedanken negative Botschaften, eine unterschwellige Furcht, mangelndes Selbstwertgefühl, Ängste, Sorgen, Feindseligkeit etc., so geht Energie verloren oder wird im Körper blockiert. Konzentrieren wir uns mehr auf positive Botschaften oder Bilder oder wehren wir uns nicht gegen Dinge, die wir nicht ändern können, lassen wir alten Kummer und alte Beleidigungen los, so wird die Energie zu den bislang blockierten Bereichen hinfließen, und es entsteht Raum für eine Heilung.

Wie wir unsere Lebensenergie auch einsetzen, ob wir sie dazu verwenden, unseren Fokus auf Wut und Frustration zu richten oder auf Freude und Harmonie – es wird sich in unserer Biologie manifestieren. Eine

anhaltende Disharmonie oder Schwäche in unserem Energiefeld wird zu körperlichen Funktionsstörungen und Krankheiten führen.
Oft wandern unsere Gedanken eher zufällig: sie kommen und gehen. Unsere Gedanken projizieren gleichzeitig unablässig unsere Gefühle aus uns hinaus in das Feld um uns, auch morphogenetisches Feld genannt. Es handelt sich um ein elektromagnetisches Feld, das die Welt umschließt und jeden und jede einzelne von uns direkt miteinander verbindet. Andere Menschen können unsere Botschaften und auch unsere Absichten mitbekommen. Hier kommen die nicht-physischen Sinne ins Spiel – der sechste Sinn, die Intuition, Hellsichtigkeit etc. Wir alle verfügen über diese nicht-körperlichen Sinne; die meisten von uns sind sich dessen lediglich nicht bewusst. Dennoch reagieren wir auf die unhörbaren, unsichtbaren nonverbalen Botschaften anderer. Wir alle projizieren unsere Gedanken und Gefühle in das morphogenetische Feld, ohne Ausnahme.
Bringen wir ein Gefühl und einen Gedanken miteinander in Verbindung, erhalten wir ein Urteil. Jedes Urteil führt zu einer energetischen Blockade in unserem Körper. Jedes Mal, wenn wir uns selbst be- oder verurteilen, erzeugen wir energetische Straßensperren in unserem Meridiansystem. Jedes Mal, wenn wir jemanden be- oder verurteilen, erschaffen wir ebenfalls energetische Straßensperren in unserem Körper. Nehmen wir einmal an, Sie sind auf jemanden wütend. Jedes Mal, wenn Sie die betreffende Person sehen oder an sie denken, wenn Sie ihren Namen hören oder sich eine andere mögliche Assoziation einstellt, werden Sie sich auch wieder über sie aufregen und Energieblockaden in Ihren Organismus aufbauen. Je mehr wir uns zum Richter aufschwingen, desto mehr werden wir zur Geisel unserer Gefühle und desto mehr Energie wird aus unseren Meridiansystemen geplündert. Dies erzeugt Steifheit und Starre in unserem Körper. Es führt zu Unpässlichkeiten und Erkrankungen.

Über etwas oder jemanden zu Gericht zu sitzen, raubt Ihnen Lebenskraft!
Es gibt einen Unterschied zwischen einem Be- oder Verurteilen und einer Meinung. Eine Meinung ist nicht emotional geladen, sie ist neutral. Meinungen können wir relativ leicht ändern, sobald uns neue Daten oder Informationen vorliegen. Es ist in Ordnung, Meinungen zu haben, sobald Sie jedoch an Ihrer Meinung zu kleben beginnen, wird dies Ener-

gie fressen. Der Schlüssel besteht darin, nicht an etwas zu haften und neutral zu sein.

Am besten gehen wir mit negativen Emotionen so um, dass wir uns auf das Gefühl konzentrieren, statt auf das Etikett, das wir ihm anheften oder das Urteil, das ihm zugrunde liegt.

Was fühlen wir; wo fühlen wir es?

Wie intensiv ist dieses Gefühl?

Es kommt nicht einmal darauf an, die Ursache zu finden; die Ursache ist nämlich nie die Ursache. Sie ist ein Auslöser, der aufgrund alter Erinnerung die Alarmglocken schrillen lässt. Nehmen Sie das Gefühl an, lassen Sie es für sich okay sein, selbst wenn es unbequem ist.

Nehmen wir also einmal an, Sie haben einen negativen Gedanken über sich selbst, und dementsprechend fühlen Sie sich schlecht. Sie lokalisieren dies als ein Schweregefühl in Ihrer Magengrube, mit einem ganz leisen Hauch von Übelkeit. Dann akzeptieren Sie dieses Gefühl voll und ganz und verweilen einfach dabei – danken Sie Ihrem Körper dafür, dass er eine derart perfekte Maschinerie ist und sie warnt, dass diese Energieblockade in Ihrem System besteht.

Die Affirmation, die meiner Erfahrung nach hier am wirkungsvollsten ist, heißt: »Ich liebe und akzeptiere mich mit diesem Gefühl.« Senden Sie der Gegend, die Probleme hat, liebevolle Gedanken und stellen Sie sich bildlich vor, wie diese Zone reich von Energie durchströmt wird. Später werden wir noch eingehender auf die Techniken zu sprechen kommen, die Ihnen bei der Beschleunigung dieses Prozesses helfen werden.

Die Basis von allem ist einfach, uns einfach so, wie wir sind, zu lieben und zu akzeptieren. Wir brauchen nichts an uns zu verändern – wir müssen lediglich mit der Liebe in Verbindung kommen, die wir bereits in uns tragen. Indem wir uns nicht bedingungslos so annehmen, wie wir sind, lehnen wir uns selbst oder einen Teil von uns ab. Das Gebot »Liebe deinen Nächsten wie dich selbst« gründet sich auf die Prämisse, zunächst einmal uns selbst zu lieben, und zwar bedingungslos. Immer wenn wir einen anderen Menschen nicht einfach so akzeptieren, wie er ist, schaden wir uns selbst. Andere zu akzeptieren heißt nicht, dieser Person zuzustimmen oder unsere eigenen Rechte aufzugeben. Akzeptieren bedeutet hier, das Gegenüber so zu nehmen, wie es ist, ohne zu urteilen, selbst wenn der oder die Betreffende unangenehme Dinge tut. Das energetische Gesetz, das dem Ganzen zugrunde liegt, lautet:

- Jeder Mensch, den wir ablehnen, spiegelt einen Teil von uns selbst, den wir ablehnen.

Letzten Endes gibt es keinen Unterschied zwischen Ihnen und dem anderen. Wir haben diesen Augenblick in Zeit und Raum geschaffen, und es gibt immer etwas zu lernen, wenn wir den Fluss unserer Energien blockieren.

Eine andere Betrachtungsweise ist die, sich die Frage zu stellen: »Wie kann ich mit dieser Person oder Situation umgehen, ohne Energie einzubüßen?« Nur wenn ich andere und die Situation bedingungslos annehme, nehme ich mich selbst an. Jedes Ereignis, jedes Trauma, jeder Unfall, jede Situation und jede Person ist Bestandteil dessen, was ich selbst geschaffen habe, und von daher kann ich alles das hundertprozentig annehmen und lieben. Anfangs mag das etwas Energie kosten, doch schließlich wird es zum Weg des geringsten Widerstands. Der Weg des geringsten Widerstands führt zu innerer Harmonie, weniger Energieverlust und bedingungsloser Liebe zu sich selbst und anderen. Dorthin zu gelangen, wird einiges an harter Arbeit erfordern.

Abschließend ein Zitat aus Dr. Wayne W. Dyers (*Staying on the Path*):
Überlasse dich einem neuen Bewusstsein, einem Gedanken, der da flüstert:
»Ich kann das, in diesem Augenblick. Ich werde alle Hilfe erhalten,
die ich brauche, solange ich mich an diese Ausrichtung halte
und mich nach innen wende, um Unterstützung zu finden.«

KAPITEL 4

KARMA UND EMOTIONEN:
ZWEI SEITEN EIN UND DERSELBEN MEDAILLE

Erzählt ein Mensch eine Lüge,
so erzählen zahllose andere sie als Wahrheit weiter.
Zen-Sprichwort aus: Timothy Freke, *The Wisdom of the Zen Masters*,
Journey Editions 1998

Das Leben in seiner Schönheit und Güte zu erfahren, ohne sein Sklave zu werden, und dabei gleichzeitig anderen zu dienen und sich selbst gegenüber wahrhaftig zu bleiben, damit ließe sich auf eine sehr indirekte Weise die Basis des karmischen Gesetzes zusammenfassen.
Für die meisten ist Karma mit der Philosophie der Wiedergeburt verknüpft. Hiermit werden wir uns in Kapitel sieben noch befassen.
Im vorliegenden Kapitel jedoch konzentrieren wir uns zunächst einmal darauf, was Karma ist, wie es mit unseren Emotionen zusammenhängt und wie dieses Wissen den Gang unseres gesamten Lebens verändern kann. Dieses Wissen um das Karma wird uns helfen, die optimalen Entscheidungen in unserem Leben zu treffen und uns helfen, schmerzhafte Erinnerungen und Situationen in Erfahrungen spirituellen Wachstums zu verwandeln.
Um vollständig zu verstehen, was es mit dem Gesetz von Ursache und Wirkung (Karma) auf sich hat, müssen wir uns mit der Vorstellung auseinander setzen, dass das Leben keine Aneinanderreihung zufälliger Ereignisse und Zwischenfälle ist. Es gibt keine Opfer, keine Täter, keine Sieger, keine Verlierer; es gibt kein Glück, kein Pech, keinen Zufall und kein Schicksal. Nichts dergleichen. Wir sind Teil eines globalen Netzes miteinander verwobener Seelen, mit einem freien Willen ausgestattet, und da ist kein Chaos.
Im Gegenteil: Es existiert ein geordnetes, kohärentes System, das von bestimmten Gesetzen regiert wird und vorhersehbar ist, wenn man alle Faktoren kennt, die in es einfließen. Es gibt eine vorhersehbare Verbindung zwischen unseren Entscheidungen und deren Folgen. Die Wahrheit ist, dass wir die Zügel in der Hand halten, aber oft unsere freie Entscheidungsfähigkeit aufgegeben haben, um zu emotionalen Geiseln

zu werden und uns von unseren Wünschen oder Bedürfnissen versklaven zu lassen.

Haben Sie erst einmal akzeptiert, dass Sie die Zügel in der Hand halten, jedoch darauf verzichtet haben, von diesen Gebrauch zu machen, werden Sie tun, was zu tun ist, um wieder selbst zu steuern. Mir zumindest würde das so gehen, Ihnen nicht?

Die Frage ist: Wie findet man seinen Weg durch das Leben? Muss man denn einen Weg durchs Leben finden? Wenn nicht, was führt einen dann?

Hier der Unterschied zwischen jemandem, der sich auf Ebene eins der Manifestation befindet, und den anderen Ebenen.

Ebene eins: Hier lassen Sie sich von den Umständen leiten. Dinge widerfahren Ihnen; Sie können Glück oder Pech haben. Ihre Herangehensweise an das Leben erfolgt nach dem Prinzip »Volltreffer oder voll daneben«, was auf einen Mangel an Bewusstheit oder auf Passivität zurückgeht und letztlich eine Selbstverleugnung darstellt. Sie leugnen damit Ihre eigenen Fähigkeiten und den universellen Geist, der Sie beseelt. Das Leben ist wie Russisches Roulette!

Ebene zwei: Hier verlassen Sie sich auf Ihre Intuition und folgen dem, was sich für Sie richtig anfühlt. Sie beginnen mehr Synchronizität in Ihrem Leben zu erzeugen und akzeptieren, dass es Höhen und Tiefen gibt. Sie beginnen eine Verbindung zu Ihren Geistführern herzustellen, Ihren Engeln oder Ihrem höheren Selbst. Sie beginnen die Zeichen und die Sprache des Universums zu verstehen.

Ebene drei: Auf dieser Ebene haben Sie das Vertrauen, dass Sie und das Universum eins sind. Was in Ihrem Leben geschieht, ist ein Spiegel Ihrer Absichten. Sie entscheiden sich für Reinheit und klare Ausrichtung auf Ihren Fokus. Es gibt keine Höhen und Tiefen, es gibt nur das Jetzt. Im Jetzt lassen Sie unablässig Vergangenes los.

Machen wir uns klar, was es mit dem Gesetz des Karma auf sich hat: Es bedeutet in Wirklichkeit, dass es nur zwei grundlegende Entscheidungsmöglichkeiten gibt – entweder wir entscheiden uns für selige Unwissenheit, oder wir entscheiden uns dafür, bewusst die Tatsache zur Kenntnis zu nehmen, dass jede Handlung ihre Folgen hat.

Letztes bedeutet zu wissen, dass wir jede Chance nutzen müssen, das zu wählen, was für unser Leben und alles andere darum herum das Allerbeste ist. Das Gesetz des Karma bedeutet, dass Sie unentwegt Entscheidungen fällen; weigern Sie sich, eine Wahl zu treffen, so wird Ihre Vergangenheit für Sie wählen, da ihr alter Fokus noch fortbesteht.

Indem wir den ursprünglichen Fokus unserer Kindheit verändern, der die unterbewusste Programmierung zur Sicherung des Überlebens war, können wir uns auf die nächste Ebene des Seins entwickeln. Karma lässt sich letztlich auf Handlungen und unsere früheren Erfahrungen reduzieren.

Behalten Sie an dieser Stelle im Hinterkopf: Alle Handlungen erzeugen Erinnerungen. Dieselben Erinnerungen werden ein neues Verlangen entstehen lassen, zu erfüllen, was in der Vergangenheit noch nicht aufgelöst wurde. Dieses Verlangen, das wir manifestieren, wird uns zum Handeln treiben, was wiederum zu Karma führt.

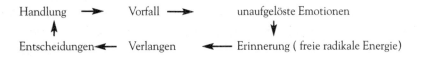

Wir können sehen, was geschieht, wenn wir uns mit unseren Emotionen nicht auseinandersetzen: Wir sind in einem Teufelskreis gefangen, der sich unablässig selbst verstärkt. Die Umstände werden variieren, aber das Grundmuster bleibt gleich. Indem wir dieses Gesetz verstehen und akzeptieren, erlangen wir größere Ausdauer und Flexibilität, um durch die Schwierigkeiten unseres Lebens zu kommen.

Ein Freund von mir ist ein sehr bekannter Zahnarzt – bekannt dafür, dass er einer der wenigen schmerzfrei arbeitenden Zahnärzte in unserem Land ist. Von überall her kommen die Leute scharenweise in seine Praxis. Dort hat er einen Knopf am Behandlungsstuhl angebracht, und man kann während der Behandlung den Finger an diesen Knopf halten. Sobald die Behandlung auch nur im Entferntesten unangenehm wird, kann man auf den Knopf drücken, und dann unternimmt der Zahnarzt etwas gegen die Schmerzen.

Im Vergleich zu anderen Zahnärzten besteht bei ihm die geringste Nachfrage nach Schmerzmitteln. In Wahrheit sieht es so aus, dass nur sehr selten von dem Knopf Gebrauch gemacht wird. Der Grund dafür ist, dass die Patienten dadurch, dass sie Zugang zu diesem Knopf haben, selbst die Kontrolle haben. Sie sind nicht hilflos ausgeliefert, und so mindert sich für sie oder verschwindet der größte Schmerzverursacher überhaupt: Angst und Ohnmacht. Mit dem Karma ist es nicht anders: Wenn wir die Kontrolle übernehmen, ist es viel einfacher, mit den Schwierigkeiten umzugehen, die wir uns selbst erschaffen. Der Hauptpunkt, den wir akzeptieren müssen ist, dass mit uns nichts ohne die Zustimmung und Mitwirkung unserer Seele geschieht. Deshalb ist die gesamte Wirklichkeit das Produkt dessen, was wir für uns gewählt haben!

Das Schöne hieran ist, dass in Wirklichkeit selbst unsere schwierigsten Momente die Gelegenheit zu maximalem Wachstum in sich tragen. Die Gesetze des Universums sind ein offenes Geheimnis für uns. Sie sind sehr real, so real wie das Gesetz der Schwerkraft, und wir sind voll und ganz in der Lage, zu bewirken, dass sie funktionieren, und verstehen sie bereits auf einer nicht bewussten Ebene. Die gute Nachricht dabei ist, dass wir über einen eingebauten Detektor für die universellen Gesetze verfügen, nämlich unsere Gefühle. Im Universum existiert die höchste Ordnung und Harmonie. Sobald wir diese bewusst anzapfen, können wir sie spüren. Indem wir uns auf dieses Gefühl einschwingen, wird uns möglich, zu merken, wenn wir etwas tun, was diese Harmonie stört.

Mit anderen Worten: Das Gesetz des Karma richtet uns auf die allgegenwärtige Harmonie des Universums aus. Um das karmische Gesetz voll und ganz zu verstehen, müssen wir wissen, dass jeder Gedanke, jedes Begehren, das wir verspüren, jede Emotion, die wir unterdrücken, unsere Schwingungsrate verändern wird. Wir können dies zu unserem Vorteil nutzen, da wir unsere Schwingungsrate verändern können, um das anzuziehen, was wir wollen. Dies lässt sich durch die in diesem Buch erklärten Techniken erlernen. Sobald wir besser verstehen, wie dies funktioniert, unternehmen wir Bewusstseinssprünge und können auf den Ebenen des Bewusstseins, wo wir derzeit funktionieren, höher transzendieren.

Wir müssen uns dahingehend entwickeln, multisensorisch zu werden statt quintsensorisch (fünf physiologische Sinne besitzend). Das quintsensorische System dient nur dazu, die physische, materielle Welt wahrzunehmen. Darüber hinaus betrachtet ist es nutzlos und wird oft zum Mühlstein, den jemand um den Hals trägt, und dann stehen die Chancen gut, dass man zu glauben beginnt, man sei hilflos. Auf Ebene eins,

der quintsensorischen Ebene führt dies zu zwei entgegengesetzten Lebenseinstellungen. Die einen sind die »Erfolgstypen«, die lieber sterben würden, als ihre Träume aufzugeben. Sie sind süchtig nach Konkurenzkampf und lieben Dinge wie »Power Lunch« und »Power Nap« im Büro.
Die anderen sind die Menschen, die auf »Tempomat« geschaltet haben – das ist die graue Masse, die Mehrheit der Leute. Sie finden sich mit ihrem Schicksal ab, und die meisten von ihnen werden so lange einen unbefriedigenden Job ausüben, bis sie sich zur Ruhe setzen können, um dann langsam zu verfallen oder ein paar Hobbys zu haben, die sie noch lange Zeit weitermachen lassen. Die meisten von ihnen sind überhaupt nicht glücklich und sehr neidisch und kritisch, wenn es um die »Erfolgstypen« geht. Das ist die Ebene, wo derjenige gewonnen hat, der am reichsten stirbt!
Eine dritte Gruppe ist das genaue Gegenteil der »Erfolgstypen«, die so genannten »Quietisten«. Sie haben die Ruhe weg, weil sie das Leben so nehmen, wie es ist. Sie kämpfen nicht mehr um Erfolg und finden sogar, nachdem sie aufhören, ihre Träume durch harte Arbeit verwirklichen zu wollen, ein Gefühl der inneren Ruhe. Der Unterschied zur vorherigen Gruppe ist der, dass sie keine feindseligen Regungen haben; die meisten von ihnen haben Frieden in der Religion gefunden.

Zurück zum Karma: Unsere Entscheidungen und die sich hieraus ergebenden Handlungen sind unsere Hilfswerkzeuge, uns bewusstseinsmäßig weiter zu entwickeln. In jedem einzelnen Moment wählen wir die Ausrichtungen, die unseren Erfahrungen einen gewissen Sinn verleihen werden. Entscheiden Sie sich für Ignoranz, so erfolgt diese Wahl unterbewusst, und Ihre Entwicklung wird dementsprechend verlaufen. Treffen wir Entscheidungen aufgrund unserer Ausrichtung auf unser höheres Bewusstsein, so können wir viele der primitiven Antriebskräfte der Ebene eins loslassen, wie etwa Habgier, Sicherheitsdenken, Angst, Wut, Rachebedürfnis, Scham, Einsamkeit und unser Verlangen nach einer äußerlichen Erfüllung unseres Glücks.
Ein multisensorischer Mensch ist offen für seine Erkenntnisse, Intuition, seinen sechsten Sinn und andere subtile Gefühle, Zeichen und Signale. Eine solche Person wird ihre Entscheidungen auf Liebe, Mitgefühl und Weisheit aufbauen und von Negativität und Verurteilung ablassen.

Es ist nur allzu offensichtlich und wurde schon Millionen und Milliarden Male gesagt: Wir müssen uns unsere Entscheidungen bewusst machen. Jeder Einfluss, der uns davon abhält, bewusste Entscheidungen zu fällen, ist unser erklärter Feind.

Nun wird Ihnen langsam klar werden, welche Auswirkung Unaufgelöstes in unserer Erinnerung hat, das für starke Wünsche sorgen wird, die wir bewusst außer Kraft setzen müssen.

Wie wir auf der schematischen Darstellung sehen, ist dies der Weg, jenes alte Karma (unaufgelöste Themen) zu verbrennen, das bestimmte Begebenheiten, Situationen, heftige Wünsche oder Bedürfnisse in unserem Leben entstehen lässt. Ich sage es noch einmal: Hinter jeder Begebenheit, jeder Handlung, jedem Gedanken, Gefühl, Bedürfnis oder Verlangen steht eine Absicht. Diese Absicht geht auf eine ursprüngliche Ursache zurück, etwas Unerledigtes. Handeln wir bewusst, so können wir diesen karmischen Zyklus durchbrechen und mehr Raum schaffen für positive, kreative, liebevolle Energie und größere Mühelosigkeit in unserem Leben.

Haben wir das Gesetz des Karma erst einmal in unser innerstes Wesen integriert, und beginnen wir zu verstehen, dass alle Menschen in unserem Mikrokosmos und alle stattfindenden Ereignisse durch unser kollektives überlegenes Bewusstsein orchestriert werden, so dass alle Beteiligten sich in ihrem eigenen Tempo und in ihrer eigenen Komfortzone weiterentwickeln können, so werden wir früher oder später den heiligen Glauben begreifen, dass alles aus einem bestimmten Grund geschieht.

Noch lieber sage ich: »Hinter jeder einzelnen Begebenheit steckt eine Absicht!« Diese ist stets eine positive Absicht, unser spirituelles Wachstum und Wohlergehen zu fördern. Die Tatsache, dass dies durch Sie geschieht, beweist, dass es immer wie maßgeschneidert für Sie ist

– es wird nie etwas sein, womit Sie nicht fertig werden können, es sei denn, Sie wollten es so. Der spirituelle Weg ist eine Serie von Entscheidungen, die Sie treffen, die immer die Verheißung größerer Harmonie in sich tragen.
Wie bei allem gilt: Am Anfang erfordert es Übung und harte Arbeit, um Kompetenz zu entwickeln und dann durch Disziplin und Routine zu brillieren.
Der einzige Weg zur Mühelosigkeit führt über die Disziplin, dem Weg des geringsten Widerstands zu folgen; dies kann viel Übung erfordern, um uns selbst von den Glaubenssätzen der Ebene eins zu dekonditionieren und dehypnotisieren.

Hier noch einige weitere Gedanken zur Wahl des Weges, dem es zu folgen gilt. Das Gesetz der Mühelosigkeit als ultimative Manifestation bedeutet hierbei nicht, dass mit diesem Gesetz zu kooperieren immer mühelos sein wird. Es mag anfangs einigen Energieaufwand erfordern, nicht spontan Entscheidungen zu treffen, die uns ein gutes Gefühl verschaffen, die sich sofort auszahlen oder die auf Kosten anderer gehen. Wir werden oft am Scheideweg stehen, an Punkten, wo sofortige Belohnungen uns den Weg in die Richtung von Unehrlichkeit, Egoismus und in die anderer menschlicher Laster weisen. Oft sind die »besten« Entscheidungen die, die einem schwerfallen. Sie verlangen Disziplin, Opfer und die Bereitschaft, anderen zu dienen.
Gleichzeitig ist das auch der Weg des Nichtanhaftens und der Wehrlosigkeit. Es ist der Weg, bei dem wir zulassen, dass alles in unserem Leben frei fließt, ohne ein Verlangen, koste es, was es wolle, an etwas festhalten zu wollen.
Die universelle Energie ist die größte Energiequelle. Damit sie uns durchströmen kann, müssen wir uns von unseren negativen Erinnerungen an Vergangenes befreien, die jeden Energiefluss blockieren. Jede Störung des Flusses dieser Energie wird unsere Fülle auf der zweiten und dritten Ebene der Manifestation schmälern.
Einer der sicheren Wege, den freien Fluss der Energie zu blockieren, besteht darin, dass wir an dem festzuhalten versuchen, was wir zu haben meinen: Besitz, Beziehung, Beruf, Menschen etc. Das wird den Kreis um uns schließen und das Einströmen neuer Dinge und Menschen in unser Leben verhindern. Zwischen Haben und Festhalten besteht ein himmelweiter Unterschied. Immer wenn wir an etwas festhalten, sind

wir damit verhaftet. Hier eine simple Regel: Alles, was Sie nicht mitnehmen können, wenn Sie die physische Sphäre hinter sich lassen, ist es nicht wert, dass man sich daran klammert; es wird nur das ungehinderte Einströmen von Energie in Ihr Leben verhindern.

Der komplizierteste Widerspruch dabei ist, zu verstehen, wie das im Hinblick auf menschliche Beziehungen funktioniert. Sie können mit vollkommener Hingabe und absolutem Engagement in der Beziehung stehen, Ihrem Partner oder Ihrer Partnerin voll und ganz vertrauen, und dennoch absolut frei von Anhaftung sein. Die Beziehung geht weiter, weil Sie von Augenblick zu Augenblick ihr Ja zu dieser Beziehung erneuern. Das wird gleichzeitig eine Wahl sein, die Sie fortlaufend immer wieder treffen.

Der Hauptgrund dafür, dass wir Dinge festhalten wollen, ist der, dass wir nicht darauf vertrauen, dass das Universum für uns sorgen wird. Auch das basiert wiederum auf unserer emotionalen Wirklichkeit von früher, an der wir noch hängen – in der Hoffnung, dass dies verhindern wird, schmerzhafte Ereignisse der Vergangenheit noch einmal durchleben zu müssen. Dabei erschaffen wir uns, ohne es zu wissen, genau das, was wir verhindern wollen.

Außerdem glauben wir, dass wir unsere Bedürfnisse besser kennen als das Universum und dass wir alles unter Kontrolle haben müssten, um uns sicher zu fühlen. Auf der zweiten und dritten Ebene können wir erkennen, dass wir dadurch, dass wir andere an unserer Fülle teilhaben lassen und bereit sind, ihnen zu dienen, damit sie sich selbst besser helfen lernen, immer an die unendliche Energiequelle angeschlossen sein werden, die uns ständig zur Verfügung steht. Um das Gesetz der universellen Fülle zu meistern, müssen wir unsere einschränkenden Überzeugungen und unsere Auffassung, dass Mangel herrscht, loslassen. Auf Ebene drei wird uns schließlich deutlich, dass Fülle der natürliche Daseinszustand ist. Wir lösen uns von aller Anhaftung an materiellen Wohlstand und können ihn wirklich frei in unser Leben fließen lassen. Das Gesetz des Karmas ist kein willkürlicher Verhaltens- und Bravheitskodex des Universums – es besagt, wie die Harmonie im Universum aufrecht erhalten wird.

Und das Beste daran ist: Jeder Gedanke, jede Handlung, jede Überzeugung und jedes Verlangen, das in Übereinstimmung mit der Harmonie des Universums steht, wird sich vervielfältigen und noch mehr Harmonie und Liebe hervorbringen. Es ist wie mit drei Stimmgabeln:

Eine ist eine riesige Stimmgabel, die auf einer bestimmten harmonischen Frequenz schwingt, und sie zieht andere Menschen an, die auf den gleichen Frequenztyp gestimmt sind. Dann gibt es eine weitere riesige Stimmgabel, die auf einer disharmonischen Frequenz schwingt. Die dritte ist unsere eigene Stimmgabel, die zwischen harmonischen und dissonanten Frequenzen wählen kann. Was wir auch wählen, es wird durch eine der beiden größeren Stimmgabeln verstärkt, und wir bekommen das zurück, was wir ausgesendet haben, und zwar ebenfalls in Gestalt von Menschen, die in dem gleichen Frequenzbereich schwingen.

Zusammengefasst gilt also: Alle Handlungen, Gedanken, Wünsche oder Gefühle, die nicht mit der Güte des Universums harmonieren, werden früher oder später zu uns zurückkommen, um uns eine Chance zu geben, uns wieder auf die universelle Harmonie auszurichten.

Damit ist Karma also das Beste, was uns widerfahren kann. Es erlaubt uns, wieder neu zu wählen. Die andere gute Neuigkeit lautet, dass es keinen Richter oder Gott gibt, der nichts Besseres zu tun hat, als unsere Handlungen zu bewerten und über sie Buch zu führen. Das ganze System basiert auf der Quantenphysik.

Vor der größten Begrenzung stehen Menschen immer dann, wenn sie versuchen, ein Phänomen zu definieren, von dem sie selbst ein interaktiver Teil sind. Jede Beobachtung ist immer durch die Grenzen des Beobachters eingeschränkt. Wie kann man mit nur fünf Sinnen etwas messen, das unendlich weit über diese fünf Sinne hinaus reicht?

Das Gesetz des Karmas ist nicht Bestrafung – ganz im Gegenteil: es ist das Gesetz der Barmherzigkeit und Liebe. Wir versuchen hier nicht, die zehn Gebote zu befolgen, einen Verhaltenskodex, der von Gott aufgestellt wurde. Vielmehr ist das Gesetz der Barmherzigkeit und Liebe ein Ausdruck der liebenden Essenz Gottes – oder des Universums, wenn Sie so wollen. Sie sind wirksam, selbst wenn Sie nicht an Gott glauben, selbst wenn es gar keinen Gott gibt.

Es gibt absolut keinen Grund, warum wir uns sträuben sollten, die Gesetze des Karmas zu befolgen. Dies würde nur Distanz erzeugen zwischen Ihnen und dem Schöpfer, der Essenz des Lebens, und zu mehr Selbstablehnung und Einschränkung der Energie führen. Entweder wir befolgen die Gestze des Universums und sind damit einverstanden oder wir meckern über sie und befolgen sie trozdem, wenn auch grollend, weil wir müssen, auch wenn sie uns nicht angenehm sind. Manche

Menschen befolgen die Gesetze aus Angst vor Strafe. Es ist nicht ungewöhnlich, phasenweise alles oben Genannte durchzumachen. Die innere Verbindung liegt darin, zu verstehen, dass genau das Gegenteil zutrifft: Das Gesetz der Barmherzigkeit, Liebe und Vergebung ist ein Ausdruck der wechselseitigen Verbundenheit zwischen der universellen Intelligenz und uns. Es ist das Gesetz der engen Beziehung, der Einheit, und es ist Ausdruck der höchsten Natur des Guten. Deshalb sollten wir, wenn wir von Karma sprechen, zwischen positivem und negativem Karma unterscheiden. Wir haben bereits gesehen, wie die Emotionen bei der Entwicklung von Karma eine Schlüsselrolle spielen. Indem wir unsere so genannten natürlichen Instinkte, die von ungelösten Problemen herrühren, durch bewusste Entscheidungen ersetzen, die auf unserem Verbundensein mit der Liebe in uns basieren, schaffen wir »positives« Karma. Indem wir unseren natürlichen Instinkten folgen, die sich ihrerseits auf ungelöste emotionale Themen gründen, bleiben wir auf der Schiene des »negativen« Karmas.

Was sonst sollten wir noch über das Karma wissen, das einen Einfluss auf unser Leben haben könnte? Je mehr wir verstehen, desto besser. Es ist wichtig zu wissen, dass Wissen, das nicht zu Erkenntnissen und besseren Entscheidungen führt, ebenfalls »schlechtes« Karma ist. Wenn Sie wissen, dass Zigaretten schlecht für Ihre Gesundheit sind und sich dennoch entscheiden, weiter zu rauchen, ist das »schlechtes« oder »negatives« Karma. Treffen Sie die Entscheidung, mit dem Rauchen aufzuhören, weil es schlecht für Sie und andere ist, bauen Sie »gutes« Karma auf. Wir müssen zu Experten in der Karmaerkennung werden, eine der schwierigsten Fähigkeiten, die wir erwerben können. Es ist das Vermögen, bestimmte Ursachen und Wirkungen nachzuverfolgen. Infolge dessen werden wir dann besser imstande sein, Entscheidungen zu treffen, die »gutes« Karma mit sich bringen. Außerdem wird es uns leichter fallen, die Konsequenzen früheren Karmas entspannter anzunehmen. Das Gesetz des Karmas ist nicht so einfach, wie es scheint. Vom Prinzip her ist es simpel, aber dennoch mit seinen verästelten Auswirkungen sehr komplex.

Macht gebende Vorstellungen

Wenn wir Karma in seiner gesamten Komplexität voll und ganz verstehen wollen, müssen wir die Reinkarnationslehre mit einbeziehen. Setzen wir diese mit in die Gleichung ein, ergibt vieles mehr Sinn. Ob wir an

Derartiges glauben oder nicht, ändert nichts an dem, was ist. Die Reinkarnation zu akzeptieren, wird uns lediglich helfen, besser zu verstehen, womit wir es vermutlich zu tun haben.

Das zweite, was eine große Hilfe sein wird, ist die Überzeugung, dass es keine Unfälle oder zufälligen Ereignisse gibt und dass nichts, was geschieht, der Fehler oder die Schuld von irgend jemandem ist. Wir alle sind Teil einer globalen Verschwörung und haben auf einer gewissen Ebene für uns die Wahl getroffen, uns an diesem Tanz des Lebens zu beteiligen. Eigentlich sind wir sogar enthusiastische Freiwillige, die sich auf die Ereignisse eingelassen haben, die jetzt gerade geschehen. Wir können jederzeit entscheiden, aus der Sache auszusteigen, aber dazu müssen wir in der Lage sein, uns auf die universale Sprache einzustimmen und uns ihr zu öffnen. Einige der Herausforderungen, vor denen wir heute stehen, gehen auf Kindheitserfahrungen zurück, andere stammen aus vorherigen Leben.

Die dritte Überzeugung, die uns Macht verleiht, lautet, dass wir der Herausforderung – worin sie auch bestehen mag – gewachsen sind. Wir stecken nie allein in dieser Geschichte, sondern mit anderen zusammen, und wir können einander unterstützen. Wer Zweifel hat, was das Gesetz des Karmas und die Reinkarnation angeht, kann sich selbst folgende Frage stellen: »Was habe ich zu verlieren, wenn ich das als Möglichkeit akzeptiere?« Wenn Sie wirklich einmal darüber nachdenken, werden Sie sagen müssen: »Nichts.«

Es gibt keinerlei Möglichkeit, sich selbst mehr zu schaden als sie es jetzt vielleicht gerade schon tun. Wenn das Gesetz existiert, ist es für Sie ein enormer Gewinn, wenn Sie es anwenden. Wenn nicht, kann der Versuch nur einen besseren Menschen aus Ihnen machen. Das Gesetz des Karmas nicht zu akzeptieren, bedeutet einfach, dass nichts einen Sinn hat, dass da eine beliebige Aneinanderreihung von Ereignissen ist, über die Sie absolut keine Kontrolle haben und gegen die Sie machtlos sind.

Sie können auch beschließen, ein Projekt laufen zu lassen, aus dem Sie nur als Sieger oder punktgleich hervorgehen können, und die Gültigkeit dieses Gesetzes für mindestens ein Jahr testen. Wenigstens werden Sie dann wissen, dass Sie sich die Chance gegeben haben, Ihre schöpferische Kraft wieder für sich zu beanspruchen und haben eine große Chance, die Qualität Ihres Lebens zu verbessern.

Wenn wir uns darauf verständigen, können wir das Gesetz des Karmas weiter untersuchen und uns anschauen, was wir von den Weisen lernen können, die auf lange Traditionen zurückblicken, in denen man sich mit dem karmischen Gesetz befasste. Denken Sie daran: All diese Neuigkeiten sind gute Neuigkeiten, und wir können von Wissen nur profitieren, wenn wir ihm entsprechend handeln. Die eigentliche gute Nachricht im Hinblick auf das Gesetz des Karmas ist, dass es trotz der Vielzahl von Möglichkeiten, wie es sich in unserem Alltag ausdrücken kann, nur ein paar wenige grundlegende Kategorien gibt, die wir erfassen müssen, um zu wissen, auf welche Weise hier eine Wechselwirkung mit unseren Entscheidungen besteht.

Zunächst einmal sei erklärt, dass das Sanskritwort »Karma« »Handlung« bedeutet. Noch lieber wäre mir das Wort »Entscheidung« oder »Wahl«. Beim Karma geht es um die Entscheidungen, die wir treffen, sowie um sämtliche Konsequenzen dieser Entscheidungen.

- Das erste Gesetz des Karmas ist gleichzeitig auch die Grundlage der Physik: es ist das **Gesetz des Erhalts.**

Das Gesetz des Erhalts von Masse und Energie besagt, dass Energie nie verbraucht wird, sondern lediglich die Form verändert, und dass die Energie in einem physikalischen System insgesamt nicht zunimmt oder abnimmt. Dies kann auch als das Gesetz der Fortdauer bezeichnet werden.

Die Sonne braucht acht Minuten, um von ihrem Ursprung zu uns zu gelangen. Was wir als Sonnenlicht sehen, ist eine Aktivität, die sich bereits vor acht Minuten abgespielt hat. Mit den Sternen ist es noch dramatischer: Was wir sehen, können Informationen sein, die tausende von Jahren alt sind. Diese Informationen wandern für immer durch Raum und Zeit. Der gleiche Gedanke legt, auf unser persönliches Leben übertragen, den Schluss nahe, dass die Tendenz besteht, dass sich die Auswirkungen unserer Entscheidungen oder früheren Handlungen von Leben zu Leben fortsetzen.

Ein quintsensorischer Mensch wird normalerweise glauben, unsere Teilhabe an der spirituellen Entwicklung sei auf nur ein Leben beschränkt. Nach diesem Leben ist dann alles vorbei. Wir kommen mit einer Seele hierher, die ein unbeschriebenes Blatt ist, ohne Informationen von früher und ohne Erinnerung, und wir gehen mit nichts als den gemachten Erfahrungen aus diesem Leben.

In Kapitel sieben werden wir darüber sprechen, warum das nie zutrifft und warum wir alle mit einem ganzen Sammelsurium von Verunreinigungen in unserem System hier ankommen. Das hat nichts mit Reinkarnation oder Religion zu tun, sondern das sind rein wissenschaftlich gültige Fakten.

Ein multisensorischer Mensch ist offen für die Möglichkeit wiederholter Inkarnationen als Weg, die vielen Mysterien des Lebens zu erklären und er weiß, dass der universelle Geist der Teil von ihm ist, der unsterblich ist. Der universelle Geist ist nicht auf Zeit und Raum beschränkt. Er erfährt alle Inkarnationen gleichzeitig. Eine einzige Veränderung hat einen Einfluss auf Vergangenheit, Zukunft und Jetzt gleichzeitig. Ich habe dies in der Praxis mehr als tausend Male erlebt. Wenn ein Patient das Gefühl gehabt hatte, eine andere Person (zum Beispiel einer von den Eltern) hätte ihn übel verletzt, und er verzeiht dieser Person wirklich, so kann man sofort eine Veränderung in allem feststellen. Die Erinnerung an das Ereignis verändert im Handumdrehen die Vergangenheit, die Zukunft ändert sich gleichzeitig mit der Gegenwart. Die Physiologie dieser Menschen ändert sich, ja sogar ihre Biochemie. Alle Veränderungen können ganz schnell geschehen. Oft verändern sich auch die anderen Beteiligten. Die Persönlichkeit und der physische Körper sind Werkzeuge, mit deren Hilfe sich der universelle Geist, der uns beseelt, weiter entwickelt.

Jeder Aspekt der Persönlichkeit und des physischen Körpers ist an die Zwecke des universellen Geistes in uns angepasst. Durch das Loslassen von Angst und aller mit ihr zusammenhängenden einschränkenden Emotionen verändert sich das Karma auf der Stelle; jedes Mal, wenn wir eine unserer Ängste loslassen, bremsen wir die Projektion davon in Zukunft, Vergangenheit und Jetzt, und unser Karma verändert sich, und wir lassen eine emotionale Geisel frei. Das liegt daran, dass der universelle Geist nicht an die Zeit gebunden ist, also sind Zukunft und Vergangenheit nicht festgelegt. Das Ziel besteht darin, so viel Negativität (projizierte Angst) wie möglich loszulassen, um der Blaupause bedingungsloser Liebe näher zu kommen.

Die gute Nachricht im Hinblick auf das karmische Gesetz des Erhalts ist, dass keine Anstrengung oder Absicht je verloren geht. Was Sie auch erlangt haben in diesem Leben, emotional und spirituell, werden Sie in die nächste Inkarnation oder in die Ewigkeit mitnehmen. Die

Energie und Hingabe, die wir in unsere Anstrengungen hineingeben, entscheiden darüber, welche zukünftigen Auswirkungen unsere Arbeit haben wird. Deshalb ist es wichtig, uns zu disziplinieren, um mit unseren spirituellen Übungen fortzufahren. Früher oder später ernten wir die Vorteile.

Die Kehrseite dieses karmischen Gesetzes ist, dass alles, was nicht gelöst ist (emotional), in die Zukunft weitergetragen wird. Genauso wie das positive Momentum unserer positiven Handlungen und Entscheidungen durch Wiederholung (Disziplin) weitergetragen wird, so wird unser negatives Karma, das auf unseren negativen Überzeugungen, Gedanken und Handlungen beruht, als einschränkendes Muster in die Zukunft weitergetragen. Genau da liegt auch das Problem und der Grund dafür, dass es den meisten so schwer fällt, sich zu verändern. Die meisten Menschen leben in einem Zustand des Leugnens und des Selbstbetrugs oder haben blinde Flecken, wenn es um ihre beschädigten destruktiven Muster geht. Diese werden sie aufgrund ihres verblendeten Gewahrseins und Gewissens verteidigen und schützen. Hier kommen die anderen karmischen Gesetze ins Spiel und sorgen für Gelegenheiten, diese karmischen Muster zu durchbrechen. Es ist gut zu wissen, dass der universelle Geist sich von Harmonie und Heilung angezogen fühlt und auf dem Weg der Evolution fortfahren wird.

- Das zweite Gesetz des Karmas ist das **Gesetz der Gegenseitigkeit.**

Gegenseitigkeit: Werden Ihre Gefühle oder Handlungen jemandem gegenüber erwidert, so empfindet oder verhält sich der oder die andere Ihnen gegenüber ebenso wie Sie ihm oder ihr gegenüber empfunden oder sich verhalten haben. Das ist die Grundlage für die Empfehlung, seine Mitmenschen so zu lieben wie sich selbst. Was du nicht willst, das man dir tu, das füg auch keinem andern zu. Behandle jeden so, wie du selbst gerne behandelt werden möchtest, gleichgültig, wie er dich behandelt. Unsere Gedanken und Handlungen kehren wie ein Bumerang zu uns zurück. Früher oder später wird es einen Punkt geben, an dem Ihre Handlungen und Gedanken zu Ihnen zurückkommen. Es hat Ähnlichkeiten damit, wie Sie Ihre Rechnungen bezahlen. Stellen Sie sich einmal vor, Ihnen wird eine Rechnung oder ein Beleg für einen von Ihnen verursachten Schaden vorgelegt: Sie haben etwas beschädigt, was sich im Besitz von jemand anderem befindet.

Hier die unterschiedlichen Möglichkeiten, wie Sie diese Rechnung begleichen können:
1. Bar: Sie bekommen sofort auf Ihrem Sparkonto zu spüren, dass es weh tut; das nennt man Sofort-Karma.
2.a. Aufgeschobenes kurzfristiges Karma: Für kurze Zeit aufgeschoben; Sie zahlen zum Beispiel mit American Express, Eurocard oder Diners Club, und dreißig Tage später erhalten Sie die Rechnung.
2.b. Aufgeschobenes langfristiges Karma: Ihre Visa- oder Mastercard wird belastet, und Sie können sich entscheiden, nur das Minimum zu zahlen, in Raten mit Zinsen oder alles auf einmal (2a).
3. Langfristiges Karma unter Zahlungsverzug: Sie können Ihre Konto überziehen, was Ihnen einen Schufa-Eintrag bescheren wird. Das bedeutet, dass die »Strafe«, die Sie für sich gewählt haben, in derart ferner Zukunft liegen kann, dass Sie sich womöglich nicht einmal mehr erinnern, wofür Sie bestraft werden! Das bedeutet, wenn wir auf die Reinkarnation zurückkommen, dass Sie in zukünftigen Leben erfahren werden, wie der Bumerang zu Ihnen zurückkommt, ohne dass Sie sich an das Warum erinnern!

Ich persönlich ziehe das »Sofort-Karma« vor, da es hier so leicht fällt, Ursache und Wirkung zu erkennen. Je mehr man sich entwickelt, desto eher wird das »Sofort-Karma« erfolgen.
Das Gesetz der Gegenseitigkeit gilt auch für positives Karma. Positives Karma zahlt sich zwar aus, folgt aber dem gleichen Prinzip. Manchmal wird eine Rendite auf eine Investition sofort pauschal fällig. Mitunter erhalten Sie Renditen über längere Zeit verteilt, und dann wieder bekommen Sie die Renditen erst in ferner Zukunft zu Gesicht.
Hier eine Warnung. Das Gesetz der Gegenseitigkeit ist nicht die einzige Erklärung für die Herausforderungen, die das Leben bereithält. Wenn wir jemanden sehen, der leidet, behindert ist oder mit einer schlimmen Tragödie konfrontiert ist, können wir nicht unbedingt davon ausgehen, dass dies immer die Folge seiner eigenen zerstörerischen Entscheidungen in der Vergangenheit ist. Mitunter übernimmt die Seele Karma von anderen, um deren Leiden zu lindern. Es kann auch eine Entscheidung sein, zu Dienen oder eine Erfahrung zu machen, die gewählt wurde, um das spirituelle Wachstum zu beschleunigen.
Einige Seelen können sich für eine Behinderung entscheiden, da sie

dann Einfluss auf die Gesellschaft nehmen und mehr Bewusstsein für Behinderungen wecken können. Ein Kind, das nur kurz als Erdengast kommt und dann an Krebs oder einer angeborenen Stoffwechselstörung stirbt, mag gekommen sein, um den Eltern und Geschwistern zu helfen, ihr spirituelles Wachstum zu beschleunigen, statt um seiner eigenen spirituellen Notwendigkeiten willen.

Auch das Gegenteil kann zutreffen: Menschen können es auf sich nehmen, jemanden zu pflegen, der schwer behindert ist, um jemandem dienen zu können, der eine sehr schwierige spirituelle Erfahrung durchlebt.

Die wichtigste Lektion, die wir aus all dem ziehen können lautet, dass wir nie annehmen dürfen, dass dann, wenn jemand leidet, dies daran liegt, dass er oder sie die Auswirkungen von negativem Karma durchlebt. Unsere Absicht sollte sein, allen Liebe und Mitgefühl entgegen zu bringen, die sich in ihrem karmischen Prozess befinden. Tun wir das nicht, so erschaffen wir auch neues negatives Karma. Anderseits kann das Gesetz der Gegenseitigkeit uns verstehen lassen, was es mit erlittenen Härten, Tragödien, Behinderungen, Leiden, vorzeitigem Tod etc. auf sich hat. Auch geringfügigere körperliche oder emotionale Probleme können aus diesem Gesetz resultieren. Ich habe einen einfachen Test entwickelt, den jeder erlernen kann, um herauszufinden, ob eine Tragödie oder eine andere Form von Leiden das Ergebnis von Karma oder etwas anderes ist. Dieses System soll Laien überall auf der Welt vermittelt werden. (Nähere Einzelheiten im Anhang.)

Das Gesetz der Gegenseitigkeit ist auch das Gesetz positiven Karmas. Alles was wir tun und was auf Gesten bedingungsloser Liebe und Güte, des Dienstes an anderen und des Mitgefühls basiert, wird ebenfalls zu uns zurückkommen. Ebenso wie für alte Schulden Zinsen auflaufen, können Ersparnisse durch Zinsen vermehrt werden.

Viele Menschen ernten den Lohn früherer Investitionen in diesem Leben. Einige mögen aufgrund von Handlungen in der Vergangenheit außerordentlich viel Glück in Sachen Wohlstand, Gesundheit, Beziehungen oder anderem haben. Dies gibt der Art und Weise, wie wir Entscheidungen treffen, ein besonderes Aroma. Treffen wir Entscheidungen zum Guten, weil es uns positives Karma bringen wird? Ist das nicht egoistisch? Alles Wissen ist Karma: Welchen Nutzen hat Wissen, wenn wir uns entscheiden, nicht ihm entsprechend zu handeln? Im Idealfall täten wir Gutes von der Herzebene her: Liebe, Mitgefühl und

Güte. Angesichts einiger Entscheidungen ist es okay, vom Kopf her um der Vorteile willen zu entscheiden, die es bringt, Gutes zu tun. In Zeiten der Versuchung ist es ein zusätzlicher Anreiz. Nach und nach wird uns immer wohler damit sein und werden wir immer mehr im Einklang damit sein, Entscheidungen zum Besseren auf der Grundlage unseres Herzens zu treffen.

Spirituelle Schwerarbeit
Einige Seelen entscheiden sich auf ihrem spirituellen Weg für »harte Arbeit«. Sie entscheiden sich für harte Zeiten und Lebensumstände, die sie intensiv fordern, um von diesem als spirituellen Wachstumshormonen zu profitieren.

Fazit
Einige Menschen verwenden dieses Gesetz der Gegenseitigkeit dazu, Opfer ihrer früheren Ichs zu werden und sich in Schuld- und Schamgefühle zu stürzen. Das aber ist der beste Weg, weiteres Karma zu erzeugen. Das ist nie die Intention dabei. Dieses Gesetz ermöglicht uns vielmehr, Vergangenes zu heilen und zu verändern. Es gibt uns die Möglichkeit, nicht umsonst zu leiden; unser Leiden kann einem Zweck dienen: unser Gedächtnis zu reinigen und unser System mit neuer Energie zu versehen. Es macht uns bewusst, dass wir für unser Leben Verantwortung übernehmen müssen.
Es gibt noch weitere Gesetze in Verbindung mit Karma. Die beiden hier beschriebenen sind die wichtigsten, wenn es darum geht, die Beziehung zwischen Karma und Emotionen zu verstehen.
Was das emotionale Gleichgewicht angeht, so ist der zusätzliche Nutzen, den wir daraus ziehen, dass wir frühere unaufgelöste Emotionen auflösen, der, dass wir uns jedes Mal dann, wenn wir eine einschränkende, freie radikale Erinnerung loslassen, von negativem Karma lösen und mehr freie emotionale Wahl erschaffen.

Freie emotionale Wahl ist der Weg zu positivem Karma.
Wie in diesem Kapitel ausgeführt, können wir unsere Wahl vom Kopf oder vom Herzen her treffen.

HARDWARE
Befinden wir uns auf Ebene eins, treffen wir unsere Entscheidungen auf der mentalen Ebene, weil es so gut ist für uns.

HEARTWARE
Sind wir auf Ebene zwei, treffen wir unsere Entscheidungen auf der Herzebene, weil sie sich richtig anfühlen (intuitiv).

SOFTWARE
Das ist die Ebene unseres spirituellen Kerns (Ebene drei): Wir treffen Entscheidungen basierend auf unserer spirituellen Führung. Und folgen dabei dem Weg des geringsten Widerstands.

Diese drei Ebenen haben Unterebenen. Wir schreiten allmählich von einer Ebene zur anderen fort und praktizieren dabei die Prinzipien der spirituellen Evolution.

Abschließend noch einige weise Worte von Dr. Wayne W. Dyer aus *Staying on the Path*:

> Nur ein Geist suhlt sich in seiner Vergangenheit,
> sich mit Beschreibungen schildernd,
> die auf einem Leben beruhen, das bereits gelebt ist.
> Du bist, was du heute für dich wählst,
> nicht was du zuvor einmal wähltest.

KAPITEL 5

EMOTIONALE HEILUNGSBLOCKADEN

> Es gibt Gut und es gibt Schlecht
> – und das ist gut.
> Es gibt Vollkommenheit und es gibt Unvollkommenheit
> – und das ist vollkommen.
>
> T'ao Shan in: Timothy Freke, The Wisdom of the Zen Masters,
> Journey Editions 1998

Krankheit zu verstehen, wird möglich, wenn man die Weisheit eines gesunden Körpers versteht. Un-Wohlsein ist nichts, was uns widerfährt; sie ist Bestandteil eines raffinierten Systems und sagt uns, dass wir im Hinblick auf unsere Herangehensweise an das Leben einiges verändern müssen.

Jede Abweichung vom Gleichgewicht ist Ungleichgewicht. Ungleichgewicht ist nicht unser natürlicher Zustand, und dennoch befinden sich die meisten Menschen an dieser Stelle. Der Grund dafür ist einfach: mangelnde eigene Motivation (Lethargie), gepaart mit einem Mangel an Wissen (Ignoranz).

Normalerweise braucht man kein Wissen, um die Gesundheit zu erhalten; alles was wir brauchen, ist in unser System bereits eingebaut. Indem wir uns von unserer Göttlichkeit entfernen, haben wir uns von unserer sich selbst regulierenden Intelligenz entfernt, der angeborenen Weisheit des Körpers. So müssen wir nun lernen, was wir bereits wissen, um das wieder an uns zu nehmen, was uns bereits zu eigen ist. Und genau darum geht es in diesem Buch.

Betrachten wir uns die Natur, so sehen wir, dass in der Natur, wenn man sie sich selbst überlässt, alles ganz natürlich und mit großer Leichtigkeit geschieht. Es gibt eine Intelligenz, die alles mühelos in Bewegung hält. Der Kreislauf des Lebens ereignet sich natürlich. Es ist keine bestimmte Ernährung notwendig, kein Trainingsprogramm, keine Absicht zu lernen, keine Inflation, keine Schlaflosigkeit etc.

Wir als Menschen haben uns dafür entschieden, die Rhythmen der Natur zu stören und das Leben sehr komfortabel und kompliziert zu machen. Wir sagen nicht, was wir sagen wollen, wir machen uns Gedan-

ken über Dinge, die wir nicht ändern können, wir handeln nicht, wenn wir etwas ändern können, wir fixieren uns auf das, was wir nicht haben können und haben vergessen, warum wir überhaupt hierher gekommen sind. Tja, und schon haben wir uns ablenken lassen von all den Einzelheiten, die wir geschaffen haben. Wir haben uns die Illusionen unserer eigenen Phantasie abgekauft und sind dem Glauben verfallen, sie seien real. Es ist wie wenn ein Kind mit Spielsachen spielt und sich dabei völlig in sein Spiel versenkt: es lebt darin, sieht es und fühlt es. Genau so ist unsere Welt: Voller Spielsachen, die dazu da sind, uns das Leben angenehm zu machen
Was also hat das alles mit Un-Wohlsein, mit Krankheit zu tun?
Die Antwort lautet: alles! Man kann eine Krankheit nicht von dem Kontext loslösen, in dem sie auftritt. Man kann die Welt, in der wir leben, nicht unberücksichtigt lassen; man kann eine Krankheit nicht heilen, ohne sich ihre Ursache anzusehen. Wenn wir die Ursache verstehen, können wir wirklich Heilung finden.
Emotionales Gleichgewicht hat etwas mit Heilung zu tun, und das bedeutet, die Dualität aufzulösen und wieder eins zu werden. Man ist nicht Yang oder Yin – es geht darum, dass beide einander so perfekt ergänzen und ausgleichen, wie es gedacht war.
Beginnen wir an dieser Stelle mit einem kurzen Blick auf die westliche Medizin, den Inbegriff der Wissenschaft, zumindest gemäß des allgemeinen Eindrucks, den man gewinnen könnte.
Einige hier fehlende Bindeglieder sind die folgenden:

- Die Ärzte haben den Kontakt zum Menschen verloren (man ist nur Patient Nr. 08/15).
- Es erfolgt hier keine Umsetzung der Quantenphysik und anderer Durchbrüche im Bereich des Heilens.
- Der Schwerpunkt liegt auf Symptomen und Körperteilen, nicht auf dem Ganzen.
- es erfolgt keine Nutzung der Bioenergetik (der dem Körper angeborenen Weisheit) in Echtzeit.
- Es ist kein Raum für die Heilungskräfte des Geistes.
- Abneigung gegen Nutrizeutika (Ernährungstherapie) und Kräuter; Bevorzugung chemischer, symptomunterdrückender Medikamente.

Die westliche Medizin ist bislang unschlagbar, soweit es um Notfallmedizin geht, vor allem bei Traumata, akuten Störungen des Kreislaufs oder der Atemwege sowie anderen lebensbedrohlichen Situationen. Wenn es darum geht, wirklich die Ursache und eine Heilungsmöglichkeit für eine chronische Erkrankung zu finden, bietet sich ein anderes Bild. Selbst für einen banalen Schnupfen gibt es keine effektive Heilmethode.

Das bedeutet nicht, dass automatisch immer die alternative Medizin die Antwort sein muss. Ich befasse mich seit über zwanzig Jahren mit alternativen Therapien. Akupunktur, Homöopathie, Herbologie, Qigong, Blütenessenzen, Reiki, therapeutische Berührung, Osteopathie, alternative Krebstherapien, bioenergetische Medizin, NLP, Shiatsu, orthomolekulare Therapie, Thalassotherapie, Drüsentherapie, Chelationstherapie, Biofeedback, Hypnose und viele weitere. Dabei bin ich zu dem Schluss gekommen, dass die alternative Medizin ein undurchdringlicher Dschungel und chaotisch ist. Man braucht schon jemanden, der einen zur angemessensten Therapie hinführt und auf den Arzt oder die Ärztin verweist, der/die angesichts der Situation am ehesten in Frage kommt. Sie ist nicht gut organisiert. Die Prinzipien, Vorstellungen und Philosophien dabei sind beeindruckend, und in diesem Kapitel werde ich Ihnen jetzt einmal eine Vorstellung zu geben versuchen, wo all das einzuordnen ist. Damit Sie viel besser verstehen können, wie Krankheit entsteht und welche Schritte es am besten zu unternehmen gilt. Dann kann jede Unterstützung, die Sie durch einen anderen Behandlungsmodus bekommen können, von Vorteil sein. Aber bei Ihrem Heilungsprozess werden Sie die Zügel in der Hand halten, und nicht die Ärzte oder Therapeuten, ob alternativ oder nicht.

Gesundheit und Vitalität
Laut Definition der Weltgesundheitsorganisation ist Gesundheit der Zustand, in dem ein Mensch frei von emotionalen, körperlichen und sozialen Formen von Leiden ist. In der alternativen Heilkunde ist Gesundheit gemäß global anerkannter Definition der Zustand, in dem Körper, Geist und Seele optimal funktionieren.

Was ich glaube ist, dass Krankheit nicht unbedingt das Gegenteil von Gesundheit darstellt, sondern oft eine Konsequenz von Gesundheit. Die dem Körper innewohnende Vernunft wird bei ihrem anhaltenden und erbarmungslosen Streben nach Herstellung eines Gleichgewichts auf allen Ebenen tun, was nötig ist, um dieses Gleichgewicht aufrecht zu erhalten oder zu erzeugen.

Es ist so ähnlich wie damit, unser Haus sauber zu halten: Man muss immer wieder putzen. Die Frage ist: Wie häufig in der Woche müssen Sie daran arbeiten, um es sauber zu halten? Die eine Person vielleicht ständig (was im Regelfall pathologisch ist), die andere alle zwei Tage, wieder eine andere einmal die Woche. Nehmen wir einmal an, Sie kümmern sich einmal im Monat darum – in diesem Fall gibt es so viel zu tun, dass Sie vielleicht noch Tage danach müde und k.o. sind. Weitere wichtige Faktoren sind, wie viele Personen noch im Haus leben, die geografische Lage des Hauses, seine Größe, wieviel Schmutz die Mitbewohner produzieren, wie bewusst sie sind und wie sehr sie einen unterstützen.

Der Körper verhält sich ganz ähnlich. Das Ausmaß an Anstrengung, die nötig ist, um das Gleichgewicht aufrecht zu erhalten, hängt von mehreren Faktoren ab. Sie alle können eine Heilung blockieren.

Wichtige Faktoren für Gesundheit und Heilung:
- In welchem Umfang belastende Stoffe aufgenommen werden (Alkohol, Zucker, Lebensmittelzusatzstoffe, Nikotin etc.)
- Was an Rückständen hiervon ausgeschieden wird (über Schweiß, Urin, Stuhl, Lunge)
- Wie sehr der Organismus mit seinen Prozessen im Rückstand ist (Aufnahme toxischer Stoffe überwiegt gegenüber Ausscheidung)
- Wie viel Energie für andere energieraubende Aktivitäten abgezweigt wird, etwa für Stress, Sorgen, Infektionen, Allergien, Ängste etc.
- Wie viel Schlaf wir bekommen (wenn wir zu wenig schlafen, vermindert sich unsere Fähigkeit zur Entgiftung und Regenerierung.)
- Haben wir genug lebenswichtige Bausteine (Antioxidanzien, Vitamine, Mineralien, Fettsäuren, Proteine, Kohlenhydrate etc.)
- Die Menge und Qualität der Flüssigkeiten, die wir zu uns nehmen
- Unser Lebensumfeld (Ist dieses durch Elektrosmog oder anderweitig verseucht?)
- Die Zahl der Infektionen (Kriege), die sich in unserem Körper abspielen (zum Beispiel Parasiten, Candida, Sinusitis, Karies etc.)

- Der Umfang, in dem wir regelmäßig Entspannung erfahren (Meditation, Musik etc.)
- Der Umfang, in dem wir körperlich trainieren und uns Bewegung verschaffen
- Unser geistiger Fokus (wie sehr wir auf Gesundheit oder Krankheit gepolt sind, was von unserer Einstellung und unseren Gedanken abhängt)
- Unsere erbliche Veranlagung (angeborene Stoffwechselschwächen, Gedanken etc.)
- Der karmischer Ballast, den wir mit uns herumschleppen.

Gesund zu sein, ist also leicht – es geht einfach darum, die Kontrolle über all diese Faktoren zu gewinnen, und schon sind wir auf dem besten Weg. Vergessen Sie dabei übrigens nicht, Ihren eigenen Geist zu programmieren. Konditionieren Sie ihn auf Vitalität, ein langes Leben und optimales körperliches Funktionieren. Natürlich ist das leichter gesagt als getan; worauf es mir jedoch ankommt ist, Ihnen beim schwierigsten Teil des Ganzen beizustehen, nämlich die Kontrolle über das größte Energieleck in Ihrem System zu übernehmen. Richtig, ich schätze, Sie wissen mittlerweile, was ich meine: Ihre emotionale Verfassung. Sie ist Zutat Nummer eins, wenn es um Vitalität geht, und dennoch ist genau sie das fehlende Bindeglied bei den meisten alternativen Ansätzen.

Was also ist Krankheit? Gehen wir auf die klinische Praxis ein und betrachten wir mehr von diesem Gedanken im Zusammenhang.
Jim war achtundsechzig Jahre alt. Sein Gesichtsausdruck wirkte gequält und er hatte sein gewohntes Lächeln eingebüßt. Ich kenne Jim schon seit mehr als fünfzehn Jahren. Es hatte mich zuvor wegen Gicht und Gewichtsproblemen aufgesucht.
Jim gehört zu dem Patiententyp, der nur dann zum Arzt geht, wenn er ernsthafte Beschwerden hat. Wurde ihm eine Umstellung in seiner Lebensweise empfohlen, so hielt er sich so lange daran, bis sich die gewünschten Veränderungen einstellten, um dann wieder in seine frühere Lebensweise zurückzufallen, bis er erneut Probleme bekam und dann mit einem Lächeln wieder in der Praxis erschien. Er war das genaue Gegenteil von einem Hypochonder und tat immer so, als stünde alles bestens. Sein größtes Laster war das Essen; er liebte »All-You-Can-

Eat«-Restaurants und machte kein Geheimnis daraus, dass solche Gaststätten bei seinem Appetit Verluste machten. Natürlich war er übergewichtig und hatte bereits etliche erfolglose Diäten hinter sich.
Sein Gesichtsausdruck verriet mir, dass etwas mit ihm massiv nicht stimmte. »Sie haben festgestellt, dass ich Krebs habe«, sagte er, »jetzt soll ich operiert werden und Bestrahlungen bekommen.«
Ich war überrascht und gleichzeitig doch nicht überrascht. Mir war immer klar gewesen, dass Jim früher oder später Probleme bekommen würde. Nur hatte ich eher Probleme mit dem Herzen erwartet.
»Wo ist der Krebs aufgetreten?«, fragte ich leise.
»Blasenkrebs, mit Metastasen in den Knochen«, sagte er und fügte hinzu: »Es ist vorbei. Ich weiß, das ist das Ende.«
»Warum sagen Sie das?«, gab ich zurück.
»Keine Ahnung, ich weiß es eben!«
Das war eine ganz neue Seite an Jim, die ich noch nie zuvor kennen gelernt hatte. So leicht warf er sonst nicht das Handtuch, also war ich wirklich überrascht. Von daher musste sich noch etwas anderes abspielen, das es für mich herauszufinden galt; etwas, das ihn zu dem Entschluss brachte, dass es keinen Sinn hatte, zu kämpfen. »Shoganai« (sich in sein Schicksal zu fügen) ist sehr nützlich, wenn sich nichts ändern lässt, aber es ist nicht gleichbedeutend damit, eine Niederlage zu akzeptieren, was immer dann, wenn dies in einer Situation geschieht, an der sich durchaus etwas ändern lässt, verheerend ist.
Beim Krebs gehört »Shoganai« mit zum Schlachtplan, jedoch nicht vom Standpunkt der Niederlage, sondern wenn es darum geht, die Diagnose zu akzeptieren. Es bedeutet, aus der Leugnung herauszukommen und die Herausforderung anzunehmen.
Die Diagnose Krebs ist der größte Killer, schlimmer als der Krebs selbst. Vielleicht kann die nachfolgende wahre Geschichte das verdeutlichen. Zugetragen hat sie sich an der Universitätsklinik in der holländischen Stadt Utrecht vor dreiundzwanzig Jahren. Es gibt viele Beispiele für ähnliche Fälle. In Utrecht studierte ich sechs Jahre lang Medizin.

Zwei Patienten mit dem gleichen Familiennamen, Jones, und einem Vornamen mit dem Anfangsbuchstaben W, lagen in benachbarten Zimmern auf der Station für Lungenkrankheiten. Der eine hatte eine schlimme Lungenentzündung, begleitet von schmerzhaften Hustenanfällen, gleichzeitig war er Asthmatiker. Der andere Herr Jones war

Kettenraucher und litt unter einer schweren Bronchitis; er kam ins Krankenhaus, weil er Blut hustete und eine Bronchoskopie durchführen lassen musste.

Bei dem Asthmapatienten Jones diagnostizierte man nach dem Röntgen eine sehr weit fortgeschrittene und aggressive Form von Lungenkrebs. Die Prognose sah düster aus: sechs bis neun Monate. Dem Raucher Jones sagte man, dass es sich bei seinen Symptomen lediglich um eine schwere Lungenentzündung handle und verabreichte ihm intravenös Antibiotika und andere entsprechende Medikamente. Als der Raucher seine Diagnose hörte, war er sichtlich erleichtert, und danach veränderte sich sein gesamter körperlicher Zustand. Er summte fröhlich vor sich hin und munterte sogar noch die anderen Patienten auf, indem er Witze erzählte. Er war so froh, weil er bei seiner Einlieferung ins Krankenhaus sicher gewesen war, an Krebs erkrankt zu sein und schon die Hoffnung aufgegeben hatte; er war der festen Überzeugung gewesen, dass er sterben würde. Nun hörte er mit dem Rauchen auf und wurde nach Hause entlassen, zurück in sein gewohntes Leben.

Der andere W. Jones hatte weniger Glück. Nachdem er viele Jahre lang mit chronischem Asthma zu kämpfen gehabt hatte, stellte man nun bei ihm einen metastasierten Lungenkrebs im Endstadium fest. Er verfiel in schlimme Depressionen und sprach mit niemandem mehr. Seine Familie bemühte sich vergeblich, ihn aufzuheitern, konnte aber nichts an der Beerdigungsstimmung ändern, die an ihm immer stärker zutage trat. Nach drei Monaten war W. Jones tot. Wieder einmal hatten die Ärzte mit ihrer Prognose für seine Aussichten Recht behalten.

An dieser Stelle ist die Geschichte jedoch noch nicht zu Ende. Einige Wochen nach dem Tod des einen W. Jones entdeckte ein Student, dass die beiden Patientenakten vertauscht worden waren. Der noch lebende W. Jones, der eigentlich seinem Krebsleiden hätte erliegen sollen, wurde noch einmal zum Röntgen bestellt. Sämtliche Ärzte staunten nicht schlecht, als sich keine Spur von Lungenkrebs fand, bis auf eine kleine Kalkeinlagerung an der Stelle, wo sich der Tumor befunden hatte. W. Jones war komplett geheilt und beschwerdefrei. Hier haben wir es natürlich mit einem Placeboeffekt zu tun, jener seltsamen, medizinisch nicht akzeptablen Anomalie des Geistes, die besagt: »*Wenn du fest genug daran glaubst, kannst du geheilt werden.*« Natürlich ist das nichts Wissenschaftliches; eher schon esoterischer oder religiöser Natur.

Der verstorbene W. Jones war ein Opfer des Nocebo-Effekts geworden, einer ebenso merkwürdigen, medizinisch nicht annehmbaren Anomalie des menschlichen Geistes: »*Wenn du fest genug daran glaubst, wirst du erkranken und sogar an deiner Krankheit sterben.*« Vor allem, wenn die Prognose von einem Arzt oder einer Ärztin stammt. Übrigens vergessen die meisten Mediziner, dass diese Prognose auf statistischen Erhebungen beruht. Statistiken sind immer sogenannte Bell-Kurven. Ausnahmen finden sich auf beiden Seiten. Abweichungen von der Norm zeigen sich gleichermaßen in Richtung »niedrig« wie auch »hoch«. Wenn Ihnen der Arzt also sagt, Sie hätten noch sechs Monate zu leben, so kann dies auf der Bell-Kurve zwei Monate oder noch weniger bedeuten, oder auch auf der anderen Seite bis zu vielen, vielen Jahren. Sterben Sie nach genau sechs Monaten, sind Sie ein Musterpatient und lassen sich sehr leicht etwas einreden. Der Arzt wird Recht behalten. Das ist der »Nocebo«-Effekt. Weigern Sie sich jedoch, dem statistischen Mittelwert zu entsprechen und finden die rechte Einstellung, so ist alles möglich.

Damit zurück zu Jim und seinem Blasenkrebs. Nach meinem Gespräch mit ihm wurde mir klar, was in ihm vorging. Vor fünfundzwanzig Jahren hatte man bei seiner Frau Krebs diagnostiziert. Sie hatte davor schon ziemlich lange gewusst, dass mit ihrer Brust etwas nicht stimmte und hatte Angst gehabt, es könne vielleicht Krebs sein. Also schob sie den Arztbesuch so lange auf, bis sie das Problem vor Jim nicht mehr verbergen konnte. Die Diagnose lautete: Brustkrebs mit Knochenmetastasen. Die Ärzte sagten ihr, dass sie nichts mehr für sie tun könnten. Das jedoch wollte Jim nicht hinnehmen. Er verkaufte einiges von seinem Besitz und brachte sie in eine Privatklinik in Deutschland. Dort wurde sie operiert und erhielt Bestrahlungen und eine Chemotherapie. Jim ließ sich für diese Zeit beurlauben und stand ihr während der gesamten quälenden Prozedur zur Seite. Er brauchte seine gesamten Ersparnisse auf und verschuldete sich darüber hinaus noch schwer. Sie schaffte es nicht.
Die Frau starb nach zehnmonatigem Ringen – genau so, wie es die ersten Ärzte, die sie aufgesucht hatte, vorhergesagt hatten. Jim kam nie hierüber hinweg und litt unter Schuldgefühlen – Schuldgefühlen bei der Vorstellung, dass sie nicht genug Vertrauen zu ihm gehabt hatte, ihn einzuweihen, was mit ihr los war. Er arbeitete damals hart, hatte zwei Jobs gleichzeitig, und mit seiner Karriere ging es glänzend voran.

Er hatte in Immobilien investiert und stand bis zu ihrem letzten Kampf finanziell sehr gut da.

Nach der Beerdigung war Jim ein völlig veränderter Mann – er begann im Übermaß zu essen und ließ nie jemanden an seinen intimen Gefühlen und Gedanken teilhaben. Hier meine Diagnose für Jim:

1. Unaufgelöste Emotionen in Verbindung mit Schuldgefühlen.
2. Ein Denken, demzufolge die Ärzte mit ihren Prognosen in Sachen Krebs richtig lagen.
3. Eine unterschwellige Angst und Depression, die der Entstehung des Krebses vorangegangen waren.
4. Sich Geschlagengeben und Depressionen aufgrund der Diagnose, gepaart mit Angst vor dem Sterben.
5. Feindseligkeit Gott gegenüber, da das Leben als ungerecht empfunden wird.

In der chinesischen Medizin weiß man außerdem, dass jedes Organ stärker auf bestimmte Emotionen anspricht. Hier eine grundlegende Liste der wichtigsten Organe und der mit ihnen korrespondierenden zentralen Emotionen:

Herz: Kränkung, Verletztheit, Verlassenheitsgefühle, Enttäuschung
Dünndarm: Einsamkeit, Überempfindlichkeit, Verletzlichkeit
Blase: Unsicherheit, Unentschlossenheit, nicht loslassen können
Nieren: Angst, kein Vertrauen, Argwohn (Misstrauen)
Galle: Frustration, Irritation, Bitterkeit
Leber: Wut/Ärger, unterdrückte(r) Wut/Ärger, Eifersucht, Rache
Lunge: Depression, Traurigkeit, Trauer, Verlust, Überheblichkeit
Dickdarm: Starrheit, Dogmatismus, Defensivität, Perfektionismus
Milz/Bauchspeicheldrüse: geringes Selbstwertgefühl, Verzweiflung, Abhängigkeit von anderen
Magen: Sorgen, Ängste, fixe Ideen, Ekel

Es gibt vier Energiesysteme, die nicht den westlichen Organen entsprechen, und sie tragen exotische Namen: dreifacher Erwärmer-, Herzbeutel-, Lenkergefäß und Konzeptionsgefäß. Die beiden ersten gehören dem Feuerelement an und hängen mit dem neuroendokrinen System und dem Immunsystem zusammen.

Die Organe sind allesamt gemäß der fünf Elemente aufgeteilt; die Organpaare, die zu einem Element gehören, weisen entsprechende Schwingungsraten auf. Einige dieser Organverknüpfungen sind aus westlicher Sicht leicht nachvollziehbar, wie etwa Leber und Galle, Nieren und Blase, Bauchspeicheldrüse und Magen. Die weniger offensichtlichen Kombinationen sind: Herz und Dünndarm, Lungen und Dickdarm (aus der Sicht der embryonalen Entwicklung macht diese Perspektive Sinn).

Hier die Elemente und die mit ihnen korrespondierenden Organsysteme:

Feuer: Herz, Dünndarm, dreifacher Erwärmer, Herzbeutel
Erde: Milz, Bauchspeicheldrüse, Magen
Metall: Lunge, Dickdarm
Wasser: Blase, Nieren
Holz: Leber, Galle
Neutral (Leere): Lenkergefäß und Konzeptionsgefäß
(Leere: diese korrespondieren mit dem Chakrasystem in der indischen Wissenschaft und sind mit allen Organen verbunden)

Jede einzelne Emotion hat eine Hauptresonanz mit der energetischen Schwingungsrate eines bestimmten Organs oder energetischen Systems. Dies funktioniert auf zweierlei Weise:
- Wenn das Organ durch einen Stressor geschwächt wird, so wird der/die Betreffende anfälliger dafür, die entsprechenden Emotionen zu verspüren.

Beispiel: Ein Landwirt, der toxischen Pestiziden ausgesetzt ist, kann Probleme mit der Leber entwickeln. Ist die Leber aus dem Gleichgewicht, so wird der Landwirt nach und nach anfälliger für Reizbarkeit, Frustration und Ärger. Kleine Dinge können große Probleme hervorrufen, und er versteht nicht, wieso, und wird zunehmend ungeduldiger mit seinen Kolleginnen und Kollegen, seiner Frau und seinen Kindern. Gibt es viele unaufgelöste schwierige Themen, so können viele davon sichtbar werden. Der chinesischen Medizin zufolge sind diese unerlösten Themen dazu prädestiniert, die Leber anfälliger zu machen, und aus diesem Grund hatten die Pestizide dann eine größere Wirkung als es ansonsten der Fall gewesen wäre.

Mit anderen Worten: Unaufgelöste Themen machen uns verletzlicher

und anfälliger für Krankheiten. Sie können auch bewirken, dass wir anfälliger für Unfälle werden. Es ist wichtig zu verstehen, dass wenn das Organ stark beansprucht oder aus dem Gleichgewicht ist (zum Beispiel physische Symptome zeigt), man das Gleichgewicht nie wieder herstellen kann, wenn man nicht die zugrunde liegende Ursache auflöst.
Die andere Seite der Medaille ist:
- Eine Person, die energetisch nicht auf angemessene Weise mit einer bestimmten Emotion umgeht, wird das entsprechende Organ schwächen.

Wir sind hierauf in Kapitel zwei ausführlich eingegangen, wo es um Feindseligkeit und die Entstehung von Herzerkrankungen ging. Wenn wir deprimiert sind, wird sich dies auch auf die Thymusdrüse und von daher auf das Immunsystem auswirken.

Wenn Sie sich also über jemanden ärgern und diesen Ärger oder diese Wut unterdrücken, schädigen Sie sich selbst. Das kann dann zu einer Schwächung Ihrer Leberfunktion führen, was dazu führen mag, dass die Leber nicht so effizient Schadstoffe ausscheiden kann, und Sie womöglich unter chronischer Müdigkeit zu leiden beginnen.

Ein weiteres Fallbeispiel könnte diesen Punkt verdeutlichen: Ein Zahnarzt besuchte mich in meiner Praxis; ich kannte ihn aus einem der Seminare, die ich abhielt. Er war Teilnehmer gewesen. Nachdem wir die üblichen Formalitäten ausgetauscht und einander Respekt für unsere Sachkenntnis bezeugt hatten, erklärte er mir, dass er unter einer chronischen Hepatitis C leide. Die landläufige westliche Behandlung mit Interferon und Steroiden hatte versagt, und er hatte Angst davor, irgendwann an einer Leberzirrhose zugrunde zu gehen. Es gibt keinen besseren Weg, zu bekommen, was man nicht will, als die Angst vor dem nicht Gewollten zu nähren. Nach einigem Herumforschen in seiner Seelenlandschaft zeigte sich, dass er ernsthafte emotionale Probleme mit seinem Vater hatte.

Sein Vater hatte ihn als Kind körperlich missbraucht und war Alkoholiker. Nach der Diagnose Leberzirrhose hatte er sich Entgiftungsprogrammen unterzogen und den Alkohol aufgegeben. Harry, der Zahnarzt, hatte mit seinem Vater seit mehr als zwölf Jahren nicht mehr gesprochen. Er hatte seiner Frau gesagt, sein eigentlicher Vater sei vor vielen Jahren gestorben.

Drei Jahre zuvor hatte sein Vater aus heiterem Himmel angerufen und ihn um Vergebung gebeten. Er war sehr aus dem Häuschen geraten und hatte seinen Vater angeschrieen, dass er ihm nie verzeihen würde. Kurz danach nahm er einen zahnärztlichen Eingriff an einem Patienten mit Hepatitis C vor und infizierte sich, als er sich versehentlich mit einer kontaminierten Spritze stach. Das geschah zwei Tage nach dem Anruf des Vaters. Er wusste sofort, dass er sich infiziert hatte und ließ sich noch am gleichen Tag medizinisch behandeln. Ich bat ihn, die ganze Sache einmal aus einem anderen Blickwinkel zu betrachten: wonach er sich sein ganzes Leben gesehnt hatte, war einen Vater zu haben. Fünf Jahre zuvor hatte er geheiratet, und sein Schwiegervater und er waren enge Angelkameraden. Aber das war nicht dasselbe. Ich legte ihm nahe, doch einmal zu überdenken, ob die entfernte Möglichkeit bestand, dass er diese Krankheit geschaffen hatte, um sich seiner größten Herausforderung zu stellen: die Vergangenheit loszulassen. Ich zeigte ihm anhand eines speziellen alternativen Testverfahrens, dass er für den Fall, dass er seinem Vater nicht verzeihen und seinen Ärger nicht loslassen wurde, wie sein Vater mit Leberzirrhose enden würde.
Harry schaffte es schließlich, sich mit der Idee zu arrangieren, dass die einzige wahre Heilung darin bestand, die Vergangenheit loszulassen und von vorn anzufangen. Das tat er; und siehe da: Nicht genug damit, dass die Hepatitis C bei ihm völlig ausheilte (was sehr ungewöhnlich ist), er entwickelte zudem eine phantastische Beziehung zu seinem Vater, und die beiden wurden dicke Freunde. Was er hierbei entdeckte war, dass sie vieles verband – viel mehr, als er sich je hätte träumen lassen.

Zurück also zu Jim. Bei ihm lag eine Störung des Elements Wasser vor (Blasenkrebs), was mit den folgenden Emotionen in Verbindung steht: Unsicherheit, Unentschlossenheit, der Unfähigkeit, loszulassen sowie Angst, mangelndes Vertrauen und Argwohn.
Wir machten uns unter Anwendung der später in diesem Buch beschriebenen Techniken ans Werk. Nicht genug damit, dass Jim komplett von dem Blasenkrebs und den Metastasen in den Knochen geheilt wurde: Die Heilung vollzog sich ferner so schnell, dass seine Ärzte staunten. Nach drei Monaten war nur noch eine winzige Narbe an der Blase übrig.
Die Ärzte, die eine derart positive Reaktion noch nie erlebt hatten, sagten ihm, er sei ein außergewöhnlicher Patient und sie glaubten nicht,

dass die alternative Behandlung mit Kräutern, Vitaminen und Homöopathie irgendetwas hiermit zu tun hatte.
Und – wissen Sie was? Sie hatten absolut Recht! Ich glaube, der Grund dafür, das Jim wieder gesund wurde und nach fünf Jahren noch immer keinen Rückfall erlitten hatte, lag darin, dass er die unaufgelösten Emotionen aus der Vergangenheit losließ. Auch sein Interesse an »All You Can Eat« hat erheblich abgenommen. Er leidet nach wie vor an Gicht, aber solange ihm das nicht zu schaffen macht, ist es nicht sehr wahrscheinlich, dass er mich in der Praxis aufsucht, und das ist natürlich seine Entscheidung. Der Punkt ist, dass emotionale Blockaden so allgegenwärtig sind wie die Luft, die wir atmen: Jeder hat sie. Selbst die Erfolgreichsten unserer Zeit. Es ist unser Karma, der ganze Kram, durch den wir uns hindurchzuarbeiten haben. Krankheit, Unwohlsein, geistiges Leiden sind nur ein Weg, unsere Aufmerksamkeit darauf zu lenken, uns mit diesem Bündel Karma zu beschäftigen, das wir mit uns herumschleppen.
Jede Krankheit ist eine Chance, einen Dämon der Vergangenheit zu überwinden und etwas loszulassen, das uns nicht mehr dienlich ist. Jeder Versuch, etwas zu heilen, ohne sich die wahre Ursache anzusehen, ist ein weiterer Weg, die Vergangenheit noch tiefer in unseren unterbewussten Programmen einzusperren. Indem wir unsere Probleme mit chemisch hergestellten Arzneimitteln zu lösen versuchen, heimsen wir uns in der Zukunft leicht noch ernsthaftere Probleme ein.
Mit anderen Worten: Jedes Bemühen um ein Heilmittel, das nicht die körpereigene Intelligenz respektiert, stellt ein potenzielles Risiko dar. Wahre Heilung findet nur dann statt, wenn die unterbewussten kausalen Faktoren herausgefunden und behandelt werden. Alles andere ist ein Herumdoktern an Symptomen.

Befassen wir uns nun noch etwas mehr mit dem Ursprung von Krankheit: Körper, Geist und Seele sind eine kybernetische Schlaufe und lassen sich nicht voneinander trennen. Unsere Gedanken spielen eine wichtige Rolle, wenn es darum geht, den Energiefluss zu steuern. Einer der besten Beweise dafür ist die von mir zuvor beschriebene Qigong-Technik. Wenn man diese Form von Qigong praktiziert, lenkt man den Energiefluss mit Hilfe der eigenen Gedanken. Die Erfolge übersteigen bei weitem jede Therapie, die ich bislang erlebt habe. Über fünfundneunzig Prozent heilen ohne jegliche Medizin. Nur der Geist!

Nachdem ich mich eingehend mit mehr als achtzig verschiedenen alternativen Heilverfahren beschäftigt hatte, beschloss ich die wirksamsten Aspekte dieser unterschiedlichen Modalitäten in ein System zu integrieren; genannt wurde das Ganze von mir VITALITY MEDICINE.
Die grundlegende Prämisse von VITALITY MEDICINE lautet, dass die meisten Krankheiten auf der unterbewussten Ebene entstehen. Es hat nichts mit dem zu tun, was viele Menschen tun, nämlich sich selbst die Schuld dafür zu geben, dass sie krank geworden sind. Das spielt weder eine Rolle, noch trifft es zu. Wir entscheiden uns nicht bewusst dafür, Krankheit zu erzeugen, und ebenso wenig genießen wir den Leidensprozess. Wir können das nicht auf Kommando, zumindest die meisten von uns nicht, und ebenso wenig können wir es ändern, indem wir einfach beschließen, dass wir herauswollen. Es ist viel komplizierter. Wenn Sie sich noch etwas gedulden können, werden Sie noch einige wichtige Einblicke in diese Materie erhalten.

Die Krankheit oder die Symptome sind nur das Mittel zum Zweck. Es entsprach nie der Absicht, dieses Leiden zu erzeugen. Was wir eigentlich wollten, war vielleicht ein wenig Aufmerksamkeit, Achtung, Bewunderung, Fürsorge, Vertrauen oder andere Seiten des Geliebtwerdens. Vielleicht waren wir all die schwer auf uns lastenden Pflichten Leid, die wir uns auf die Schultern geladen hatten und gerieten in eine »Killerschlaufe« von negativen Gedanken. Vielleicht waren wir nicht glücklich in unserem Job, unseren Beziehungen oder unserem Leben und wollten einfach aus dem Ganzen heraus.
Vielleicht wollten wir uns vor unerwünschter Aufmerksamkeit schützen. Vielleicht war es eine Überreaktion, und wir waren übereifrig und wollten aus der Sache heraus, ohne das Gesicht zu verlieren.
Vielleicht kannten wir keinen anderen Weg, uns selbst davon abzuhalten, uns zu zerstören, oder vielleicht glauben wir, wir verdienen es nicht, erfolgreich oder geliebt oder wohlhabend oder gesund zu sein. Vielleicht dachten wir, wir hätten eine Bestrafung verdient.
Die meisten erschaffen Krankheiten aus einem Bewusstsein der Ebene eins heraus; das erfordert jahrelange harte Arbeit, jahrelange Selbstvernachlässigung, Jahre der negativen Überzeugungen, der herabsetzenden Selbstgespräche. Wir haben hart daran gearbeitet, krank zu werden, während wir herumgerannt sind, ohne irgendetwas anderes zu spüren. Sehen Sie sich einmal gründlich um, und sie werden die breite

Masse sehen, wie sie sich in genau diese Richtung bewegt. Es ist wie ein Fluss, der auf den Wasserfall zuströmt. Es gibt nichts, was man tun kann, um ihn zur Umkehr zu bewegen; er lässt sich nicht aufhalten. Genau da befinden sind die meisten Menschen: Sie sind Bestandteil dieses Flusses der Ignoranz, ihrem Fall entgegen eilend. Nicht unbedingt ein Ort, wo man sich befinden will.
Eine andere große Gruppe von Menschen erschafft Krankheiten ausgehend von einem Bewusstsein der zweiten Ebene; was Monate oder sogar Jahre erfordert, in denen wir uns nicht wohlfühlen und unsere innere Stimme und Intuition ignorieren. Wir haben gewusst, dass wir die neue Stelle nicht hätten annehmen sollen; sie war zwar besser bezahlt, aber dieses mörderische Umfeld bewirkt, dass uns vor jedem Tag graut, an dem wir dorthin müssen. Wir haben uns immer wieder mit dem Geld motiviert – damit, dass er die Karriere vorantreiben würde, dem Prestige, den Verlockungen (Vergünstigungen) etc.
Wir haben immer gewusst, dass diese Beziehung keine Zukunft hatte; wir hofften jahrelang, dass unser Partner oder unsere Partnerin sich ändern und einsehen würde, dass unsere Umgehensweise die bessere war. Bei diesem Prozess verloren wir kostbare Energie.
Es gibt viele Beispiele für inkonsequentes Verhalten, bei dem wir intensive Gefühle haben, uns aber dafür entscheiden, ihnen keine Beachtung zu schenken. Manchmal »ködern« uns Personen oder Objekte auf eine Weise, die bewirkt, dass wir unsere eigene Identität verlieren und uns von unseren Gefühlen und unserer Intuition lösen, um uns infolgedessen unserer Lebensenergie zu berauben. Es fällt nicht leicht (und hier spreche ich aus Erfahrung), ehrlich zu sich selbst zu sein und schädliche Anhaftungen und toxische Menschen loszulassen.
Dieses Buch kann Ihnen helfen, Emotionen und unterbewusste Muster ins Bewusstsein zu bringen, um diese zu lösen. Einige brauchen vielleicht eine gesonderte Beratung oder müssen zu einem der vielen Workshops kommen, die ich und andere öffentlich zu emotionalem Gleichgewicht abhalten. Die meisten werden in der Lage sein, aus der Spirale auszubrechen, die ihnen selbst nur Niederlagen einbringt, und werden auf den Weg zur Heilung kommen. Eine andere Art und Weise, wie sich Krankheit entwickeln kann, hat damit zu tun, dass ein Mensch zu negativ geworden ist und in Schuld-, Scham-, Rache-, Eifersuchtsgefühlen, Abneigung, Ärger/Wut, Angst oder belastenden immer wiederkehrenden Gedanken stecken bleibt, die ein Ausmaß erreichen,

dass die Negativität auf der biochemisch-strukturellen Ebene seinem Wohlergehen schaden.

Natürlich können wir aufgrund eines Mangels an Nährstoffen oder Wasser, aufgrund von Vergiftungen, Unfällen, Elektrosmog und wegen sonstiger banaler Ursachen erkranken. Dies kann oft ebenfalls auf unterschwellige emotionale Blockaden zurückzuführen sein. Einige treffen die Wahl, unnahrhaften Müll zu sich zu nehmen, da ihr Körper so sehr aus dem Gleichgewicht ist, dass ihnen bei gesunder Nahrung übel werden würde. Einige andere werden sich unterbewusst genau die Stellen mit der höchsten elektromagnetischen Belastung zum Arbeiten, Schlafen oder Ausspannen aussuchen. Disharmonie sucht sich Disharmonie. Auch nicht genug zu trinken kann emotionale Ursachen haben.

Letzten Endes spielt es keine Rolle, ob wir daran glauben, dass wir uns unsere eigene Wirklichkeit erschaffen, oder nicht. Bewusst können die meisten von uns nicht steuern, was uns widerfährt, aber wir können wählen, wie wir damit umgehen. Auch sollte eindeutig und offensichtlich sein, dass die Energielecks fortbestehen werden, es sei denn, die negativen Emotionen, Überzeugungen, Gedanken, Gefühle und/oder der negative Gebrauch von der eigenen persönlichen Macht werden aufgelöst und losgelassen. Sonst kann früher oder später eine Krankheit wiederkehren oder dies kann die Heilung blockieren.

Heilung hat auch damit zu tun, auf allen Ebenen das Gleichgewicht im System herzustellen. Das bedeutet auch körperliches Training (Bewegung), eine nahrhafte, ausgewogene Ernährung, Meditation (Entspannung), Stressbewältigung, Veränderungen der Lebensweise, Gewichtsverlust oder -zunahme (je nach Bedarf), Veränderungen in der geistigen Einstellung etc.

Emotionen und ihre Auswirkungen auf den Körper
Jeder Gedanke und jede Emotion hat die folgenden Auswirkungen:
- Bioenergetische Resonanz: Diese wandert mit Lichtgeschwindigkeit durch den Körper und wird von den Chakren und Meridianen aufgeschnappt.
- Elektrische Signale, die durch das Nervensystem transportiert werden und sich auf die Organe und das Gewebe auswirken.
- Biochemische Signale (Neurotransmitter), die auf das Immunsystem und alle Zellen und Gewebe einwirken.

- Gedanken und andere Schwingungen werden in den Raum um uns herum und darüber hinaus ausgestrahlt. Diese können von anderen aufgenommen werden. Das ist das so genannte morphogenetische Feld.

Wir haben etwas zur Verfügung, das durch Schwingungen Informationen weiter vermittelt; genauer gesagt, verfügen wir über einen denkenden und empfindenden bioenergetischen aktiven Körper. Indem wir nur einem Aspekt dieses Organismus mit biochemischen Mitteln allein Rechnung tragen, können wir nicht auf alle Teile des Körpers Einfluss nehmen.

Einer der wichtigsten Schlüssel zur Heilung hat damit zu tun, wie Menschen mit den Signalen des Körpers umgehen. Welche Einstellung haben sie gegenüber Gesundheit und ihrem Körper? Haben Sie das Gefühl, die Fäden in der Hand zu haben, oder sind da Gefühle der Verzweiflung und Hilflosigkeit? Alles, was uns im einen oder anderen Kontext widerfährt, hat eine Bedeutung; diese Bedeutung können wir durch neue Informationen und neue Bezugspunkte verändern.

Jim (der an Blasenkrebs Erkrankte) glaubte, dass die Ärzte mit ihrer Prognose immer richtig lagen. Er hatte einen schmerzhaften Bezugspunkt und sollte danach alle neuen Informationen ausfiltern, die dies in Frage stellen würden. Meine Aufgabe war es, diese Überzeugung zu verändern und einen neuen Sinn anzubieten. Der nächste Schritt für ihn war, von seinen Schuldgefühlen, seiner Angst und seiner Wut abzulassen. Durch Erschaffung von Harmonie im Innern war er in der Lage, die Bestrahlungstherapie problemlos durchzustehen und schneller als jeder andere Patient in ähnlichem Zustand zu genesen.

Um es anders zusammenzufassen: Der Patient muss mit der Heilung übereinstimmen. Der Patient sollte sich mit allen emotionalen Themen befassen, die sein Problem hervorrufen. Der Patient sollte akzeptieren, dass er eine vernünftige Chance hat, als Sieger hervorzugehen. Alles, was geschieht, soll die dem Körper innewohnende Heilungsintelligenz unterstützen. Wenn wir uns an diese Richtschnur halten, wird es viel häufiger und viel müheloser zu einer Heilung kommen.

Betrachten wir uns die unterschiedlichen Heilungsmodalitäten. Wir können hier grob vier Kategorien unterscheiden:

Mechanische Medizin (Bewusstsein der Ebene eins): Ärzte versuchen den Körper wiederherzustellen, indem sie die Krankheit mit chemischen Medikamenten, chirurgischen Eingriffen, Bestrahlungen, Organtransplantationen, künstlichen Organen und anderen Mitteln unterdrücken. Das ist die Ebene der harten Arbeit; es erfordert Wissen, spezialisierte Ausbildung und jahrelanges Studium. Dabei unterlaufen viele Fehler, weil die Therapien selbst für gesunde Personen sehr toxisch sein können. Dies sollte der letzte Ausweg sein. Naturheilmittel sind hier die sanftere Alternative und nicht so toxisch wie die künstlich verfeinerten Produkte. Auch die Naturheilkunde erfordert ein spezifisches Studium.

Bioenergetische Medizin (Bewusstsein der Ebene eins und zwei): Die meisten alternativen Therapien fallen unter diese Kategorie, etwa Akupunktur, Homöopathie, Blütenessenzen, Reiki etc. Sie versuchen den Körper durch Arbeit an den energetischen Systemen beim Heilungsprozess zu unterstützen. Es sind viele Wege entdeckt worden, mit unserer körpereigenen Intelligenz zu kommunizieren, etwa Biofeedback, angewandte Kinesiologie, Gesichtsdiagnostik, Zungendiagnostik, Pulsdiagnostik, Elektrodiagnostik etc. Einige Therapeutinnen und Therapeuten arbeiten mehr auf der intuitiven Ebene, andere eher ausgehend von einem systematischen Ansatz. Je nach Ansatz würden wir uns auf Ebene eins oder zwei befinden.

Psychosomatische Medizin (Bewusstsein der Ebenen eins und zwei): Der Ausgangspunkt ist der, dass Körper und Geist eins sind. Immer mehr Therapien werden dazu eingesetzt, den Geist zu beeinflussen. Unter diese Kategorie fallen Therapien wie etwa Hypnose, Selbsthypnose, Yoga, Meditation, subliminale Tonaufnahmen, Affirmationen und Visualisierungen.

Intentionelle Medizin (Bewusstsein der Ebene drei): Hier haben wir es mit Fernheilung zu tun. Eines der besten Beispiele ist das Gebet. Ein weiteres ist die Heilung durch Handauflegen. Dass Gebete etwas nutzen, konnte bereits bewiesen werden. Eine der führenden Autoritäten zu diesem Thema ist Dr. Larry Dossey, M.D. Aus seiner Feder stammen mehrere Bestseller, einer der neuesten trägt den Titel:

»*Be careful what you pray for…(you might just get it)*« (»Sei vorsichtig, worum du betest…es könnte passieren, dass du es einfach bekommst.«) In diesem Buch befasst er sich sozusagen mit der B-Seite des heilenden Gebets, der Erkundung des unbeabsichtigten Schadens, den wir durch unsere Gedanken, Gebete und Wünsche hervorrufen können. Der Schluss ist klar: Wir müssen ein hohes Maß an Verantwortung für unsere negativen und schädlichen Gedanken übernehmen.

Dieses Buch ermöglicht eine vollkommen neue Betrachtungsweise der Intention, ähnlich der Entdeckung, dass Passivrauchen anderen Schaden zufügen kann. Mit anderen Worten: Negative Gedanken schaden nicht nur uns, sondern auch anderen. In der Volksmedizin kennt man dies schon seit Jahrhunderten. Es ist Hauptbestandteil der Macht der schwarzen Magie, des Voodoo, des Guna-Guna etc.

Es gibt viele Beweise für die Macht der Intention, insbesondere dann, wenn sie durch den kollektiven Geist vieler, die daran glauben, verstärkt wird; dann erzeugen wir eine enorme Kraft, mit der es sich verhält wie beim Syndrom mit dem hundertsten Affen (aber dann im negativen Sinne).

Das Gebet ist die Kommunikation mit dem kollektiven Bewusstsein; es kann für oder gegen uns wirken. Wenn es sich so verhält, dass das Gebet nur unsere Bedürfnisse, unseren Schmerz, unsere Armut oder unser Elend bestätigt, so wird es nur verstärken, was wir nicht haben. Wenn wir vom Herzen oder der Liebe her kommen, so kommen wir von einer anderen Ebene her.

Die wichtigste Lektion, die es hier zu lernen gibt, besteht darin, sehr klar und präzise zu sein, was die eigene Zielrichtung angeht. Ihre Zielrichtung ist die Speerspitze Ihrer Energie, die durch die kollektive Resonanz aller Intentionen vervielfältigt werden wird, die bereits in der Vergangenheit bestanden sowie aller Zielrichtungen, die künftig bestehen werden. Ihre Intention wird die Raum-Zeit-Schranke überwinden und in den Hyperraum der Antimaterie kommen. Ist diese Schwingung eindeutig definiert, so wird dies eine neue Blaupause in der Antimaterie erzeugen.

Abhängig von der Klarheit der Botschaft, wird die Manifestation irgendwo im Zeit-Raum-Ereignis der Energie und dementsprechend der Materie auftreten. Einfacher ausgedrückt: Die meisten Erkrankten

beschäftigen sich mehr damit, was sie nicht wollen als mit dem, was sie wollen. Ihre Fixiertheit auf ihre Ängste lässt vor ihrem geistigen Auge Bilder entstehen, die das genaue Gegenteil von dem sind, was sie eigentlich wollen. Dieses Bild ist dann die Intention, die sie in Zeit und Raum aussenden und das, was sie Gestalt annehmen lassen.
In der Neurowissenschaft heißt es, das Unterbewusstsein könne das Wort »nein« nicht hören. Wenn Sie mich fragen, entspricht das eigentlich nicht den Tatsachen. Das Unterbewusstsein ist vorwiegend visuell orientiert und wird ein Bild von dem erzeugen, worauf man sich ausrichtet. Sie werden also tatsächlich ein Bild dessen sehen, was Sie nicht wollen, und aus diesem Grund glaubt Ihr Unterbewusstsein dann, dass Sie das wollen, was Sie auf seine Leinwand projizieren!

Ich erinnere mich noch an den folgenden Vorfall vor etwa zwölf Jahren, als ich in Kalifornien lebte. Er fand statt, bevor ich von den drei Ebenen der Manifestation wusste (und das Bewusstsein hat ja mit dem Manifestieren, dem Gestaltverleihen zu tun!). Damals hatte ich eines Tages das Gefühl, ich würde in einen Autounfall verwickelt werden. Dieses Gefühl hat mich hartnäckig verfolgt und ich begann sehr vorsichtig zu fahren, aus Angst vor einem Autounfall. (Mit einundzwanzig Jahren hatte ich nach einem schweren Autounfall mit einer Halswirbelsäulenverletzung auf der Intensivstation gelegen.) Sie können sich vorstellen, dass mir die Vorstellung ganz und gar nicht gefiel. Nach drei Monaten hatte ich dann tatsächlich einen Unfall, bei dem mein Wagen von der Fahrbahn abkam und gegen einen Baum prallte. Es passierte nichts weiter, als dass die Stoßstange etwas verbeult wurde. Ich war erleichtert und froh, dass dieser Unfall passiert war. Jetzt hatte ich es hinter mir! Nie zuvor hatte ich mich so sehr über einen Schaden an meinem Wagen gefreut! Jahre später kehrte das Gefühl zurück, nur mit dem Unterschied, dass ich jetzt vorbereitet war. Statt mich auf das zu fixieren, was ich nicht wollte, begann ich mich auf das zu konzentrieren, was ich wollte: mit heilem Wagen sicher nach Hause kommen. Nach und nach legte sich das Gefühl, und ich bin seitdem nicht wieder in einen Autounfall verwickelt gewesen.

Je mehr Sie sich zu Ebene drei hin entwickeln, desto schneller treten die Manifestationen auf. Das kann einem reichlich Angst machen. Mitunter hat man da so eine Idee, und ehe man weiß, wie einem geschieht, taucht urplötzlich jemand im eigenen Leben auf, der einem hilft, diese Idee durchzuführen und ihr Gestalt zu geben, mühelos.

Das ist die Kraft der Intention; sie ist wie Kernenergie: Etwas, mit dem wir klug und umsichtig umgehen sollten. Es ist, als hätte man einen Zauberstab, der sofort oder etwas zeitversetzt all unsere Gedanken, Sehnsüchte und Wünsche Gestalt annehmen lässt. Dann heißt es vorsichtig zu sein, mit dem, was Sie denken, denn Sie könnten es früher bekommen als Sie denken. Besser, jeder Gedanke ist liebevoller Natur, denn eine Wirkung hat er allemal. Dies geschieht auch jetzt bereits, ob Sie sich auf Ebene drei befinden oder nicht. Vielleicht ist die zeitliche Verzögerung ausgeprägter, die Auswirkungen sind vielleicht nicht ganz so stark oder vielleicht doch, auf längere Sicht jedoch werden alle Ihre Absichten für immer ihre Spuren hinterlassen.

So, ich bin sicher, jetzt haben Sie einen Einblick bekommen, worum es geht. Jede Heilreise sollte mit einer klaren Absicht beginnen, wieder gesund zu werden und den Körper von all den negativen Ausrichtungen der Vergangenheit zu entlasten. Geht es Ihnen um Aufmerksamkeit, sollten Sie darauf ausgerichtet sein, diese auf eine gesunde Weise zu erhalten. Sehnen Sie sich im Unterbewusstsein danach geachtet zu werden, so wissen Sie ja, dass Sie aufgrund des für das Karma geltenden Bumeranggesetzes nur anderen bedingungslose Achtung zu schenken brauchen, und dann wird sie früher oder später zu Ihnen zurückkommen – Sie brauchen dazu nicht krank zu werden. Es ist sogar ein viel größeres Vergnügen, sie zu bekommen, wenn man gesund ist. Natürlich trifft das auch auf all ihre sonstigen Bedürfnisse zu. Die Frage, die wir uns stellen müssen, lautet: Was wollte ich ursprünglich damit bezwecken, krank zu werden? Auf welche andere Weise kann ich das, ausgehend von meinem aktuellen Wissensstand in Sachen Karma, erreichen und dabei gleichzeitig gesund und vital bleiben?

Schließen wir hier mit zwei Zitaten eines meiner Lieblingsautoren, Wayne W. Dyer, aus *Staying on the Path*.
Sollten Sie das Buch noch nicht haben, beschaffen Sie es sich jetzt!

Für sich selbst gut zu sorgen,
Ist ein natürlicher Spross der Eigenliebe.
Unterhalte eine stille Liebesbeziehung zu dir selbst.
Gedanken lassen sich nicht töten.
Sie sind ewig.

KAPITEL 6

CHAKREN: TORE ZUM BEWUSSTSEIN

*Bringe alles voller Ergebung dar –
deinen Körper, dein Leben, dein inneres Selbst,
und du wirst den Frieden, Leichtigkeit, ein an nichts fesselndes
und unaussprechliches Glück finden.*

Yuan Wu in: Timothy Freke, *The Wisdom of the Zen Masters*,
Journey Editions 1998

In diesem Kapitel werde ich mit Ihnen auf eine der wichtigsten Möglichkeiten eingehen, unseren Fokus von unseren körperlichen Begierden, Bedürfnissen und Schmerzen auf unseren Quantenkörper zu verlagern und unser Bewusstsein zu vermehren.
Der Quantenkörper ist das überlebensgroße energetische Hologramm, das der Ausdruck unseres universellen Geistes und Bewusstseins ist. Der energetische Ausdruck Ihres Bewusstseins wird darüber entscheiden, wen und was Sie in Ihrem Leben anziehen. Es ist der wichtigste »Kanal« der Antimaterie.
Wir alle kennen das »Beam-mich-rauf-Scottie«-Phänomen aus *Startrek*, demzufolge eine Person durch den Weltraum reisen kann, indem sie sich an einem Punkt auflöst und an einem anderen materialisiert. Indem wir verstehen, wie das Chakrasystem funktioniert, können wir Zugang zum Bauplan für die Materie gewinnen. Chakren sind bedeutende Energiezentren, die sich unweit des Zentralnervensystems und der endokrinen Drüsen befinden.
Zunächst einmal befassen wir uns mit der Funktionsweise der Chakren und Meridiane in Verbindung mit dem Aussenden und Empfangen von Informationen und damit, welche weitverzweigten Auswirkungen dies für unseren spirituellen Weg hat. Um unser Bewusstsein Gestalt annehmen zu lassen, werden wir immer auf das Chakrasystem zurückgreifen. Auch um Zugriff auf subtile Informationen zu erhalten, nutzen wir die Chakren und Meridiane.

In seinem Buch *Science and Human Transformation* beschreibt Prof. William A. Tiller, Ph. D., Untersuchungen an Menschen, die mit Hilfe

spezieller Instrumente vorgenommen wurden, die in der Lage sind, elektromagnetische (EM) Strahlung aufzudecken.
Was er herausfand ist, dass der Körper EM-Energie ausstrahlt. Das ist die Folge einer Vielzahl komplexer Prozesse wie etwa atomare Verschiebungen, physische Drehungen, Schwingungen der Moleküle, Bewegungen der Zellmembranen, Pulsieren von Organen und Körperbewegungen allgemein. Je größer die Einheit, die eine Verschiebung der elektrischen Ladung hervorruft, desto niedriger die EM-Frequenz. Hieraus schließt er, dass man den Körper als eine Art von Übertragungsstation mit Empfangsantennen sehen kann. Ankommende EM-Wellen einer bestimmten Frequenzbandbreite werden das Körperorgan oder -gewebe aktivieren, das eine Resonanz mit dieser bestimmten Frequenz aufweist.
Interessant ist: Wenn keine harmonische Korrelation zwischen den Bewegungen der unterschiedlich großen Körperteile besteht, so ist da keine Integration, und das Ausgestrahlte hat kein Muster. Mit anderen Worten: Disharmonie sendet disharmonische Informationen aus. Doch auch das Gegenteil ist wahr: Je größer der Grad der korrelierten Bewegungen zwischen den einzelnen Organen und Geweben, desto mehr Emissionsmuster werden da sein, und desto größer ist der Informationsgehalt. Es wäre also in Ihrem eigenen Interesse, Ihre gesamten Körpersysteme zu synchronisieren, um mehr Integration und Harmonie zu erschaffen. Inkongruenz, gedankliche Konfusion, Schuldzuweisungen, eigene Schuldgefühle etc., sie alle tragen zu dem Chaos und der Disharmonie in Ihrem System bei.
Prof. Tiller fand diverse Schlüssel-EM-Abstrahlungen, die er mit den folgenden klar unterscheidbaren Quellen in Verbindung setzte: Physisches, Ätherisches, Astrales (Emotionales), Instinkt, Intellekt, spirituelles Denken und universeller Geist in uns. Jeder dieser Bereiche ist einzigartig und strahlt auf unterschiedlichen Frequenzbandbreiten Informationen aus. Es kommt zu einer zunehmenden Steigerung der Geschwindigkeit, und dies entspricht zunehmend höheren und subtileren Bereichen. Das entspricht den sieben Chakren! Wenn wir höher gelangen im Körper, begeben wir uns in feinere Energien.
Viele Tiere haben eine eingebaute Antenne, mit der sie Informationen aus ihrer Umgebung empfangen und mit Artgenossen in Verbindung treten können. Im menschlichen Körper kann laut Prof. Tiller das autonome Nervensystem diese Funktion der Empfangsantenne über-

nehmen. Das autonome Nervensystem beeinflusst die endokrinen Drüsen, das Herz, die Atemwege, den Kreislauf, die Darmbewegungen etc. Darüber hinaus fungiert es als exzellenter Wellenleiter durch die Nerven zu einer Vielzahl von Endpunkten unmittelbar unter der Hautoberfläche. Die Akupunkturpunkte gelten als ein Set von Antennen in diesem System. Es gibt tausende dieser sensiblen Punkte, und aufgrund dieser großen Zahl überragt ihre Kapazität noch jedes hoch entwickelte Radarsystem, das heute verfügbar ist. Ja, Sie haben richtig gelesen: Sie gehören zum hochempfindlichsten Equipment, das es heute auf der Erde gibt, viel ausgefeilter, als es je von Menschenhand hergestellt werden könnte. Sie können mit geschlossenen Augen einen Tarnflieger am anderen Ende der Welt entdecken!

Eine weitere wissenschaftliche Tatsache, die Sie wissen sollten ist, dass das Antennensystem des menschlichen Körpers eine enorme Bandbreite hat und einen Abtaststrahl mit einem umfassenden Detektorbereich hervorbringen kann!

Die Akupunkturpunkte lassen sich mit empfindlichen Geräten messen und haben einen niedrigeren lokalen Widerstand als die umliegenden Hautpartien.

Einer der zentralen Schlüsse, den Prof. Tiller zog, war der, dass die

primären strukturellen Komponenten des Akupunktur-Antennensystems auf der ätherischen Ebene anzusiedeln sind, statt auf der physisch-materiellen. Das erklärt, warum es keinen größeren histologischen Unterschied zwischen Akupunkturstellen und dem umliegenden Gewebe gibt. Mit anderen Worten: Akupunkturstellen unterscheiden sich von der Haut in ihrer Umgebung durch ihre anderen energetischen Schwingungen. Oder, um die Sache noch weiter zu vereinfachen: Akupunkturstellen sind an andere energetische Systeme angeschlossen als die normale Haut. Sie gehören zu einem weitverzweigten, komplexen bioenergetischen Regelsystem, das mit den Chakren verknüpft ist.

Klar ist also, dass die Akupunktur-Meridiane es uns ermöglichen, eine Verbindung und Kommunikation zwischen der inneren physischen und feinstofflichen Substanz des Körpers einerseits und unserer Umwelt sowie anderen Angehörigen unserer Spezies und wahrscheinlich sogar denen anderer Spezies andererseits herzustellen. Auf der ätherischen Ebene haben wir es bei diesem Netz vermutlich mit den »feinstofflichen Nadis« der althinduistischen Lehren zu tun.

Es ist recht wahrscheinlich, dass sogar noch weitere feinstoffliche Ebenen von Energie und Substanz bei diesem Antennensystem zum Tragen kommen. Damit kommen wir wieder auf das Chakrenystem zurück, das mit den endokrinen Drüsen verbunden ist. Die endokrinen Drüsen steuern über die von ihnen ausgeschütteten Hormone alle Chemiefabriken des Körpers. Chakren und endokrines System sind Energiewandler von der feinstofflichen zur physischen Ebene.

Die Chakren sind mit unserer Vergangenheit (Biografie) verknüpft und basieren auf unserer heutigen Einstellung (unserem Denken); dies überträgt sich auf unsere Biologie (die Chakren übertragen die Biografie auf die Biologie). Die beiden wichtigsten Antennensysteme des Körpers arbeiten so, dass sie sich wechselseitig ergänzen. Das Chakra-/endokrine Drüsen-/Nervenplexussystem überträgt feinstoffliche Energien auf unseren physischen Körper. Es tritt über die Hormonsysteme in Wechselwirkung und hilft uns bei der Anpassung und nutzt das Zentralnervensystem. Dieses System ist darauf angelegt, alle Organe und Systeme des Körpers zu vitalisieren, so dass sie als integriertes und harmonisch ausgewogenes Vehikel für die menschliche Erfahrung funktionieren können.

Basierend auf diesen herausragenden Untersuchungen Prof. Tillers

können wir uns nun eingehender mit den Chakren und ihrer Bedeutung beschäftigen. Die Chakren sind ein zentraler Bestandteil der spirituellen Überlieferung des Ostens. Die intuitive Medizin betreibende Bestsellerautorin Caroline Myss erklärt in ihrem Buch »*Chakren. Die sieben Zentren von Kraft und Heilung*« (Droemer Knaur 2000) den Zusammenhang zwischen den Chakren und den zehn Sephiroth der jüdischen Kabbala und den sieben Sakramenten der katholischen Kirche. Diese zehn Eigenschaften sind traditionell in sieben Ebenen untergliedert worden. Die jeder der sieben Ebenen zugeordneten Eigenschaften sind buchstäblich identisch mit denen der Chakren (siehe Zeichnung). Myss schreibt: »Diese Eigenschaften angesichts der Herausforderungen des Lebens zu verkörpern zu lernen, ist die Essenz der spirituellen Reise. Krankheit und Krise als eine Chance zu sehen, diese spirituellen Wahrheiten zu erkennen, bringt eine neue Bedeutungsebene in das eigene Erleben, die die Heilung beschleunigt. In den Chakren werden die neu eingegangen Informationen mit unseren alten ungelösten Themen abgeglichen und der Körper in eine bestimmte Richtung gelenkt, die es uns erlaubt, diese Punkte aufzulösen oder uns ihnen zu stellen.«
Alles das, weil unser Unterbewusstsein darauf programmiert ist, Stabi-

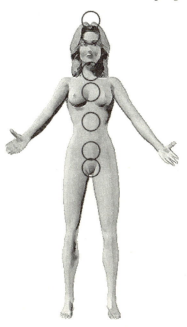

lität, Sicherheit, Liebe und den Status quo anzustreben. Veränderung ist nicht willkommen; schließlich bedroht sie das Bestehende. Veränderung und Herausforderungen begrüßen zu können, ist ein erworbenes Verhalten; es stellt sich nicht automatisch ein. So kommt es, dass so viele Kinder zum Leidwesen von Millionen Babysittern und Kinderbetreuerinnen Probleme damit haben, wenn ihre Eltern von zu Hause weggehen und durchlaufen die ganze Nervenzerreißprobe vom Weinen bis hin zu Tobsuchtsanfällen. Das Unterbewusste hilft uns auch dabei, das entstehen zu lassen, was wir häufig denken und zieht so wie ein Magnet das in unser Leben, worauf unser Fokus ruht. Wenn es Sie nach viel Geld verlangt, weil sie Angst vor Armut haben, sind sie darauf fixiert, Armut zu vermeiden und werden womöglich nie wohlhabend oder bleiben im Armutsbewusstsein, nie genug zu haben, stecken.

Solange es eine Diskrepanz gibt zwischen dem, was wir bewusst wollen und dem, wovor wir unterbewusst Angst haben, tragen wir eine Dualität in uns, die uns Energie raubt und für Sabotage sorgt. Dies kann schließlich zu Krankheit und Leiden führen. Die Chakren reagieren weniger auf Emotionen, sondern mehr auf die Prozesse oder Muster, in denen wir uns befinden; sie entsprechen den verschiedenen Unterebenen des Bewusstseins. Wir werden sie noch nacheinander abhandeln. Indem wir uns mit ihnen vertraut machen, werden wir vieles an uns selbst wiedererkennen, und das kann helfen, die Transformationen hervorzurufen, die nötig sind, um unser Leben dauerhaft zu verändern.

Anatomie der sieben Chakren
Die unteren drei Chakren haben mit äußerlicher Macht zu tun und sind die größten Krankheitsauslöser.
Chakra (Sanskrit) bedeutet *sich drehendes Rad*; die Chakren sind die Tore zu dem Geist, der uns beseelt, zu unserem höheren Selbst. Durch die Chakren kann unser höheres Selbst einen Teil seiner selbst in Zeit und Raum manifestieren. Der Geist ist unbegrenzt und nicht auf Zeit und Raum beschränkt; er braucht ein Tor in der Materie, um sich manifestieren zu können. Diese Tore funktionieren in beide Richtungen; wir können sie dazu nutzen, Zugang zum Geist zu gewinnen. Die sieben Hauptchakren stehen jeweils für einen Bewusstseinszustand; sie sind komplementär und beeinflussen einander.
Blockieren wir unsere Lebenskraft, so blockieren wir auch unsere Chakren, und alte Muster kommen an die Oberfläche, wir treten auf

der Stelle, werden zwanghaft, fanatisch, hilflos etc. Die Chakren steuern unser Verhalten und Denken. Indem wir Einblick in die Ursache unserer Probleme bekommen oder den Fokus der Energie in unserem Körper harmonisieren, können wir die Vergangenheit und die sich aus ihr ergebenden zyklischen Gedanken loslassen, und die Lebenskraft stellt sich wieder her.

Jedes Chakra verfügt über ein enormes schöpferisches und Manifestationsvermögen; die Frage ist: Haben wir vollen Zugang zur Nutzung seines Potenzials? Der Grad unserer Erreichbarkeit hängt von mehreren Faktoren ab, etwa dem spirituellen Grad der Erkenntnisse, die wir in vorherigen Existenzen erlangt haben, unserer Programmierung in diesem Leben (Bildung, Eltern, Umwelt), unserem aktuellen Umfeld (den Menschen, mit denen wir uns umgeben) und unserer Selbstverpflichtung zu spirituellem Wachstum.

Der zentrale Punkt, der über unsere Fähigkeit entscheidet, Dinge zu manifestieren, ist nicht die Vergangenheit – all diese Themen der Vergangenheit können außer Kraft gesetzt werden, indem man den Fokus bewusst auf Wege richtet, die eigenen Möglichkeiten zu stärken, mit den Turbulenzen fertig zu werden, mit denen wir tagtäglich konfrontiert sind. Mit anderen Worten: Durch Konzentration auf das Jetzt und die durchgängig beibehaltene Entscheidung, auf sein Herz zurückzukommen und loszulassen, kann man die Kräfte seiner Chakren bündeln. Wichtig bei diesem Konzept ist, dass die Vergangenheit sich weiter durch unser Leben wiederholt, um uns die Chance zu bieten, Heilung zu finden und loszulassen. Indem wir das tun, hören wir auf, uns in Wiederholungszyklen zu verstricken und machen rapide Fortschritte in Richtung auf höhere Gewahrseins- und Bewusstseinszustände.

Die Chakren filtern die Menge an Energie von unserer unbegrenzten Quelle, und reduzieren sie auf das, was wir unmittelbar verwenden können, um uns auf die aktuellen Themen auszurichten. Durch Öffnung der Chakren erhalten wir Zugriff auf erheblich mehr Informationen und erklimmen die Leiter von der Stufe des Quintsensorischen zum Multisensorischen.

Um frei zu werden und den euphorischen Zustand bedingungslosen Glücks zu erreichen, der Voraussetzung für bedingungslose Liebe und völlige Hingabe ist, müssen wir uns unserer eigenen imaginären Grenzen bewusst werden. Diese Grenzen sind Schutzzäune um uns, deren Fundament unsere Ängste sind. Wir müssen Zugang zu unserem Mut

finden, um sie zu durchbrechen und unsere Wirklichkeit zu erweitern. Unsere Chakren zu harmonisieren, bedeutet, uns von alten einschränkenden oder selbstzerstörerischen Mustern zu heilen.
Wir werden nun ein Chakra nach dem anderen definieren und näher darauf eingehen, wie sie sich zu unserem Vorteil nutzen lassen.

Das erste Chakra (Muladhara)

Das Wurzel- oder Kreuzbeinchakra befindet sich am unteren Ende der Wirbelsäule – hinter dem After.
Hier ist das Bewusstsein ganz auf den Überlebensprozess ausgerichtet. Dieses Chakra hat die niedrigste Schwingungsrate und steht mit der Materie in Verbindung. Die Materie wiederum symbolisiert die Mutter, die Quelle, die uns nährt und umsorgt. Als Säuger können wir ohne Mutter unmöglich überleben. Aufmerksamkeit, qualitativ wertvolle Zeit gehören mit zur Materie. Alle Raum-Zeit-Ereignisse stehen mit unserem Dasein auf dem Planeten (Mutter) Erde in Verbindung.
Dieses Chakra enthält den Entwurfsplan für unsere physische Manifestation: Knochen, Muskeln, Haut, Haare, Nägel, Blutgefäße etc. Es steht mit dem physischen Erhalt des Körpers in Verbindung: die Basis der Wirbelsäule, die Beine, die Füße und das Immunsystem. Gestört wird es dann, wenn wir uns nicht geborgen fühlen oder wenn wir kontinuierlich auf Überlebenssicherung gepolt sind. In diesem Fall bleiben wir in einem Modus stecken, auf den wir auch noch lange, nachdem die Gefahr vorbei ist, fixiert bleiben. Das erklärt, warum viele Menschen, die aus eigener Anschauung erfahren haben, was Armut bedeutet, zu Wohlstand gelangen können; sie suchen Sicherheit, indem sie mehr und mehr materielle Dinge anhäufen.
Gut für uns selbst zu sorgen beginnt damit, zu wissen, wo wir stehen und bewusst zu entscheiden, wo wir sein wollen, und dann die entsprechenden Schritte zu unternehmen. Vernachlässigen wir unsere Überlebensgrundlage oder kümmern wir uns wie besessen um sie, so werden wir nie unser volles Bewusstseinspotenzial entwickeln. Das Ergebnis ist, dass wir gutes Aussehen, Status, Prestige, Besitztümer, Karriere überbetonen und nie die Früchte bedingungslosen Glücks erleben werden. Das erste Chakra versieht uns unentwegt mit Informationen dazu, wie es um unsere Körperfunktionen steht. Indem wir uns auf die Sprache unseres Körpers einschwingen, können wir seine Bedürfnisse erfüllen und eine Harmonie erzeugen, die unsere Lebensqualität verbessern und

unser Leben verlängern wird. Wir werden lernen, mit Stress angemessen umzugehen und uns selbst zu erden, um ein Gefühl der Stille oder Ruhe zu erschaffen. Die Organe, die am meisten mit dem ersten Chakra zusammenhängen, sind die Nebennieren und der Dickdarm. Die Nebennieren fungieren als das System, das für uns über Kampf, Flucht oder Erstarrung entscheidet und in Stress-, Schock- oder Paniksituationen automatisch reagiert. Die Essenz des Ganzen ist hier, dafür zu sorgen, dass wir dem eigenen Weg treu werden und uns nicht davon bestimmen zu lassen, was »die anderen« sagen.

Selbstachtung, persönliches Ehrgefühl, das Loslassen von Schuldgefühlen und Ängsten aus der Vergangenheit, führt dem Wurzelchakra positive Energie zu. Das erste Chakra verlangt von uns, unseren Stamm/unsere Familie zu ehren in den/die wir hineingeboren wurden, selbst wenn unsere Lebensreise uns dazu gedrängt hat, anderer Wege zu gehen.

Um das noch weiter zu treiben, haben wir alle die gleiche Mutter, unseren Planeten, die Materie, den Planeten Erde. Es besteht eine Wechselbeziehung zwischen dem, wie wir uns selbst behandeln und wie wir Mutter Erde behandeln. Wir verschmutzen, plündern, missbrauchen, schröpfen, vergiften, missachten und vernachlässigen unseren physischen Körper; was eine Dissonanz im »Wurzelchakra« hervorruft.

Genau so behandeln wir als Gruppe Mutter Erde: Wir verschmutzen, plündern, missbrauchen, schröpfen, vergiften, missachten und vernachlässigen den Planeten, auf dem wir leben. Wenn wir uns unsere Wirtschaftsysteme ansehen, so merken wir, dass sie auf dem Überlebensmodus basieren, dem erbarmungslosen Hinterherjagen nach mehr, mehr, mehr. Aus dem Konkurrieren geborenes Glück ist der Hauptüberlebensmechanismus. Damit wir als Spezies überleben und aufblühen können, werden wir lernen müssen, in Harmonie mit der Materie, unserem Planeten zu leben. Der erste Schritt für uns ist dabei der, unser Wurzelchakra zu harmonisieren. Jeder Schritt in Richtung auf ein höheres Bewusstsein wird sich auf das kollektive Bewusstsein unseres Planeten auswirken.

Weckung einer erhöhten Wahrnehmung des ersten Chakras
Zwei der maßgeblichsten Muster, die dieses Chakra erzeugen kann, basieren auf der Angst vor Veränderung. Veränderung bedroht das Überleben. Das kann zur Angst vor Erfolg und einer Angst vor Ablehnung führen.

Erfolg ist kein Ziel, sondern das Ergebnis eines Wachstumsprozesses. Erfolg ist der Grad von Erfüllung, der sich daraus ergibt, wenn wir uns entschieden unseren Werten verpflichten. Wenn nicht, so wird der mutmaßliche Erfolg schal und unbefriedigend sein; er wird ein Bestandteil unseres auf Konkurrenz basierenden Glücks werden, das überhaupt kein Glück ist. Uns selbst wertzuschätzen, bedeutet, sich engagiert für die Notwendigkeit unseres eigenen Wachstums einzusetzen, und dies wird in jeden Aspekt unseres Lebens Erfolg hineintragen. Wir müssen lernen, uns selbst zu verzeihen, uns zu lieben und unsere Fehler als Bestandteil unseres Erwachsenwerdens zu akzeptieren sowie auch als Teil eines kollektiven Systems, wo wir uns gegenseitig bei unserem Wachstum helfen, indem wir wir selbst sind.

Um die Manifestations- und Schöpfungskräfte des ersten Chakras zu stärken, müssen wir prozessorientiert werden statt ergebnisorientiert. Das Ziel ist nicht einmal der wichtigste Faktor, der über unseren Erfolg entscheidet, sondern die Person, die wir werden, ist das, was wir mit diesem Ziel verfolgen. Erleben wir einen »Fehlschlag«, so müssen wir uns nach innen wenden, um die positive Absicht hinter unserem ausgebliebenen Erfolg zu suchen. Ist er ein Weg, Aufmerksamkeit auf sich zu lenken oder Fürsorge beziehungsweise ein anderes Grundbedürfnis erfüllt zu bekommen? Ziehen wir es vor, in der Komfortzone zu bleiben? Wollen wir das von uns gewählte Ziel wirklich? Tun wir es für uns selbst oder um uns selbst anderen gegenüber zu beweisen?

Hier einige Schlüsselkomponenten von Erfolg, über die Sie nachdenken sollten:

- Erfolg stellt sich dann ein, wenn wir uns auf harmonische Weise mit den unerwünschten Nebeneffekten auseinander setzen.
- Erfolg heißt, seine Begabungen und Fähigkeiten zu kennen, aber auch seine Grenzen und Schwächen (die eigene Identität).
- Erfolg bedeutet, sich seinen tiefsten Ängsten zu stellen und sie zu überwinden, indem wir sie akzeptieren.
- Erfolg bedeutet Deckungsgleichheit mit den eigenen Werten, und seine Ziele darauf aufzubauen.
- Erfolg heißt, es hinzunehmen, dass andere Sie kritisieren, Sie zurückhalten und/oder Ihr persönliches Wachstum einschränken und Sie entscheiden sich dennoch für das, was Sie für rich-

tig halten. (Veränderung ist auch eine Bedrohung für Ihre Umwelt.)
- Ist unser Erfolg einseitig, und sind wir in anderen Bereichen (Beziehungen, Elternschaft, Fitness) nicht erfolgreich, so sabotieren wir uns selbst und müssen unseren Blick wieder auf die Bereiche lenken, die unserer Aufmerksamkeit bedürfen sowie lernen, mit den hiermit zusammen hängenden Ängsten und Problemen umzugehen.
- Nur wenn wir lernen, mit Zurückweisung und Fehlschlag umzugehen und diese zu akzeptieren, können wir wirklich erfolgreich werden.
- Erfolg, der auf einem Gedankengebäude basiert, das immer nur von Gewinnen oder Verlieren ausgeht, ist negatives Karma und bedeutet letztlich Fehlschlag.
- Auf der höchsten Bewusstseinsebene wird Erfolg dann erzielt, wenn die Reise mühelos und regenerativ war und wenn bei diesem Prozess viele andere auf einen höheren Bewusstseinszustand gehoben wurden.

Disharmonie in Chakra eins

Wenn Chakra eins aus dem Gleichgewicht geraten ist, erleben wir mehr: Oberflächliche Meinungen, Förmlichkeiten, Stolz, Selbstkritik, Perfektionismus, Geiz, Kleinlichkeit und Engstirnigkeit. Darüber hinaus Anhaftung an Normen, Regeln, Struktur, Organisation und Vorliebe für Geheimnisse, Mysterien, Zeremonien, Rituale, Verdächtigungen und Aberglaube.

Zu entwickelnde Eigenschaften: Loslassen, Anbindung an das universelle Bewusstsein, Toleranz, Weichheit, Teamgeist, Demut und Liebe.

Archetypen in Verbindung mit dem ersten Chakra: Organisator(in), Unternehmer(in), Ingenieur(in), Architekt(in), Wirtschaftsprüfer(in), Buchhalter(in).

Das erste Chakra im Überblick:
  Elemente: Materie, Erde
  Körper: After, Dickdarm, Nebennieren, Stress, Knochen, Beine, Blutgefäße, Immunsystem

Bewusstsein: Überleben, Sicherheit, Körperfunktionen, Anpassung an Veränderung
Harmonisierung: Vertrauen, Selbstachtung, Loslassen, Urteilsfreiheit, Geborgenheit
Disharmonie: Demütigung, Scham, Autoritätsmissbrauch, Minderwertigkeitsgefühl
Heilige Wahrheit: Alles ist eins
Sakrament: Taufe; Willkommenheißen im Leben, in der Familie und Gemeinschaft
Enthaltene Energie: Kraft der Stammeszugehörigkeit
Ängste: Angst vor Veränderung, Angst vor Zurückweisung
Besonderheit: Dem Körper nahrhafte Nahrung und Gedanken zuführen
Betonung auf: Konkurrierendes Glück; Erfolg
Affirmation: Ich bin hier in Sicherheit ... Ich kann ... Ich habe ...

Fallbericht zum ersten Chakra
Sie betrat meine Praxis und sah aus, als wolle sie zu einer Modenschau. Die Kalifornierin Lucy praktizierte klassische Homöopathie – einen alternativmedizinischer Heilansatz, der mit einer sehr spezifischen Therapie arbeitet, die auf der Persönlichkeit des Patienten oder der Patientin basiert und darauf, worin sich die Symptome hier im Einzelnen ausdrücken. Sie war auf dem Gebiet der Homöopathie sehr bekannt und geachtet und hatte zwei Bücher zu diesem Thema verfasst.
Sie war um die vierzig und gut aussehend. Alles an ihr wirkte so, als sei es eigens dazu hergestellt worden, ihre Schönheit zu betonen. Sie trug jede Menge Goldschmuck, von sechs Armbändern bis hin zu acht Goldringen, einige davon mit Diamanten. Sie fuhr einen Mercedes-Sportwagen, und alles um sie herum war dazu angetan, einen Eindruck von Erfolg und Blick fürs Detail zu erzeugen. Ich hatte sie bei mehreren meiner Workshops gesehen; sie hielt sich dort immer abseits, mischte sich nicht viel unter die anderen Teilnehmer. Ich hatte mich mit ihr unterhalten, und sie war sehr, sehr scheu, sah mir nie direkt in die Augen. Es erstaunte mich wirklich, dass sie mich aufsuchte; am Telefon klang ihre Stimme dringend, und sie sagte mir, dass sie sich keinen Rat mehr wisse.
Nach den Anfangsformalitäten bei der Eröffnung des Gesprächs erkundigte ich mich, wie ich ihr helfen könne.

»Ich habe schrecklichen Haarausfall und mache mir wirklich Sorgen, dass ich mein gesamtes Haar verlieren werde.« Beim näheren Hinsehen stellte ich in der Tat fest, dass sie ungeachtet meines spontanen Eindrucks, dass mit ihrem Haar alles in Ordnung war, ernsthafte Probleme mit Haarausfall hatte.

Bei der Erhebung der Anamnese kam eine ganze Palette medizinischer Probleme zur Sprache: Mit sechzehn hatte sie unter der fixen Idee gelitten, abnehmen zu müssen und litt an Bulimie und Magersucht. Wegen chronischer Verstopfung nahm sie Abführmittel, doch der unterschwellige Grund für die Verstopfung war ihre grauenvolle Ernährungsweise. Sie aß Salzgebäck oder Kräcker ohne Butter, gelegentlich mit Tomate. Zum Abendessen verspeiste sie Hähnchenfleisch mit etwas Gemüse. Sie war Hypometabolikerin (Verlangsamung der Schilddrüsenfunktion), was für jemanden mit ihren Essgewohnheiten normal ist. Darüber hinaus waren ihr schon mehr als zehn Mal diverse Melanome (Hautkrebs) entfernt worden. Sie hatte ihre eigene Sonnenbank zu Hause stehen, und entgegen des Rates ihrer Ärzte bräunte sie sich noch immer drei Mal die Woche, um gut auszusehen. Sie war blond und hellhäutig und hatte eine Veranlagung zu Melanomen. Außerdem hatte sie immer wieder einmal unter linksseitigen Ischiasbeschwerden gelitten, vor allem während der Menstruation.

Und um dem Ganzen noch die Krone aufzusetzen, war sie ein Workaholic und arbeitete vierzehn Stunden am Tag (so lange kümmerte sie sich um ihre Patienten), sechs Tage die Woche. Als wir ihre Nebennierenfunktion testeten, stellte sich heraus, dass diese völlig überlastet waren. Das war die Ursache für ihre Mattigkeit und Schlaflosigkeit.

Ich begann von Grund auf mit meiner diagnostischen Arbeit, zu der Blutuntersuchungen gehörten, um ihre Nebennierenfunktion zu prüfen, die Vitamin- und Mineralstoffversorgung und die normale Arbeitsweise des Blutes. Dazu machte ich Gebrauch von der Angewandten Kinesiologie, auch »Muskeltest« genannt. Muskeltests sind ein einfaches, non-invasives Verfahren, das Arzt und Patient erlaubt, auf eine Weise zusammen zu arbeiten, die mit der körpereigenen Intelligenz korrespondiert. Während ich dem Patienten oder der Patientin eine Frage stelle, wird ein bestimmter Muskel geprüft. Die Frage verlangt immer ein Ja oder Nein. Verändert sich ein Muskel beim Test von stark oder fest zu schwach, so verweist das gewöhnlich auf ein Ja. Bleibt die Muskelkraft gleich, so bedeutet das »Nein« auf deine Frage. Ich gebe Kurse über eine bestimmte Form von Muskeltest für Ärzte und andere Interessierte.

Das Schöne an diesem System ist, dass es einem innerhalb weniger Minuten Einblicke in die Körperfunktionen geben kann. In ernsten Fällen müssen wir das Ganze immer noch durch andere Diagnoseverfahren abstützen.

Was den Fall dieser Frau noch interessanter machte war, dass das einzige, was hier zum Tragen kam, die Blockade des ersten Chakras war. Ich konnte es zuerst nicht glauben und unterzog sie noch weiteren Tests, aber das Ergebnis war immer wieder gleich. Damals war ich mit der Symptomatologie der Chakren noch nicht sehr vertraut. Ich griff mir einen Leitfaden zu einem Seminar, an dem ich einmal teilgenommen hatte: *Emotional Body Integration*, veranstaltet von Dr. Susan Brennan, einer kalifornischen Chiropraktikerin. Sie hält Seminare ab, bei denen es darum geht, die Chakren ins Gleichgewicht zu bringen. Hier eine Aufstellung von körperlichen Beschwerden, die ihr zufolge in Verbindung mit einer Störung des Gleichgewichts des ersten Chakras auftreten: Hämorrhoiden, Verstopfung, Gewichtsprobleme, Ischias, Magersucht, Haut- und Haarprobleme, Nebenniereninsuffizienz. Es war, als läse ich dort Lucys Geschichte. Ich setzte mich mit ihr hin und begann in ihrer Vergangenheit zu forschen.

Eine der übermächtigsten Wege, das erste Chakra zu schädigen, sind Missbrauchserfahrungen und Gedemütigtwerden. Es kam heraus, dass sie mit ihrem allererstem Freund verheiratet war, nennen wir ihn Pete. Sie war schon mit Pete zusammen, seit sie siebzehn war, bei ihrer Eheschließung war sie zwanzig gewesen. Pete war in der Beziehung immer der dominante Part gewesen, und er hatte sie in der Öffentlichkeit wie auch zu Hause gedemütigt. Er kritisierte fortwährend an ihr herum, und sie konnte es ihm nie recht machen. Sie konnte nicht kochen, ihr Hintern war zu fett, ihre Brüste zu klein etc. Sie ließ sich Silikonimplantate einsetzen, um ihm zu gefallen, und jetzt verlangte er von ihr, sie solle sich größere machen lassen. Nachdem sie sich das erste Mal Implantate zugelegt hatte, begann er für ein paar Monate wieder mit ihr zu schlafen, nachdem er sie vorher sechs Jahre nicht angerührt hatte. Außerdem wusste sie, dass er eine Affäre hatte und fühlte sich hierdurch gedemütigt. Dazu kam, dass er sie schlug und verbal beleidigte. Ich fragte sie, warum sie ihn nicht verließ. »Weil ich Angst davor habe. Er ist der einzige Mann, dem ich je vertraut habe. Immerhin weiß ich

inzwischen: Was ich habe, das habe ich.« Es klang geradezu unglaublich: Diese attraktive junge Frau, beruflich erfolgreich, bei der sonst alles bestens lief, hatte Angst, ihn zu verlassen.
Als ich den Test im Hinblick auf ihre Identität durchführte, ergab er »schwach«, wenn es darum ging, sie selbst zu sein – ein Hinweis darauf, sich selbst nicht anzunehmen. Er ergab »stark«, als sie sagte: »Ich bin Pete«, was zeigte, dass sie es ihm um jeden Preis recht machen wollte.
In einem anderen Buch von Carolyn Myss stieß ich darauf, dass sie das Chronic Fatigue Syndrom (chronische Müdigkeit) mit einer energetischen Störung des ersten Chakras bei Menschen in Verbindung bringt, die sich hochgradig verletzlich und unsicher fühlen. Diese Menschen versuchen für alle Welt alles Erdenkliche zu sein, und sie finanzieren zu viele Personen und/oder Projekte (in diesem Fall bezog sich das Ganze auf Arbeit) mit ihrer Energie, so dass das Immunsystem zusammenbricht, was Krebs hervorrufen kann. Ein weiterer wichtiger Punkt ist, dass dadurch, dass Lucy eine komplette Abhängigkeit von ihrem Mann entwickelt hat, ihre gesamten Energiekreisläufe an ihm hängen. Dieses Ungleichgewicht führt dazu, dass die Frau nicht die Energie hat, ihren eigenen Körper gesund zu erhalten und dabei gleichzeitig in ihrem Ehemann das Gefühl auslöst, »überschüttet« zu werden. Auf der Grundlage dieser Informationen fragte ich sie, ob ihr Mann Probleme mit Haarausfall habe. Sie bejahte das und erklärte, dass er sich schwer täte, zu akzeptieren, dass er eine Glatze bekam.
Damit war das Bild (die Diagnose) komplett: Sie litt unter einer schweren Funktionsstörung, die vom ersten Chakra herrührte, und das Ergebnis war ihre starke Ausrichtung auf ihr Aussehen, auf Geldverdienen und Sicherheit. Sich von Pete scheiden zu lassen, bedeutete eine zu große Veränderung und war für sie tabu, war es doch eine Gleichung mit gar zu vielen unbekannten, also zog sie es vor, in der Beziehung zu bleiben. Auch ihre körperlichen Beschwerden hingen durchgängig mit dem ersten Chakra zusammen.
Für sie eine Therapie zu finden, war nicht leicht. Sie erwartete so etwas wie eine Dauertherapie mit Akupunktur, Vitaminen, Homöopathie etc. Ich sagte ihr, dass ich das gerne tun würde, doch zunächst einmal sollte sie einige Visualisierungen und Affirmationen durchführen, um das erste Chakra ins Lot zu bringen.
Hier die beiden Affirmationen, die sie zu sprechen hatte, während sie besondere Akupunkturpunkte massierte, die ich in Teil II vorstellen

werde. Die Punkte hierbei waren die für Nieren und Blase, über die sich Angst und Unsicherheit angehen lassen.

Allgemeine Affirmation für das erste Chakra (unter Behandlung von Nieren-Akupunkturpunkt):
»Ich fühle mich rundum sicher, geborgen und entspannt, und ich kann vergangene Verletzungen und Angelegenheiten ganz leicht loslassen, und zwar jetzt und auf Dauer.«

Persönliche Affirmation für Lucy (unter Behandlung von Blasen-Akupunkturpunkt):
»Ich kann mich selbst so wie ich bin annehmen und lieben, und ich fühle mich wohl und in Sicherheit, selbst wenn Pete mich kritisiert oder ablehnt, und zwar jetzt und auf Dauer.«

Klingt doch eigentlich gar nicht so kompliziert, oder?
Diese Affirmationen sollte sie jeweils sechsmal täglich sprechen und dabei die entsprechenden Punkte massieren und sich vorstellen, wie ihr Körper voller Licht war und ihre Haarpracht komplett wiederhergestellt.
Zwei Wochen später rief sie mich an und war ganz aufgeregt: »Roy, ich habe mich entschieden: Ich lasse mich scheiden! Nächste Woche ziehe ich aus, ich habe auch schon ein Haus gefunden!«
Ich war vollkommen perplex und fragte sie, was aus ihrem Haar geworden sei. »Ach ja«, antwortete sie, »weiß ich gar nicht, ich habe gar nicht mehr so recht darauf geachtet!« Ich muss schon sagen, dass ich beeindruckt war, wie schnell das Ganze wirkte und nahm mir vor, mich doch einmal ernsthaft mit Chakren auseinander zu setzen. Lucy geht es mittlerweile prächtig und sie leidet nicht mehr unter Haarausfall, der Hautkrebs ist nicht wiedergekommen, sie geht in die Tanzstunde und hat jemanden kennen gelernt, der sehr nett zu ihr ist!

Das zweite Chakra (Indriya- oder Svadishtana-Chakra

Das schöpferische/Sexualchakra befindet sich im unteren Bauchbereich, in der Blasengegend. Das entsprechende Bewusstsein richtet sich auf Selbstausdruck und Kreativität. Dieses Chakra hat eine höhere Schwingungsrate als Chakra eins, und hier ist der Punkt, wo Genuss und Vergnügen ins Spiel kommen. Wenn man den Vergleich zu einem Baby herstellt, so ist da zunächst einmal das Bedürfnis nach Nahrung. Ist der Hunger gestillt und das Überleben gesichert, wird das Baby beginnen, sich an allem Erdenklichen zu erfreuen, es produziert Töne, schaut sich um, greift nach Dingen, die es berühren und schmecken kann.

Sobald Materie in Bewegung ist, wird sie weich und formbar. Das hiermit verbundene Element ist Wasser. Wasser ist der Kristall, in dem die Erinnerung an das ursprüngliche Hologramm gespeichert ist. Wasser ist auch ein Symbol dafür, zu fließen, sich auszudrücken, beweglich zu sein, sich anzupassen. Dieses Chakra steuert die Körperflüssigkeiten: Lymphe, Blut, Schleim, Sperma, Urin, Schweiß, Speichel, Augenflüssigkeit, Schleimhäute etc. Die Körperorgane, die am meisten von allem berührt sind, was das zweite Chakra angeht, sind: Sexual- und Fortpflanzungsorgane, Eingeweide, Becken und unterer Beckenbereich einschließlich der Hüftregion. Eine Störung tritt hier durch erstickte kreative Energie auf, durch Geld- und sexuelle Konflikte, Machtkämpfe, fehlende Freude im Alltag, wie etwa Beziehungen oder Jobs, mit denen man in eine Sackgasse geraten ist, sowie Kontrolltaktiken, die nicht auf dem ersten karmischen Gesetz basieren, das da lautet: »Ehrt euch gegenseitig.«

Grundlegend ist hier, unsere sämtlichen Gefühle zu akzeptieren und zur Kenntnis zu nehmen und zu erkennen, dass dieses Annehmen nicht bedeutet, ihnen ein und für alle Mal verhaftet zu bleiben und seine Reaktionen an ihnen festzumachen. Wir verrennen uns in Erinnerungen an Früheres und reagieren immer wieder nach Mustern, die uns entmachten. Das erklärt, warum viele Menschen ihre Gefühle unterdrücken und sich schuldig fühlen, wenn sie selbst Genuss und Freude erleben.

Auf dieser Ebene ist es wichtig, konstruktiv mit unseren Gefühlen und Emotionen umgehen zu lernen. Unser Bewusstsein kann nur dann existieren, wenn wir in Berührung mit unseren Gefühlen sind; diese Gefühle sorgen dafür, dass wir im »Hier-und-Jetzt-Gewahrsein« verweilen können und bedingen die Unterscheidung in das, was Energien anzieht und das, was sie ablenkt. Der Geist braucht die Gefühle, um die Energie auf die Zonen zu lenken, wo sie benötigt wird. Bei Erkrankungen, die mit Empfindungslosigkeit einhergehen, etwas bei Lepra, kommt es zur Verstümmelung des physischen Körpers und dieser ist bald von Narben übersät. Je mehr wir unser Bewusstsein entwickeln, je mehr wir fühlen können, desto mehr Nuancen und Unterscheidungen können wir wahrnehmen und desto klarer wird die ankommende Botschaft. Durch dieses Chakra können wir das Fundament dafür legen, von der quintsensorischen zur multisensorischen Ebene fortzuschreiten und die Intuition zu entwickeln. Wir lernen zu unterscheiden, welche Gefühle wir durchleben, woher sie kommen und welche kausalen Muster und unaufgelösten Problempunkte hinter ihnen stehen. Das zweite Chakra ist unser Freude-Zentrum; ist es entsprechend ausgeprägt, so kann es zu einem Instinkt werden, um den Weg zu finden, der uns die freudvollste Energie schenken wird. Sitzen wir innerlich fest, so werden wir auf eine emotionale Straßensperre nach der anderen stoßen, die unsere Liebes- und Genussfähigkeit einschränken wird, oder wir sind auf Substanzen oder Situationen aus, die uns kurzlebige Freudenausbrüche bescheren, etwa Drogen, Snacks, Schokolade etc.

Auf der gleichen Ebene, jedoch aufgrund von Traumata, können Menschen in einer Art und Weise stecken bleiben, ihre Lebenskraft zu prostituieren, was sich in Prostitution, Missbrauchsbeziehungen, Inzucht, Vergewaltigung und Gewalttätigkeit äußern kann. Behalten Sie immer im Hinterkopf, dass wir Sender und Empfänger energetischer Informationen sind, die bei anderen ankommen, die auf die gleiche Wellenlänge geschaltet haben.

Vielen Personen wird früher oder später bewusst, dass sie um des Geldes oder der körperlichen Sicherheit willen in einer Situation feststecken, die ihnen nicht die volle Entfaltung ihrer Kraft erlaubt, und dass sie über diesem Bestreben ihre kostbare Lebenskraft und ihr emotionales Gleichgewicht verlieren. Sie sind in Beziehungen gefangen, die von Missbrauch und Beleidigungen gekennzeichnet sind oder sie ihrer Kraft berauben. Andere zu kontrollieren und zuzulassen, dass andere über uns verfügen, sind zwei Seiten ein und derselben Medaille. Das eine kann nicht ohne das andere bestehen; sie sind Yin und Yang, Nord- und Südpol.

Zu den Beschwerden, die mit einer gestörten Harmonie des zweiten Chakras und der Angst vor Kontroll- oder Autoritätsverlust einhergehen, gehören: Brustkrebs, Schmerzen im Lendenwirbelbereich, Prostata-/Eierstockkrebs, Gebärmuttererkrankungen und -krebs, Impotenz, Frigidität und Blasenprobleme.

Um unser inneres Gleichgewicht zu finden, damit wir lernen können, die Grenzen anderer zu respektieren und zu ehren und sie so anzuneh-

men, wie sie sind, statt zu versuchen, sie zu verändern, zu manipulieren oder zu kontrollieren, und sei die Absicht noch so gut, wird eine Harmonisierung des zweiten Chakras bewirken.
Was die Sexualität angeht, so ist es wichtig, sie nicht von unseren tiefsten Gefühlen zu trennen. Indem wir lernen, uns auf allen Ebenen zu öffnen und eine Verbindung herzustellen, werden wir offen für mehr Freude und Freiheit, uns auszudrücken. Wenn unsere sexuelle Genussfähigkeit gehemmt ist, hat das selten organische Ursachen, sondern rührt daher, dass wir Angst haben, unsere Emotionen zu spüren und auszudrücken.
Wenn wir mit unserem Herzen in Verbindung kommen und alle blockierten Kanäle öffnen, wird sich dadurch die Tiefe unseres Genusses erhöhen. Leidenschaft, Ekstase und Glück erleben und genießen zu können, ist für unser spirituelles Wachstum unabdingbar.

Respektieren Sie Ihre Gefühle.
Uns selbst zu respektieren, bedeutet, unsere Gefühle und Emotionen zur Kenntnis zu nehmen und zu akzeptieren. Nur wenn wir auch die schlechten Gefühle akzeptieren, ohne sie zu verurteilen oder die Angst zu entwickeln, sie könnten uns überwältigen, können wir Blockaden vermeiden. Wir können lernen, ein gutes Gefühl dabei zu haben, uns schlecht zu fühlen, indem wir den Prozess zur Kenntnis nehmen, in dem wir uns befinden, und ihn nicht unterdrücken.
Die Gefühle helfen uns, mit den verschiedenen Chakren in Verbindung zu gelangen und einen Energiekreislauf aufrecht zu erhalten. In der Lage zu sein, harmonisch mit der gesamten Bandbreite an Gefühlen umzugehen, ist die Grundlage des emotionalen Gleichgewichts.
Emotionen sind die Verbindungswege, über die wir unsere Innenwelt und unsere Außenwelt miteinander verbinden und lernen, verantwortlich zu werden für unser spirituelles Wachstum. Um Freude, Harmonie und Liebe mit anderen teilen zu können, müssen wir all das in uns selbst finden und kultivieren, bis es uns zur zweiten Natur wird.

Weckung einer erhöhten Wahrnehmung des zweiten Chakras
Aufgrund der höheren Schwingungsfrequenz des zweiten Chakras wird es zur ersten Ebene, von der aus wir beginnen Abstand zu gewinnen, zu der illusionsbehafteten Sphäre namens Materie und objektive Wirklichkeit.

Auf einer anderen Ebene kann Chakra zwei uns auch helfen, uns von anderen Mustern zu lösen, etwa von dem, ein Opfer zu sein, Jobs, Beziehungen, Suchtkreisläufe beizubehalten, die uns nicht ausfüllen etc. Der Schlüssel liegt darin, zu etwas Neuem überzugehen, wenn es aus dem aktuellen Muster nichts mehr zu lernen gibt, und das größte Wachstum besteht darin, aus diesem Muster auszubrechen. Jemand, der im zweiten Chakra festsitzt, kann Techniken wie Meditation, Mantras, Affirmationen verwenden, um Abstand von seinen Gefühlen und der Sackgassensituation zu erlangen.

Ein gutes Beispiel hierfür ist eine Frau, die ich während eines einwöchigen Meditationsretreats kennen lernte, das Deepak Chopra in Goa (Indien) abhielt. Die Frau war 38 Jahre alt und musste sich wegen Gebärmutterproblemen mehrfach einer Operation unterziehen. Ich hörte mit Überraschung, dass sie acht Stunden täglich meditierte. Als sie Eheprobleme hatte, meditierte sie sogar noch mehr. »Warum?« fragte ich sie. »Es hilft mir, Abstand zu bekommen«, sagte sie, »und Chopra sagt, dass Meditation einem hilft, sein Karma zu verbrennen.« Sie meditiert schon seit mehr als acht Jahren. Ich erklärte ihr, dass sie Dr. Chopras Worte jetzt aber aus dem Zusammenhang herausreiße, um sie für ihre eigenen Zwecke passend zu machen, nämlich nicht mit ihren Gefühlen in Kontakt zu kommen. Darüber hinaus erklärte ich ihr, dass sie Angst davor habe, die Kontrolle abzugeben, und dass sie dadurch, dass sie keinen Sex mit ihrem Mann hatte, neues Karma schuf, indem sie ihn und sich selbst in einer gestörten Beziehung festhielt. Durch die Flucht in die Meditation, sagte ich ihr, verbrenne sie kein Karma, sondern erschaffe vielmehr negatives Karma. Im Laufe unserer Beratungstermine gewann sie mehr Erkenntnisse dazu, wie sie mit ihrer Situation fertig werden konnte. Ich präsentierte ihr zwei Möglichkeiten, die sie einmal näher betrachten sollte:

1. Ja zu sagen zu der Beziehung und Karma zu verbrennen, indem sie sich allen ungelösten Problemen und Emotionen, die aufsteigen würden, stellt.
2. Die Beziehung aufzugeben und Karma zu verbrennen, indem sie sich dem Verlassenwerden, der Angst vor dem Alleinsein, der Angst, keinen anderen Mann mehr zu finden etc., und allem, was hiermit in Verbindung stand, stellt.

Dieses Beispiel zeigt die Gefahr, in Meditation zu flüchten, um so vor der Wirklichkeit zu fliehen. Irgendwann wird man von seinen Problemen eingeholt und sie manifestieren sich dann als körperliche Probleme oder andere schmerzhafte Erfahrungen, die nicht nötig gewesen wären. Die eigentliche Bedeutung von innerer Losgelöstheit ist nicht, unseren Gefühlen aus dem Weg zu gehen oder gleichgültig zu sein. Es heißt vielmehr, das loszulassen, was nicht mehr unserem Wachstum dient oder woran wir so sehr zu kleben begonnen haben, dass es unser spirituelles Wachstum einschränkt.

Jedes Mal, wenn wir das Gefühl haben, dass bestimmte Dinge uns nicht mehr förderlich sind, und wir überlegen einen neuen Schritt oder Weg, so ist der erste Schritt der, Stille zu suchen, auf unsere inneren Gefühle zu horchen und uns mit den Ängsten zu konfrontieren, sie zu akzeptieren und dann loszulassen, nachdem wir unsere unterbewussten Anteile anerkannt haben, die uns zu helfen versuchen.

Wir müssen Geduld mit uns selbst haben, wenn wir uns in einer Übergangsperiode befinden, und das Gefühl der Unsicherheit akzeptieren, das damit einhergeht, auf eine neue Bewusstseinsebene aufzusteigen. Frustration, Verwirrung, Traurigkeit und Ängste sind allesamt ganz normale Symptome für ein Loslassen von alten Mustern, und sie sind ein Zeichen für den Wechsel, der sich in uns selbst abspielt. Akzeptieren und würdigen Sie diese Gefühle – optimal ist es, diese Gefühle in Bewegungen oder durch Töne zum Ausdruck zu bringen. Es wird dabei helfen, dass aufgestiegene Emotionen zum Vorschein kommen können. Für mich selbst bevorzuge ich den Weg, mich an einem Sandsack auszutoben. Man kann auch schreien, brüllen, mit einem Baseballschläger auf ein Kopfkissen einprügeln (natürlich ohne jemanden zu verletzen oder etwas kaputt zu machen), so schnell rennen wie irgend möglich oder andere Formen wählen, wie etwa Malen, Zeichnen, Schreiben etc. Nachdem wir uns ausgedrückt haben, kehren wir in die Stille zurück und spüren dem Energiefluss und der Harmonie in unserem Körper nach.

Es gibt noch ein weiteres Verfahren, das hier prima geeignet ist, durchzuführen mit einem Partner oder einer Partnerin, und es trägt den Namen »Haircut«. Legen Sie mit Ihrem Gegenüber zusammen fest, wie viel Zeit sie haben werden, um ihren Frust abzulassen, ihre Wut, ihre Trauer etc. zu zeigen. Durchschnitt sind drei Minuten. Nehmen Sie sich dann drei Minuten Zeit, um das Gefühl auszudrücken: Sie können Ihrem

Partner/Ihrer Partnerin gegenüber schreien, toben etc. und alles herauslassen, dies aber ohne körperlichen Kontakt. Ihr Gegenüber braucht gar nichts zu tun, sondern ist nur einfach da. Abschließend danken sie ihm oder ihr und nehmen sich etwas Zeit dafür, nach innen zu gehen.

Disharmonie in Chakra zwei
Wenn Chakra zwei aus dem Gleichgewicht geraten ist, erleben wir: Abhängigkeit von anderen (ihrer Anerkennung, ihrer Meinung, ihrem Verständnis); Eifersucht, Unterdrückung und Leugnung von Gefühlen, Vorurteile, leichte Erregbarkeit, alles persönlich nehmen, Fixiertheit auf Sex, Drogen-, Ess-, Nikotin-, Alkoholsucht, Sucht nach Vitaminpräparaten, Heilkräutern und Arzneimitteln. Sonstige Kennzeichen sind: Fanatismus, Nostalgie, Machoverhalten, besitzergreifendes Gebaren, Revierverhalten, abgöttische Verehrung, Starrsinn, Besessensein von Strukturen und Regeln, Bewunderung von und Fixiertheit auf Berühmtheiten, Lehrer(innen) etc. (Kann soweit gehen, sich an diese heranzuschleichen.)

Zu entwickelnde Eigenschaften: Mut, Reinheit, Selbstaufopferung, Hingabe, Ehrlichkeit, Toleranz, Vertrauen, Loslassen, Flexibilität, heitere Gelassenheit, Gleichgewicht und gesunder Menschenverstand.

Archetypen in Verbindung mit dem zweiten Chakra: Opfer, Anhänger/Gottesverehrer(in), Märtyrer(in), Krieger(in), Rebell(in) (gegen Formalitäten).

Das zweite Chakra im Überblick:
  Elemente: Wasser
  Körper: Nebennierendrüsen, Fortpflanzungsorgane, Dickdarm, Schmerzen im unteren Rückenbereich, Blinddarm, Blase
  Bewusstsein: Freude, Ausdruck von Gefühlen, Kreativität, Fortpflanzung
  Harmonisierung: Ehrlichkeit, Wahrheit, Loslassen, Flexibilität, heitere Gelassenheit, Hoffnung
  Disharmonie: Leugnung, Eifersucht, Schuldgefühle, Abhängigkeit, Schuldzuweisungen, Argwohn
  Heilige Wahrheit: Einander ehren

Sakrament: Kommunion (heilige Vereinigung mit dem universellen Bewusstsein)
Enthaltene Energie: Partnerschaft (Teamgeist)
Ängste: Angst, die Kontrolle zu verlieren
Besonderheit: Annahme und Anerkennung sämtlicher Gefühle, um zu lernen, bewusst mit anderen in eine Wechselbeziehung zu treten und Bande mit denen zu knüpfen, die uns in unserem Wachstum unterstützen, gleichzeitig Loslassen toxischer Beziehungen.
Betonung: Auf Konkurrenz basierendes Glück, Kontrolle
Affirmation: Ich fühle... Es ist gut für mich ... Ich lasse XY los

Fallbericht zum zweiten Chakra

John war ein guter Bekannter von mir; er und ich waren schon seit sehr langer Zeit in Kampfsportarten aktiv und respektierten einander immens. Er war Träger des Schwarzen Gürtels fünften Grades und unterhielt drei Kampfsportschulen. Er war im Bereich Kampfsport Leiter und Vorsitzender mehrerer Organisationen – ein großgewachsener Mann mit dem Aussehen eines Bodybuilders. Er kam still in mein Sprechzimmer und nahm nach einem kurzen »Hallo« vor mir Platz. Ich brauchte nur seine körperliche Erscheinung zu betrachten, um sagen zu können, dass die Sache nicht einfach werden würde. Offenbar war er total deprimiert, und hatte damit Schwierigkeiten.
Bald wurde mir auch klar, wieso. John war siebenunddreißig Jahre alt und seit einem Jahr in zweiter Ehe mit einer Kollegin, ebenfalls Kampfsportlehrerin, verheiratet.
»Es klappt nicht mehr«, brachte er tonlos hervor. »Ich wüsste nicht, an wen sonst ich mich wenden sollte!«
Ich ahnte, worauf er anspielte, wollte aber sichergehen. »Sprichst du hier von Impotenz?« Er nickte nur wortlos, den Blick starr auf seine Füße geheftet. Übrigens war das lange vor der Viagra-Revolution!
Ich begann daraufhin, eingehender zu ergründen, was in Johns Kopf vor sich ging. Es sollte sich herausstellen, dass seine erste Ehe deshalb zerbrochen war, weil er herausfand, dass seine Frau ein Verhältnis mit einem seiner besten Freunde hatte. Er sprach mit niemandem darüber, es war ihm peinlich. Was ihm am allermeisten wehtat war, dass er sie noch regelmäßig bei Kampfsportevents wiedersah und dass sie so glücklich wirkten. Er hatte damit angefangen, Marihuana zu rauchen und trank außerdem acht bis zwölf Flaschen Bier am Tag.

Seine ganze Welt war auf den Kopf gestellt. Jeder hatte zu ihm aufgeschaut und ihn als einen Pfundskerl, den großen Krieger betrachtet, und jetzt erlebte er sich als Opfer. Mit einem Mal machte er sich sehr von der Meinung anderer abhängig. Er heiratete eine seiner Schülerinnen, die zu ihm aufblickte; im Grund hatte er es deshalb getan, weil er nicht allein sein wollte.

Er betätigte sich sportlich mehr denn je, trainierte wie wild und maß seinem äußeren Erscheinungsbild große Bedeutung bei. Kritik machte ihn aggressiv, und er war sogar in ein paar Schlägereien verwickelt gewesen.

Er rauchte also Marihuana und dachte dabei meistens an die Vergangenheit und wie gut sie gewesen war. Nachdem ich vierzig Minuten lang seine Gedankenwelt ergründet hatte, sagte ich zu ihm: »John, du kommst da auch wieder raus, wenn du es wirklich willst. Es erfordert etwas Arbeit, aber ich bin sicher, du schaffst es.«

Seine Augen leuchteten auf: »Meinst du wirklich, ich kann wieder normal werden?«

»Ich glaube schon, aber du darfst nicht immer auf Vergangenes zurückkommen und musst aufhören, vor der Gegenwart davonzulaufen!«

Dann testete ich ihn mit Hilfe der Angewandten Kinesiologie, und es überraschte mich nicht, herauszufinden, dass das zweite Chakra völlig aus dem Gleichgewicht war. Das zweite Chakra hat mit Partnerschaft, Vertrauen, Loslassen und Akzeptieren dessen, was ist, zu tun. John bekam also seine Hausaufgaben, bei denen zwei Affirmationen mit einem emotionalen Ausbalancieren des Darmmeridians (Starrheit) und des Lebermeridians (Vergebung) gekoppelt wurden.

Allgemeine Affirmation für die Balance des zweiten Chakras (unter gleichzeitiger Massage der Darm-Akupunkturpunkte): »Ich bin flexibel und akzeptiere und gebe mit Liebe, und es macht mir nichts, meine tiefsten Gefühle zum Ausdruck zu bringen, und zwar jetzt und auf Dauer.«

Persönliche Affirmation für John (unter gleichzeitiger Massage des Leber-Akupunkturpunkts): »Ich kann mich selbst annehmen und habe ein gutes Gefühl im Hinblick auf mich selbst. Ich lasse meine Vergangenheit los und verzeihe meiner Ex-Frau, dass sie mich betrogen hat und akzeptiere, dass sie mit meinem Freund zusammen ist, und zwar jetzt und auf Dauer.«

John war überrascht, dass ich ihn einfach mit solchen Aussagen behandeln wollte. Es schien ihm nicht gerade zu imponieren – er hatte erwartet, dass ich ihm irgendwelche Pillen oder Akupunktur für sein Problem verordnen würde. Ich erklärte ihm also, dass das, was er fühlte, von einer Stelle zwischen seinen Ohren kam und dass wir es nur dort korrigierten, wo es korrigiert werden sollte. Außerdem erläuterte ich ihm, dass die Kraft des Emotional Balancing daher rühre, dass es in Kombination mit Akupunktur verwendet wurde. »Wenn du das sechs- bis achtmal am Tag machst, ist es so, als würdest du von mir sechs- bis achtmal am Tag Akupunktur bekommen. Ich spare dir also Zeit und Geld, indem ich dir die Möglichkeit gebe, das selbst zu machen!« Ich legte ihm dar, dass diese Therapie die wirkungsvollste war, die verfügbar war und dass meine Erfolgsquote bei Phobien und emotionalen Traumata in sämtlichen Fällen an fünfundneunzig Prozent herankam – und zwar nicht nur basierend auf meinen persönlichen Erfolgen, sondern als akkumulierter Durchschnitt von allen, die ich in dem Verfahren ausgebildet hatte und die es praktizierten.

»Du kannst das mit jemandem vergleichen, der Diabetes hat und sich zwei- bis fünfmal am Tag Insulin spritzen muss. Wenn diese Person dazu jedes Mal zum Arzt oder zu einer Krankenschwester müsste, wären der Aufwand an Zeit und Geld dafür kaum aufzubringen. Heute kann man jedoch sogar seinen Blutzuckerspiegel zu Hause feststellen. Das, was ich dir da verordne, ist Präventivmedizin neuester Machart; so fortschrittlich, dass die westliche Medizin noch ein paar Jahre brauchen wird, um mit uns gleichzuziehen!«

Als John die Praxis verließ, fühlte er sich schon viel besser. Danach hörte ich sieben Wochen lang nichts mehr von ihm. Bei einer Kampfsportveranstaltung lief er mir dann eher zufällig über den Weg. Ich war dort als Ehrengast geladen und sollte einen kleinen Vortrag zum menschlichen Geist und dem Kampfsport halten. »Wie geht's?« fragte ich ihn. »Könnte nicht besser sein«, gab er zurück. Er sah unglaublich gut aus, vom körperlichen Erscheinungsbild und von seinem Gesichtsausdruck schien er überglücklich.

»Wie geht's dem Kleinen?« frotzelte ich. »Der macht Überstunden, um alles nachzuholen!« sagte er in typischer Machomanier. Ich wusste, er war wieder der Alte. Ich unterhielt mich dann noch länger mit ihm am Telefon, als er sich noch einmal meldete, um sich zu bedanken. Schon nach fünf Tagen sei seine Potenz und seine Libido nach und nach zurückgekehrt, und er hatte mehr Lust auf seine Frau als zuvor in seiner Ehe, und er war sehr glücklich.

Das dritte Chakra (Nabhi- oder Manipura-Chakra)

Das Solarplexuschakra befindet sich in der Region des Sonnengeflechts. Das Bewusstsein konzentriert sich hier auf Eigenverantwortung und Selbstachtung. Hier finden wir den Überlebenswillen, der vor drohender Gefahr und Negativität anderer warnt und die Grundlage des Selbstwertgefühls ist.

Um hier weiter das Bild vom heranwachsenden Baby zu gebrauchen: Nachdem es satt und vergnügt ist, wird das Bedürfnis wach, seine Umwelt zu entdecken und die Grenzen seiner selbst zu erkunden. Eine Verbindung zu anderen herzustellen, zu lernen, welche Situationen gefährlich sind, ist überlebensnotwendig. Der Forschungsdrang entspricht dem Feuer – Feuer bedeutet Kraft und ist reinigend. Dieses Chakra steuert die Stoffwechselvorgänge und die Aufnahme durch den Körper. Es hält das Gleichgewicht zwischen Abbau (Katabolismus) und Aufbau/Regenerierung (Anabolismus) aufrecht.

Das Feuerelement wird benötigt, um Materie in Energie zu verwandeln. Dieses Chakra ist das Übergangschakra von einer niedrigen Schwingungsrate wie etwa beim körperlichen Grundgerüst und der Nahrung zu schnelleren Schwingungen, die mit der feinstofflichen Sphäre zusammenhängen, wie Liebe, Intuition und Selbstausdruck. Die entsprechenden Körperorgane sind Magen, Dünndarm, Leber, Galle, Nieren, Bauchspeicheldrüse, Milz und mittlerer Wirbelsäulenabschnitt.

Eine Störung tritt hier durch den falschen Einsatz des Willens auf. Dieses Chakra hat damit zu tun, wie wir mit unserer Lebenskraft umgehen. Es dreht sich um den transformatorischen Einsatz unserer Fähigkeit, frei zu entscheiden, indem wir die Lektionen unseres Lebens einbeziehen und Richtungen wählen, die unser Wachstum unterstützen werden. Hier bleiben die meisten Menschen in ihrer eigenen Komfortzone stecken und bewirken so eine Stagnation ihres spirituellen Wachstums. Einige tun sich schwer, zwischen Mühelosigkeit (Bewusstsein der Ebene drei) und Zufriedenheit zu unterscheiden. Wenn wir allen materiellen Wohlstand haben, den wir brauchen, um das Leben in vollen Zügen zu genießen, entsteht die Frage: »Was kommt als nächstes?« Man hat nun die Wahl, ob man sich mit dem zufrieden geben will, wo man sich

gerade befindet, oder ob man die Welt des Materiellen verlässt und die unbekannten Dimensionen erkundet. Wir sollten so leben, dass wir unseren Kurs selbst in die Hand nehmen, statt passiv auf Ereignisse zu warten, auf die wir dann reagieren können.
Einer der Stolpersteine ist hier, sich loszureißen von dem tief eingegrabenen Denken, wir hätten keine kreativen Kräfte. Die meisten von uns haben sich immer an andere angepasst, statt sich ihre eigenen Wege zu bahnen. Um die kreative Kraft dieses Chakras nutzbar zu machen, müssen wir uns dafür entscheiden, die einflussreichste Kraft aller in unserem Leben wirkenden Aspekte zu werden. Wir müssen also zu jener inneren Kraft hinfinden, die es uns ermöglicht, äußerlich etwas zu bewegen, statt auf das zu reagieren, was sich äußerlich bewegt, und uns selbst zu unterdrücken. Der Gedanke hierbei ist der, auf die äußere Welt zu reagieren, ohne den Kontakt damit zu verlieren, wer wir sind und wozu wir hierher gekommen sind. Wenn ein Gleichgewicht zwischen der äußeren und der inneren Wirklichkeit besteht, findet sich eine Harmonie in der Solarplexusregion. Wir sollten uns ganz unserer inneren Wirklichkeit hingeben, ohne dabei unsere Zielrichtung aus dem Blick zu verlieren. Hierzu müssen wir uns regelmäßig vergewissern, wie es uns innerlich geht.

Weckung einer erhöhten Wahrnehmung des dritten Chakras
Die Blockaden, die es hierbei zu überwinden gilt, sind folgende:
- Fehlendes Vertrauen zu sich selbst: es besteht keine Übereinstimmung mit unseren inneren Gefühlen
- In der Komfortzone stecken zu bleiben und passiv oder selbstzufrieden zu werden
- Nicht zu wissen, was wir wirklich wollen, d. h. zum Beispiel, sich auf das zu fixieren, was wir nicht wollen
- Nicht übereinstimmen mit unseren Zielen und Wünschen
- Negative Glaubenssätze im Hinblick auf uns selbst (negatives Selbstbild)
- Mythen, Lügen und negative Überzeugungen anderer abkaufen (z. B. Schuldgefühle, wenn es uns materiell gut geht oder wir wohlhabend sind)
- Übertriebene Demut, Mangel an Bestimmtheit und eigenem Stolz
- Angst vor dem Unbekannten, Angst vor Veränderungen und Zurückweisung

Sich selbst ehren
Das dritte Chakra verlangt, dass wir, um zur nächsten Stufe weiterzugelangen, uns selbst ehren und mit unseren inneren Gefühlen in Verbindung bleiben sollten. Außerdem sollten wir die überlebenswichtigen Informationen respektieren, die wir in jedem einzelnen Augenblick über unsere Intuition erhalten.

Das dritte Chakra entspricht dem Emotionalkörper, dem Bereich, über den die Emotionen in den Körper gelangen.

Disharmonie in Chakra drei
Ist das dritte Chakra aus dem Gleichgewicht, so zeigt sich dies charakteristischerweise in fehlendem Einfühlungsvermögen, vermehrtem Egoismus und Kühle, Schwierigkeiten damit, anderen zu verzeihen, Vorurteilen, harscher Kritik, Distanziertheit, intellektueller Überheblichkeit und Überlegenheitsgefühlen, Engstirnigkeit, übermäßigem Hang zum Analysieren und Detailbesessenheit.

Zu entwickelnde Eigenschaften: Liebende Hingabe, Einfühlungsvermögen, Liebe und geistige Offenheit.

Archetypen in Verbindung mit dem dritten Chakra: Anwälte, Wissenschaftler(innen), Computerfreaks, analytische Berufe, Chirurg(inn)en, Richter(innen) und Lehrer(innen).

Das dritte Chakra im Überblick
Elemente: Feuer
Körper: Magen, Dünndarm, Gallenblase, Nieren, Bauchspeicheldrüse, Milz und mittlerer Wirbelsäulenbereich
Bewusstsein: Eigenverantwortlichkeit, sich selbst ehren
Harmonisierung: Vergebung, sich anderen öffnen, innere Gefühle anerkennen
Disharmonie: Passivität, Apathie, Leugnung, Verurteilen, Hoffnungslosigkeit, Verzweiflung, Vorurteile, Überlegenheitsgefühle, Unnahbarkeit
Heilige Wahrheit: Ehre dich selbst
Sakrament: Firmung (Ausdruck der Gnade, durch den das Selbstwertgefühl und die Individualität gesteigert werden
Enthaltene Energie: Persönliche Macht

Ängste: Ängste, unwürdig oder nicht liebenswert zu sein, Angst vor Zurückweisung
Besonderheit: Von außen Kommendes nicht zu persönlich nehmen
Betonung auf: An Bedingungen geknüpfter Liebe
Affirmation: Ich kann ... Ich bin soweit ... Für mich ist Zurückweisung durch andere völlig okay ...

Fallbericht zum dritten Chakra

Ray war ein 48jähriger Richter, der mich wegen eines Magengeschwürs aufsuchte. Seine Ärzte hatten ihm gesagt, das sei der Stress. Jetzt war er auf Teilzeit umgestiegen, war aber nicht sonderlich glücklich darüber. Seine Schwester hatte ihm von diesem Doktor vorgeschwärmt, der nur Naturheilmittel und natürliche Verfahren verwende und hatte ihn bedrängt, mich aufzusuchen.

Ray war ein stämmiger Mann von gut einem Meter achtzig, und man konnte die Autorität, die er ausstrahlte, förmlich spüren. Wie er kerzengerade auf seinem Stuhl saß und einen eindringlich musterte. Ich fühlte mich sofort aller Verbrechen schuldig, die ich in meinem Leben begangen hatte, versuchte aber dennoch, mich zu lockern und ihm Fragen zu stellen. Er antwortete nicht ohne weiteres; ich musste ihm jede Antwort »aus der Nase ziehen«.

Wenn er jedoch antwortete, war er dabei völlig distanziert, wie ein Computer, der die Situation analysiert und einen Statusbericht erstellt. Seine Frau, die ihn begleitete, war eine kleine Blondine, die seine Emotionen offenbar stärker wahrnahm. Sie erzählte mir später, dass er sich in letzter Zeit sehr verändert habe und emotional sehr verschlossen geworden sei. Mit vielen gemeinsamen Freunden wollte er nicht mehr zusammen sein, weil sie ihn langweilten.

Nach zwanzigminütigem Suchen nach einem Schlüssel sagte sie: »Es muss mit dem Fall John Doe zusammenhängen. Seitdem ist alles anders geworden.«

John Doe war ein Anwalt, der Betrugsdelikte begangen hatte. Er war ein geachteter Jurist, und Ray war ihm bei gesellschaftlichen Anlässen begegnet und konnte sich gut in seine Lage versetzen. Man bat ihn, den Fall zu übernehmen, aber er weigerte sich aus persönlichen Gründen. John Doe wurde in vielerlei Hinsicht für schuldig befunden: Geldwäsche für Drogenbarone, Steuerhinterziehung etc. etc. Danach setzte bei Ray eine schleichende Veränderung ein, und es schlug ihm buchstäblich auf den Magen. Die Tests ergaben eine ernsthafte Disharmonie des dritten Chakras, was normalerweise zu Problemen mit dem Verdauungstrakt führen kann: Geschwüre, Funktionsstörungen der Bauchspeicheldrüse und Unterzucker.

Als ich auf der Grundlage dieser Diagnose hierzu die Anamnese erhob, zeigte sich, dass er in der Tat Symptome für einen niedrigen Blutzuckerspiegel aufwies und Probleme mit der Verdauung hatte, die in Labortests bestätigt wurden.

Was ich herausfand, war folgendes: Als ganz junger Mann hatte Ray einen engen Freund gehabt, dem er vertraute und dem er alles erzählte. Er wusste zwar, dass auf diesen Freund kein Verlass war, tat sich aber schwer damit, Kontakte zu knüpfen und handelte so wider besseres Wissen. Der Freund beging einen Vertrauensbruch ihm gegenüber, indem er seinen Eltern von einem Unfall erzählte, der Ray passiert war und von dem Rays Eltern nicht erfahren sollten.

John Doe erinnerte Ray in gewisser Hinsicht an seinen Freund, was zum Auslöser dafür wurde, dass alte Gefühle wieder in ihm aufstiegen. Er unterdrückte diese Gefühle und vertraute sie nie jemandem an! Tatsache war, dass es letztlich sogar darauf hinauslief, dass er unterbewusst dachte, er verdiene es nicht, Richter zu sein, denn schließlich könne er ja nicht einmal sich selbst trauen.

Wenn das dritte Chakra im Ungleichgewicht ist, können sich negative Glaubenssätze über uns selbst breitmachen, und dann kaufen wir den anderen die Lügen und negativen Überzeugungen ab. Wir können unserem eigenen Urteil nicht mehr vertrauen.

Sobald ich eine klare Diagnose hatte, dass hier ein Chakra aus dem Gleichgewicht geraten war, musste ich Ray davon überzeugen, dass ich es vorzog, zuerst einmal nur mit Affirmationen zu arbeiten. Ich verwende auch Blütenessenzen (ätherische Öle und Essenzen, die aus Blütenblättern hergestellt werden und sich wie die Aromatherapie auf unseren Gefühlszustand auswirken), wenn der Test ergibt, dass sie im gegebenen Fall wirken. Er war zwar nicht überzeugt, rang sich aber dazu durch, es zunächst einmal für vier Wochen zu probieren, und dann würden wir den Erfolg beurteilen.

Allgemeine Affirmation für die Balance des dritten Chakras (unter gleichzeitiger Massage der Bauchspeicheldrüsen-/Milz-Akupunkturpunkte): »Ich ehre mich und finde leicht Kontakt zu anderen, und ich schätze ihre Meinungen und Gefühle, bleibe dabei aber in Verbindung mit mir selbst, und zwar jetzt und auf Dauer.«

Persönliche Affirmation für Ray: »Ich akzeptiere und liebe mich selbst und lasse meine Ängste, Sorgen und meine Selbstverurteilung los, und zwar jetzt und auf Dauer.«

Nach vier Wochen kam er noch einmal alleine zu mir, und war ein ganz anderer Mensch. Knapp eine Woche vor seinem Besuch hatte er aufgehört, seine Magenmedikamente zu nehmen und wieder Vollzeit zu arbeiten begonnen. Nicht genug damit, dass er sich viel besser fühlte – er hatte auch ein lange vernachlässigtes Hobby wieder aufgenommen: die Malerei. Außerdem hatte er John Doe besucht und ein viel besseres Gefühl, nachdem er mit ihm geredet hatte und den Eindruck gewinnen konnte, dass er ihn verstand. Er war ganz aus dem Häuschen und entschuldigte sich immer wieder, dass er meinen Methoden vorher nicht vertraut hatte. Besonders beeindruckte mich der komplette Wandel im Hinblick auf seine Physiologie, und ich konnte förmlich hören, wie ich bei mir dachte: »Das funktioniert ja wirklich!«

Das vierte Chakra (Nriday- oder Anahata-Chakra)

Das Herzchakra befindet sich im Brustkorb. Hier findet sich das Bewusstsein für Liebe, Harmonie und das Nähren des Mitgefühls für uns selbst und unser Tun in der Welt. Um die Analogie mit dem heranwachsenden Baby weiter fortzuführen: Nachdem das Kind satt ist, Vergnügen erlebt und die Außenwelt und die Menschen dort erforscht hat, wird es Bande zu anderen Kindern zu knüpfen beginnen. Affinitäten und Anziehung werden zur Entwicklung liebevoller Freundschaften und Beziehungen führen.

Die Elemente hier sind Luft oder eine Kombination von Wasser und Feuer.

Hier finden wir Lektionen in Verbindung mit Liebe, Verbindlichkeit, Vergebung, Mitgefühl, Harmonie und Wut/Ärger, Abneigung, Verlassen und Verlassenwerden, Trauer, Verbitterung, Einsamkeit, Bedauern, Kummer, Co-Abhängigkeit und Egozentriertheit.

Viele halten das Herz für das Zentrum der bedingungslosen Liebe, aber das trifft nicht zu. Bedingungslose Liebe ist die höchste Tugend und befindet sich auf der Ebene des siebten Chakras. Das Herz will geliebt werden; es will Liebe geben, aber es will im Gegenzug auch Liebe zurück haben. Das ist der Grund dafür, warum so viele Menschen glauben, etwas hätte ihnen das Herz gebrochen. Sie schenken Liebe mit der Erwartung, dass danach alles auf immer und ewig bestens sein würde. Aber im wahren Leben ist das nicht der Fall – es gilt viele Unebenheiten, Umwege und Straßensperren zu überwinden, und das ist für unseren Wachstumsprozess essenziell. Aus diesem Grund sind verbindliches Engagement und auch die Ehe grundlegend wichtig für das Wachstum. Nur wenn das Engagement vorhanden ist und spirituelles Wachstum ein klares Ziel ist, schaffen wir es über die Unebenheiten hinweg und erfahren ein sichtbares Wachstum.

Sich an den negativen Emotionen aus der Vergangenheit festzuhalten, ob auf andere gerichtet oder auf sich selbst, oder auch anderen absichtlich Schmerz zuzufügen, wird ihrem Körper Lebenskraft entziehen. Angst ist eine der Kräfte, die sich störend auf die Harmonie des Herzens auswirken. Die andere störende Energie ist Feindseligkeit.

Die Energie der Liebe anzuzapfen, mindert die Ängste; etwa Angst vor Verbindlichkeit, Einsamkeit, Verrat und Verletzlichsein. Das Potenzial dieses Chakras steht mit dem Grad in Verbindung, in dem wir uns selbst lieben; das wird es uns ermöglichen, empfänglicher dafür zu sein, Liebe und Wärme zu empfangen und zu geben.

Ein Mangel an Selbstwertgefühl ist unserem Dasein nicht zuträglich, und wir werden die negativen Überzeugungen entwickeln, kein wertvoller Mensch und nicht liebenswert zu sein. Unser Selbstwertgefühl aufzubauen und unsere Fähigkeit, Nähe zuzulassen, ist für das spirituelle Wachstum sehr wichtig. Die Energie, die kontinuierlich aus diesem Chakra pulsiert, wird uns zu einer Bilanzaufnahme unserer Überzeugungen und Integrität hinführen. Indem wir jemanden oder etwas akzeptieren, dem es an Integrität mangelt, verschmutzen wir unseren Geist und unseren Körper. Es wird ein gewisses Bewusstsein erfordern, uns umzuziehen und den Blick darauf zu richten, wo wir uns selbst in puncto Liebe übers Ohr hauen und wie sich das ändern lässt.

Weckung einer erhöhten Wahrnehmung des vierten Chakras
Das vierte Chakra bildet genau die Mitte zwischen den oberen und unteren Chakren. Es ist der Dreh- und Angelpunkt, da hier die höheren Schwingungen beginnen, die der höheren Bewusstseinsebene entsprechen. Es ist die transformatorische Brücke vom Körper zum Geist.

Dort befinden sich die formgebenden Kräfte unserer Blaupause in der Antimaterie, die darüber entscheiden wird, wie wir altern. Besteht keine Verbindung zwischen niedrigeren und höheren Chakren, so entscheiden wir uns entweder dafür, uns auf das Physische auszurichten oder wir konzentrieren uns auf das Ätherische – etwas, das sehr weit verbreitet ist. Viele so genannte »spirituelle« Menschen lösen sich vollkommen von ihrem Körper und richten sich ganz auf Geist und Seele aus. Die stärkste Kraft, um das Herzchakra zu bewegen ist reine Liebe. Das ist die Essenz des menschlichen Wesens: In der Lage zu sein, Liebe zu empfangen und zu geben. Jemanden zu lieben, bedeutet in Wirklichkeit, ihn oder sie so zu lieben und wertzuschätzen, wie diese Person ist, und nicht wie sie wäre, wenn sie sich entscheiden würde, sich zu verändern. Es ist nicht Ihre Aufgabe, den anderen etwas aufzuzwängen, sondern sie zu unterstützen, selbst wenn sie persönlich glauben, es gäbe bessere Entscheidungen für die Betreffenden. Die Basis dafür ist eine offene und ehrliche Kommunikation. Liebe ist eine Zusage, und nicht ein natürlicher Vorgang; unsere Natur legt uns nahe, vor Konfrontationen zu flüchten, statt sie zu suchen. Liebe ist eine Herausforderung, und sie erfordert ein starkes drittes Chakra (sich selbst zu ehren) sowie das Wissen um die eigenen Grenzen und darum, wie weit wir zu gehen bereit sind. Wenn wir unsere Grenzen nicht kennen oder uns nicht selbst ehren, wird das zu einem Verlust der eigenen Identität und zur Aufgabe unseres Glücks führen.
Das Herz ist das Zentrum der Vergebung. Unser Vermögen, verzeihen zu können zu nähren und so oft wie möglich von ihm Gebrauch zu machen (man kann gar nicht genug vergeben), ohne dabei uns selbst aus dem Blick zu verlieren, ist der beste Weg, die Offenheit und Harmonie des Herzens zu bewahren.
Spirituelles Wachstum ist der Prozess, sich seiner schöpferischen Möglichkeiten und Macht bewusst zu werden sowie die allmähliche Zunahme des Gewahrseins unserer inneren Schönheit und unserer Fähigkeit, zum Kanal dafür zu werden, die Liebe Gottes in Form von Liebe, Freude, Harmonie und Frieden auszudrücken. Das kann nur geschehen, wenn wir dazu bereit und fähig sind, unser Herz zu öffnen.

Disharmonie in Chakra vier
Ist das vierte Chakra aus dem Gleichgewicht, so zeigt sich dies charakteristischerweise in übermäßiger Anhaftung, Wut und Ärger, Gier, Egois-

mus, Unbestimmtheit, übermäßigem Selbstschutz, Tagträumereien, fehlender Objektivität, andauernder Suche nach etwas Besserem und Schönerem, Aussehen wichtiger als der Inhalt, emotionaler Instabilität, Zweifeln, Stimmungsschwankungen.

Zu entwickelnde Eigenschaften: Selbstwertgefühl, heitere Gelassenheit, Selbstdisziplin, Reinheit, Nächstenliebe, mehr Gleichgewicht, Exaktheit.

Archetypen in Verbindung mit dem vierten Chakra: Künstler(in), Verhandlungsführer(in), Maler(in), Schauspieler(in).

Das vierte Chakra im Überblick:
   Elemente: Luft (Feuer und Wasser)
   Körper: Lungen, Herz, Thymusdrüse
   Bewusstsein: Liebe, Mitgefühl, Freude
   Harmonisierung: Verständnis, Glück, Selbstannahme, einen Grund zum Leben haben
   Disharmonie: Bedauern, Abhängigkeit, Traurigkeit, Kummer, der Versuch die Erwartungen anderer zu erfüllen, Gleichgültigkeit, Verlassenwerden
   Heilige Wahrheit: Liebe ist göttliche Kraft
   Sakrament: Ehe (ehrt die grundlegende Notwendigkeit, sich selbst zu lieben und für sich zu sorgen, damit man voll und ganz einen anderen Menschen lieben kann)
   Enthaltene Energie: Emotionale Kraft
   Ängste: Vor Verbindlichkeit, Verrat, Einsamkeit, Verletzlichkeit, davor, seinem Herzen zu folgen
   Besonderheit: Jemanden annehmen, wie er oder sie ist, ohne ihn/sie ändern zu wollen
   Betonung auf: Der Arbeit an bedingungsloser Liebe
   Affirmation: Ich liebe ... so wie er/sie ist. Ich bin es wert, Liebe zu bekommen. Ich verdiene ...

Fallbericht zum vierten Chakra
Sandra sah mich mit ihren großen blauen Augen an und wartete auf meine Reaktion. Gerade hatte sie mir gesagt, dass sie vor sechs Jahren als Prostituierte gearbeitet hatte, und sie war es gewohnt, auf diese

Offenbarung hin Schock, Ekel oder andere Zeichen der Zurückweisung bei ihrem Gegenüber zu erleben. Ich kannte sie von vor zwei Jahren, als sie meine Workshops zu besuchen begann. Sie machte gerade eine Ausbildung zur Heilerin.
Ich wartete eine Sekunde mit meiner Antwort. Nein, es schockierte mich gar nicht; ich hatte um sie herum immer eine eigenartige Energie gespürt, und mir war so gewesen, als gehöre sie nicht so recht zur Gruppe derer, die sich mit alternativer Heilkunde befassen. Nun konnte ich diese Energie einordnen, und es gab eine Menge Dinge, die jetzt viel mehr Sinn machten: ihre Art und Weise, sich so zu kleiden, dass ihre Weiblichkeit verborgen war, und dass sie in der Therapeutengruppe immer sehr still war und sich sichtlich unwohl fühlte. Sie hatte keine Freundinnen oder Freunde, zumindest keine, die ich kannte.
»Eine Freundin von mir war auch einmal Prostituierte«, sagte ich. »Ich denke, ihr beiden solltet euch einmal treffen. Sie macht gerade eine Ausbildung in therapeutischer Massage, und vielleicht könnt ihr euch ja gegenseitig unterstützen.«
Sie wirkte erleichtert darüber, dass ich sie nicht verurteilte oder verdammte, wie es so viele getan hatten, denen sie vertraute. Sie besuchte meine Praxis wegen ihres »Asthmas« – sie hatte bislang einen Inhalator und alle erdenklichen chemischen Arzneien verwendet, und doch hatte es sich in letzter Zeit verschlimmert.
Man riet ihr, ihre beiden Katzen und ihren Hund abzugeben. Sie war allergisch gegen Hausstaub, Milch, Pollen, Parfüm, Antibiotika, Katzen, Hunde und Vögel. Als ich eine ganze Reihe von Tests an ihr vornahm, um die tieferliegende Ursache für ihr Asthma herauszufinden (sie litt mittlerweile seit acht Jahren daran und hatte deswegen auch ihren heimlichen Job aufgeben müssen), stellte ich zu meiner Überraschung fest, dass der augenscheinlichste Schwachpunkt in ihrem energetischen Körper ihr Herzchakra war.
Nachdem ich durch zusätzliche Fragen Näheres dazu ergründet hatte, gab sie zu, von einem Onkel väterlicherseits, der in ihrer Kindheit mit ihnen zusammengelebt hatte, sexuell belästigt worden zu sein. Es begann, als sie fünf Jahre alt war und ging sieben Jahre lang so weiter. Danach wurde sie als sie siebzehn Jahre alt war zweimal vergewaltigt. Mit Neunzehn zwang ihr damaliger Freund sie zur Prostitution.
Es war überhaupt nicht verwunderlich, dass sie auf Männer nicht gut zu sprechen war; mittlerweile lebte sie seit einem Jahr in einer lesbi-

schen Beziehung und fühlte sich glücklich und geborgen, hatte aber Angst, ihrer Mutter davon zu erzählen. Ihre Partnerin war eine ältere Frau, fast so alt wie ihre Mutter.

Feindseligkeiten wirken sich, wie Sie mittlerweile ja wissen, negativ auf das Herzchakra aus. Nachtragend zu sein, gießt nur noch weiteres Öl auf das Feuer. In Sandras Fall war dies zudem gepaart mit einem mangelnden Selbstwertgefühl und Gefühlen des eigenen Unwerts, die bei ihr durch die Verurteilung von Seiten anderer unablässig verstärkt wurden. Außerdem war sie Kettenraucherin geworden und trank ziemliche Mengen an Wein, ein bis anderthalb Flaschen am Tag. Sie erzählte mir auch, dass sie eigentlich Tänzerin oder Schauspielerin werden wollte, diesen Traum aber schon vor langem aufgegeben habe, da ihr Umfeld so wenig unterstützend war. Ich sagte ihr, dass ihr Asthma psychosomatischer Natur war, ebenso wie ihre Allergien. »Du hast Asthma und du hast Allergien. Beide haben dieselbe Ursache – du leidest nicht wegen deiner Allergien an Asthma, wie viele Ärzte dir gesagt haben.« Ich erklärte ihr ferner, dass ihre Allergien ein Weg waren, alle Dinge von sich abzuweisen, derer sie sich nicht würdig fand: die Hausstauballergie verwies darauf, dass sie es nach ihrem Dafürhalten nicht verdiente, das schöne Haus zu haben, in dem sie wohnte (sie hatte gespart und sich ein sehr schönes Haus in einer guten Lage gekauft), die Milch verwies auf eine symbolische Zurückweisung ihrer Mutter (sie ging davon aus, dass ihre Mutter sie ablehnte), die Pollenallergie hing damit zusammen, dass sie Blumen ablehnte, weil sie mit romantischen Aufmerksamkeitsgesten von Männern in Verbindung standen. Die Sache mit dem Parfüm war eine Selbstablehnung (als Prostituierte hatte sie viel Parfüm verwendet, um sich emotional von den Freiern zu reinigen), Antibiotika waren lebensrettende Medikamente, und die Allergie verwies darauf, dass sie ihr Leben nicht als rettenswert empfand. Sie liebte ihre Katzen und ihren Hund, konnte aber unterbewusst nicht glauben, dass sie diese verdiente. Vögel waren als stellvertretend für Tauben zu sehen, Symbole für Liebe und Frieden, und auch diese hatte sie »nicht verdient«.

Ich sagte zu ihr: »Mein Allergologieprofessor würde mir den Hals umdrehen, wenn er mich heute so sprechen hören könnte, aber das sind eben die Fakten, auf die meine Tests schließen lassen. Und eigentlich sind das alles gute Neuigkeiten. Wenn du dich selbst liebst, hast du nämlich gute Chancen, dass deine gesamten Symptome verschwinden!«

Sie war heilfroh über meine Diagnose und Prognose und konnte es gar nicht erwarten, mit ihrer Therapie zu beginnen. Ich gab ihr die folgenden zwei Affirmationen, die sie sechs Wochen lang jeden Tag acht bis zehn Mal wiederholen sollte. Zudem bekam sie etwas homöopathische Medizin und Kräuter, die ihrem Körper helfen sollten, sich von der Belastung zu reinigen, die das jahrelange Inhalieren und die Steroide für ihn bedeutet hatten.

Allgemeine Affirmation für die Balance des vierten Chakras (unter gleichzeitiger Massage der Lungen-Akupunkturpunkte): »Ich akzeptiere und liebe mich von ganzem Herzen und bin es wert, viel Liebe zu erhalten, und ich verzeihe problemlos allen, die mich verletzt haben, und zwar jetzt und auf Dauer.«

Persönliche Affirmation für Sandra: »Ich akzeptiere und liebe mich, so wie ich bin, mit meiner Vergangenheit, und ich verzeihe mir für alles, was ich in meinem Leben angezogen habe.«

Nach sechs Wochen sah ich sie wieder; sie hatte zwei Wochen nach Behandlungsbeginn den Gebrauch des Inhalators eingestellt und das Rauchen aufgegeben. Gelegentlich hatte sie Asthmaanfälle, aber sie wusste dann immer warum und arbeitete daran, diese Gefühle loszulassen. Sie hatte beschlossen, ihrer Mutter alles zu sagen, und ihr bangte davor. Ich sagte ihr, sie solle mit den Affirmationen so lange fortfahren, bis sie komplett symptomfrei sei.
Zwei Monate später trafen wir uns in einem Seminar, und sie erzählte mir, dass sie drei Wochen lang keine Symptome mehr gehabt habe. Ihre Mutter habe sie sehr unterstützt, und das lag drei Wochen zurück. Was für ein Zufall?

Das fünfte Chakra (Vishuddha- oder Kanth-Chakra)
Das Kehlchakra befindet sich in der Halsregion, unten an der Kehle, und es steht mit unserer Kommunikationsfähigkeit in Verbindung oder damit, wie wir unsere Kreativität und unser inneres Selbst ausdrücken können, was ein Gefühl der Verbundenheit mit der Welt und uns selbst ermöglicht.
Das Bewusstsein ist ein Ausdruck dessen, wie wir unser inneres Ich in der Welt manifestieren. Um bei unserer Analogie zu dem die Welt

entdeckenden Kind zu bleiben: Nachdem die Bande geknüpft sind, erwächst die Notwendigkeit, seine intimsten Gefühle zum Ausdruck zu bringen sowie klar und aufrichtig im Hinblick auf die eigenen Grenzen und die eigene Identität zu sein.

Die Elemente, die mit dem fünften Chakra zusammenhängen, sind Klang und Äther. Äther ist das Element, das Wasser, Luft und Feuer verbindet. Äther stellt das ultrafeine magnetische Kraftfeld dar.

Das fünfte Chakra agiert als Fokussierungspunkt für die Herzenergie des vierten Chakras und die Geistenergie des sechsten Chakras. Seine Energie entsteht durch die Willenskraft, sich für Selbstausdruck und die Wahrheit zu entscheiden. Jeder Bereich unseres Lebens, und insbesondere Krankheit und Gesundheit wird unmittelbar von dem Karma beeinflusst, das wir durch unsere Entscheidungen erschaffen und davon, wie wir zu diesen Entscheidungen gelangen.

Klarheit und Weisheit sind die Grundlage wirklicher Autorität und das Ergebnis einer Harmonie zwischen der Wahrheit des sechsten Chakras und der liebenden Kraft des Herzchakras. Jede Wahl, die wir treffen, resultiert aus dem Gleichgewicht zwischen unserem emotionalen und mentalen Zustand (rechte und linke Gehirnhälfte). Kommt es zu einem Kampf zwischen der emotionalen und der mentalen Seite, so entsteht Disharmonie im Kehlchakra. Lange anhaltende Disharmonie kann in körperliche Beschwerden des Halses, der Schilddrüse, des Mundes, Kiefers, der Zähne, des Zahnfleischs, der Nebenschilddrüse (Epithelkörperchen), der Luftröhre, des Nackens und des Hypothalamus führen. Chakra fünf ist das Zentrum, in dem sich die Energie der Schwingungen in unserem Körper vermischt und Gestalt annimmt. Indem wir unsere Innenwelt zum Ausdruck bringen, kanalisieren wir unerwünschte oder disharmonische Energien und leiten sie nach außen ab, um uns harmonisch auf unser Umfeld einzuschwingen. Hierdurch können wir unsere Umgebung mitformen und auch sie harmonisieren. Indem wir unsere Emotionen, Gedanken, Gefühle und Intuition harmonisch auf die Welt im Außen abstimmen, können wir permanent verfolgen, welche Wirkung unser Ausdruck hat und welche Reaktion aus unserer Umgebung kommt. Auf diese Weise kommt es auf vielen Ebenen gleichzeitig zu einem Austausch, indem wir die einströmenden Informationen dessen, was wir sehen, hören, fühlen und spüren mit unserem Selbstausdruck zusammenbringen – einem Selbstausdruck, der so ist wie ein Radar, der die Umgebung abtastet.

Weckung einer erhöhten Wahrnehmung des fünften Chakras: Kommunikation
Kommunikation ist Informationsaustausch. Interessanterweise kann ein Mensch die Worte, die er gebraucht, durch seinen Tonfall, sein Timbre etc. verändern, aber für den nonverbalen und nicht hörbaren Teil der Stimme funktioniert die Manipulation nie zu hundert Prozent. Unsere Antennen werden Stress, Misstrauen, Lügen des Gegenübers immer empfangen, selbst dann, wenn wir uns dessen nicht bewusst sind. Kommunikation hilft auch bei der Strukturierung unserer Gedanken und Gefühle und hilft uns dabei, Klarheit zu schaffen. Um erfolgreich zu kommunizieren, muss der Empfänger prüfen, ob er die Botschaft verstanden hat, und der Sender sollte prüfen, ob die Botschaft wirklich beim anderen angekommen ist. Wenn wir einen inneren Dialog führen und von daher nicht die Haltung eines neutralen oder fairen Zeugen einnehmen, wird die Kommunikation verwaschen und ineffektiv und wird zu Missverständnissen führen. Wenn uns auffällt, dass unser Gegenüber uns nicht angemessen beachtet, und wir reden dennoch weiter, stecken wir in einem funktionsgestörten Muster. Kongruente Kommunikation findet dann statt, wenn verbal und nonverbal die gleiche Botschaft gesendet wird; wenn das fünfte Chakra im Gleichgewicht ist, ist da Klarheit, Geduld, Gerechtigkeit, Würde, Verständnis, Erkenntnis, Hingabe, Umsicht, und die Botschaft ist gut artikuliert.
Wenn wir uns selbst der Wahrheit entsprechend ausdrücken, stimmen wir unsere innere Harmonie bis ins Subtilste ab und senken unsere Belastung durch Stressfaktoren. Indem wir uns nicht wahrheitsgemäß ausdrücken, erzeugen wir eine vermehrte Spannung in unserem Körper und verlieren Energie. Die Kehrseite dessen, die Wahrheit nicht zu ehren, ist die, dass wir uns selbst schaden. Dazu kommt, dass unser Gegenüber auf der ätherischen Ebene die Wahrheit bereits kennt und auch die Spannung und Disharmonie spüren wird.
Neale D. Walsch, Bestseller-Autor der Serie »*Gespräche mit Gott*«, schreibt in einem seiner Briefe: »Durch ehrlichen Selbstausdruck verraten wir uns selbst nicht.« Die meisten Menschen tun es jedoch; es geschieht langsam und kaum merklich: hier ein wenig nachgeben, da ein kleiner Kompromiss, dort etwas Anpassung und etwas von der Wahrheit verschlucken, um niemanden zu verletzen. Es ist sehr subtil; niemand hat je den Eindruck gehabt, dass es sonderlich wichtig wäre

oder jemandem schaden könnte. Eines Tages wachen Sie auf und merken, dass Sie nicht mehr die Person sind, für die Sie sich gehalten haben. Sie haben aufgehört, zum Tanzunterricht zu gehen, weil es nicht gut in Ihren Terminkalender passte, Sie lesen nicht mehr, sondern sehen sich jetzt eher Videos an, Sie haben aufgehört, zum Aerobic zu gehen, weil Sie keine Zeit dafür fanden. Im Grunde haben Sie es aufgegeben, das herrliche, freudvolle, entdeckende Ich zu sein und wurden zu dem liebenswürdigen, übergewichtigen, trägen Partner oder Menschen, für den die meisten Ihrer Freunde und Bekannten Sympathie empfinden. Irgendwo tief im Innern sehnen wir uns nach der inneren Wahrheit und Integrität unserer Jugend, als wir nie bereit gewesen wären, Kompromisse zu schließen, nur damit das Spiel weitergeht.

Genau das würde ein ausgeglichenes fünftes Chakra nie zulassen. Wir müssen weitermachen damit, Wege zu finden, uns freudig auszudrücken oder unsere Dankbarkeit zu zeigen. Tanzen, Malerei, Spazierengehen, Musikmachen, Gedichteschreiben, Kunst – sie alle sind Teil unserer Kreativität, durch die wir uns selbst ausdrücken. Wenn wir vergessen, wer wir sind, sorgen wir dafür, dass wir unterernährt sind und bremsen unsere Entwicklung, und früher oder später verlieren wir die Freude, den Enthusiasmus, die Zärtlichkeit und die Wärme, die wir alle in uns tragen.

Disharmonie in Chakra fünf
Ist das fünfte Chakra aus dem Gleichgewicht, so ist das Ergebnis charakteristischerweise: Isolation, Zurückhalten von Informationen, Verdrehung der Wahrheit, Geistesabwesenheit, Ichbezogenheit, immer beschäftigt sein, Detailversessenheit, Manipulation, die Menschen gegeneinander aufhetzen.

Zu entwickelnde Eigenschaften: Toleranz, Hingabe, Genauigkeit und Mitgefühl

Archetypen in Verbindung mit dem fünften Chakra: Techniker(in), Projektmanager(in), Vorgesetzte(r), Manager(in), Trainer(in)

Das fünfte Chakra im Überblick:
  Elemente: Klang und Äther

Körper: Kehle, Schilddrüse, Nacken, Schulter, Speiseröhre, Mund, Kiefer, Zähne, Zahnfleisch, Nebenschilddrüse, Luftröhre, Hypothalamus
Bewusstsein: inneres Erleben zum Ausdruck bringen, Kreativität, innere Wahrheit, Kommunikation mit anderen
Harmonisierung: Respekt und Offenheit, reife Kommunikation
Disharmonie: Rückzug, Bestrafung, Unterdrückung von Emotionen
Heilige Wahrheit: Unterordnung des persönlichen Willens unter den göttlichen Willen
Sakrament: Beichte (reinigt den Geist von negativen Willensakten)
Enthaltene Energie: Willenskraft
Ängste: Jemanden zu verletzen
Besonderheit: Ehrlich zu bleiben, auch wenn es schmerzt
Betonung auf: Verschiedene Wege zu finden, die eigene Kreativität auszudrücken
Affirmation: »Ich spreche ... Es ist gut für andere und auch für mich, wenn ... Es ist gesund für mich ...

Fallbericht zum fünften Chakra

Bei der Durchsicht meiner Akten auf der Suche nach einem passenden Fall zum fünften Chakra, von dem ich Ihnen berichten könnte, stieß ich auf viel mehr Fälle als bei jedem anderen Chakra. Der Grund dafür, dass es schwierig ist, für diese Chakren Fallbeispiele zu finden ist der, dass ich die meisten Patienten mit einer Mehrfach-Therapie behandle, bestehend aus Homöopathie, Blütenessenzen, Heilkräutern, Vitaminen, Ernährung, Visualisierung etc. Nur wenn die kausale Störung sehr offensichtlich auf die Störung eines einzigen Chakras zurückgeht, behandle ich primär mit Affirmationen und nichts anderem.

Ich frage mich, warum es so viele Fälle mit dem fünften Chakrà gibt, und ich denke, es liegt daran, dass wir bereit sind, Kompromisse zu schließen und in unserer Kommunikation nicht vollkommen ehrlich zu sein. Wir meinen, wir wollen eben die Gefühle einer anderen Person nicht verletzen, aber in Wirklichkeit haben wir Angst, wir würden abgelehnt werden für etwas, das wir sagen, also gehen wir halbherzige Kompromisse im Hinblick auf unsere Gefühle ein und belasten so das fünfte Chakra.

Ein weiterer Grund ist wohl der, dass das, was wir fühlen, sich nicht immer mit dem deckt, was wir sagen. Bei einer Analyse unserer Stimme lässt sich das leicht als Stressmuster messen und erkennen. Jedes Mal, wenn wir etwas sagen, das nicht wahr oder nur teilweise wahr ist, verursacht dies Stress für unser fünftes Chakra.

Ich war bei einer Party von Simon, einem Freund von mir. Es waren viele Freunde, Bekannte, Kollegen und Geschäftsfreunde gekommen. Einer davon, Walter, trat auf mich zu und fragte: »Roy, hast du mal eine Minute Zeit?« Ich wusste, dass irgend etwas mit ihm nicht stimmte – ihm stand der kalte Schweiß auf der Stirn und sein Gesicht war leichenblass, seine Pupillen verengt.

Wir gingen in einen Raum, den mein Freund als kleines Büro nutze. Walter war gut gestellt, Geschäftsführer eines mittelgroßen Unternehmens, und er sah jung aus für seine zweiundfünfzig Jahre. Auch ihn kannte ich aus meinen Workshops, und wir trafen uns öfter einmal. Mir gefiel sein Humor und seine Begeisterung für Emotional Balancing; er verwendete die Methode mit großem Erfolg bei Freunden und Mitarbeitern.

Nun verspürte er plötzlich einen stechenden Schmerz in der Oberkieferhöhle und hätte die Wände hinaufgehen können. Er wusste nicht, was tun. Er konnte sich zur Hausapotheke begeben und Schmerzmittel einnehmen, entschied sich dann aber, mit mir abzuklären, ob das klug sei. »Lass mich zunächst einmal prüfen, ob ich etwas finde«, sagte ich zu ihm, und startete einen Schnellcheck mit Hilfe des Muskeltests. Zu meiner Überraschung stellte sich dabei heraus, dass sein Kehlchakra blockiert war.

Nach einigem Nachforschen fanden wir den Grund dafür: Er regte sich über unseren gemeinsamen Freund Simon auf, der ihm versprochen hatte, ihn mit in ein Joint Venture aufzunehmen, das er vor einigen Monaten auf die Beine gestellt hatte. Walter hatte nichts mehr von dem Deal gehört und dachte von daher, er sei erst einmal auf Eis gelegt. Als er zu der Party kam, fand er heraus, dass das Joint Venture bereits gestartet hatte und lief, und dass es schon Erfolge zu verzeichnen hatte – ohne ihn.

Er war sehr aufgebracht. Unmittelbar nach dieser Hiobsbotschaft hatte er auf dem Absatz kehrt gemacht und war zur Toilette gegangen, wo er Simon begegnete. Simon fragte ihn, wie es ihm ginge, und er antwortet in seiner gewohnten Art: »Super, prima Party, blablabla.« Er brachte

es nicht über sich, das Thema anzusprechen und fühlte sich unwohl. Fünfzehn Minuten später setzten die Schmerzen ein. Ich begann ihn sofort mit Emotional Balancing zu behandeln, um die Schmerzen zu lindern. Nach zehn Minuten waren sie komplett verschwunden. Er war verblüfft. Dann sprach ich noch mit ihm, um die Muster herauszufinden, wie er sein fünftes Chakra stresste. Wir fanden heraus, dass er sich im Winter regelmäßig Halsentzündungen zuzog und deshalb sehr auf seinen Hals achtete – selbst im Sommer trug er immer einen Schal. Man hatte bei ihm ferner eine Schilddrüsenunterfunktion festgestellt, und er nahm hierfür synthetische Schilddrüsenhormone ein. Und zu guter Letzt hatte er immer wieder Nacken- und Schulterschmerzen.
Ich sagte ihm, dass seine Symptome sich gegen eine chronische Belastung des Kehlchakras richteten und dass er meiner Einschätzung nach wohl ein Problem damit habe, anderen gegenüber vollkommen ehrlich zu sein. Was dann geschah, hatte eine gewisse Komik, denn er gab gleich zurück: »Das stimmt aber nicht ganz!« Dann musste er doch lachen, als ihm klar wurde, dass er da eine Lüge erzählte. »Ich schätze, du hast Recht«, sagte er, und als unsere Blicke sich begegneten, musste er wieder lachen, weil er gerade erneut gelogen hatte.
»Okay, ich gebe es ja zu: manchmal macht es mir Probleme, wirklich zu sagen, was ich denke!«
»Manchmal?«, fragte ich und sah ihn erneut an. Er senkte den Blick und fühlte sich mit einem Mal sichtlich unwohl. Mein Eindruck war, dass er zum ersten Mal wirklich versuchte, das zu sagen, was er empfand, und was dabei herauskam war: »Im Grunde hast du Recht. Ich sage nie wirklich, was ich meine!« Er seufzte und starrte dann weiter zu Boden, vollkommen gedankenverloren.
Ich erklärte ihm, dass ich es absolut nachvollziehen könne und dass dies ein Knackpunkt bei mir selbst war, mit dem ich viele Jahre zu kämpfen hatte und dass mein ganzes Leben viel stressärmer geworden war, seitdem ich diesem Punkt wirklich Priorität einräumte. Ja, ich hatte dabei ein paar Freunde verloren, aber die Sache war es wert. »Ich werde dir helfen, wenn du dich vor dir selbst verpflichtest, die Wahrheit zu sagen!«
Er stimmte zu, und ich gab ihm die folgende Affirmation für zu Hause, durchzuführen mindestens sechsmal am Tag für die nächsten sechs bis acht Wochen, begleitet von einer Massage der angegebenen Akupunkturpunkte.

Allgemeine Affirmation für die Balance des fünften Chakras (unter gleichzeitiger Massage der Akupunkturpunkte des dreifachen Erwärmers): »Ich bringe ehrlich meine Gedanken und Gefühle zum Ausdruck und bin aufrichtig mir selbst und anderen gegenüber, und zwar jetzt und auf Dauer.«

Als wir damit anfingen, bekam er den Satz nicht über die Lippen, ohne über ihn zu stolpern, aber nach vier Malen brachte er ihn problemlos hervor.

Walter und ich begegneten uns zwei Wochen später wieder, als ich abends einen Vortrag hielt und er in der Pause auf mich zutrat, um mir zu danken. »Es ist ein wahres Wunder, wie gut ich mich jetzt fühle«, sagte er. »Und weißt du, was das Beste daran ist? Es ist leichter als erwartet!« Er erzählte mir daraufhin, dass sich seine Beziehung zu seiner Frau verbessert hatte, weil er nun zum Ausdruck brachte, was in ihm vorging, und auch am Arbeitsplatz sei die ganze Atmosphäre so viel besser geworden.

Einen kurzen Moment lang wünschte ich mir, alle Fälle wären so einfach. Meine Erfahrung ist, nachdem ich jetzt seit fünf Jahren mit der Emotional-Balance-Technik arbeite, dass sie alles andere vereinfacht und dass sie den Heilungsprozess bei allen chronischen Krankheiten vorantreibt. Möge dieser Fall zeigen, wie wichtig es ist, uns selbst treu zu bleiben und unsere inneren Empfindungen zu ehren.

Das sechste Chakra (Ajna-Chakra)

Das Stirnchakra sitzt zwischen den Augenbrauen auf der Stirn und weist eine Verbindung zu unserer Intuition, dem dritten Auge auf. Das ermöglicht es uns, unsere Träume und/oder unsere Phantasie auszudrücken und auszuwerten. Die endoktrine Drüse, die mit dem sechsten Chakra in Verbindung steht, ist die Hirnanhangdrüse. Das Stirnchakra ist das letzte Chakra innerhalb des physischen Körpers und vor allem für seine spirituellen Eigenschaften und in Zusammenhang mit der spirituellen Praxis bekannt.

Das Bewusstsein ist hier Ausdruck unserer Erkenntnisse, unserer Intuition und unserer Aufnahme einer Verbindung zur universellen Liebe, außerdem können wir anfangen, Energie und Schwingungen zu sehen und uns in Richtung Hellsichtigkeit zu bewegen. Im Grund läuft es darauf hinaus, Anschluss an das Universum zu finden und bedingungslose Liebe zu erfahren.

Carolyn Myss zufolge bedeutet das fünfte Chakra, durch Heranreifen des Willens, weg von der in Stammesverbänden geltenden Wahrnehmung, dass alles um einen herum Autorität über einen hat, weiter fortzuschreiten: Man gelangt über die Wahrnehmung, dass man alleine Autorität über sich hat, zur letztendlichen Wahrnehmung (Chakra sechs), dass die Autorität daher rührt, sich auf den Willen Gottes auszurichten.

Das sechste Chakra hilft uns dabei, uns harmonisch auf die Aufgabe auszurichten, für die wir uns auf dieser Welt inkarniert haben. Wir kommen hierher, um am eigenen Leib zu erfahren, wie wir mit einer bestimmten Situation fertig werden, und sobald die Lektion gelernt ist, können wir die Muster loslassen, die nötig waren, um diese Situation zu schaffen.

Das sechste und fünfte Chakra ermöglichen es uns, zu unserem inneren Kern zurückzukehren und auf unseren Weg ausgerichtet zu bleiben. Unser letztendliches Ziel ist es, alte Themen zu lösen und weiter zu gehen. Außerdem hilft es uns, jene Situationen anzuziehen, die wir brauchen, um uns spirituell weiterzuentwickeln. Wir können Dinge mit mehr Klarheit beobachten und erkennen, was sich in Wirklichkeit abspielt; außerdem werden wir effizienter darin, visuelle Bilder zu erschaffen.

Der Mangel an Klarheit, den die meisten von uns erfahren, hängt damit zusammen, das wir unsere Vergangenheit in unsere derzeitige Realität projizieren. Wir reagieren dann voreingenommen, als befänden wir uns noch in der alten Situation. Indem wir unser konditioniertes Muster nicht loslassen, erschaffen wir unsere Vergangenheit unablässig neu, ohne dabei Fortschritte zu machen.

Der wichtigste Schritt beim spirituellen Wachstum ist der, ein neutraler Beobachter zu werden – wir beobachten uns unvoreingenommen und treffen Entscheidungen basierend darauf, was das beste Ergebnis für das spirituelle Wachstum aller wäre, mit denen wir zu tun haben. Durch Zusammenwirken mit dem siebten Chakra gewinnen wir Inspiration und verbinden uns mit höheren Quellen des Wissens, und diese Energie kann sich in unserer Liebe manifestieren.

Das Stirnchakra ist auch der Ort, wo wir unseren intellektuellen Geist im Kontext des spirituellen Geistes manifestieren. Wir erschaffen Karma, indem wir unseren Verstand dazu einsetzen, uns von unseren Gefühlen abzuschneiden oder indem wir ihn für Schöpfungen einsetzen, die zerstörerisch für die Menschheit oder den Planeten Erde sind.

Weckung einer erhöhten Wahrnehmung des sechsten Chakras: Intuition

Die Intuition ist der spirituelle Geist und die Grundlage der Inspiration und des Neuschaffens. Durch komplette Ausrichtung auf den logisch-analytischen Verstand und seine Betonung unterdrücken wir das spirituelle Denkvermögen. Die meisten Menschen fürchten Stille, da sie dann mit all dem Geplapper in ihrem Geist konfrontiert werden. Das kommt von jahrelanger Unterdrückung.

Das Radio oder Fernsehen anzustellen ist keine Lösung. Wir sollten den Geist nicht zum Schweigen bringen, sondern ihn zur Ruhe kommen lassen, indem wir ihn offen aussprechen lassen. Hier kommt die Kraft der Meditation ins Spiel. Meditation hilft uns, unseren Geist zu beruhigen, und dann können wir in Verbindung mit jener Quelle gelangen, von der alle Gedanken kommen. Man spricht auch von dem »Zwischenraum« – dem Moment der Stille, in dem wir den nächsten Gedanken entstehen lassen oder Zugang zu ihm finden. Dieser Moment der Stille ist der Moment unendlicher neuer Möglichkeiten. Alles ist möglich, und wir bekommen eine Ahnung von Unendlichkeit und Ewigkeit. Und so halten wir die Verbindung mit unserem Geist aufrecht. Er ist es, der die ganze Arbeit leistet, die Informationen sammelt, Menschen in unser Leben bringt. Indem wir uns in den »Zwischenraum« begeben, können wir mühelos Zugang zu diesen Informationen finden.

Alle Antworten liegen in der Stille.

Indem wir Visualisierungen praktizieren, entwickeln wir unsere schöpferischen Fähigkeiten immer weiter. Die Wahl, die wir jeweils treffen, ist der karmische Brennstoff für unser spirituelles Wachstum. Wenn wir Probleme mit dem Loslassen der Vergangenheit erleben, drückt sich das in Form von Trauer aus. Trauer ist Stagnation und verlangsamt unsere Schwingungen. Indem wir sie zur Kenntnis nehmen und ihr erlauben, sich auszudrücken, erzeugen wir Bewegung: wenn nicht, riskieren wir eine Depression.

Disharmonie in Chakra sechs

Ein Ungleichgewicht des sechsten Chakras zeigt sich am ehesten an Folgendem: Manifestationen des Egos in Verbindung mit besitzergreifendem Verhalten, Anhaftung, Wut und Ärger, sich verletzt fühlen,

Unaufrichtigkeit und in Folge dessen: Gleichgültigkeit (die meisten Menschen sind langweilig), besessen davon Wissen anzusammeln. Auch: möglicherweise Negativität, Minderwertigkeitsgefühle, Selbstmitleid, Depression, Unzufriedenheit mit Leistung oder Erfolg.

Zu entwickelnde Eigenschaften: Bedingungslose Liebe, Mitgefühl, davon ablassen, sich vom Ego antreiben zu lassen, Altruismus.

Archetypen in Verbindung mit dem sechsten Chakra: Charismatische Führungspersönlichkeit, Philosoph(in), Menschenfreund(in), Visionär(in), Friedensstifter(in)

Das sechste Chakra im Überblick:
  Elemente: Licht
  Körper: Hirnanhangdrüse, Augen, Nebenhöhlen
  Bewusstsein: Verbindung mit der universellen Wahrheit (Wissen)
  Harmonisierung: Vertrauen auf unsere Intuition, gewonnenen Erkenntnissen folgen, Anerkennung unserer universellen Liebe, sich Zeit nehmen für die Meditation
  Disharmonie: Anhaftung, Gier, Unaufrichtigkeit, uns abschneiden von unseren Gefühlen und unserer Intuition, keine Zeit für Stille.
  Heilige Wahrheit: Suche nur die Wahrheit
  Sakrament: Ordination (in Anerkennung der einzigartigen Erkenntnis und Weisheit, die dazu führt, anderen zu helfen; den eigenen Weg des Dienens zu etwas Heiligem machen)
  Enthaltene Energie: Die Kraft des Geistes
  Ängste: Angst davor, sich voll und ganz hinzugeben
  Besonderheit: Verbindung mit dem »Zwischenraum«
  Betonung auf: Etwas über bedingungsloses Glück lernen
  Affirmation: Ich weiß ... ich verstehe ... es ist mir möglich ...

Fallbericht zum sechsten Chakra
Susan war absolut nicht froh. Genauer gesagt, war sie sogar ziemlich aufgebracht. Sie arbeitete als Journalistin für eine bekannte Zeitschrift und hatte mich gerade erst vor einer Woche interviewt. Damals hatte sie mir von ihren wiederkehrenden Kopfschmerzen und Nasennebenhöhlenentzündungen berichtet, und ich hatte ihr meine Hilfe angeboten.

Sie war eine nervöse Frau Anfang vierzig und Kettenraucherin. Sie redete schnell, Stille wurde ihr schnell unbehaglich. Sie machte gerne Witze und war besonders gut darin, sich selbst auf den Arm zu nehmen. Der Grund für ihren Aufruhr war, dass ich ihr gerade gesagt hatte, ihre Kopfschmerzen seien für sie ein Weg, sich ihrer Verantwortung zu entziehen und auf sich aufmerksam zu machen. Sie setzte an, mir zu sagen, dass ihr Aufmerksamkeit völlig egal sei und dass sie es leid sei, dass andere immer wieder meinten, ihr sagen zu müssen, sie sei nicht in der Lage, in Kontakt mit ihren Emotionen zu kommen.

Das mit ihren Emotionen hatte ich noch gar nicht zur Sprache gebracht, also musste sie wohl erraten haben, dass das gleich kommen würde. Ich hielt inne und ließ sie erst einmal reden. Ich wollte ihr sagen, dass in ihr eine Menge Wut sei. Ich war mit meinem Gedanken noch nicht ganz am Ende, da sagte sie schon: »Ich weiß, Sie denken, dass ich eine Menge Wut in mir trage, aber was erwarten Sie?«, und wieder sagte sie mir genau, was ich dachte. Ich brauchte ein paar Minuten, um zu begreifen, dass sie meine Gedanken schon erfasste, bevor ich sie zu Ende gedacht hatte. Ich hatte sie getestet und dabei herausgefunden, dass das Problem hier ein vollkommen gestörtes sechstes Chakra war. Ich wollte sie gerade zu ihrer Jugend befragen, als sie schon von selbst anfing, mir zu erzählen, dass sie in Indonesien aufgewachsen sei und sich in Gegenwart anderer nie wohlgefühlt hatte, weil sie »so Sachen« sehen konnte. Sie konnte auch Licht um Menschen wahrnehmen. All das verschwand, als sie in einem Traum sah, dass ihre Mutter bei einem Autounfall ums Leben kommen würde. Damals war sie sieben. Sie sagte ihrer Mutter am anderen Morgen, sie solle zu Hause bleiben, aber ihre Mutter lachte sie aus und meinte nur, sie solle nicht albern sein. Noch am gleichen Tag kam die Mutter ums Leben.

Kurz danach zog die ganze Familie nach Holland, und sie schottete sich fortan von Botschaften dieser Art ab. Unter Kopfschmerzen litt sie, seitdem sie vor rund fünfunddreißig Jahren nach Holland gezogen waren. Ich erklärte ihr, dass sie ein hochgradig sensibles sechstes Chakra habe, und indem sie ihre Intuition nicht würdige, erzeuge sie ihre körperlichen Beschwerden. Außerdem erklärte ich ihr, dass dies der Grund dafür war, warum sie Probleme damit hatte, mit Stille umzugehen und immer redete oder Musik hörte. Indem sie so viel rauchte, unterdrückte sie ihre Emotionen, damit sie sich nicht mit dem befassen musste, was in ihrem Innern war. Ihre Ausrichtung auf andere statt auf sich selbst, hatte sie dazu gebracht, Journalistin zu werden; auf diese Weise würde nie sie selbst im Zentrum der Aufmerksamkeit stehen.

Der Grund dafür, dass sie Probleme mit Beziehungen hatte, war der, sagte ich ihr, dass sie sehr besitzergreifend zu werden pflegte, sehr an anderen klebte und sich an sie klammerte. Sie verspürte Angst und Furcht, bis der Mann es am Ende nicht mehr aushielt und sie verließ. Meine Diagnose verblüffte sie. »Woher wissen Sie das alles?« fragte sie mich. »Ich verwende genau dasselbe Chakra, das sechste, um solche Informationen aufzunehmen«, sagte ich. »Sie können das auch, wenn Sie still sind.« Sie begann mir zu erzählen, wie oft sie während eines Interviews mit einem Mal bestimmte Dinge wusste und ihren Interviewpartnern nie erklären konnte, warum sie ausgerechnet diese Fragen stellte. Ich sagte ihr, dass sie ausgeglichener werden und noch mehr davon profitieren könne, wenn sie auf diese innere Stimme hören und ihr vertrauen könnte. »Wenn Sie das tun, werden Sie mehr Frieden und Glück finden«, sagte ich.

Hier die Affirmationen, die ich ihr für vier Wochen auftrug, bis sie wieder zu mir in die Praxis kommen würde.

Allgemeine ausgleichende Affirmation für das sechste Chakra (unter gleichzeitiger Massage der Akupunkturpunkte des Konzeptions- bzw. Dienergefäßes): »Ich verlasse mich vollkommen auf meine Intuition und meine Erkenntnisse und akzeptiere mein Wissen, und ich liebe mich für das, wer ich bin, jetzt und auf Dauer.«

Sie war sehr zufrieden mit allem, was geschah. Ich riet ihr außerdem, einen Meditationskurs zu besuchen, bei dem es um den Urklang ging, ein Mantra-Meditationssystem, das Deepak Chopra in den Westen gebracht hatte, und ich gab ihr die Telefonnummer, bei der sie anrufen musste.

Vier Wochen später kam sie zurück, um mir den Artikel zu zeigen, den sie gerade geschrieben hatte und der in der nächsten Ausgabe erscheinen würde. Es ging ihr viel besser, sie fühlte sich innerlich ruhig und hatte in der Meditationsgruppe neue Freundschaften geschlossen. Sie verfasste auch einen Artikel über Meditation und Dr. Chopra. Ihre Kopfschmerzen waren annähernd verschwunden, die Nebenhöhlengeschichte immer noch lästig, aber dennoch deutlich besser.

Als ich mich etwa drei Monate später noch einmal mit ihr unterhielt, war sie ein vollkommen anderer Mensch; sie hatte das Rauchen aufgegeben und die Einnahme aller Medikamente für ihre Nebenhöhlen und Kopfschmerzen abgebrochen. Ab und zu kam es vor, dass sie etwas spürte, und dann wusste sie genau, was sie gerade unterdrückte. Sie war sehr glücklich und wirkte fünf Jahre jünger.

Das siebte Chakra (Sahasrara-Chakra)

Das Kronenchakra befindet sich oben am Kopf und ist an die universelle Energie angeschlossen. Dieses Chakra ist eine holographische Projektion in den Raum und befindet sich nicht im eigentlichen physischen Körper. Es ist ein Transformationspunkt hin zur astralen (außerkörperlichen) Dimension. Das siebte Chakra stellt die höchste Synergie von Intention und Schöpfung dar. Es ist der Erschaffer und Zerstörer von Materie und wirkt unmittelbar auf die Antimaterie ein, die Blaupause der Schöpfung. Es steht in Verbindung mit Werten, Mut, natürlichen Führungsqualitäten, humanitärem Engagement, völliger Ehrlichkeit, der Macht, Materie zu beeinflussen, der Fähigkeit, komplexes spirituelles Material zu erklären, im Zustand des Nichturteilens und Mitgefühls zu bleiben und der Fähigkeit, ein umfassenderes Muster zu sehen. Es ist das Chakra der Inspiration, Spiritualität und Hingabe sowie der unzerstörbaren Fähigkeit, dem Leben zu vertrauen.

Das Kronenchakra lehrt uns, wie wir im Augenblick bleiben können – die meisten von uns haben Fesseln, die sie an die Vergangenheit binden. Indem wir anderen und uns selbst verzeihen und unseren Traumata einen Sinn zuschreiben, der uns zu unserer eigenen Kraft finden lässt, lassen wir die Verletzungen und unaufgelösten Emotionen los.

Wir lernen Energie zu verändern und zu verstehen, uns hinzugeben und zu vertrauen, geistig beflügelt zu sein und uns mit voller Kraft dem Auftrag unseres Lebens zu widmen. Durch bewusstes Urteilen über unseren Denkprozess führen wir zyklischen Mustern keine Energie mehr zu und erweitern unsere selbstauferlegten Grenzen.

Das Kronenchakra sorgt dafür, dass wir auf unsere Verantwortung ausgerichtet bleiben und warnt uns, wenn wir diese an andere weitergeben. Das siebte Chakra ermöglicht es uns, aus dem Karma auszubrechen, das die elterliche Erziehung, gesellschaftliche und kulturelle Konditionierungen und die geografische Lage uns auferlegt hat. Indem wir mit dem Geist in Verbindung kommen, erkennen wir Unrecht selbst dann noch, wenn es uns von klein auf beigebracht wurde, es als normal zu betrachten. Wir können sehen, was mit bestimmten Bräuchen oder Gepflogenheiten in unserer Familie oder Kultur nicht stimmt. Wir brauchen hierzu kein Wissen von außerhalb, es ist bereits in uns, wir müssen nur zulassen, dass es uns durchströmen kann. Religiöse Dogmen können einfach als das akzeptiert werden, was sie sind, und wir sind in der Lage, direkt in Verbindung mit der höchsten Quelle zu treten. Vernachlässigen oder ignorieren wir unser wahres Ich, so erhalten wir wiederholte Warnungen und Signale, die im Laufe der Zeit immer stärker werden. Früher oder später werden wir damit auf eine Weise konfrontiert, die wir schwerlich ignorieren können.

Die Kraft des siebten Chakras nutzend, können wir uns von negativen Vorstellungen lösen und Visualisierungen und Affirmationen an ihre Stelle treten lassen, die uns zu unserer eigenen Kraft finden lassen. Wir sollten auch wachsam sein, damit wir uns schwächende Überzeugungen entdecken, die wir womöglich übersehen haben.

Weckung einer erhöhten Wahrnehmung des siebten Chakras:
Das Spannungsfeld zwischen Hingabe und eigenem Erschaffen
Auf der Ebene des siebten Chakras gelangen wir direkt in Richtung müheloses Erschaffen, Siddhi-Bewusstsein genannt. Das Siddhi-Bewusstsein ist jener Bewusstseinszustand, in dem absolut kein Zweifel und keine Verzögerung besteht zwischen der Absicht, etwas zu erschaffen und seiner materiellen Umsetzung. Es ist der höchste Daseinszustand, in dem wir mühelos und unverzüglich das Gewünschte erschaffen. Das liegt daran, dass diese Bewusstseinsebene ihre Wirkungen nicht über den Verstand erschafft, sondern durch die Antimaterie. Der Verstand ist oft die größte Barriere, die eine Erfahrung dieser Bewusstseinsebene verhindert, die an bedingungsloses Glück geknüpft ist. Im siebten Chakra ist die Wahrnehmung die des Zustands der Vollkommenheit, in dem inneres Wissen herrscht und man sich leicht und harmonisch auf die universelle Energie ausrichtet. Durch Stille und spirituelle Übungen können wir mehr und mehr am Siddhi-Bewusstsein teilhaben. Das Siddhi-Bewusstsein steht in Verbindung mit dem Zustand »reiner Freude« (Ananda). Wir erfahren gelegentlich einiges davon, wenn wir irgendwo sitzen und den Sonnenaufgang beobachten, einen Regenbogen sehen oder ein neugeborenes Baby im Arm halten. In diesen Momenten tauchen wir flüchtig ein in die »reine Freude«, die in unserem siebten Chakra immer da ist.

Um uns spirituell weiterzuentwickeln und zu wachsen, sollten wir nie die Grundlagen überspringen, und wir sollten gut für unseren Körper und unsere Grundbedürfnisse sorgen. Sorgen Sie gut für Ihren Körper und sich selbst, damit Sie in ihrer spirituellen Praxis nicht abgelenkt werden. Es ist nicht richtig zu glauben, um spirituell zu wachsen, sollten wir alles Materielle aufgeben und ein Leben in Askese verbringen. Das wäre nur hilfreich, wenn wir zu sehr an Dingen kleben und in einer Komfortzone feststecken.

Disharmonie in Chakra sieben
Wenn das siebte Chakra aus dem Gleichgewicht ist, zeigt sich das charakteristischerweise an: Stolz, Ehrgeiz, Überheblichkeit, Machtspielen, Niedergeschlagenheit, Distanziertheit, Gereiztheit, Ungeduld, Rückzug, Isolation, dem Bedürfnis, alle Fäden in der Hand zu haben, Grobheit, Schlaflosigkeit, Verwirrung.

Zu entwickelnde Eigenschaften: Weichheit, Mitgefühl, für andere sorgen, Geduld, lernen, auch in einer Führungsrolle verletzlich zu sein.

Archetypen in Verbindung mit dem siebten Chakra: General, Autoritätsfigur, Leiter, Vorsitzender, Führungskraft, Eroberer

Das siebte Chakra im Überblick:
Elemente: Gedanke
Körper: Zirbeldrüse
Bewusstsein: Siddhi-Bewusstsein: Zustand des Fließens, Glück ohne Bedingungen, Mühelosigkeit
Harmonisierung: Wahrheit, Mitgefühl, bedingungslose Liebe, Verzeihen
Disharmonie: Anhaften an Vergangenheit oder Zukunft, Unehrlichkeit, Gleichgültigkeit, Hass, Extrovertiertheit, Feindseligkeit
Heilige Wahrheit: Lebe im gegenwärtigen Augenblick
Sakrament: Letzte Ölung (die Gnade, seine unerledigten Angelegenheiten als täglichen Bestandteil des eigenen Lebens zu beenden, was es dem/der Betreffenden ermöglicht, in der Gegenwart zu leben.
Enthaltene Energie: Unsere spirituelle Verbindungsinstanz
Ängste: Verlust des Fokus

Besonderheit: Synchronizität: bedeutsame Zufälle, Meditationspraxis als grundlegend wichtig für Verbindung
Betonung auf: Dem Universum die Einzelheiten der Manifestation überlassen.
Affirmation: »Ich bin…«. »Ich bin…ausgeglichen, jetzt und immer«. »Ich erschaffe … ich manifestiere …«

Fallbericht zum siebten Chakra

Ich besuchte ein Seminar, um zertifizierter Feuerlauflehrer zu werden. Abgehalten wurde es von einer Mitbegründerin des Feuerlaufens in Amerika, Peggy Dylan. Das Ganze fand in der Schweiz statt. Ich war sehr beeindruckt von Peggy – sie war einer der aufrichtigsten und spirituellsten Menschen, die mir seit langem begegnet waren. Ihre unglaubliche Anbindung an die Kräfte des Universums zeigten sich jeden Tag, wenn wir im Freien waren und Adler auftauchten, sobald sie zu meditieren begann.

Während dieses Seminars geriet eine Teilnehmerin nach dem Rebirthing-Teil in einen Zustand der völligen Verwirrtheit. Rebirthing ist eine besondere Atemtechnik, durch die man innerhalb von Minuten in Kontakt mit seinen tiefsten emotionalen Traumata kommt. Die Frau wirkte leicht weggetreten und wiederholte immer wieder ein und denselben Satz: »Ich will nicht sterben, ich will nicht sterben!«

Ich führte die Muskeltests an ihr durch, und das Einzige, was ich finden konnte, war eine Disharmonie im siebten Chakra.

Dies war wahrscheinlich ein Ergebnis dessen, dass sie sich an einiges aus früheren Leben erinnerte. Später sagte sie mir, sie sei vor vielen Jahrhunderten in Ägypten Hohepriesterin gewesen und eines gewaltsamen Todes durch die Hand gegnerischer religiöser Gruppierungen gestorben. Außerdem praktizierte sie seit Jahren Meditation und war seit zwanzig Jahren auf dem spirituellen Weg. Sie war eine sehr liebevolle, freundliche Persönlichkeit und sehr charismatisch. Sie hieß Therese und leitete in ganz Europa Seminare zum Thema weibliche Spiritualität.

Ich arbeitete an ihrem siebten Chakra, indem ich die Akupunkturpunkte massierte und mich gedanklich auf die Synchronisierung ihrer Energien ausrichtete. Nach fünfzehn Minuten beruhigte sie sich, und ihre Augen wirkten wieder normal. Sie bedankte sich bei mir für die Hilfe und erzählte, dass sie sich die ganze Zeit über außerhalb ihres Körpers befunden hätte, aber noch einmal etwas durchlebte, was ihrer

Vermutung nach Vergangenes war, und sie konnte das damit verbundene Leiden einfach nicht loslassen.
Sie sagte, meine Energie sei sehr beruhigend gewesen und habe ihr geholfen, in diese Wirklichkeit zurückzukehren. Mitunter litte sie unter Depressionen, besonders im Winter (was für eine Schwäche der Zirbeldrüse spricht, die mit dem siebten Chakra in Verbindung steht). Außerdem hatte sie Zeiten, in denen sie niemanden sehen wollte und sich mitunter für drei oder vier Wochen in die Wälder zurückzog, um einfach nur zu meditieren.
Hier die Affirmation, die sie erhielt:

Affirmation für die Balance des siebten Chakras: »Ich bin komplett mit dem Göttlichen und der bedingungslosen Liebe in Verbindung und auf allen Ebenen meines Seins vollkommen im Gleichgewicht, jetzt und auf Dauer.«

Wir blieben danach weiter in Kontakt, und sie hat seitdem keine Depression oder andere Symptome mehr erlebt. Es kommt selten vor, dass man ausschließlich Störungen des siebten Chakras antrifft. Der Akupunkturpunkt, der hier verwendet wird wirkt auf das Lenker- und Dienergefäß.

Zusammenfassung zu den Chakren: Tore zum Bewusstsein
Dieses Kapitel gibt Ihnen einen tiefgehenden Einblick in die Chakren, mit vielen neuen Erkenntnissen, die ich Ihnen nach jahrelanger Praxis präsentieren kann. Als Arzt kann ich feststellen, dass aufgrund dieses Wissens meine Möglichkeiten, die Heilung der Menschen zu unterstützen, die mich um Hilfe ersuchen, enorm gewachsen sind.
Durch Kombination der enormen Kräfte der Chakren auf eine Weise, die bei der Veränderung einschränkender Muster hilft, mit dem ebenfalls uralten Wissen um die Akupunktur, wurde eine vollkommen neue Wissenschaft und Therapie geboren, zu der meines Wissens in der alternativen Heilkunde nichts Vergleichbares existiert. Obwohl dieses Buch nicht die Absicht verfolgt, den Platz des bisherigen Gesundheitswesens einzunehmen, so kann es doch helfen, das Leiden von Millionen Menschen zu lindern und sie gleichzeitig darin unterstützen, Erkenntnisse zu gewinnen, die ihnen auf ihrem spirituellen Weg eine Hilfe sind. Die mehr als tausend Ärztinnen und Ärzte, Therapeutinnen und Thera-

peuten, die in diesen Techniken ausgebildet wurden, konnten die gleichen hervorragenden Ergebnisse erzielen wie ich selbst: eine Erfolgsquote von mehr als fünfundneunzig Prozent bei Phobien, posttraumatischem Stress etc. Zudem vermittle ich der allgemeinen Öffentlichkeit einige der Grundtechniken, um den Menschen Hilfsmittel für die beschleunigte Ausbildung ihrer eigenen Heilungsintelligenz an die Hand zu geben.

An späterer Stelle in diesem Buch werde ich die speziellen Affirmationen für die einzelnen Chakren noch einmal wiederholen, so dass Sie diese verwenden können, um Zugang zu Ihrem unbegrenzten Potenzial zu gewinnen. Einige von Ihnen haben vielleicht an diesem Punkt schon einige Bereiche erkannt, an denen es für sie zu arbeiten gilt. Wenn Sie dieses Kapitel ganz genau lesen, werden Sie Erkenntnisse zu Ihrer Persönlichkeit gewinnen. Es kann sein, dass mehr als ein Chakra behandlungsbedürftig ist – Sie können sich entscheiden, entweder eines nach dem anderen zu behandeln oder alle gleichzeitig. Jedes Mal, wenn Sie sich auf eine Affirmation konzentrieren, stellen Sie eine Verbindung zu dem entsprechenden Chakra her, und es wird helfen, dieses Chakra auszugleichen sowie Ihre Heilungs- und Gesundheitsintelligenz zu unterstützen.

Die sieben Fallbeispiele sind ferner dazu gedacht, Ihnen dabei zu helfen, das Instrumentarium zu finden, das Sie brauchen. Hier die gute Nachricht: Sie können mit diesen Affirmationen nichts falsch machen. Sie können es nicht übertreiben. Sie können nicht zuviel behandeln aus dem einfachen Grund, dass es einfach positive Botschaften sind, die Sie zu Ihrem Gehirn senden. Während der Affirmationen massiert man am besten die angegebenen Punkte, die in Teil II ausführlich beschrieben werden. Die Akupunkturpunkte bewirken enorm viel. Bei Affirmationen stoßen wir auf viel Widerstand aufgrund der negativen Programmierung in unserem Unterbewusstsein. Das hängt mit Unstimmigkeiten zusammen, die energetisch belastend sind und eine Stagnation der Energiezirkulation in den Meridianen verursachen. Massieren wir die Akupunkturpunkte, so halten wir die Energie im Fluss und harmonisieren den Körper mit der Botschaft (Affirmation). Das ist das Geheimnis des emotionalen Gleichgewichts. Sie können schon jetzt mit Ihren bevorzugten Affirmationen anfangen. Sie können sie allesamt, eine nach der anderen, durchführen oder in gewissen Zeitabständen, oder Sie greifen nur eine heraus und wiederholen sie zwei-

mal täglich oder öfter. Alles, was Sie tun, wird Sie bei Ihrem Prozess unterstützen.
Die einzige Zeit, die existiert, ist das Jetzt.
Die logischste Art und Weise, mit mehr als einem Chakra zu arbeiten, funktioniert so, dass man mit dem Chakra beginnt, das die niedrigste Schwingung aufweist, und dann nacheinander zu den höheren übergeht. In der Regel würden Sie also mit dem Wurzelchakra anfangen, gefolgt vom Sexualchakra, dem Solarplexuschakra etc. Da Sie ohnehin nichts falsch machen können, braucht es Sie nicht zu kümmern, ob Sie alle oder nur eines der Anzeichen und Symptome aufweisen. Sie mögen einiges an sich in allen sieben Chakren wiederfinden; auch gut. Legen Sie sich nur darauf fest, das Ganze mindestens vier Wochen lang zu praktizieren, und Sie werden deutliche Veränderungen in Ihren Mustern feststellen sowie in der Art und Weise, wie Sie die Welt um sich herum betrachten und wie Sie sich innerlich fühlen. Diese Arbeit lässt sich mit jeder Therapie, Meditation oder spirituellen Praxis verbinden, die es auf unserem Planeten gibt.

Schließen wir mit einem Zitat aus dem Buch *Teachings of Zen* von Thomas Cleary:

Das Gewahrsein als solches

Die subtile, vollkommene Essenz des Gewahrseins ist im Grunde auf spontane Weise offen und ruhig, gelassen und rein, weit wie das All. Man kann keine konkrete Form dafür angeben, man kann sich ihm nicht über eine Ortsangabe annähern. Man kommt durch keine Tür, keine Straße zu ihm, und es lässt sich nicht mit den Farben des Spektrums darstellen oder kopieren.

KAPITEL 7

DAS ZELLGEDÄCHTNIS: UNBEGRENZTE GIGABYTES AN KARMISCHEN INFORMATIONEN

»*Eure Vision wird nur dann klar werden, wenn ihr in euer Herz blickt. Wer nach außen schaut, träumt. Wer nach innen schaut, erwacht.*«

Carl Gustav Jung

Wir leben im »Informations«-Zeitalter – diejenigen, die die Kontrolle über die Informationen haben, sind allesamt Milliardäre. Mehr und mehr Informationen auf immer weniger Raum. Die Computer werden immer schneller und haben immer mehr Speicherkapazität. Ein Ende ist nicht in Sicht.

Doch trotz all ihrer hoch entwickelten Technologie reichen die Computer nicht einmal ansatzweise an die Informationsmengen heran, die in einer menschlichen Zelle gespeichert sind. Diese Zellen sind so klein, dass wir ein Mikroskop benötigen, um einen Einblick in ihren Aufbau zu erhalten. Sie sind wahre Kraftwerke, in denen mehr Informationen lagern, als wir uns vorstellen können. Jede dieser winzig kleinen Zellen ist eine holographische Darstellung des gesamten Körpers in Miniatur. Auf diesem Gedankengang basiert die Wissenschaft des Klonens. Ein Großteil dieser Informationen ist uns noch nicht zugänglich. Tagtäglich jedoch lernen wir mehr über dieses mikroskopisch kleine Universum. Den Menschen, die an die Reinkarnation glauben, möchte ich einige interessante Einblicke vermitteln, wie wir Zugriff auf einige dieser Informationen erhalten. Wer nicht daran glaubt, dem werde ich demonstrieren, inwiefern die Vergangenheit uns durch unsere Vorfahren noch immer heimsucht, und dass wir uns noch heute mit deren Karma beschäftigen müssen, ob uns das gefällt oder nicht.

Dieses Kapitel ist sehr zentral, da es die Grundlage dafür bildet, wie Emotional Balancing und einige andere Techniken uns helfen, die Vergangenheit loszulassen und negatives Karma zu verbrennen, und das schneller als Sie diese Zeilen lesen können. Nehmen wir es also in Angriff und bleiben wir am Ball; diese Informationen könnten Ihren Umgang mit den Ereignissen in Ihrem Leben für immer verändern. Wenn Sie jemanden auf den Speicher der Zellen ansprechen, wird Ihr

Gegenüber Sie entweder entgeistert ansehen, oder aber davon anfangen, wie viele Gigabytes sein Computer hat. Einige denken vielleicht, Sie meinen die jüngsten Entwicklungen bei den Speicherchips von Mobiltelefonen.

Der Zellspeicher, das Zellgedächtnis, das sind die Informationen, die in jeder Ihrer Körperzellen anzutreffen sind. Würden wir Sie durch Klonen einer Ihrer Zellen vermehren, so erhielten wir eine exakte Nachbildung mit denselben Erinnerungen, Narben und Gedanken, die auch das Original aufweist. Irgendwie unheimlich, oder?

Mit anderen Worten, unsere Zelle speichert die Informationen, die bei ihr ankommen, so ähnlich wie ein Computer Daten auf einer CD, einer Diskette oder auf einer DVD speichert. Neben unseren eigenen Informationen tragen die Zellen auch Informationen zu den ungelösten und unterdrückten Themen früherer Generationen in sich, zu unserem Glück jedoch nicht die gesamten. Einiges an Informationen wird durch ähnliche Informationen mit einem stärkeren Signal auf der Festplatte überschrieben. Außerdem beginnen die Informationen nach einigen Generationen zu verblassen, es sei denn, auch das Verhaltensmuster, das die Information entstehen ließ, wird weitergegeben und wiederholt – dann kann das Gegenteil geschehen: die Informationen werden verstärkt.

Diese Idee kursiert bereits seit mehr als zweihundert Jahren und wurde von tausenden von Ärzten in der klinischen Praxis getestet. Angestoßen wurde sie von Dr. Samuel Hahnemann, dem Erfinder der klassischen Homöopathie – der ersten westlichen Wissenschaft, in der man die Prinzipien der Quantenphysik anwandte, lange bevor diese entdeckt und erforscht waren.

Dr. Samuel Hahnemann nannte das von ihm entdeckte Zellgedächtnis Miasma. Miasma bedeutet Unreinheit; miasmatisch heißt soviel wie pathogen (krankheitsverursachend). Wir könnten diesen Begriff für sämtliche pathogenen Informationen verwenden, die Menschen von früheren Generationen erben, und dies gilt auch für die Informationen der freien Radikale, die sie während ihres Lebens ansammeln und die noch lange nach dem Verschwinden des Krankheitsauslösers oder der Krankheitssymptome weiterbestehen. Diese Informationen werden durch elektromagnetische Resonanz gespeichert. Sie können latent (inaktiv) sein und durch bestimmte Umstände, die ein elektromagnetisches Signal auf der gleichen Wellenlänge erzeugen, aktiviert oder verstärkt werden. Hierdurch werden zelluläre Prozesse beeinflusst, die zu Veränderungen in bestimmten Zielorganen oder -geweben führen können. Es ähnelt sehr stark der Art und Weise, wie schlummernde Viren aktiviert werden. Der Unterschied ist nur, dass bei einem realen Virus die Informationen in dessen DNS oder RNS kodiert sind, während miasmatische Informationen nicht materiell sind – sie sind einfach nur als Informationen im System vorhanden.

Miasma entspricht bis zu einem gewissen Grad dem Familienkarma oder Blutskarma. Es ist das Karma, das wir offenbar für uns wählen oder annehmen, indem wir uns in eine bestimmte Familie inkarnieren. Wir erben deren genetische und konstitutionelle Stärken (positives Karma), aber auch ihre genetischen und konstitutionellen Schwächen (negatives Karma). Miasma kommt zu all dem noch hinzu. Es ist immer negatives Karma. Die gute Nachricht jedoch ist, dass es sich durch Emotionale Balance immer auslöschen lässt, und die (klassische) Homöopathie kann hierbei helfen, ebenso wie einige Formen von Meditation und Qigong.

Befassen wir uns noch näher mit dem Zellgedächtnis: Das ursprüngliche Zellgedächtnis (die Programmierung) ist in der DNS (Desoxyribonukleinsäure) und in ihrem spiegelbildlichen Zwilling, der RNS. In der DNS kommen der universelle Geist und die Materie zusammen. Der Geist drückt sich über die DNS aus. Die DNS ohne Geist ist nur ein Strang aus so genannten Nukleinsäuren – chemischen Stoffen, die nichts zu bewirken vermögen.

Mit dem Segen des Geistes wird sie zum fortschrittlichsten Team von Ingenieuren, das alles von Grund auf bauen kann, und das unter Verwendung höchst einfacher Bausteine, primär Aminosäuren und Wasser. In diesen ist der Entwurf für sämtliche Organe und Gewebe Ihres Körpers enthalten, sie enthalten Ihren Persönlichkeitstyp, Ihre grundlegenden Denkmuster – alles bereits programmiert. Durch Zugriff auf Ihr Bewusstsein können Sie diese Programme ändern und Ihre DNS beeinflussen. Es existiert ein dynamischer Austausch zwischen Antimaterie (dem Geist) und Materie, und die Kommunikation läuft über Ihre DNS.

Nichts in Ihrem Körper geschieht, ohne dass Ihre DNS beteiligt ist. Sie ist die Dienerin Ihrer göttlichen Intelligenz, Ihre Verbindung zur Quelle von allem. Alle Materie, die Ihren Körper bildet, mit allen Sinnen und der gesamten Hirnkapazität, ist mittels Ihrer DNS geschaffen worden. Vieles an unseren Programmierungen in Bezug auf Gesundheit, Krankheit und ein langes Leben sitzt in unserer DNS. Die gute Nachricht daran ist, dass wir dahingehend auf die DNS einwirken können, dass sie für uns arbeitet.

Die emotionale DNS
Dieser Begriff wurde von Richard Turner in einer seiner Veröffentlichungen eingeführt. Sie handelt von emotionalen Programmierungen und Zellgedächtnis. Einige interessante Forschungen über emotionale Erinnerungen erfolgen mittels Hypnose. Und zwar in einem Verfahren, das Regressions-Hypnose genannt wird: Zuerst wird eine Person in Hypnose versetzt, dann bittet man sie, sich in eine frühere Zeit zu versetzen. Die Person kann ganz genau jede beliebige Zeit in ihrem Leben aufs neue durchleben, mit Einzelheiten, an die sie sich unter normalen Umständen nicht erinnern kann! Sie kann genau sagen, welche Kleidung sie an ihrem dritten Geburtstag trug, welche Geschenke sie damals bekam, welche Leute da waren etc. etc.
Irgendwie registriert der Verstand alles, was wir erleben und speichert es im Unbewussten oder Unterbewusstsein. Die interessantesten Geschichten erhält man, wenn man die Versuchspersonen fragt, wo sie gewesen seien, bevor sie sich in diesem Körper befanden. Ähnlich wie bei Nahtoderfahrungen, wo Menschen, die, wie man so sagt, klinisch tot waren oder ein schweres Trauma erlitten hatten, einen flüchtigen Blick auf die andere Seite werfen, berichten alle Probanden hier ähnliche Geschichten von einer anderen Dimension, die vollkommen anders sei als unsere Wirklichkeit. In dieser Dimension befinden sich auch noch andere Wesenheiten, und dort spielt sich eine Art Coaching, ein Auswerten und Lehren ab.
Wenn sie aufgefordert werden, zeitlich weiter zurückzugehen, so berichten die meisten Menschen über Begebenheiten aus früheren Leben. Sie können über Details zu diesem Leben berichten, als würden sie es jetzt gerade aktuell erfahren, und mitunter beherrschen sie fließend Fremdsprachen, die sie im jetzigen Leben gar nicht gelernt haben. Ist das ein Beweis für die Reinkarnationsphilosophie?
Vielleicht ja, vielleicht nein. Wenn Sie nicht daran glauben wollen, gibt es da auch keinen Beweis. Es spielt aber auch wirklich keine Rolle. Die Reinkarnation als allgemeine Philosophie ist weder christlich noch antichristlich. Sie ist keine Religion – nur ein philosophisches Gedankengebäude, das uns helfen kann, unser Leben besser zu verstehen. Sie

lässt sich in viele Religionen integrieren, ohne irgend etwas an ihnen zu schmälern. So ähnlich wie die Idee der Chakren und Meridiane – energetische wissenschaftliche Konzepte, die uns helfen, mehr von unserem Potenzial zu erschließen. Man kann offen für die Reinkarnationstheorie sein und dennoch Christentum, Judentum, Hinduismus, Buddhismus etc. praktizieren.

In meiner klinischen Praxis versuche ich immer, die Reinkarnation beiseite zu lassen, wenn die Glaubensvorstellungen des Patienten sie nicht zulassen, und das ist auch in Ordnung. Sind Patienten jedoch offen dafür, an sie zu glauben, so kann ich bei Bedarf auf Informationen aus früheren Leben zurückgreifen, um die Ursache für ein aktuelles Problem zu finden.

Interessant ist, dass in unserem Zellgedächtnis diese gesamten Informationen gespeichert sind – Erinnerungen aus mitunter hunderten von Leben, einige kurz, einige sehr kurz, andere länger. Mit jedem Ausscheiden aus dem physischen Leben haben wir, wenn wir uns von dem Bewusstsein lösen, das mit unserem materiellen Dasein verknüpft ist, die Chance, unsere Fortschritte zu beurteilen und Zugang zu dem zu erhalten, was wir für unser spirituelles Wachstum brauchen. Jedes Mal, wenn wir unseren physischen Körper verlassen, treten wir in einen höheren Wahrnehmungszustand ein und kommen der Seelenidentität in unserem Kern näher, so dass wir unseren wahren Seinszweck erfahren können. Die Erde hält die Lektionen bereit, die wir in einem drei- (manchmal vier-)dimensionalen Klassenzimmer lernen können. Es gibt darüber hinaus auch noch weitere Bewusstseinsebenen, auf denen wir andere Formen der Entwicklung und des Lernens durchmachen.

Ein Grund für unsere Rückkehr ist der, dort weiterzumachen, wo wir in unserem letzten Leben aufgehört haben. Aus diesem Grund sind viele Turbulenzen in diesem Leben die Folge unerledigter Dinge aus früheren Leben. Die gute Nachricht dabei ist, dass es keine Rolle spielt, ob man an frühere Leben glaubt oder nicht: der Zweck des Ganzen bleibt der Gleiche.

Dieser Zweck ist es, sich von alten Mustern zu lösen, die bewirken, dass man von seinem letztendlichen Ziel abkommt, nämlich dem Zustand bedingungsloser Liebe und des unvoreingenommenen, urteilsfreien Lebens im Augenblick. Jeder von uns durchlebte Moment gibt uns die Chance, in der Gegenwart zu sein und unsere Entscheidungen auf der Grundlage unserer höchsten Werte zu treffen, und nicht basierend auf der Vergangenheit. Sobald wir dieses Muster loslassen, ziehen wir diese Situation entweder nicht mehr an, oder sie zieht keine Energie mehr von uns ab.

Die Liebe unseres Schöpfers spiegelt sich im Gesetz von Ursache und Wirkung, das dazu da ist, uns auf der Seelenebene zu einem tieferen Verständnis unserer Erfahrungen im materiellen Dasein hinzuführen. Der schönste Teil hieran, der mir bei meiner Arbeit mit tausenden von Patientinnen und Patienten klar geworden ist, ist der, dass die Geschichte der Seele auf unserer Daseinsebene die Geschichte von einem liebenden Gott ist, der nie aufhört, seinen Kindern die Chancen zu geben, die sie brauchen, um aufzuwachen und zu erkennen, wer sie in Wirklichkeit sind. Das ist der einzige Grund, warum wir inneren Aufruhr oder Turbulenzen durchleben.

Jedes Mal wenn wir Stress, Schmerz oder Unbehagen erleben, ist das ein Weckruf, der uns mahnt, nach innen zu blicken.

Die Reinkarnationstheorie ist nicht die Antwort auf alle Fragen – in der Hauptsache trägt sie dem Gesetz des Karmas und der Möglichkeit einer spirituellen Entwicklung durch einen Kreislauf von Wiedergeburten Rechnung. Je tiefer wir gehen, um das zu verstehen, desto mehr Fragen werden aufsteigen, die sich nicht beantworten lassen.
Hier einige Fragen, die Sie vielleicht faszinieren werden:

Wann tritt die Seele in den Körper ein?
Durch Tests an Patienten fand ich heraus, dass der uns innewohnende Geist den Körper vom Augenblick der Empfängnis an für sich beansprucht und mit ihm verbunden bleibt. Der physische Körper kann alle erdenklichen Erfahrungen aufnehmen, die nicht von der Seele kommen. Die meisten dieser Erfahrungen und Erinnerungen sind an die der Mutter geknüpft. Später muss das Zellgedächtnis von diesen gereinigt werden. Normalerweise geschieht dies ganz von selbst, doch wenn das Kind heranwächst, und seine Grundbedürfnisse werden nicht gestillt, so werden viele dieser Erinnerungen fortbestehen, und wir schleppen möglicherweise Emotionen mit uns herum, die wir von unserer Mutter aufgefangen haben. In der Mehrheit der Fälle kommt es etwas vor der Geburt oder bei der Geburt zum Eintritt der Seele in den Körper.

Wie oft kehrt die Seele auf die Erde zurück?
Man kann hier keinen generellen Durchschnitt nennen, das variiert sehr stark. Es gibt zwischen den einzelnen Leben kein festes Intervall; mitunter kann es vorkommen, dass eine Person schon kurz nach ihrem Tod wiederkehrt, andererseits kann die Seele aber auch für tausende von Jahren ohne Inkarnation bleiben. Es gibt noch eine Menge weiterer Fragen, die meine Patienten mir hierzu schon gestellt haben, und in einem späteren Buch werde ich auf einige davon noch ausführlicher eingehen. Lassen Sie uns jedoch fürs erste einige Dinge zurechtrücken, die mit dem Zellgedächtnis und seinen Folgen für unser Leben zusammenhängen.
Betrachten wir doch einmal, woher die Information stammt, die Teil unseres Zellgedächtnisses ist.
Den innersten Kern des Zellgedächtnisses können Sie als die nichtphysische »emotionale DNS« betrachten.

Das Kern-Zellgedächtnis
- Zeitraum der Schwangerschaft, beginnend mit der Empfängnis
- »Astraler« Zeitraum vor der Inkarnation (zwischen zwei Leben)
- Miasmen, vererbte Informationen vorheriger Generationen
- Vorherige Leben
- Im Schlaf aufgenommene Informationen
- Bei Tagträumen oder Visualisierungen aufgenommene Informationen
- Telepathie oder andere Wege, über die wir Informationen aus dem morphogenetischen Feld oder von Gegenständen aufnehmen, mit denen wir in Berührung kommen
- Informationen, die wir direkt von anderen Menschen aufnehmen
- Informationen, die wir durch Organtransplantationen erhalten

Untersuchen wir diese unterschiedlichen Aspekte einmal einen nach dem anderen und sehen wir uns an, wie sie das emotionale Gleichgewicht in unserem Leben beeinflussen können.

Zeitraum der Schwangerschaft
Einiges in Zusammenhang hiermit haben wir bereits betrachtet. Der sich entwickelnde Fötus ist wie ein Kristall, oder man könnte sogar sagen, wie eine CD-Rom. Die Quantenphysik konnte beweisen, dass

Wasser und Kristalle die Funktion von Speicherchips haben können. Mit dem entstehenden Fötus ist es genauso. Dinge, die von der Mutter oder Menschen in ihrem Umfeld gesagt werden, können aufgeschnappt und gespeichert werden. Man bezeichnet das auch als »pränatalen Text«. Dieser Begriff wurde von dem Psychotherapeuten Loek Knippels geprägt, einem Freund von mir. Noch Jahre später kann es in jemandem etwas auslösen, wenn er eben diesen Text hört. Außerdem kann der Text in der Form wiederkehren, dass er uns immer wieder als Teil unseres inneren Dialogs heimsucht.

Das Ganze erinnert an Erlebnisse, von denen Menschen berichten, die unter Vollnarkose operiert werden. Ein Teil ihres Verstandes hört immer aktiv mit, was die Chirurgen sagen. Negative Bemerkungen während des Eingriffs können tiefe emotionale Wunden oder Traumata hervorrufen, die sich nachhaltig auf das Leben der Person auswirken können. Das Gleiche geschieht während der Schwangerschaft. Obwohl der Säugling oder Fötus vielleicht neurologisch betrachtet nicht reif dafür sein mag, aktiv die Bedeutung zu verstehen, werden dennoch die Intention und die Sätze gespeichert.

Wissenschaftliche Untersuchungen haben gezeigt, dass Gespräche mit dem sich entwickelnden Fötus im Mutterleib sowie klassische Musik oder New-Age-Klänge sich positiv auf die Entbindung sowie auf das Immunsystem und die Anpassungsleistung des Neugeborenen auswirken. Das lässt sich nur dann erklären, wenn wir uns von der Vorstellung verabschieden, dass Informationen einzig und allein im Zentralnervensystem gespeichert würden.

Hier eine Fallgeschichte, die diesen Punkt veranschaulicht:

Fallbericht: Vorgeburtliche Erinnerungen

Jill war eine typische Sechzehnjährige, die ein Abbild unserer Zeit bot. Sie hatte sich jeden nur vorstellbaren Körperteil piercen lassen, darunter Zunge, Ohren, Nabel, Brustwarzen und Wangen. Der Grund dafür, dass ihre Mutter sie zu mir brachte, war ihr selbstzerstörerisches Verhalten. Sie rauchte, trank, war ein Verkehrsrowdy und so waghalsig, dass selbst ihr siebzehnjähriger Bruder Angst vor ihr hatte. Sie hatte schon etliche Knochenbrüche hinter sich, darunter ein gebrochenes Nasenbein und Brüche an den Ellbogen, Knöcheln, an vier Wirbeln, Rippenbrüche etc. Es schien ihr regelrecht Spaß zu machen, mit irgendetwas Gebrochenem oder Ausgerenktem nach Hause zu kommen. Ein

Wunder, dass sie noch am Leben war. Die Familie hatte schon drei Psychologen und drei Psychiater ausprobiert – ohne Erfolg.
Die Magie des Zufalls hatte es gewollt, dass ich ihrem Vater begegnete, der auf einem meiner Transatlantikflüge im Flugzeug neben mir saß. Als er mitbekam, wie ich während des Fluges stundenlang schrieb, sprach er mich darauf an, was ich da mache.
»Ich schreibe an einem Buch«, gab ich zurück. »Worüber denn?«, fragte er. Ich erklärte ihm daraufhin, dass das Buch von Phobien und anderen emotionalen Problemen handeln würde und davon, wie man sie ohne aufwändige Psychotherapie rasch heilen könne. Nach einer Weile kam er auf seine massive Sorge um seine im Teenageralter befindliche Tochter zu sprechen.
Ich sagte ihm, dass mein voller Terminkalender es mir nicht erlaube, neue Patienten anzunehmen, ich sei aber gerne bereit, mich damit auseinander zu setzen und ihm Ratschläge zu erteilen.
Jill war das dritte Kind, ihr Bruder war ein Jahr älter, und ihre älteste Schwester war dreiundzwanzig, verheiratet, und wie ihr Bruder recht gesittet. Ihr Vater war ein gut gestellter Bauunternehmer mit Projekten in ganz Florida. Das Verhalten ihrer Tochter sorgte unablässig für peinliche Situationen. Ich führte meinen regulären Test an ihr durch, um zunächst einmal herauszufinden, ob es chemische Faktoren gäbe, die ihr sprunghaftes Verhalten erklären könnten, etwa niedrige Blutzuckerwerte, Allergien, chemische Vergiftungszustände, Elektrosmog oder chronische Infektionen – alles Fehlanzeige.
Dann begann ich mit einem emotionalen Screening, bei dem ich vor allem Muskeltests und Befragung einsetzte. Innerhalb von fünf Minuten war das emotionale Trauma ausfindig gemacht.
Drei Wochen nach Jills Empfängnis hatte ihre Mutter zu ihrem Leidwesen festgestellt, dass sie schwanger war. Es gefiel ihr überhaupt nicht, denn es war nicht geplant und sie hatte eigentlich nur zwei Kinder gewollt. Sie überlegte und besprach mit ihrem Mann, ob eine Abtreibung in Frage käme, nahm die Schwangerschaft dann aber aufgrund ihrer religiösen Überzeugungen in Kauf. Jill war in der Tatsache gefangen geblieben, dass sie unerwünscht gewesen war und dass ihre Eltern in Betracht gezogen hatten, sie zu töten. Auf ihre eigene Weise versuchte sie also noch immer, sich selbst abzutreiben, da sie das Gefühl hatte, sie verdiene es nicht, zu leben.
Ihre Mutter brach in Tränen aus, als ich ihr offenbarte, was ich heraus-

gefunden hatte, und bestätigte mir die ganze Geschichte in ihren eigenen Worten. Sie bat ihre Tochter, ihr zu verzeihen. Danach brachte ich die gestörten Meridiane und das betroffene erste Chakra ins Gleichgewicht. Nach dieser Behandlung war die Tochter wie umgedreht – nicht nur, was ihr Verhalten anging, sondern auch im Hinblick auf ihr Aussehen, ihre Kleidungsvorlieben und ihren Freundeskreis. Soweit zur Macht »vorgeburtlicher Texte«.

Der »astrale« Zeitraum vor der Inkarnation

Es entspricht nicht meiner Absicht, irgendjemandem zu beweisen, dass wir uns reinkarnieren können oder dass wir unsterbliche Seelen sind. Ich bin Kliniker und Forscher; ich bekomme schwere Fälle, die es zu lösen gilt, und das zwingt mich, auf Gebieten nach Antworten Ausschau zu halten, die die meisten Ärzte gar nicht erst betreten. Ich habe nur ein Ziel vor Augen, nämlich die Heilung meiner Patienten auf möglichst natürlichem Weg zu unterstützen.

Darin konnte ich große Erfolge erzielen, und ich habe meine Untersuchungsergebnisse schon an Ärzte, Angehörige von Heilberufen und Laien in aller Welt weitervermittelt. Der »astrale« Zeitraum ist eine Zellerinnerung, die wir alle in uns tragen. In diesem Zeitraum entscheiden wir über den Zweck, den wir damit verfolgen, auf diese materielle Daseinsebene zu kommen, sowie darüber, was wir lernen wollen, um näher an die höchste, reinste Liebe heran zu gelangen, die möglich ist. Meine Befunde bei tausenden von Patienten haben mich zu der Überzeugung gebracht, dass der Sinn unseres Daseins darin liegt, unser wahres Potenzial zu entdecken, indem wir alles an unnötigem Schmerz und Leid loslassen, was wir dadurch erschaffen, dass wir nicht begreifen, wer wir wirklich sind. Wir brauchen nichts zu lernen – wir müssen lediglich erkennen, dass die Antwort Liebe ist, gleich, mit welcher Herausforderung wir es zu tun haben.

Hier ein Fallbeispiel zur Illustration des Themas mit dem »Astralzeitraum«.

Fallbeispiel: Astrale Erinnerung

Ann war siebenunddreißig Jahre alt und suchte mich wegen Depressionen und Selbstmordgedanken auf. Sie war bislang bei einem Psychiater in Behandlung gewesen, der ihr Prozac verschrieb. Danach fühlte sie sich besser, aber ihr eigentliches Problem im Leben war, dass sie immer wieder an Männer geriet, die schlecht mit ihr umgingen. In diesen destruktiven Beziehungen opferte sie wiederholt ihre eigenen Bedürfnisse den egoistischen Forderungen ihres jeweiligen Freundes. Als ich sie fragte, ob sie an Reinkarnation glaube, gab sie zurück, sie sei nicht sicher. Sie habe noch nie so recht darüber nachgedacht. Der Grund dafür, warum sie in Depressionen verfiel, war der, dass sie sich ganz besonders zu einem Mann hingezogen fühlt, der sehr übel mit ihr umspringt. Aus irgendeinem seltsamen Grund kehrt sie immer wieder zu ihm zurück. Wir beschlossen, durch Muskeltests herauszufinden, ob hier vielleicht eine Verbindung in einem früheren Leben bestanden hatte. Dabei stellte sich heraus: der Mann war in einem vorherigen Leben ihr Vater gewesen, und auch damals hatte er sie schlecht behandelt. Sie war seine Tochter und konnte jetzt verstehen, dass die Wut ihres Vaters auf sie daher rührte, dass ihre Mutter bei ihrer Geburt gestorben war. Der Vater gab ihr die Schuld daran und misshandelte sie körperlich, wenn immer sich eine Gelegenheit bot.

Während ihrer »Astralzeit« hatten sie und dieser Mann sich miteinander in Verbindung gesetzt, um zurückzukehren und einen Weg zu finden, einander zu verzeihen. Am Ende des Tests schoben wir einen Abschnitt ein, in dem sie sich selbst dafür vergeben sollte, dass sie den Tod eines anderen Menschen verursacht hatte und den Kummer, den ihr Vater deshalb ertragen musste. Außerdem verzieh sie ihrem Freund dafür, dass er sie misshandelte. Sie vergoss Tränen der Erleichterung und fühlte sich leicht und voller Optimismus, als sie ging.

In der darauf folgenden Woche rief sie mich an, um mir zu sagen, dass etwas ganz Merkwürdiges geschehen sei: Als sie nach Hause kam, habe sie ihr Freund unter Tränen um Verzeihung gebeten. Während sie bei mir war, hatte er im Fernsehen eine Talkshow gesehen, mit dem Thema: »Warum Frauen Männer lieben, die sie misshandeln.« Ihre Beziehung änderte sich mit einem Schlag, und sie stoppte ihre Prozac-Einnahme. Als sie aufgehängt hatte, starrte ich eine Weile stumm ins Leere, völlig verblüfft darüber, wie das Universum so funktioniert. Ich hatte zwar schon seit langem gewusst, dass es keine Zufälle gibt, und doch staune ich jedes Mal, wenn die Synchronizität ihren Gang nimmt, darüber, wie gnädig unser kollektives Bewusstsein ist. Wir haben also alle diese Informationen zugriffsbereit in unserem Kern-Zellgedächtnis, und es ist nicht schwer, an es heran zu kommen.

Miasmen

Ein Miasma ist eine pathogene, ererbte Information, die sich auf unsere Gesundheit und unser emotionales Gleichgewicht auswirken kann. Ein Stück weit haben wir uns diesen Punkt bereits betrachtet, gehen wir nun noch etwas weiter.

Miasmen können sich aufgrund einer ganzen Palette von Ursachen einprägen, etwa durch unterdrückte Infektionen, Vergiftungen mit chemischen Stoffen oder Schwermetallen, Impfungen und unaufgelösten Emotionen. Sie alle werden in unserer modernen Zeit wegen des übertriebenen Einsatzes von Antibiotika, Impfungen und der zunehmend allgegenwärtigen Umweltverschmutzung immer häufiger. Bei chronischen Erkrankungen stellen wir oft fest, dass Miasmen mit zu den Faktoren gehören, die am stärksten zur Verkümmerung des Immunsystems beitragen.

Die meisten der anzutreffenden Miasmen sind emotionaler Art. Durch Ausschaltung der Miasmen verschaffen wir dem Immunsystem mehr Luft zum Atmen, so dass es besser funktionieren kann. Miasmen können sich auch auf unsere emotionale Verfassung auswirken.

Die nachfolgende Geschichte schildert ein Beispiel von vielen für ein Miasma im Hinblick auf eine emotionale Erinnerung.

Fallbericht: Miasmatisches Gedächtnis

Rick war ein neunzehnjähriger Junge, der mich wegen schwerer Allergien konsultierte, die zu Bronchitis und Sinusitis geführt hatten. Er studierte gerade Medizin, und sein Vater war Kardiologe. Der Vater war dagegen, dass er in meine Praxis kam, doch seine Mutter, Millie, kannte mich sehr gut und brachte ihn trotzdem zu mir.

Als Kind hatte Rick unter einer asthmatischen Bronchitis gelitten und bekam bei jedem Erstickungsanfall Panikattacken. Er brüllte und schrie dann immer wie am Spieß und sagte oft, dass er sterben würde. Er kam zu den allerbesten Ärzten des Landes in Behandlung sowie zu mehreren Professoren, erhielt jede Menge Medikamente, darunter Kortikosteroide (eine hochwirksame hemmende Substanz), die Familie schaffte sämtliche Tiere und Teppiche ab und zog zweimal in eine Gegend um, von der es hieß, dort würde es ihm besser gehen.

Etwa mit acht Jahren wurden die Anfälle immer seltener, bis sie mit elf Jahren ganz verschwanden. Mit neun wurde er hyperaktiv und süchtig nach allen Arten von Junk Food.

Ich begann mit meiner Arbeit an ihm und fand schnell heraus, dass seine Allergien einen emotionalen Grund hatten, und dass die zentrale Emotion tiefe Trauer war. Ich verfolgte die Spur der Trauer zurück und fand heraus, dass sie von der Seite seiner Mutter ererbt (ein Miasma) war.

Es reichte drei Generationen weit zurück. Die Großmutter seiner Mutter hatte einen herben Verlust erlitten, sie hatte unmittelbar nach der Geburt ein Kind verloren und war nie darüber hinweg gekommen. Sie litt unter Depressionen. Sie hatte nur ein Kind bekommen, Ricks Großmutter.

Millie war über meine Diagnose verblüfft und erinnerte sich, dass ihre Mutter an postnatalen Depressionen gelitten hatte, und so war es auch ihr ergangen. Sie konnte bestätigen, dass die Geschichte von ihrer Großmutter zutreffend war. Nach Ricks Geburt verfiel sie in tiefe postnatale Depressionen, und was sie herausbrachte, war die Tatsache, dass Rick mit zwei Monaten eine schwere Bronchitis bekam und dafür ins Krankenhaus eingewiesen wurde.

Unterbewusst entwickelte sich bei Rick die Vorstellung, dass er nur dann Aufmerksamkeit bekommen könne, wenn er krank war, und er fühlte sich immer abgelehnt von seiner Mutter, da sie sich, als er noch ein Baby war, nicht besonders um ihn kümmerte. Er wurde von einer Kinderfrau versorgt, ohne je gestillt zu werden. Vermutlich aufgrund der Auswirkungen, die dies auf das Immunsystem hatte, entwickelte er bald eine Allergie gegen Milch und später gegen andere Nahrungsmittel.

Ich arbeitete vier Sitzungen lang mit Rick, um ihm zu helfen, sich von all der Trauer und Verletztheit zu lösen, die er mit sich herumtrug. Auch Millie bekam drei Sitzungen, um ihre Trauer loszuwerden. Zwei Monate später brachte sie wiederum ihre Mutter mit, die gerade siebzig geworden war und sie besucht hatte. Sie hatte seit mehr als fünfzehn Jahren Mittel gegen ihre Depressionen eingenommen. Ich behandelte sie in sechs Sitzungen, bevor sie soweit war, sich von ihrem Erbe zu lösen.

An dieser Stelle hätte diese außerordentliche Familienbehandlung aufhören können, wäre nicht zu meiner Überraschung eines Tages der Kardiologe zu mir gekommen, um mir für alles zu danken, was ich für seine Familie getan hatte. Rick war seit mehr als einem Jahr beschwerdefrei, und Millie trällerte unter der Dusche – etwas, was sie in ihrem ganzen Leben noch nie zuvor getan hatte.

Frühere Leben

Mehr und mehr Menschen in den westlichen Gesellschaften beginnen sich mittlerweile mit der Philosophie der Reinkarnation anzufreunden. Berühmte Persönlichkeiten und sonstige Personen des öffentlichen Lebens sprechen über dieses Thema. Man hat in Fernseh-Talkshows darüber diskutiert, und Reinkarnation war Gegenstand vieler Filme und Bücher, darunter einige Bestseller. Wir können heute offen von der Wiedergeburt sprechen, auch gegenüber Menschen, denen es aus religiösen Gründen untersagt ist, sie als Möglichkeit in Betracht zu ziehen. Es gibt Workshops über frühere Leben, Regressions-Hynosetherapie etc.

Das Gute an der Reinkarnation ist, dass sie dem Menschen einen Anreiz bietet, die Verantwortung für seine Entwicklung als spirituelles Wesen zu übernehmen, das hierher gekommen ist, um eine bestimmte Mission zu erfüllen. Sie zeigt einem den Sinn, in Situationen, in denen man ansonsten nur schwer einen erkennen kann.

Wenn Kinder leiden müssen oder Menschen bei derart sinnlosen Ereignis wie etwa dem Bombenanschlag in Oklahoma City am 19. April 1995 zu Tode kommen, kann diese Philosophie Hoffnung oder Einsicht anbieten. Die meisten von uns gehen davon aus, dass der Tod des physischen Körpers etwas Schlechtes sei. Wenn wir die Informationen betrachten, die wir von Menschen mit so genannten Nahtoderlebnissen erhalten, durch Regressionshypnose oder die Botschaften von Hellsichtigen, so ist die Aussage immer gleich. Einigkeit besteht darüber, dass tausende von Menschen zu berichten wissen, dass das Leben ohne physischen Körper auf interessante Weise vergnüglich ist. Die Frage ist nun: Wenn wir irgendwie unsere eigene Wirklichkeit steuern können und von einem höheren Bewusstseinszustand aus die Entscheidung gefällt haben, zu gehen, ist das denn dann falsch?

Es gibt eine Vielzahl von Gründen zu gehen, und auch viele zu bleiben. Niemand kann einem anderen diese Entscheidung abnehmen. In der Regel heißt es dann: »Aber er war doch noch so jung« oder: »Dabei lief bei ihm doch alles bestens« oder: »Sie starb in der Blüte ihrer Jahre«. Aber das ist nichts gegenüber anderen, von ganzem Herzen persönlichen Zielen, die nur dem höheren Selbst der betreffenden Person bekannt sind und mit dem viel umfassenderen Thema zusammenhängen, welchen Sinn ihr Leben hat, was das Bewusstsein, Karma und Wachstum angeht.

Es gibt Zeiten, wo wir das Gefühl haben, mit einem extremen und sehr dramatischen Ereignis konfrontiert zu sein. Oft hat es, bis es soweit kam, Signale gegeben, die wir nicht weiter beachtet haben, aber es war unsere Entscheidung, sie nicht zu beachten. Jedes dramatische oder traumatische Ereignis hält viele Fortgeschrittenenlektionen für die Beteiligten bereit. Es zwingt uns dazu, uns unseren bisherigen Weg anzusehen und neue Entscheidungen zu fällen. Am Ende spielt es, wie schon zuvor gesagt, nicht wirklich eine Rolle, ob man daran glaubt oder nicht. Was da ist, wird da sein. In meiner Arbeit macht die Vorstellung von einer Wiedergeburt Sinn und kann tausenden von Menschen helfen. Hier eine persönliche Geschichte, an der ich Sie gerne teilhaben lassen möchte. Sie hat mir die Augen für andere Möglichkeiten geöffnet.

Meine Geschichte
Auch ich litt als Kind unter asthmatischer Bronchitis. Jedes Mal, wenn ich einen Anfall hatte, hatte ich das Gefühl, gleich sterben zu müssen und zu ersticken. Mitunter schnappte ich nach Luft wie ein Fisch auf dem Trockenen und lief blau an. Ich hatte eine intensive Angst davor, allein zu sein, und verfiel während eines Anfalls in totale Panik. Die Ärzte konnten nur eine gewisse Erleichterung bieten, aber keine komplette Heilung. Meine Großmutter, die sich etwas auf Kräuterheilmittel verstand, behandelte mich, und nach vier Jahren Quälerei legten sich die Anfälle. Damals war ich ungefähr sieben. Im Anschluss wurde ich hyperaktiv und litt unter einem Aufmerksamkeitsdefizitsyndrom (ADS). Ich war sehr darauf aus, gut zu lernen, und so kam ich wundersamer Weise mit herausragenden Noten durch meine Schulzeit. Seitdem habe ich eine Hypoglykämie, Allergien, Ekzeme, Sinusitis, Schlaflosigkeit, Migräneanfälle, wiederkehrende Virusinfektionen, chronische Müdigkeit, Muskelkrämpfe, Schwindelgefühle und Ohnmachtsanfälle durchgemacht.
Ich bewältigte mein Medizinstudium dank meines Engagements im Kampfsport. Ein Jahr nach meinem Abschluss machte ich mich daran, Recherchen zu alternativer Medizin anzustellen und mich damit zu befassen, ein Heilmittel für mich selbst zu finden. Ein eigenartiges Phänomen war, dass ich eine Abneigung gegen die deutsche Sprache und die Deutschen hatte. Als ich während meines Medizinstudiums in Holland lebte, musste ich mehrmals zu Kampfsportturnieren nach Deutschland.

Ich fühlte mich dort nie wohl und kam regelmäßig mit Kopfschmerzen nach Hause.
Die Ursache wurde mir erst nach einer Sitzung in Regressionshypnose klar. Dabei erinnerte ich mich daran, wie ich als jüdischer Junge von sechzehn Jahren in Deutschland ins Konzentrationslager kam und dort mit tausenden von anderen in der Gaskammer ums Leben kam. Ich durchlebte meinen Tod, der sehr angsteinflößend war, und wie ich in eine andere Sphäre aufstieg. Nach dieser Sitzung änderte sich vieles in meinem Leben. Die meisten Allergien waren verschwunden, und mit ihnen meine Abneigung gegen die Deutschen und die deutsche Sprache. Ob die Sache nun wahr war oder nicht – jedenfalls machten viele Dinge und Gefühle in meinem Leben nun viel mehr Sinn, und seitdem habe ich mich daran gemacht, nach einem Weg zu suchen, der auch für jeden anderen gangbar ist, um sich von der eigenen Vergangenheit zu lösen, gleich, ob aus früheren Leben oder nur aus diesem. Ich denke, es ist mir gelungen, wie in Teil II dieses Buches klar werden wird.
In Indien ist die Reinkarnation ein anerkanntes philosophisches Grundverständnis und tief in das Leben der Menschen eingebettet. Es wurden zahlreiche Fälle dokumentiert, in denen Kinder sich genau daran erinnern konnten, was in ihren früheren Leben geschehen war. Einige Mordfälle konnten gelöst werden, nachdem Kinder angaben, wer sie umgebracht hatte und wo, und das mit erstaunlicher Genauigkeit.
Für hartgesottene Wissenschaftler sind das jedoch keine Beweise für die Reinkarnation. Befassen wir uns also mit anderen Erklärungsmöglichkeiten für diese Déjà-fait- oder Déjà-vu-Erlebnisse:

- Das Unterbewusstsein bezieht diese Informationen aus dem morphogenetischen Feld und erlebt sie als eigene Wirklichkeit.
- Das Unterbewusstsein identifiziert sich mit einer bestimmten Person und glaubt, diese gewesen zu sein. Viele Menschen glauben zum Beispiel unter Hypnose, sie seien Napoleon, Jeanne d'Arc oder andere gewesen.
- Das Unterbewusstsein überträgt alltägliche Ereignisse und Begebenheiten in symbolhafte Geschichten und hält diese Geschichten dann für wahr.

- Wenn wir schlafen, erfahren wir im Traum oder durch außerkörperliche Erlebnisse andere Leben, und diese werden dann als reale Ereignisse verzeichnet.
- Menschen nehmen Dinge auf, die anderen widerfahren sind und speichern sie so, als hätten sie diese selbst erlebt.
- Es muss zudem auch noch weitere Möglichkeiten geben sowie Kombinationen von allem Obigen, und als eine Möglichkeit auch die Reinkarnation. Denkbar wäre auch, dass die Zeit entgegen der Art, wie wir sie erleben, nicht linear verläuft, sondern parallel, was bedeutet, dass mehrere Dinge gleichzeitig geschehen, und wir können eine Verbindung zu dieser parallelen Wirklichkeit herstellen.

Offen gestanden, ist es nicht einmal wichtig, all das zu wissen – für das Ergebnis macht es keinen Unterschied. Der einzige Fall, in dem ich in der klinischen Praxis davon Gebrauch mache, ist, wenn es zusätzliche Erkenntnisse liefern kann, durch die sich die Genesung beschleunigen lässt, oder wenn Menschen Fragen zu ihrem Leben haben, die ich nicht anderweitig beantworten kann.

Im Schlaf erhaltene Informationen

Im Schlaf sind wir nicht untätig. Es besteht durchaus die Möglichkeit, dass unsere Seele irgendwo anders ist und sich um bestimmte Dinge kümmert. Dieses »Irgendwo anders« liegt nicht unbedingt in unserer materiellen dreidimensionalen Welt. Einige dieser Abenteuer finden sich in Träumen, und manche davon hinterlassen keine bewusste Erinnerung.

Prof. Tiller (*The Science of Human Transformation*) hat wissenschaftliche Gründe für die Annahme, dass es eine parallele Dimension zu der unseren gibt, die er Antimaterie oder Äther nennt. In dieser Dimension reisen Informationen schneller als das Licht. Dies lässt sich mit dem Siddhi-Bewusstseinszustand vergleichen.

Ich habe nicht viele Geschichten parat, bei denen es um Informationen geht, die im Schlaf aufgenommen wurden. Eine davon habe ich selbst erlebt. Ich habe eine sehr gute Freundin, eine belgische Homöopathin namens Carina. Vor drei Jahren besuchte ich sie einmal und

lernte ihre Tochter Chiara kennen, damals drei Jahre alt. Wir hatten sofort einen »Draht« zueinander, und ich spielte eine Zeit lang mit ihr. Danach geschah etwas ganz Merkwürdiges. Noch drei Jahre nach diesem Ereignis erschien mir Chiara regelmäßig im Traum und sagte: »Komm, Roy, lass uns spielen!« Und schon zogen wir los, um auf den Feldern mit irgendwelchen Tieren und allem Möglichen zu spielen.
Seltsam war auch, dass Chiara, nachdem wir uns begegnet waren, fast täglich von mir sprach. Einmal unterhielt ich mich mit Carina, während ich gerade Material für ein Buch mit dem Titel *Vitality Medicine* zusammenstellte, das ich schreiben wollte; ich untersuchte gerade derartige Phänomene. Ich bat Carina, Chiara doch einmal zu fragen, was sie nachts immer tue, wenn sie schlafen ging. Und ihre Antwort lautete: »Ich gehe nachts immer mit Roy spielen!«
Ich bin sicher, dass es vielleicht auch noch andere Erklärungen hierfür gibt, aber ich habe ganz stark das Gefühl, dass ich zumindest einen Teil meiner Traumzeit mit Chiara verbracht habe.
In meiner klinischen Praxis mache ich derzeit von diesem Wissen nicht Gebrauch. Ich behalte es als Möglichkeit im Hinterkopf, und sollte es in einem bestimmten Fall nützlich sein, werde ich mich selbstverständlich damit befassen.

Informationen aus Tagträumen oder Visualisierungen

Jeder Gedanke, der emotionsgeladen genug ist, wird als Bestandteil unserer emotionalen Wirklichkeit aufgezeichnet. Verbringt man Zeit damit, über einige Dinge lange genug nachzudenken, so werden sie ein Teil von einem.
Das Gleiche gilt für Visualisierungen: Je lebendiger und multisensorischer sie sind, desto größer die Chance, dass sie Wirklichkeit werden. Hierzu gibt es eine Geschichte, die ich gerne erzähle, da sie mich so sehr beeindruckte und eigentlich der Grund dafür war, dass ich diese Richtung einschlug.
Ich hatte ohne es zu wissen bereits ziemlich lange Visualisierungen angewendet, als ich mich mit Kampfsport befasste. Vor jeder Meisterschaft stellte ich mir bildlich vor, wie ich gewinnen und die hiermit zusammenhängenden Ehrungen erhalten würde. So bin ich als Europameister 150 Wettkämpfe lang unbesiegt geblieben. Mein Interesse an Visualisierung war 1989 geweckt worden, als meine damalige Partnerin, Erika, mir davon erzählte. Sie sagte mir, wenn man sich etwas mit allen Sinnen

vorstelle (wie es roch, schmeckte, aussah, sich anhörte, sich anfühlte), so würde man das Gewünschte viel schneller manifestieren.
Ich beschloss, mir etwas vorzustellen, das unmöglich sein würde: Ich stellte mir vor, jemand würde mir ein Auto geben. Und zwar nicht nur ein Auto, sondern einen teuren Mercedes. Ich hatte ein Foto von dem Modell, das ich gerne haben wollte – ein Modell, das ich nach meinem Dafürhalten nie würde kaufen können. Jeden Tag stellte ich mir zehn Minuten lang vor, wie ich in diesem Wagen saß, das Leder roch, spürte, wie sich das Lenkrad anfühlte und diesen Wagen fuhr. Das tat ich vier Monate lang (ja, ich wollte dieses Auto wirklich!). Nichts geschah.
Etwa im Sommer 1989 übernahm ich die Aufgabe, beim Aufbau einer der fortschrittlichsten Kliniken für alternative Medizin in der Schweiz mitzuwirken. Als wir dort ankamen, um für einige Jahre vor Ort zu leben, da der Projektaufbau ja beaufsichtigt werden musste, geschah etwas Seltsames. Derjenige, der für das Projekt verantwortlich war, kam auf mich zu und sagte: »Dr. Martina, Sie brauchen doch einen Wagen. Einer meiner Manager hier hat gerade gekündigt und unser Leasingvertrag läuft noch über ein weiteres Jahr. Warum nehmen Sie ihn nicht einfach?« Damit ging er mit mir zu dem Wagen hinüber, und ich war vollkommen perplex: Nicht genug damit, dass es ein Mercedes war – es war sogar genau das Modell und hatte genau die gleiche Farbe wie das Fahrzeug auf meinem Foto gehabt hatte. Das erste, was mir durch den Kopf schoss, war: »Du Blödmann, warum hast du keinen Porsche visualisiert?«

Ich glaube wirklich an Visualisierungen und erreiche normalerweise alles, was ich mir bildlich vorstelle, wenn auch einiges davon mit zeitlicher Verzögerung. Ich weiß, wenn die Zeit dafür gekommen ist, wird es sich, wenn es sich genug in mein Unterbewusstsein eingräbt, auch einstellen! (Das ist das Bewusstsein der Ebene zwei.)

Telepathie
Übersinnliche Phänomene, wie etwa Telepathie, Hellsichtigkeit etc. kommen viel häufiger vor als uns bekannt ist. Wir haben gelernt, sie zu ignorieren und ihre Gültigkeit nicht anzuerkennen. Das Unterbewusstsein kann manchmal nicht zwischen seinen eigenen Erinnerungen und den Dingen unterscheiden, die es von anderer Seite aufnimmt.

Fallbeispiel zur Telepathie
Frau Lindsay kam in meine Praxis, da sie auf der rechten Seite in der Gallenblasengegend unter Bauchschmerzen litt. Bei mehreren Untersuchungen, die ihr Internist durchführte, ließ sich nichts finden, und sie erhielt alle erdenklichen Medikamente, die nichts halfen. Sie war 56 Jahre alt und litt mittlerweile seit drei Monaten an dieser Geschichte. Ich begann sie zu testen, und der Befund sagte mir, dass die Schmerzen, die sie erlebte, emotionaler Natur waren. Das Merkwürdige aber war, dass sie das Ganze von ihrer Tochter übernommen hatte. Ihre Tochter hatte ein körperlich manifestes Problem mit der Galle, das durch Frustration über ihre Ehe verursacht wurde.

Frau Lindsay war über meine Diagnose völlig schockiert. Sie sagte mir, alles, was ich ihr gesagt habe, sei korrekt, und ihre Tochter hätte in der darauffolgenden Woche eine Gallenstein-Operation vor sich. Sie hatte nur nie eins und eins zusammengezählt. Das Merkwürdige war, dass es ihrer Tochter erst vor zwei Wochen anfing schlecht zu gehen! Ich behandelte sie mit Akupunktur und gab ihr einige Blütenessenzen. Nach der Behandlung waren ihre Schmerzen verschwunden.

Das ist kein außergewöhnlicher Fall – es kommt häufiger vor, als Sie denken. Ihre Tochter lebte übrigens weit von ihr entfernt – sie telefonierten einmal die Woche.

Ich habe ähnliche Fälle erlebt, in denen Menschen sogar von Gegenständen wie Schmuck, Uhren, Ringen etc. Informationen aufnehmen. Der eigenartigste war der einer Frau, die unter heftigen Kopfschmerzen und Migräneanfällen litt, die von der Energie herrührten, die sie von einem Porträt ihres Großvaters im Wohnzimmer auffing. Nach der Beratung durch mich rief sie ihre Mutter an, die bestätigte, dass ihr Großvater unter Kopfschmerzen gelitten hatte. Diese Frau hatte zwölf Jahre lang ununterbrochen Schmerzmittel eingenommen.

Mir sind auch einige Fälle bekannt, in denen Störungen des Gleichgewichts daher kommen, dass jemand den Schmuck eines Verstorbenen trug. Bestimmte Objekte können Informationen derer aufnehmen, mit denen sie in Kontakt kommen, und sie dann an andere weitergeben.

Wie Sie all dem entnehmen können, müssen wir uns gewahr werden, was in uns vorgeht; wir dürfen nicht mehr alles als selbstverständlich hinnehmen. Sogar von Räumen können Sie Informationen aufnehmen. Insbesondere, wenn an diesem Ort ein traumatisches emotionales Ereignis stattgefunden hat wie etwa ein Todesfall oder Mord.

Informationen von anderen Personen
Dies ist eine viel verbreitetere Variante, und wir alle haben schon Erlebnisse dieser Art gehabt. Mitunter unterhalten Sie sich mit jemandem, der in tiefem Schmerz steckt – Trauer, Depressionen etc. Nach dem Gespräch bleibt in Ihnen dann mit einem Mal eine Niedergeschlagenheit, die Sie nicht abschütteln können.
In manchen Fällen kann das tagelang anhalten. Normalerweise passiert es uns mit Menschen, für die wir ein besonderes Verständnis haben. Die schlechte Nachricht ist, dass wir Derartiges durchaus auch von Menschen aufnehmen können, die uns vollkommen fremd sind. Was Sie im Hinblick auf diese Art von Reaktionen wissen müssen, ist, dass sie nur dann eintreten können, wenn sich in Ihrem eigenen System ähnliche ungelöste Problempunkte finden. Dann zeigen Sie eine Resonanz zu den disharmonischen Schwingungen des anderen. Durch Arbeit an Ihren Problempunkten werden diese immer weniger werden, bis sie schließlich ganz verschwinden.

Fallbericht: Emotionen, mit denen andere uns »anstecken«
Als mein ältester Sohn Sunray vier Jahre alt war, wurde er sehr hyperaktiv, nachdem er zwei Nächte lang hintereinander von einer Babysitterin betreut worden war. Er wollte nicht schlafen und hörte auf nichts mehr, was seine Mutter Erica oder ich ihm sagten. Also testete ich ihn, und dabei fand ich heraus, dass er den Frust seiner Babysitterin in sich aufnahm. Die Babysitterin trug ständig einen Walkman und hörte laute Musik. Ich weiß noch, wie ich sie bat, den Walkman abzusetzen, wenn sie bei uns zum Babysitten war. Sie warf mir einen dieser gereizten Blicke zu, der mich davon abhielt, sie noch ein weiteres Mal zu bitten. Diese Energie brachte Sunray vollkommen aus dem Gleichgewicht, und das war der Auslöser für sein Verhalten. Nach Behandlung der Punkte für Gallenblase und Leber fand er wieder zu dem normalen Verhalten zurück, an das wir gewohnt waren.
Viele Ärzte und Therapeuten sind sehr abgespannt, nachdem sie sich den ganzen Tag lang Patienten angesehen haben. Ich kenne das Gefühl nur zu gut; ich habe es selbst viele Tage lang erlebt.
Was ich herausfand war, dass wir so mit der emotionalen Pathologie vieler unserer Patienten mitschwingen, dass es uns Lebenskraft entzieht. Wenn wir uns dessen bewusst werden und uns nach den Vorgehensweisen behandeln, die hier in diesem Buch zu finden sind, wird das

komplett verschwinden, und Sie werden sich am Ende des Tages frisch und voller Energie fühlen. Das ist wichtig für alle, die mit Menschen arbeiten oder im Laufe eines Tages mit unterschiedlichen Menschen in Berührung kommen.

Informationen von Organtransplantationen
Wird ein Organ transplantiert, so verpflanzt man dabei weit mehr als nur das Organ. Es wird gleichzeitig das Zellgedächtnis des Spenders oder der Spenderin weitergegeben. Persönliche Erfahrungen mit Patienten, die Organe oder Gewebe von anderen erhalten haben, liegen mir allerdings nicht vor.
Nach dem zu urteilen, was mir aus der Literatur bekannt ist und was ich von Kollegen gehört habe, gibt es mehrere Fälle, wo der Empfänger Veränderungen seines Verhaltens und sogar plötzliche Gelüste erlebte.
In einem seiner Workshops erzählte Dr. Deepak Chopra die Geschichte einer Frau, der ein Spenderherz eingepflanzt wurde. Kurze Zeit später träumte sie von einem jungen Mann, der ihr seinen Namen sagte und sich bei ihr dafür bedankte, dass sie sich nun um sein Herz kümmere. Zudem bekam sie mit einem Mal Lust auf Hamburger und Bier, was sie vor ihrer Operation nie gekannt hatte. Sie ging in die Bücherei, um im Archiv die Todesanzeigen zu den Daten unmittelbar vor ihrer Transplantation zu studieren, und siehe da – dort fand sie den Namen des Mannes, der ihr im Traum erschienen war. Sie machte die Familie ausfindig und fand heraus, dass der Mann in der Tat Hamburger und Bier gemocht hatte. Wieder ein Beweis dafür, dass sich mehr abspielt als auf den ersten Blick ersichtlich.

Nach der Lektüre dieses Kapitels haben Sie hoffentlich eine Ahnung, vor welchen möglichen Störungen unseres emotionalen Gleichgewichts wir hier stehen. Es gibt noch einige weitere, die in diesem Stadium jedoch nicht wichtig sind.
Trotz der überwältigenden Möglichkeiten, die das Zellgedächtnis hat, lautet die gute Nachricht insgesamt, dass wir durchaus die Ursachen für unseren emotionalen Aufruhr unter Kontrolle bringen und auflösen können.

Schließen wir mit einem Gedanken, über den es sich nachzusinnen lohnt (aus: Thomas Cleary, *Teachings of Zen*, Shambala Publications 1998):

Tun und Stille.
Lass dein Tun so sein wie Wolken, die vorüberziehen;
die vorüberziehenden Wolken sind gedankenfrei.
Lass deine Stille sein wie der Geist des Tales;
der Geist des Tales ist unsterblich.
Wenn Tun die Stille begleitet und
die Stille sich mit dem Tun vereint,
so steigt die Dualität zwischen Tun und Stille nicht mehr auf.

Pei-Chien (1185-1246)

Teil II
Wege zur Emotionalen Balance

Wir neigen dazu, Körper und Geist als zwei voneinander getrennte Gebilde zu sehen was schon an sich den Fluss der Energie in den Meridianen blockiert. Wir mögen Dinge sagen wie: »Mein Rücken bringt mich noch um«, »Die Schmerzen in meiner Schulter sind kaum auszuhalten«, »Mir tut der Kopf weh«. Indem wir unsere Beschwerden so formulieren, trennen wir die betroffenen Partien wie durch einen Kurzschluss von unserer emotionalen Energie ab. Dadurch, dass wir die betroffenen Körperteile isoliert betrachten, erschaffen wir das genaue Gegenteil von dem, was wir wollen. Der physische Körper ist ein Ausdruck unserer Innenwelt. Jedes kleine oder große Symptom hat eine tieferliegende Ursache. Ein Pickel, ein Hautausschlag, Schmerzen, Jucken etc. – sie alle sind Zeichen, die uns darauf hinweisen, nach innen zu sehen. Statt das schnelle Allheilmittel oder Medikament zu suchen, das uns wie durch Magie von unseren Symptomen und Schmerzen befreien wird, sollten wir die Kunst der Kommunikation mit uns selbst praktizieren.

Ein Beispiel hierfür wäre ein Freund von mir, Jan van den Burg. Er ist ein holländischer Marketingfachmann und hielt einmal einen Vortrag vor dem Vorstand eines großen Unternehmens in Paris. Am zweiten Tag der Tagung wachte er mit hohem Fieber, einem geschwollenen Hals und Heiserkeit auf. Jan hat schon viele meiner Seminare und Workshops besucht und war immer sehr kreativ mit dem Material umgegangen.

Er legte sich ins Bett und begann sich zu entspannen und zu meditieren. Dann führte er einen Dialog mit seinem Unterbewusstsein. Er sagte: »Ich weiß, du hast einen guten Grund dafür, das zu tun, was du jetzt gerade tust, und ich danke dir dafür, dass du so gut für meinen Körper und mich sorgst. Ich will dich um einen großen Gefallen bitten: Könntest du mit dem, was du da gerade tust, ein wenig warten oder es vorübergehend abmildern, damit ich meine Präsentation beenden kann? Ich brauche nur noch drei weitere Stunden!«

Er meditierte noch einmal eine halbe Stunde, und danach war das Fieber verschwunden, seine Stimme klar, und er fühlte sich ganz gut.

Nicht zum Bäumeausreißen, aber gut genug, um zu tun, was er zu tun hatte. Drei Stunden später kehrte er nach einer gelungenen Präsentation und einem Zuschlag für den Auftrag in sein Zimmer zurück. Er legte sich wieder ins Bett, und sofort kehrte das Fieber zurück. Er behandelte die Emotional Balancing Punkte, und am nächsten Tag hatte sich alles wieder normalisiert.

Das ist im Prinzip genau das, was wir lernen müssen: Mit unserem Körper respektvoll umzugehen und so, dass wir uns damit gerecht werden. Das ist die wahre Magie: Wir müssen lernen, körperlich und emotional die Verantwortung für unseren Zustand zu übernehmen. Wir leben in einer Kultur, in der Millionen von Menschen ihre Probleme nicht angehen. Sie verwenden chemische Medikamente, Pflanzenpräparate, Vitamine, besuchen Ärzte und alternative Heilkundige, um so mehr und mehr die Heilkräfte ihres eigenen Körpers zu unterdrücken.

Um auf Ebene drei der Schöpfung zu gelangen, das magisch-mühelose Herangehen, müssen wir die vollkommen miteinander verflochtene Spirale von physischem Körper, Gefühlen, Emotionen, Verstand und Geist entdecken und erfahren. All das, immerzu – mit anderen Worten: alles an uns.

Um emotionales Gleichgewicht zu finden, den Zustand des Fließens, müssen wir Yang (Kopf) und Yin (Herz) zusammenbringen, um zum Tao zu gelangen.

»Tao«, im Chinesischen »Do«, bedeutet wörtlich »Weg« – es ist der mühelose Weg, dem das gesamte Universum folgt, die Struktur im Chaos, die allem zugrunde liegende Intelligenz, die von den meisten »Gott« genannt wird. Das Wort »Tao« wird so ähnlich verwendet wie »Gott«, nur nicht im religiösen Sinne. Das Tao ist die letztendliche, höchste Wirklichkeit, die Essenz der Natur. Sie ist das Tor zu allem, was ist, dem Sichtbaren und dem Unsichtbaren.

Laotse schreibt in der Einleitung zum Tao-te-Ching: »Das Tao, das erfahren werden kann, ist nicht das absolute Tao ... Das Tao ist absolut und unendlich, während Worte relativ und begrenzt sind. Worte sind nur Gefäße, die keine kompletten Visionen des Tao enthalten können, sondern nur Teile dieser Vision.« Dies wurde 500 v. Chr. geschrieben. Laotse bedeutet »alter Mann«, was darauf verweist, dass man den oder die Verfasser nicht kennt.

Die Grundprinzipien des Emotional Balancing sind einer Vielzahl von

Philosophien und Wissenschaften entlehnt, doch bleibt am Ende nur ein Ziel, nämlich die Harmonie in unserer eigenen Wirklichkeit zu finden.
In Teil I konnten wir etwas über ungelöste Emotionen, Auslöser, Selbstablehnung, emotionale Heilungsblockaden, Karma, Chakren und das Zellgedächtnis lesen, um zu verstehen, womit wir es zu tun haben. In Teil II werden wir uns mit den Hilfsmitteln und Techniken befassen, die wir zur Herstellung des emotionalen Gleichgewichts verwenden werden.
Emotional Balancing gibt uns Gelegenheit, aus dem Strudel unseres emotionalen Aufruhrs hinauszugelangen zum Stillpunkt, der Zone des harmonischen Im-Fluss-Seins.

Wir leben in einem unsichtbaren, unhörbaren Universum elektromagnetischer Felder, und wir selbst sind leuchtende Beispiele für energetische Schwingungen. Jede unaufgelöste Emotion erzeugt ein disharmonisches Energiemuster, das wir ins Universum abstrahlen. Durch diesen Mechanismus ziehen wir Menschen mit ähnlichen Energien an und stoßen diejenigen ab, die entgegengesetzte Muster haben. Wenn Sie ein Problem damit haben, anderen zu vertrauen, werden Sie Menschen anziehen, die Ihnen beweisen, dass Sie Recht haben: Man kann niemandem vertrauen.
Indem wir unsere disharmonischen Energien ins Gleichgewicht bringen, kommt es zu einem Umschwung in unseren energetischen Feldern, und wir ziehen dann andere Menschen an, die unseren Energien besser entsprechen.
Wir haben ja bereits gelesen, wie unaufgelöste problematische Emotionen sich gegen uns wenden und unseren physischen Körper zerstören können. Wir haben auch gesehen, dass unser Selbstbild, die Vorstellung, die wir von uns selbst haben, über unseren Erfolg entscheidet. Wir haben gelernt, dass die Chakren eine Schlüsselrolle bei unseren emotionalen Mustern und unserem emotionalen Verhalten spielen. Und, was am wichtigsten ist, uns ist deutlich geworden, wie viel Müll von früheren Generationen, früheren Leben und anderem wir mit uns herumschleppen.
Was müssen wir tun, um emotionales Gleichgewicht zu finden? Wie können wir all diesen Kram loslassen? Ist es überhaupt möglich, uns von unserem Karma zu lösen? Wissen wir, dass die Art, wie wir auf jede

bestehende Situation reagieren, weitgehend auf der Vergangenheit basiert, so müssen wir das ändern und im aktuellen Augenblick reagieren. Zudem müssen wir dies von einem spirituellen Standpunkt aus betrachten. In Teil II behandeln wir die vierzehn Tore, durch die wir negative Energien in unserem Körper ausgleichen können, welche aus unaufgelösten Emotionen entstanden sind. Das sind besondere Akupunkturpunkte, die vor über fünftausend Jahren entdeckt wurden. Diese vierzehn Punkte zu kennen, ist so, als hätten wir Zugang zu einem großen Computer. Oder als hätten wir eine Tastatur, mit deren Hilfe wir die Programmierung unserer Emotionen und unseres Verhaltens ändern können.

Darüber hinaus werden wir uns einige Wege ansehen, wie wir unsere tiefsten Sehnsüchte und Wünsche sabotieren, und wie wir damit umgehen können. Und last, but not least werden wir auf den höchst wichtigen Punkt des Verzeihens eingehen, den ultimativen Schritt zur Heilung durch Loslassen der Vergangenheit. Teil II wird Ihnen also die drei Schritte zur Verwirklichung des inneren Selbst aufzeigen.

KAPITEL 8

DIE VIERZEHN TORE ZUR EMOTIONALEN BALANCE

»*Das größte Glück des Lebens ist die Überzeugung, dass wir geliebt werden – geliebt um unserer selbst willen, oder besser gesagt, ungeachtet unserer selbst.*«

Victor Hugo

Was das Emotional Balancing von den westlichen Formen der Psychotherapie unterscheidet, ist die Tatsache, dass es sich lediglich auf die Gefühle konzentriert und nicht auf das Denken oder die Emotionen. Indem wir uns auf unsere Gefühle ausrichten, öffnen wir uns für das, worauf unser Geist hinaus will. Was uns dabei in die Quere kommt, ist die Vergangenheit. Unaufgelöste Probleme von früher blockieren uns und halten uns davon ab, weiter zu gehen. Das geschieht, indem wir buchstäblich unsere Stromkreise abschalten. Es gibt vierzehn Hauptmeridiane in unserem Körper, die dafür zuständig sind, das Chi (die Energie) im Körper zu verteilen. Gewissermaßen versucht das Unterbewusstsein uns auszubremsen, so dass wir uns auf die Botschaft konzentrieren können, die es sendet. Indem wir innehalten und uns auf das betreffende Gefühl konzentrieren, können wir beurteilen, warum wir uns so fühlen und entsprechend damit umgehen.

Nehmen wir das folgende Beispiel: Sie unterhalten sich mit einem Freund oder einer Freundin über vertrauliche Angelegenheiten aus Ihrem Leben. Plötzlich haben Sie ein unangenehmes Gefühl im Nacken. Sie setzen die Unterhaltung fort und massieren dabei Ihren Nacken, ohne darauf zu achten, aus welchem Grund die Beschwerden wohl eingesetzt haben.

Nach dem Gespräch fühlen Sie sich ausgelaugt und haben Kopfschmerzen. Sie spüren eine Anspannung in Ihrem Körper; und wenn Sie sich so verhalten wie Millionen andere, nehmen Sie daraufhin etwas gegen Ihre Kopfschmerzen, und dann leben Sie weiter wie gehabt. Sie haben eine Chance verpasst, in sich hineinzuhören und mehr von dem wunderbaren Mechanismus zu begreifen, der Ihr Körper ist. Wenn Sie damit weitermachen, wird der Körper früher oder später Funktionsstörungen entwickeln. Dann werden Sie zur Geisel all der ungelösten Themen, die in Ihrem Zellgedächtnis gespeichert sind. Was ist also die Lösung?

Die Lösung ist ganz einfach: Indem wir auf vierzehn ganz bestimmte Punkte unseres Körpers zurückgreifen, können wir die gesamte Anspannung ausgleichen, die wir in unserem Körper haben. Wir können uns in jede beliebige Situation in der Vergangenheit begeben und sie von der emotionalen Ladung befreien, die ein Überbleibsel unserer Verkennung bestehender Muster in der Vergangenheit ist.

Für das Emotional Balancing spielt es keine Rolle, ob ein Trauma schwer ist oder nicht; ob eine Phobie sehr ausgeprägt ist oder ob wir glauben, das, was man uns angetan hat, sei etwas, über das wir nie hinwegkommen könnten oder das unverzeihlich sei. Auf der energetischen Ebene verschwinden alle diese Unterscheidungen und Qualifikationen vollkommen. Die Frage ist ganz simpel: Kann die Energie ungehindert fließen oder nicht? Es ist mehr eine Ja- oder Nein-Frage. Ist die Energie behindert, ist dort eine Blockade. Es spielt dabei keine Rolle, ob die Blockade ganz gering oder erheblich ist. Entweder es ist dort eine Blockade oder es ist dort keine Blockade. Die Behandlungsprinzipien sind die gleichen, ob es sich um eine Phobie, das Haus zu verlassen, die sich störend auf das ganze Leben auswirkt, oder um eine geringfügige Angst aus dem Haus zu gehen, handelt.

Die Psychologen werden die gleichen Probleme mit völlig unterschiedlichen Behandlungsansätzen angehen, die Anzahl der Behandlungssitzungen, die Techniken die sie anwenden etc. werden völlig unterschiedlich sein. Mit Emotional Balancing lassen sich beide Zustände gleichermaßen leicht behandeln. Es besteht kein größerer Unterschied; der einzige Unterschied spielt sich im Kopf von jemandem ab. Die Arten von Etiketten, die wir unseren Erfahrungen anheften, werden schließlich zu unserer Wirklichkeit.

Nehmen wir ein Beispiel: Zwei Personen müssen zum allerersten Mal eine Rede vor einem großen Publikum halten (sagen wir hundet Personen). Beide haben bestimmte Empfindungen in der Magengegend und spüren eine Anspannung im Bereich des Nackens, der Augen und der Kehle. Der einzige Unterschied besteht darin, was die beiden denken. Der eine denkt, womöglich würde er etwas vergessen, eine lächerliche Figur abgeben, das Gesicht verlieren und sich zum Gespött machen. Er wird sich immer schlechter fühlen, und am Ende kann es sogar passieren, dass er genau diese Wirklichkeit entstehen lässt. Doch selbst für den Fall, dass alles das nicht eintritt und mit der Rede alles bestens läuft, wird er nächstes Mal ganz ähnliche Empfindungen durchmachen.

Ich traf einmal eine Psychologin, die wie ich Gastrednerin bei einem Medizinerkongress war. Sie hatte entsetzliche Angst und musste Beruhigungspillen schlucken, bevor sie auf das Podium konnte. Auf dem Podium war sie vollkommen gelähmt; sie las dreißig Minuten lang vom Manuskript ab, ohne auch nur einmal Blickkontakt zum Publikum herzustellen.

Nach meinem Vortrag kam sie zu mir und sagte: »Ich beneide Sie, Sie sind so ruhig und sicher, wie machen Sie das?« Sie war eine Frau von vierundsechzig Jahren, hochgeachtet wegen der vielen Bücher, die sie geschrieben hatte und für ihre wissenschaftlichen Untersuchungen. Sie hatte zwanzig Jahre lang Vorlesungen gehalten, im Durchschnitt zwei im Monat. Jedes Mal war es der reinste Terror für sie, und sie konnte vor der Vorlesung zwei Nächte lang nicht schlafen. Nach zehn Minuten Emotional Balancing war ihre Angst vor öffentlichen Auftritten komplett verschwunden.

Zurück zu unserem Beispiel: Nehmen wir einmal an, der andere Sprecher oder die andere Sprecherin erlebt das Gleiche, heftet ihm aber vollkommen andere Etiketten an. Er sagt sich: »Ich habe diese Gefühle, weil ich aufgeregt bin, ich bin bereit, ich spüre, dass das ein phantastischer Vortrag wird, ich kann es kaum erwarten, auf das Podium zu kommen!« Diese Person wird also eine vollkommen andere Erfahrung machen als die erste. Die Beurteilung, die wir unseren Empfindungen geben, erschafft also die Wirklichkeit, die wir erfahren. Der Schlüssel ist, zur rohen, ungefilterten Empfindung zurückzugehen und damit zu arbeiten. Indem wir ferner mit den Meridianen arbeiten, lösen wir uns von der Vergangenheit und verbrennen Karma (unaufgelöste Problempunkte, die uns in karmischen Mustern festhalten).

Emotional Balancing ist einer der schnellsten Wege, Karma zu verbrennen und in der Gegenwart zu bleiben.

Yin – Yang – Tao

Harmonie ist das Ergebnis der Synergie der beiden fundamentalen Prinzipien des Umgangs mit Energie und Emotionen. Emotionen, ob zum Ausdruck gebracht oder nicht, sollten integriert und losgelassen werden. Emotionen sind die Ladung, die unser Denken dem erlebten Gefühl verleiht. Diese Ladung resultiert aus unserem Unterbewusstsein, das die Situation oder das Gefühl mit einer mutmaßlichen Gefahr in Verbindung bringt.

Integration bedeutet Annahme des Gefühls ohne seine Ladung. Mit anderen Worten, wir akzeptieren und nehmen wahr, dass wir uns so und so fühlen, und wir nehmen die Botschaft unseres Unterbewusstseins bewusst entgegen. Es ist, als würden wir sagen: »Danke für die Warnung. Ich habe die Gefahr gesehen und bleibe wachsam.«

Loslassen: Haben wir die Botschaft erst einmal zur Kenntnis genommen, besteht keinerlei Notwendigkeit, sie länger zu behalten, und wir können sie loslassen. Durch das Loslassen übernehmen wir die Verantwortung und sind basierend auf der eintreffenden Information handlungsbereit. Wir bleiben entspannt und sind bereit. Diese Technik von Integration und Loslassen bildet die Grundlage vieler orientalischer Heilkünste und Kampfsportarten. Im Kampfsport bringe ich meinen Schülerinnen und Schülern bei, eins mit dem Gegner zu werden, seine Energiefelder in die eigenen zu integrieren und alle Ängste loszulassen. Durch Synchronisation mit dem mutmaßlichen Feind haben wir keinen Feind mehr – wir haben es nur mit Energie zu tun, nichts weiter; wir können die Energie bereits vor der Bewegung spüren und ihre Richtung so ändern, dass sie uns nicht schaden wird. Nehmen wir diese Synchronisierung nicht vor, so werden wir angespannt sein, mehr Energie verbrauchen und dementsprechend stärker unseren Ängsten ausgeliefert sein.

Yang = die Ladung, die wir der Empfindung zuschreiben, basierend auf der Gegenwart
Yin = die Bedeutung, die wir der Empfindung beimessen, basierend auf der Vergangenheit
Tao = Synergie, Rückkehr zum Zustand des Fließens, dem natürlichen Seinszustand, eins mit allem, was ist

Der Chi-Fluss

Unser Ziel ist eine wache Wahrnehmung und in der Präsenz zu sein. Emotional Balancing lehrt uns, Anspannungen, Blockaden und Hemmungen immer stärker wahrzunehmen sowie diese zu integrieren und loszulassen. Auf diese Weise werden wir den Chi-Fluss durch unseren Körper immer deutlicher wahrnehmen. Wir kommen in Berührung mit unserem inneren Selbst und sind mit jeder Zelle unseres Körpers verbunden.

Unsere Vorstellung davon, wer wir sind, wird sich in dem Maße verändern wie sich unser Energiekörper ausdehnt, unser Denken erweitert sich und wir werden stärker eine Einheit zwischen Körper, Geist und Seele erfahren. Allmählich werden wir lernen, den Weg der Intuition und des geringsten Widerstands zu finden und beginnen, zunehmend stärker unser Siddhi-Bewusstsein zu entwickeln. An diesem Punkt spüren wir die energetischen Verbindungen, die zwischen uns selbst und allen Wesen in der Natur und letztlich mit allen Geschöpfen im Universum existieren. Wir spüren die universelle Energie, die das »Ich« nicht mehr von allem anderen trennt. Nun können wir das nutzen, was immer da gewesen ist, doch nie gefühlt wurde, um unsere Träume und unser Schicksal Gestalt annehmen zu lassen.

Unser Energieniveau wird ungekannte Ausmaße erreichen, da wir keine Lecks mehr zulassen, durch die unsere Lebenskraft ausströmt, wir lassen nicht mehr zu, dass andere uns Lebenskraft abziehen oder dass sie darauf verwendet wird, gegen Widerstände aus der Vergangenheit anzurennen. Unser Reichtum an Energie wird zu Gesundheit und Vitalität führen und sein Licht auf jeden Ort werfen, an dem wir uns befinden sowie die Heilung anderer fördern. Wir werden nicht mehr von den emotionalen Viren anderer, wie etwa Besorgnis, Wahnvorstellungen, Ängsten, Sorgen, geringem Selbstwertgefühl, Trauer, Depression, Argwohn etc. infiziert werden, sondern bleiben in Verbindung mit unserem inneren Selbst.

Emotionales Balancing und Verletzlichkeit
Es besteht sehr viel Verwirrung, wenn es um Verletzlichkeit geht, die von vielen als unerwünschte Eigenschaft betrachtet wird.

Das Gegenteil von Verletzlichkeit ist die Erschaffung einer emotionalen »Rüstung«, was immer zu chronischer körperlicher Anspannung führt. Der Körper wird diese Erinnerungen in bestimmten Zonen einschließen und sie mit bestimmten physiologischen Faktoren verknüpfen. Dies wird gewisse Emotionen aufrecht erhalten oder in bestimmten Situationen auslösen, die nichts mit dem betreffenden Ereignis zu tun haben. Dies kann auch zu Veränderungen in der Physiologie des Körpers führen, wie etwa zu einem gewohnheitsmäßigen Vorschieben der Schultern, einem Hohlkreuz, steifen Gelenken, Muskelverspannungen etc. Die ernüchternde Wirklichkeit sieht so aus, dass wir einen Preis bezahlen, ohne dadurch das gewünschte Ergebnis zu erzielen. Indem wir uns dagegen sträuben, die Emotion zu fühlen, bewirken wir, dass sie anhält.

Wogegen wir uns wehren, das bleibt bestehen.
Man kann nicht gegen etwas Widerstand bieten, das man bereits fühlt. Was man dabei in Wirklichkeit tut, ist, dem Unerwünschten Energie zuzuführen und es nur weiter zu verstärken! Bis uns bewusst wird, was wir fühlen, verursacht es bereits Anspannung, energetische Blockaden, Taubheitsgefühle etc. Wenn wir uns jetzt dagegen sträuben, ist es zu spät.
Im Grunde ist die »emotionale Rüstung« ein Versuch, uns selbst zu betäuben, um unangenehmen Gefühlen aus dem Weg zu gehen. In Wirklichkeit werden wir dabei Geiseln unserer Emotionen. Verletzlich zu sein, heißt diese Gefühle zu akzeptieren, es sich wohl ergehen zu lassen mit einem Gefühl des Unwohlseins oder sich gut zu fühlen damit, sich schlecht zu fühlen. Emotionen und Gefühle können unser Leben bereichern, wenn wir im Gleichgewicht bleiben.

Emotionale Rüstungen sind kontraproduktiv
Je mehr wir versuchen, unsere Gefühle zu unterdrücken, desto mehr Blockaden erschaffen wir, desto mehr Turbulenz entsteht in Form von Depressionen, Reizbarkeit, Ängstlichkeit, Unzufriedenheit, Frustration etc. Diese unerwünschten Gefühle schleichen sich in Ihren Tag, Ihre Beziehungen, Ihre Ehe, Ihre Arbeit, Ihre Abende und sogar in Ihren Schlaf ein. Wenn Sie morgens aufwachen, ist Ihnen absolut nicht danach, Bäume auszureißen, und schon beim Aufstehen beschleichen Sie Weltuntergangsgefühle.
Wir verlieren alles aus dem Blick, was bei uns gut läuft; wir sehen die kleinen Dinge des Lebens gar nicht mehr und verlieren nach und nach Lebenskraft, Lebenslust und Geschmack am Leben. Vielleicht suchen wir uns andere Dinge, auf die wir uns zurückziehen können, wie etwa Zigaretten, Naschereien, Essen, Lesen, Fernsehen, Reden, Trinken, Beruhigungspräparate etc. Wir hören auf zu wachsen und bleiben im reinen Überlebenskampf stecken. Das ist karmische Verschwendung.
Verletzlichkeit scheint vielen Angst einzuflößen, aber eigentlich hat sie mit einer wachen Selbstwahrnehmung zu tun und wird zu Freiheit führen.
Sich seiner selbst gewahr zu sein, bedeutet in Berührung mit unserem

eigenen Geist zu sein, der uns mit der universellen Energie verbindet. Indem wir die Gefühle zur Kenntnis nehmen, können wir uns unseres spirituellen Weges bewusster werden und uns stetig zum Stillpunkt hin bewegen. Am Stillpunkt herrscht innerer Friede. Wenn wir von diesem Stillpunkt aus zu unseren Urteilen und Entscheidungen kommen, treffen wir unsere Wahl unbeeinflusst von vergangenem Karma. Wir sind in Verbindung mit dem universellen Geist in uns, nicht mit dem Ego (Überlebenskonditionierung). Auf diese Weise können wir auf der Grundlage unserer uneingeschränkten Intuition wählen und den Weg finden, der kein neues Karma erzeugt. Dieser Weg ist Dharma (Sanskrit) oder Chosaku (japanisch) – der Weg der Magie, der Weg der Seligkeit und Mühelosigkeit.

Mühelosigkeit bedeutet nicht, dass wir nichts tun – es bedeutet, dass wir keine Lebenskraft verlieren und keinen neuen unerwünschten Ballast entstehen lassen (negatives Karma). Es bedeutet, alles loszulassen, was auf uns lastet, alles, was innerlich Aufruhr oder Turbulenz verursacht.

Verletzlichkeit ist der Zustand der Offenheit, der Zustand, in dem wir uns mit unserem Selbst verbinden. Es bedeutet, zu wissen, wer wir sind und furchtlos damit zu arbeiten, was wir haben. Warum sich ängstigen? Wenn alles im Fluss ist, existiert keine Angst. Wehrlos zu sein, heißt frei von der Notwendigkeit, sich gegen irgend etwas zu verteidigen.

Um zu diesem Zustand des Nicht-Widerstands-Leistens zu gelangen, den ich »Wehrlosigkeit« nenne, erfordert, dass wir uns von unserem Rüstzeug, unserem Schild, unseren Verteidigungmechanismen trennen. Das können wir einzig und allein, indem wir uns für unser höheres Selbst und das Vertrauen öffnen – das Vertrauen, dass wir unabhängig von den Umständen wachsen und gedeihen können. Dieser Zustand wird uns dabei helfen, uns unserer Konditionierungen bewusster zu werden, unserer Gewohnheitsmuster, negativen Selbstgespräche, Urteile, Emotionen und Gefühle, und wir können frei entscheiden, worauf wir mit unserem Handeln reagieren sollen und können alles Unerwünschte integrieren.

Am Anfang werden Sie vielleicht das Gefühl haben, dass da viel Arbeit auf Sie zukommt, um zu diesem Zustand zu gelangen. Dennoch ist jeder Schritt ein Sieg und bringt Sie dem Zustand der Mühelosigkeit näher, nach dem wir uns alle so sehr sehnen. Indem wir innerlich auf Abstand zu den Herausforderungen unserer materiellen Dimension gehen, können wir uns besser mit dem Geist verbinden. Ein emotionaler Panzer sorgt dafür, dass wir in früheren Ereignissen gefangen bleiben, und wir werden unseren Schmerz und unsere Probleme in das morphogenetische Feld hinein projizieren und so mehr davon auf uns lenken. Emotional Balancing, gepaart mit Verletzlichkeit, bringt uns dazu, mit der Vergangenheit fertig zu werden, damit wir in der Gegenwart bleiben und wirklich die Bedeutung des »freien Willens« erfahren können!

Emotionen und Chi
Emotionen sind hunderte von Unterscheidungen im Hinblick auf Gefühle. Sie sind quasi die Farbpalette, die unsere inneren Empfindungen färbt. Die grobe Klassifikation ist »angenehm« versus »unangenehm«; gut oder schlecht, positiv oder negativ etc. Aus praktischen Gründen ist das normalerweise nicht hilfreich; es liefert nicht genügend Feedback, um entsprechende Schritte zu unternehmen. Emotionen unterscheiden sich von den Urteilen, die wir über sie fällen, und sie unterscheiden sich auch von den Handlungen, die sich aus ihnen ergeben. Für das Emotional Balancing können wir das, was wir fühlen, als Leitfaden ansehen, um herauszufinden, welcher Meridian einen Ausgleich benötigt, aber die größte Entdeckung ist die, dass wir womöglich unsere gesamten Emotionen mit Etiketten versehen haben, die nicht der Wirklichkeit entsprechen. Phobien können als Angst erlebt werden, dabei handelt es sich bei vielen Menschen um Ängstlichkeit vermischt mit einem niedrigen Selbstwertgefühl. Sorgen kann das Etikett »Frustriertheit« angeheftet werden.
Ein weiteres Phänomen ist, dass die meisten Gefühle ein Gemisch aus vielen Emotionen sind, und indem wir ihnen ein Etikett anheften, heben wir nur einen Aspekt unserer Gefühle hervor. Außerdem besteht ein Unterschied zwischen den Sinnesempfindungen, die Teile unseres Körpers betreffen, und unserem subjektiven Erleben des Augenblicks (Emotion).
Das Wichtige am Emotional Balancing ist, dass wir im Laufe der Zeit lernen, nicht an dem sich unentwegt ändernden Szenarium festzuhalten, das wir Leben nennen. Alles geschieht in der Gegenwart, und indem wir an etwas festhalten, verlagern wir unsere Aufmerksamkeit von der Gegenwart zu einer Situation, die bereits hinter uns liegt, und diese ziehen wir immer wieder in die Gegenwart zurück. Sie gewinnt die Kontrolle über uns und macht uns zur Geisel.

Einige Menschen klagen ständig, andere sind deprimiert, was auch passiert, wieder jemand anders ist auf alle Welt wütend, und wieder ein anderer brütet ständig vor sich hin und macht sich Sorgen. Was haben sie alle gemein? Sie alle leben in der Vergangenheit und lassen sie immer wieder aufleben. Alles, was ihnen in ihrem Leben begegnet, können sie aufgrund ihres gewohnheitsmäßigen emotionalen Zustands gar nicht wertschätzen als das, was es ist.

Emotional Balancing wird all das ändern; es lässt sich jederzeit und überall einsetzen, vor allem beim Handeln. Das bedeutet, wenn man das System erst einmal beherrscht, kann man jederzeit darauf zurückgreifen, wenn man gestresst, emotional, gereizt, aufgebracht, besorgt etc. ist. Es wird Ihnen helfen, Ihre Gefühle auf eine angemessene Weise auszudrücken und dabei die Klarheit zu haben, dass das, was Sie fühlen, von der Vergangenheit gefärbt ist. Männer sind besser darin, Ärger, Wut, Frustration, Gereiztheit auszudrücken, und Frauen tun sich leichter damit, Trauer, Kummer, Angst etc. zum Ausdruck zu bringen. Durch Emotional Balancing haben wir Zugang dazu, die volle Bandbreite an Emotionen auszudrücken, ohne uns in Turbulenzen zu verstricken.

Wichtig dabei ist, nicht auf das Gegenüber zu projizieren:
- »Du machst mich sauer, weil ...«
- »Du tust mir weh, wenn du dich so verhältst ...«
- »Du machst mich rasend, wenn du ..«

Kommen Sie stattdessen von emotionalem Gleichgewicht und einer inneren Verbundenheit her:
- »Ich habe Angst, wenn du das sagst, dann bedeutet das ...«
- »Ich merke, wie ich wütend werde, wenn du sagst ...«
- »Ich fühle mich angespannt und gereizt, wenn ...«

Die Regel ist, dass Sie diese Gefühle zulassen, weil Sie etwas, das der oder die andere getan oder gesagt hat, persönlich genommen haben.

Man kann nie einem anderen die Schuld dafür geben, wie man sich fühlt!

Wie Sie sich fühlen, liegt bei Ihnen, selbst wenn Sie es nicht als eigene Wahl erfahren.

Affirmationen
Indem Sie zunächst einmal zur Kenntnis nehmen und akzeptieren, was Sie empfinden, und erkennen, dass Sie die Wahl haben, erschließt sich Ihnen ein angemessenerer Weg, Ihre Gefühle auszudrücken. Jedes Mal wenn wir eine Emotion oder ein Gefühl unterdrücken oder ignorieren, lehnen wir einen Teil von uns selbst ab. Wir sagen uns im Grunde, dass wir uns nicht wirklich respektieren. Alle wichtigen Signale, die unser Unterbewusstsein aussendet, zu achten und zur Kenntnis zu nehmen, – das ist die wahre Bedeutung davon, uns selbst zu lieben.
Affirmationen sind ein Weg, unsere Aufmerksamkeit auf das zu konzentrieren, was wir wirklich wollen. Durch gleichzeitige Massage der Meridianpunkte öffnen wir unser Unterbewusstsein für die Affirmation. Statt sie zu bekämpfen oder negative Selbstgespräche zu kreieren, wird die Harmonie, die durch die zirkulierende Energie herbeigeführt wird, für eine Wirkung sorgen, die größer ist, als wenn lediglich die Affirmationen verwendet werden oder nur die Emotional Balancing Punkte massiert werden.
Positive Affirmationen werden nach einer Weile zur zweiten Natur, weil der Körper nun eine Verbindung mit der Harmonie hergestellt hat, die durch die Behandlung der Emotional Balancing Punkte entstanden ist.
Normalerweise verursachen positive Affirmationen eine Menge Widerstand, da sie uns fremd sind; negative Selbstgespräche sind dagegen für viele Menschen normal. Brechen Sie ein für alle Mal mit allen negativen Affirmationen, für immer. Sätze wie:»Es macht mich ganz krank, daran zu denken«, »Mein Job ist grauenhaft«, »Ich sehe grauenhaft aus«. Machen Sie unentwegt positive Aussagen darüber, wie Sie Ihr Leben haben wollen. Kombinieren Sie diese mit Massage der Akupunkturpunkte, über die sich Angst lösen lässt, und Sie sind auf dem besten Weg zu einer Umprogrammierung Ihres Unterbewusstseins auf Erfolg. Denken Sie daran, Ihre Affirmation immer in der Gegenwart zu formulieren, wie etwa:
- »Ich bin... (glücklich, fühle mich wohl, etc.)«;
- »Ich habe ... (all den Reichtum, den ich mir wünsche)«.

Kombinieren Sie dies mit Visualisierungen, bei denen Sie das, was Sie wollen, erfahren und genießen. Tun Sie das mit allen Sinnen; tauchen Sie ein in diese Gefühle.

Verwenden Sie keine Sätze wie: »Ich brauche ...«, »Ich will ...«, »Ich wünsche mir ...«, »Ich werde ... haben«, da Ihr Unterbewusstsein dann denken wird, dass das Gewünschte in der Zukunft bleiben, und sich also nicht in der Gegenwart erfüllen soll und damit sitzen Sie fest.

Annehmen können und Eigenliebe
Der wichtigste Schritt ist der, dass wir uns angewöhnen, uns selbst von ganzem Herzen zu achten, zu akzeptieren und zu lieben. Das ist die Konditionierung, die zu bedingungslosem Glück führen wird und zu dem Lohn, den wir ernten werden, wenn wir an das universelle Internet angeschlossen sind. Glück geht nicht auf Gesundheit, Schönheit, Geld, Jugend oder Macht zurück. Glück ist nichts, was geschieht; es basiert nicht auf Erbanlagen, einem günstigen Stern oder Zufall. Es ist nicht das Resultat eines äußeren Ereignisses; vielmehr hat es damit zu tun, wie wir das einstufen, was uns widerfährt und auf einer nächsten Stufe, wie wir unsere eigene Schöpfung einordnen. Wir sollten uns also vorbereiten, indem wir alle Emotionen akzeptieren und lieben, die wir über all die Dinge erschaffen, die wir dazu bringen, uns zu widerfahren. Sich selbst zu lieben ist Brennstoff für das Glück und bewirkt ein Wohlgefühl. Glück ist nicht möglich, wenn wir uns nicht selbst annehmen und anerkennen.

Um an diesen Punkt zu gelangen, müssen wir den Verstand darin schulen, für uns zu arbeiten statt uns zu kritisieren. Unser Verstand ist darauf programmiert, Veränderung zu scheuen; er fürchtet, dass das Unbekannte schlimmer sein könnte als das Bekannte. Mit Emotional Balancing können wir diese Muster durchbrechen, die langfristig betrachtet selbstzerstörerisch sind und Krankheiten entstehen lassen. Der Schlüssel zum Emotional Balancing ist die Ausrichtung auf das, was wir fühlen und die Behandlung der Gleichgewichtspunkte bis zu dem Moment, wo wir innerlich Harmonie verspüren.

Wir betrachten uns nun die sieben primären Emotionen, die sich am stärksten auf unseren Energiefluss auswirken. Alle anderen Emotionen stehen mit diesen grundlegenden sieben Emotionen in Verbindung. Außerdem gehen wir auf die Tore zum Ausgleich dieser Emotionen, die auch aus der Vergangenheit stammen können, ein. Indem wir uns darauf konditionieren, uns mit diesen Emotionen zu versöhnen, eliminieren wir alle Anspannung aus unserem Körper.

1. Angst

Angst ist der alles beherrschende emotionale Zustand, der Chi entzieht. Angst rührt von einer auftauchenden Gefahr für unser Leben her. Sie basiert auf dem Gedanken, dass wir eine bestimmte Situation nicht überstehen können und dann womöglich das verlieren, was uns am kostbarsten ist: unser Leben, einen geliebten Menschen, unsere Existenz, unseren Besitz, unseren Verstand etc. Angst ist die Emotion der Materie und der mächtigste Krankheitsauslöser.

Element: Wasser
Organe: Blase, Nieren
Verwandte Hauptemotionen: Unsicherheit, Unentschlossenheit
Sekundäre verwandte Emotionen: Misstrauen, Argwohn, Verzweiflung
Affirmation: »Ich liebe und akzeptiere mich von ganzem Herzen, mitsamt meiner Angst und Unsicherheit.«
Primärer Gleichgewichtspunkt: Auf beiden Seiten des Brustbeins, unter dem Schlüsselbein
Sekundärer Gleichgewichtspunkt: An der Wurzel der Augenbrauen
Verschiedenes: Einer der Schlüssel dafür, Angst unter Kontrolle zu bekommen, besteht darin, sich auf seinen Atem zu konzentrieren. Atmen Sie langsam in den Bauch ein und zählen Sie dabei bis sieben; halten Sie dann während Sie bis drei zählen den Atem an und atmen Sie so langsam und allmählich wie Sie können aus, wobei Sie die Bauchdecke einziehen.
Bemerkungen: Panikattacken und Phobien stehen oft mit Ängsten in Verbindung (Erdelement: siehe Sorgen).

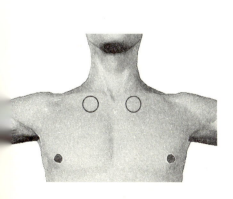

2. Wut

Wut wirkt sich, sofern ihr nicht entsprechend Rechnung getragen wird, sehr schädigend auf unser Herz und andere lebenswichtige Organe aus. Wut hat viele unterschiedliche Ursachen: das Gefühl, ungerecht behandelt worden zu sein, nicht verstanden zu werden, nicht zu bekommen, was man will, gekränkt worden zu sein etc. Der Schlüssel zum Verständnis der Wut ist der, dass es keine Rolle spielt, wer oder was uns wütend macht. Es ist eine Energie, die freigesetzt und aus dem Organismus herausgelassen werden will. Sie vernebelt unsere klare Sicht und unser logisches Denken und bringt uns dazu, übereilte, impulsive Entscheidungen zu treffen.

Element: Holz
Organe: Leber, Gallenblase
Verwandte Hauptemotionen: Frustration, Gereiztheit
Sekundäre verwandte Emotionen: Enttäuschung, Eifersucht, Rage, Verbitterung, Nachtragen, sich missbraucht fühlen, nicht loslassen können
Affirmation: »Ich liebe und akzeptiere mich von ganzem Herzen, mit meiner Wut und meiner Frustration.«
Diese Affirmation kann, wie alle anderen, an bestimmte Befindlichkeiten angeglichen werden, etwa: »Ich liebe und akzeptiere mich von ganzem Herzen, mit meiner Gereiztheit.«
Primärer Gleichgewichtspunkt: (Leber) Dieser Punkt liegt rechtsseitig, etwa Mitte des unteren Rands des Rippenbogens an der Vorderseite des Körpers von der Mittellinie bis zur Seite.
Sekundärer Gleichgewichtspunkt: (Gallenblase) Dieser liegt etwa einen halben Finger breit (auf der waagrechten Linie) vom Augenwinkel entfernt.

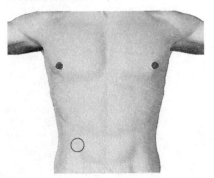

Verschiedenes: Wenn wir auf jemanden wütend sind, müssen wir diese Energie immer loslassen. Dazu müssen wir der Person verzeihen, die unsere Wut heraufbeschworen hat. Solange jemand uns wütend machen kann, heißt das, dass da noch etwas ist, das wir nicht loslassen. Hat aber jemand die Absicht uns zu provozieren, ist es besser, keine Energie darauf zu verschwenden.
Zum Verzeihen: siehe Verletztheit
Bemerkungen: Atemübungen, begleitet von lauten Schreien oder Geräuschemachen, können dabei helfen, die Wut- und Ärgerenergie freizusetzen. Besser ist körperliche Bewegung – Rennen, Hüpfen, Schreien etc.

3. *Verletztheit*

Sich verletzt zu fühlen ist eines der schrecklichsten Gefühle. Es kann dazu führen, dass wir uns einen Panzer zulegen, uns unzulänglich, einsam, schuldig, deprimiert, wertlos fühlen. Es zeigt uns, dass wir angreifbar sind und oft auch ausgenutzt werden. Es ist ein Gefühl, mit dem wir uns zunächst einmal zwischen allen Stühlen befinden und das sich in jede Richtung entwickeln kann: Rückzug, Leugnung, Verwirrung, Wut, Misstrauen, Angst etc. Das liegt daran, dass Verletztheit am meisten Resonanz auf ein Herz hat, das offen und verletzbar ist. Wir können lernen, dieses Gefühl loszulassen und zu erkennen, dass die Handlungen anderer für uns ein Weg sind, mehr über uns selbst in Erfahrung zu bringen. Nehmen wir es persönlich? Halten wir Ausschau nach Möglichkeiten des Wachstums? Wie gehen wir mit unserer Wirklichkeit um? Kann uns jemand unser Glück wegnehmen? Lieben wir uns selbst?

Der einzige Weg, mit diesem Gefühl umzugehen ist der, uns damit zu konfrontieren, unsere Lektionen zu lernen und mit unserem Leben weiterzumachen. Unsere intimsten Gefühle mitzuteilen kann helfen, solange wir Verantwortung übernehmen und nicht in die Opferrolle verfallen.
Element: Feuer
Organe: Herz und Dünndarm
Verwandte Hauptemotionen: Verletzlichkeit, emotionale Instabilität
Sekundäre verwandte Emotionen: Übersensibilität, Verlassenheitsgefühl, Einsamkeit, Unterdrücken von Emotionen, Übererregung, Schuldgefühle, Scham, Enttäuschung.

Affirmation: »Ich liebe und akzeptiere mich von ganzem Herzen, mit meiner Verletztheit, und ich verzeihe es mir selbst und ... (Setzen Sie den Namen der Person ein, von der Sie sich verletzt fühlen), dass wir das hervorgerufen haben.«
Primärer Gleichgewichtspunkt: (Herz)Dieser Punkt befindet sich am kleinen Finger, an der inneren Ecke des Nagelbetts, angrenzend an den Ringfinger.
Sekundärer Gleichgewichtspunkt: (Dünndarm) Faust ballen, der Punkt befindet sich am Ende der größten Falte am Handteller, an der Stelle, wo die rötliche Haut der Handinnenseite und die hellere des Handrückens zusammenstoßen.

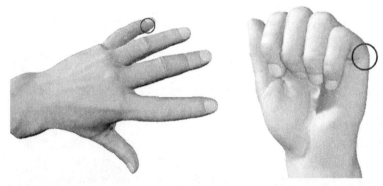

Verschiedenes: Die Macht des Verzeihens ist die befreiendste und heilendste Kraft, die uns zur Verfügung steht, wenn es darum geht, die Vergangenheit loszulassen. Wir können nie zu viel verzeihen! Indem wir verzeihen, sprengen wir die Fesseln der Vergangenheit und lösen uns von Karma. Verzeihen Sie allen, die Sie mit etwas verletzt haben.
Bemerkungen: Indem wir den primären Punkt für Verletztheit stimulieren und gleichzeitig verzeihen, regenerieren wir gleichzeitig Herz und Leber und werden uns viel vitaler fühlen.

4. Sorgen

Dieser Typ von Energie bringt uns dazu, eine Menge Energie zu verlieren und Anspannung im Körper entstehen zu lassen! Außerdem wirkt er sich auf Verdauung und Stoffwechsel aus. Wenn wir uns Sorgen machen, verlieren wir die Konzentration und bringen nicht viel zuwege. Langfristig wirkt sich das auf unser Selbstwertgefühl aus. Es

führt uns aus der Gegenwart heraus. Wir sind stärker unfallgefährdet und lassen uns leicht ablenken. Durch effektive Bewältigung dieses Gefühls können wir mehr bewerkstelligen und unsere Ziele leichter erreichen.
Element: Erde
Organe: Magen, Milz und Bauchspeicheldrüse
Verwandte Hauptemotionen: Ängstlichkeit, geringes Selbstwertgefühl
Sekundäre verwandte Emotionen: Abhängigkeit, Co-Abhängigkeit, das Gefühl, keine Kontrolle zu haben, Misstrauen, Angst vor der Zukunft, Ekel und Abscheu, Besessenheit von etwas, Nervosität, Unglücklichsein, Angst davor, etwas zu verpassen.
Affirmation: »Ich liebe und akzeptiere mich von ganzem Herzen, auch wenn ich besorgt oder ängstlich bin oder mein Selbstwertgefühl im Keller ist.«
Primärer Gleichgewichtspunkt: (Magen) Dieser Punkt liegt in der Mitte des knochigen unteren Randes unserer Augenhöhlen.
Sekundärer Gleichgewichtspunkt: (Milz) Dieser Punkt ist der einzige auf der linken Seite, und er befindet sich dort, wo sich bei Frauen der BH mit der gedachten Längslinie kreuzt, die seitlich am Körper entlang führt und genau der Mitte der Achselhöhle entspringt.

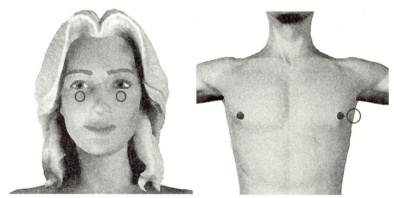

Verschiedenes: Jedes Mal, wenn wir uns Sorgen machen und einen Gedanken nicht loslassen können, hilft uns der primäre Gleichgewichtspunkt für Sorgen, diesen Kreislauf zu durchbrechen. Auch wiederkehrende Träume und Ängste werden hierdurch schnell zum Verschwinden gebracht.

Bemerkungen: Viele Phobien sind Angstattacken, die mit Hilfe dieser Punkte wirksam behandelt werden können. Wie bei allen Selbsthilfemaßnahmen gilt auch hier: Finden Sie keine Erleichterung, fragen Sie einen Arzt oder Gesundheitsexperten.

5. *Trauer*

Trauer hängt immer damit zusammen, uns von einem geliebten Wesen oder einem kostbaren Besitz zu lösen. Sie ist ein sehr hilfreicher und notwendiger Prozess.

Wären wir offener für den Gedanken, dass nichts oder niemand je verloren geht und würden wir begreifen, wie das Universum funktioniert, so wäre das viel leichter zu ertragen und zu akzeptieren. Schließlich ist es unsere Anhaftung, durch die eine Sehnsucht nach dem entsteht, was wir nicht mehr in unserem Leben haben. In sehr traumatischen oder akuten intensiven Belastungssituationen überwältigt uns vielleicht eine starke und massive Trauer, bei der wir uns vielleicht sehr schwer tun, sie loszulassen. So kann sie zu einem »posttraumatischen Stresssyndrom« führen, da wir diese Emotionen unterdrücken. Das wiederum mündet in einen unablässigen Kampf gegen die Vergangenheit, und die meisten Menschen, die hierbei keine Hilfe erhalten, werden nicht darüber hinweg kommen und sich in Alkohol, Drogen, Medikamente etc. flüchten. Da es meist nicht reicht, allein im stillen Kämmerlein viel zu weinen und sich seinem Kummer hinzugeben, müssen wir den Fluss der Meridiane wieder öffnen, um das Wohlbefinden wieder herzustellen. Hier kann Emotional Balancing eine große Hilfe sein.

Element: Metall
Organe: Lunge, Darm
Verwandte Hauptemotionen: Starrheit
Sekundäre verwandte Emotionen: Traurigkeit, Niedergeschlagenheit, Verlorenheitsgefühle, Sehnsucht, Verlangen, Verlust des Glaubens, Hoffnungslosigkeit, Unbeweglichkeit, Weinen, Verteidigungshaltung, Festklammern an Regeln, Perfektionismus, Schuldgefühle.
Primäre Affirmation: » Ich liebe und akzeptiere mich von ganzem Herzen, mit meinem Kummer und Verlustgefühl.«
Sekundäre Affirmation:» Ich liebe und akzeptiere mich von ganzem Herzen, mit meiner Starrheit und meinen Schwierigkeiten, loszulassen.«
Primärer Gleichgewichtspunkt: (Lunge, Lymphe) Dieser Punkt liegt an der Innenseite des Daumen-Nagelbetts

Sekundärer Gleichgewichtspunkt: (Darm) Dieser Punkt liegt am Zeigefinger neben dem Nagelbett, auf der dem Daumen zugewandten Seite.
Verschiedenes: Nach dem Trauern müssen wir immer unser Chi wieder herstellen. Eine schnelle Möglichkeit hierzu ist die Aktivierung aller Emotional Balancing Punkte, einen nach dem anderen, begleitet von den entsprechenden Affirmationen.
Bemerkungen: Die anderen Muster, die in das Element Metall eingeschlossen sind, haben auch damit zu tun, an Sturheit und Perfektionismus festzuhalten. Das ist ziemlich schwer zu durchbrechen, doch mit etwas Übung kann jeder lockerer und flexibler werden.

6. Stress

Der Faktor Stress ist nichts, was wir ignorieren können. Stress ist alles, was uns Energie entzieht. Stress hat damit zu tun, wie wir mit dem umgehen, was uns auf unserem Weg begegnet. Es hängt immer damit zusammen, was sich in unserem Innern abspielt, und nicht von äußeren Ereignissen. Wir haben mehrere Möglichkeiten, mit Stress umzugehen:
   1. Ihm widerstehen
   2. Unsere Gefühle unterdrücken
   3. Ihn akzeptieren, integrieren, auflösen
Wogegen wir uns wehren, das bleibt bestehen, was wir unterdrücken, verfolgt uns ewig.Der beste Weg ist also der, Stress so zum Verschwinden zu bringen, dass er sich in Luft auflöst: Handeln, soweit wir Dinge ändern und steuern können; integrieren, indem wir das akzeptieren, was wir nicht ändern oder steuern können; alle Anspannung lösen, die das ungehinderte Fließen hemmt.

Element: Feuer
Organe: Immun-/endokrines System (Lenker- und Dienergefäß)
Verwandte Hauptemotionen: Unterdrückung von Emotionen
Sekundäre verwandte Emotionen: Leben in der Erinnerung, Verwirrung, Unterdrückung von Wut, Gefühl der Leere, Unsicherheit, Probleme mit Konzentrationsvermögen und Gedächtnis
Primäre Affirmation: »Ich liebe und akzeptiere mich von ganzem Herzen, mit meinem Stress.«
Sekundäre Affirmation: »Ich liebe und akzeptiere mich von ganzem Herzen, selbst wenn ich meine Emotionen unterdrücke.«
Primärer Gleichgewichtspunkt: (Lenkergefäß) Dieser Punkt befindet sich am Kreuzungspunkt des oberen Drittels und der unteren zwei Drittel der Linie von der Nase zur Mitte der Oberlippe.
Sekundärer Gleichgewichtspunkt: Dieser Punkt liegt am Kreuzungspunkt des oberen Drittels und der beiden unteren Drittel einer imaginären Linie von der Mitte der Oberlippe zum Kinn.

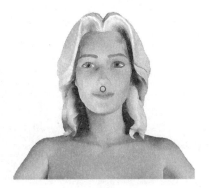

Verschiedenes: Remineszenzen, was bedeutet, immer wieder von Neuem die Vergangenheit aufleben zu lassen, wodurch wir uns nicht in der Gegenwart befinden und in Tagträumen gefangen sind, die uns von unseren eigenen Möglichkeiten abbringen, unser Karma zu bewältigen. Wir müssen loslassen, was hätte sein können und das erschaffen, was wir heute wirklich wollen.
Bemerkungen: Mit Stress umgehen zu lernen, ist eine der hilfreichsten Fertigkeiten, die wir uns in unserem modernen Leben aneignen können. Inmitten von Aufruhr ruhig und in seiner Mitte zu bleiben, ist der Schlüssel zu Gesundheit und einem langen Leben.

7. Übererregtheit, nervliche Labilität

Übererregtheit und emotionale Labilität sind nicht weit voneinander entfernt. Auf der Suche nach Vergnügen und Spannung kann es geschehen, dass wir die Verbindung zu unserem Fühlen verlieren, was zu dessen Unterdrückung führen kann. Indem wir auf die Gefühle in uns horchen, können wir die Verbindung wieder herstellen.

Wenn wir eine Hand auf die Stirn legen, verbinden wir die Reflexzonen der linken und rechten Gehirnhälfte, was uns beruhigt und hilft, unseren inneren Aufruhr zu integrieren. Insbesondere wenn wir dabei langsam in den Bauch Einatmen und uns bei jedem Ausatmen darauf konzentrieren, »loszulassen«. Wiederholen Sie die nachfolgenden beruhigenden Worte (aus der primären Affirmation) so lange wie nötig, um Ihr emotionales Gleichgewicht wiederzufinden.

Element: Feuer
Organe: Herzbeutel und Dreifacher Erwärmer (neuroendokrines System)
Verwandte Hauptemotionen: Unterdrückung der Sexualität
Sekundäre verwandte Emotionen: Stimmungsschwankungen, Wahnvorstellungen, Unentschlossenheit, Verwirrung, Libidoverlust, Frigidität, Impotenz, Erschöpfung, Schock, akutes Trauma.
Primäre Affirmation: »Ich fühle mich ausgeglichen und bin in der Lage, in Würde mit allen Herausforderungen umzugehen, die mir begegnen.«
Sekundäre Affirmation: »Ich spüre eine tiefe Liebe zu mir selbst und akzeptiere meine unterdrückten Gefühle über meine Sexualität.«
Primärer Gleichgewichtspunkt: (Dreifacher Erwärmer) Auf dem Handrücken, in der Mitte zwischen den letzten Fingerknöcheln und dem Handgelenk; in der Senke zwischen kleinem Finger und Ringfinger.
Sekundärer Gleichgewichtspunkt: (Herzbeutel) Am Mittelfinger neben dem Rand des Nagelbetts auf der zum Daumen hingewandten Seite.

Verschiedenes: Es gibt viele Wege und Gründe, unsere Sexualität zu unterdrücken, die nicht unmittelbar mit Sex zusammenhängen. Sexualität dreht sich um weibliche und männliche Eigenschaften bei Männern und Frauen gleichermaßen. Männer neigen dazu, ihre weibliche Seite zu unterdrücken und leben mehr in einer Verleugnungshaltung. Indem sie ihre intimsten Gefühle nicht zur Kenntnis nehmen, unterdrücken sie ihre Sexualität. Sie können auch ihre männliche Seite unterdrücken, indem sie sich nicht behaupten. Frauen neigen dazu, ihre männliche, energische Seite zu unterdrücken, indem sie nicht angemessen mit ihrer Wut umgehen.

Bemerkungen: Nervliche Labilität ist in unserer Zeit der Informationsüberflutung sehr verbreitet. Die auf uns einströmenden Sinnesreize können uns zu viel werden, und es gibt nicht genug Möglichkeiten, die angestauten Emotionen loszuwerden, also werden wir hypersensibel und überreizt.

Die andere Seite ist die, dass wir bei diesem Prozess ausgelaugt werden können und erschöpft. In dieser sich rasant ändernden Welt, in der wir leben, können die traditionellen Rollen von Männlich und Weiblich verschwimmen, woraus dann unterdrückte Emotionen resultieren.

Zusammenfassung

Was ich Ihnen hier in diesem Kapitel vorstelle, sind die Grundlagen des Emotional Balancing, einer der am schnellsten wirkenden bislang bekannten Therapien im Bereich der Gefühlsbewältigung. Ich habe diese Technik in Europa schon vielen im Gesundheitswesen Tätigen vermittelt, die sie in ihrer täglichen Praxis anwenden. Die Erfolge sind verblüffend. Aus diesem Grund bin ich dazu übergegangen, auch Laien eine vereinfachte Version beizubringen – ebenfalls mit beeindruckenden Ergebnissen. Etlichen ist es gelungen, Alkoholismus, Kopfschmerzen, Phobien, posttraumatischen Stress, das Konzentrationscamp-Syndrom, Chronic-Fatigue-Syndrom, Allergien, Albträume, Schüchternheit, Sprechangst, Nikotinsucht loszuwerden. Beziehungen und Ehen wurden gerettet.

In den folgenden Kapiteln werde ich zusätzliche Hilfsmittel und eine Verfahrensweise vorstellen, wie Sie Emotional Balancing in Ihrem Alltag einsetzen können.

Die sieben Primäremotionen sind die Hauptstressoren für unseren Organismus und unser gesamtes System, und wir müssen lernen, mit ihnen

umzugehen: Angst, Wut, Verletztheit, Trauer, Sorgen, Stress und Übererregtheit.
Nach den nächsten Kapiteln werden wir beginnen, alle Ihre zentralen emotionalen Traumata auszuräumen – so schnell, dass Sie sich überrascht fragen werden, wieso nicht alle Psychologen und Ärzte so vorgehen.

Ich schließe hier mit einem Gedanken, bei dem ich Sie bitten möchte, einmal zuzusehen, ob Sie es sich angewöhnen können, ihn vor dem Spiegel zu sagen (er stammt von Edmond Rostand):
»*Ich liebe dich mehr als gestern, weniger als morgen.*«

KAPITEL 9

EMOTIONALE FEHLSCHALTUNGEN

»Nicht weil Dinge schwierig sind, wagen wir sie nicht,
Sondern weil wir sie nicht wagen, sind sie schwierig.«

Seneca

Wenn ich Ihnen sagen würde, dass ich Ihnen gleich das größte Geheimnis offenbare, das mir zum Thema Heilung begegnet ist und das bei neunundneunzig Prozent der Menschen funktioniert, die von ihm Gebrauch machen, und dass ich wüsste, dass die meisten von Ihnen, die dies lesen, es nicht nutzen werden, würden Sie mir dann glauben? Würden Sie Gebrauch davon machen, wenn Sie wüssten, dass es Ihr Leben ganz wesentlich verbessern könnte und dass Sie mehr Spaß, mehr Erfolg und ein langes Leben bei guter Gesundheit hätten und weniger Frustrationen, weniger Sorgen, Angst etc.?
Warum sabotieren die meisten Menschen sich selbst? Warum schieben die meisten Menschen Dinge hinaus? Warum halten die meisten Menschen ihre Neujahrsvorsätze nicht durch? Warum sagen die meisten Menschen, sie wollten Glück, tun aber alles, um ihre Beziehungen zu zerstören und sich elend zu fühlen? Warum richten Menschen ihren Körper und ihre Gesundheit zugrunde? Warum, warum, warum???
Warum befolgen die meisten Menschen nicht den Rat ihrer Ärzte? Warum nehmen fünfundneunzig Prozent der Menschen, die eine Diät gemacht haben, so lange zu, bis sie ihr ursprüngliches Gewicht plus noch etwas mehr wiederhaben? Warum entscheiden wir uns für Faulheit, Lügen, Halbwahrheiten, Nachlässigkeit, Ignoranz, Leugnung oder Unterdrückung, wenn wir doch alles haben können? Wem können wir die Schuld daran geben, dass wir uns auf Selbstsabotage und Fehlschlag konditionieren?

Fallbeispiel eins: Selbstsabotage
John war ein Junge von vierzehn Jahren; er war ein sehr guter Judokämpfer. Seinem Sensei (Lehrer) zufolge war John das größte Talent, das er in all seinen mehr als dreißig Jahren Judo erlebt hatte. John kam zu mir in die Praxis, nachdem seine Eltern mich im Fernsehen gesehen

und gehört hatten, dass auch ich vor vielen Jahren Champion bei den europäischen Judoschülermeisterschaften gewesen war und dass ich heute einige Athleten von Weltrang mit großem Erfolg auf emotionaler und mentaler Ebene trainiere.

John hatte noch nie den ersten Platz in einer Endrunde errungen. Alle Kämpfe im Vorfeld der letzten Runde gewann er mühelos, auf nationaler und internationaler Ebene, aber dann verlor er den letzten Kampf. Ich testete ihn auf emotionale Blockaden. Als er sagte: »Ich will Meister sein«, ergab der Muskeltest »schwach«, was auf eine Unstimmigkeit verwies. Eine Unstimmigkeit tritt dann auf, wenn das Bewusstsein etwas will, man unterbewusst aber Gründe hat, dieses Ergebnis zu fürchten, oder man glaubt vielleicht, dass man es nicht verdiene oder dass es unmöglich, unrealistisch etc. sei. Unser bewusstes Denken und unser Unterbewusstsein sind wie siamesische Zwillinge; wenn der eine nach rechts und der andere nach links will, hat man ein großes Problem. Langfristig gesehen wird das Unterbewusstsein die meisten Kämpfe gewinnen oder die Ziele des bewussten Geistes sabotieren (viel Stress verursachen, Ablenkungen, Umwege). Das Bewusstsein sind Sie – was Sie wollen oder wünschen.

In diesem Kapitel werden Sie lernen, das Unterbewusstsein zu synchronisieren und es für Sie arbeiten zu lassen, statt dass es Sie bekämpft.

Ich sagte zu John: »Ein Teil von dir hat Angst davor, Meister zu werden. Lass uns tiefer graben und herausfinden, woher das kommt, und dann können wir etwas dagegen tun!«

John fand das sichtlich aufregend. Dieses Problem war ihm schon so lange peinlich gewesen, und er konnte es kaum erwarten, darüber hinwegzukommen und seinen Ruf als ewige Nummer Zwei abzulegen. Tatsache war, dass er in der darauffolgenden Woche sogar an der Vorentscheidung für die Nationalmannschaft teilnehmen sollte. Er hatte auch mein Buch gelesen, »*You Are a Champion*«, in dem ich die emotionalen und mentalen Techniken beschreibe, die mir halfen, sieben Jahre lang unangefochtener Kampfsport-Europameister zu sein.

Was ich durch Muskeltests herausfand, war, dass es kurz nach seiner Geburt einen Zwischenfall gegeben hatte. Ich konnte diesen Zwischenfall nicht genau festmachen; es stellte sich heraus, dass es etwas war, was der Arzt gesagt hatte. Ich sah Johns Mutter an und fragte sie, ob etwas geschehen sei. Sie erzählte mir daraufhin, dass John ihr Erstgeborener sei, dass die Entbindung sehr schmerzhaft war und dass der Arzt

John mit der Zange holen musste, wegen seiner Herzfrequenz. Sie erinnerte sich, dass der Arzt eine Bemerkung machte, die in die Richtung ging von: »Das ist bei den Erstgeborenen immer das Problem, bei denen tut es am meisten weh und es gibt die meisten Schwierigkeiten.« Sie erinnerte sich außerdem daran, dass sie ein »schlimmes Wort« sagte, als er ihr die Betäubungsspritze gab, um den Dammriss zu nähen, der bei der gewaltsam herbeigeführten Entbindung entstanden war. »Ich war so erschöpft, und er war etwas rüpelhaft und zeigte so gar kein Mitgefühl, und sie gaben mir auch Johnny nicht gleich, also war ich etwas gereizt«, sagte sie.

Der neugeborene Junge hatte all das aufgeschnappt und »der Erste sein« damit in Verbindung gebracht, seiner Mutter Schmerzen zu bereiten. Also hatte er unterbewusst beschlossen, nie wieder Erster zu sein.

Als ich John zu der Aussage testete: »Ich will nicht Nummer eins sein, weil das meiner Mutter wehtut«, hielten seine Muskeln stand, als Zeichen dafür, dass dies für sein Unterbewusstsein eine zutreffende Überzeugung war. Nach unserem Termin war John ganz aufgeregt; er fühlte sich für den Wettkampf gewappnet und hätte es am liebsten gehabt, wenn er gleich morgen stattfände.

Eine Woche später riefen mich die beiden am späten Vormittag an. Zuerst war seine Mutter am Apparat, um mir zu erzählen, dass John gewonnen hatte, und dann sprach ich mit John persönlich, der ziemlich aus dem Häuschen war. Er erstattete mir umfassend Bericht darüber, wie er seinen langjährigen Rivalen besiegt hatte, der drei Jahre lang Landesmeister gewesen war.

Außerdem fühlte er sich normalerweise eher linkisch, als würde ihn etwas zurückhalten, und dieses Gefühl war völlig verschwunden.

Die Geschichte von John existiert im Alltag in vielen Varianten: Wir wollen eine glückliche und phantastische Beziehung zu unserem Partner oder unserer Partnerin, und dennoch sehen wir uns in unproduktiven Mustern gefangen, die uns emotional voneinander trennen und schließlich zu emotionalem Leid, gegenseitigen Beschimpfungen, Flucht in Alkohol und Zigaretten, Gelüsten nach Essen und zur Scheidung führen.

Fallbeispiel zwei: Selbstsabotage
Ich hielt einmal einen Vortrag über emotionales Gleichgewicht beziehungsweise Emotional Balancing vor sechshundert Personen. Nach

meiner allgemeinen theoretischen Einführung war es an der Zeit für eine praktische Demonstration. Ich fragte nach einem oder einer Freiwilligen mit einem nicht allzu komplizierten Problem, um das Ganze einfach zu halten. Rund zehn Personen meldeten sich, und ich wählte eine junge Frau um die dreißig aus. Sie war nach meinem Gefühl die Richtige. Bei solchen Auswahlverfahren verlasse ich mich immer auf meine Intuition, und immer meldet sich jemand mit etwas, das sehr hilfreich und anschaulich ist.

Der Name der jungen Frau war Joan, und ihr »Problem« bestand darin, dass sie mit dem Rauchen aufgehört hatte, es aber nicht schaffte, die allerletzte Zigarette aufzugeben, so dass sie jeden Tag eine Zigarette rauchte. Sie hasste sich dafür und hatte es schon mit Hypnose, Akupunktur und Nikotinkaugummi versucht – ohne Erfolg. Ich erklärte ihr, dass Süchte in erster Linie mental-emotionaler Natur sind und fast nie chemisch bedingt, und dass wir dann, wenn wir eine Sucht mit Willenskraft und unter Einsatz von Hilfsmitteln wie Nikotinpflaster, -kaugummi, Kräuterpräparaten etc. stoppen wollen, nicht die tiefer liegenden unterbewussten Ursachen angehen. Ich erklärte außerdem, dass hinter jeder Sucht eine positive Absicht steckt: Entweder sollen emotionale Wunden kaschiert werden, es kann ein selbstzerstörerisches Verhalten aufgrund negativer Glaubenssätze sein oder eine versteckte spirituelle Suche. Letzteres erleben wir häufiger mit bewusstseinsverändernden Drogen, wenn Menschen versuchen, auf dem Weg zur Erleuchtung eine Abkürzung zu nehmen.

Ich fragte sie: »Was haben Sie von dieser einzigen Zigarette?«
»Sie gibt mir das Gefühl, Raum für mich persönlich zu haben, ganz für mich allein. Den ganzen Tag bin ich am Rennen, um das Haus sauber zu halten und alles Mögliche für die Kinder und meinen Mann zu machen – für mich ist das so etwas wie wirklich wertvolle Zeit!«

Sie schilderte, dass sie ein ganzes Ritual rund um ihre Zigarette entwickelt hatte. Sie legte immer klassische Musik auf, holte sich ein Glas Wein und setzte sich in ihren Lieblingssessel, und dann begann sie zu rauchen.

Ich fragte sie, warum sie diese Zigarette dann aufgeben wolle, und sie sagte mir, obwohl die Zigarette ihr so viel bedeute, habe sie gleichzeitig auch Angst, sie würde sie umbringen. Ihr Vater war Kettenraucher gewesen. Er hatte Lungenkrebs bekommen und vier Jahre gelitten, bevor er seinem Leiden schließlich erlag. Sie war bei ihm gewesen als er starb.

Es war eine Hassliebe, die sie mit ihrer Zigarette verband. Einerseits verschaffte sie ihr immenses Vergnügen, und andererseits brachte sie Schmerzen, Leiden und Tod damit in Verbindung. Nach dem Rauchen war sie immer von Schuldgefühlen, einem geringen Selbstwertgefühl und Traurigkeit überwältigt. Es schien also ein klarer Fall. Ich hatte meinem Publikum an diesem Abend erklärt, dass ich bei meinen Nachforschungen eigenartigerweise herausgefunden hatte, dass bei den meisten neurotischen, zwanghaften oder selbstsabotierenden Verhaltensweisen nie die gravierenden Traumata die Ursache waren. Was ich durch Tests an tausenden von Patienten herausgefunden hatte, war, dass sich hinter dem posttraumatischen Leiden kleinere Begebenheiten in der Vergangenheit fanden, die unser Unvermögen begründeten, mit den großen Begebenheiten oder Traumata in unserem Leben fertig zu werden. Und auch, dass wir mitunter bereits mit einem Kurzschluss in unserem Zellgedächtnis entweder aus vorherigen Leben oder von früheren Generationen auf diese Welt kommen (Miasmen: siehe Kapitel über das Zellgedächtnis).
Also machte ich mich daran, Joan darauf zu überprüfen, welche Emotionen sie davon abhielten, auf diese letzte Zigarette zu verzichten. Es gab fünf dieser Emotionen: Traurigkeit, Angst, Unsicherheit, Unterdrückung von Sexualität und Frustration. Dann überprüfte ich noch einmal, was ihr Festhalten an diesen Emotionen bewirkt hatte. Es hing mit einem Vorfall zusammen, der sich abspielte, als sie drei Jahre alt war. Die Details, die herauskamen, waren wie folgt:
Joan war vollkommen in ihr Spiel versunken. Ihre Mutter befand sich in der Küche und kochte. Joan hörte ein Geräusch, als wäre etwas auf den Boden gefallen, und als sie hinüberging, um nachzusehen, lag ihre Mutter bewusstlos auf dem Küchenfußboden. Sie geriet in Panik, schrie und rannte nach draußen, um die Nachbarn zu holen. Sie waren nicht zu Hause. Joan war vollkommen hilflos und drückte immer wieder auf die Klingel, weinend und schreiend. Ein Briefträger traf sie dort an, brachte sie nach Hause zurück und rief den Krankenwagen.
Alles ging gut aus – die Mutter litt unter einer Anämie und niedrigem Blutdruck und erholte sich vollständig. Joan aber hatte ihre »Zeit für sich alleine« fortan mit diesem schmerzlichen Ereignis in Verbindung gebracht. Die einzige Emotion, die keine Komponente dieser Begebenheit war, war ihre Unterdrückung von Sexualität. Diese Spur verfolgten wir bis zu der Zeit um den vierten Schwangerschaftsmonat ihrer

Mutter zurück, als die Eltern das erste Sonogramm anfertigen ließen. Als die technische Assistentin den Eltern sagte, dass es ein Mädchen würde, sagte ihr Vater: »So ein Mist, ich hatte gehofft, es wird ein Junge!« Irgendwie hatte sie entweder das aufgeschnappt oder die Enttäuschung dahinter. Sie sagte dem Publikum, dass sie nun verstünde, warum sie ein solcher Wildfang gewesen war und alle typischen Frauenaufgaben hasste. Deshalb maß sie wohl ihrer »wirklich wertvollen Zeit« so viel Bedeutung bei, um emotional ihre Batterien wieder aufzuladen nach all den Hausarbeiten, die für sie damit verbunden waren, eine Frau zu sein. Mit der Enttäuschung ihres Vaters hatte sie ihre Angst vor der Welt da draußen, ihre Unsicherheit und Frustration verbunden. Ihr ganzes Leben lang hatte sie versucht, sich zu beweisen und hatte sich unsicher gefühlt und ein geringes Selbstwertgefühl gehabt. Mit dem Rauchen fing sie als junger Teenager an, um »dazuzugehören«, und zum ersten Mal wurde sie in einer Gruppe akzeptiert. Nach dem Tod ihres Vaters gab sie das Rauchen auf, bis auf diese letzte Zigarette.

Schließlich stellte sich heraus, dass sie Schuldgefühle verspürte wegen der Erleichterung, die sie empfand, als ihr Vater starb – nun brauchte sie nicht mehr zu beweisen, dass sie seiner Liebe wert war. Etwas, das sie – so ihr Unterbewusstsein – nie sein konnte, denn sie war ja eine Frau. Unterbewusst war die letzte Zigarette ihre letzte Verbindung zu ihrem Vater, ihre letzte Anstrengung, eine Verbindung zu ihm herzustellen. Als sie sagte: »Diese letzte Zigarette aufzugeben heißt, den Kontakt mit meinem Vater zu verlieren«, blieben die Muskeln beim Test stark!

Nachdem wir die Emotionen integriert hatten und das Unterbewusstsein sie losließ, ergab der Test bei dieser Aussage »schwach«, was darauf hinwies, dass sie sich von dieser unterbewussten Überzeugung gelöst hatte. Sie spürte, wie starke Emotionen in ihr aufwallten und begann zu weinen.

Das Publikum, das während der fünfzehn Minuten, die es dauerte, diese Geschichte komplett aufzudecken, still zugehört hatte, begann Beifall zu klatschen und sie bekam stehenden Applaus für ihre Geschichte. Man konnte das Mitgefühl der Zuschauer für sie spüren.

Ich habe nie wieder mit ihr gesprochen, aber ich bin sicher, dass sie nicht mehr raucht. Allerdings erhielt ich Rückmeldungen von mindestens zehn Leuten, die mir schrieben, nach diesem Abend hätten sie spontan das Rauchen aufgegeben.

Ein Fallbericht wie dieser zeigt, dass etwas so Einfaches wie eine Zigarette recht kompliziert werden kann, und dass das Ganze nichts mit Willenskraft oder mentalem Fokus zu tun hat. Willenskraft ist weder gut noch schlecht, aber wenn wir sie dazu einsetzen, unsere Emotion zu unterdrücken, erzeugen wir damit freie radikale Energie, die uns früher oder später teuer zu stehen kommt.

Emotionale Fehlschaltungen
Emotionale Fehlschaltungen kommen dann zustande, wenn wir etwas wollen, und unser Unterbewusstsein gleichzeitig dem nicht zustimmt. Dies verursacht ein beträchtliches Ausmaß an Stress im Körper, was sich anhand von Biofeedback-Messgeräten, einem Stimmenstressanalysegerät oder einfach durch Muskeltests messen lässt.
Wenn Sie etwas sagen, das sich nicht mit dem deckt, was in Ihrem Unterbewusstsein vorhanden ist, wird ein Muskel, der zuvor beim Test stark blieb, sofort seine Stärke verlieren und sich schwächer zeigen als zuvor! Damit das geschieht, brauchen Sie einfach nur an Ihr Ziel zu denken. Jedes Mal, wenn wir an unsere Ziele denken, verlieren wir Vitalkraft, wenn keine innere Deckungsgleichheit besteht.
Der erste, der dieses Phänomen der emotionalen Fehlschaltungen beschrieb, war Dr. Roger Callahan, ein Psychologe, der es als »psychologische Umkehrung« bezeichnete. Er ist ein bahnbrechender Pionier auf dem Gebiet des Muskeltesteinsatzes bei emotionalen Problemen.
Es gibt vier Kategorien emotionaler Fehlschaltungen:

Komplette Emotionale Fehlschaltung:
Hierzu kommt es, wenn jemand im Unterbewusstsein nicht damit konform geht, glücklich, gesund und erfolgreich zu sein. Unterbewusst ist dieser Mensch damit einverstanden, elend, krank und ein Versager zu sein.
Sagt oder denkt so jemand: »Ich will glücklich, gesund und erfolgreich sein«, so geben seine Muskeln beim Test nach, und er erlebt körperlich Stress. Allein schon der Gedanke, glücklich, gesund und/oder erfolgreich zu sein, löst in ihm Unbehagen aus. Wenn er aber sagt oder denkt: »Ich will, dass ich mich elend fühle, dass ich krank bin und ein Versager«, bleiben die Muskeln stark, und der Betreffende fühlt sich okay oder friedvoll.
Wie kann das sein? Ist es nicht lächerlich, wenn jemand nicht glück-

lich, gesund oder erfolgreich sein will? Warum sollte irgendjemand, der halbwegs seinen Verstand beisammen hat, elend, krank und ein Versager sein wollen? Das gehört zu den spannendsten Rätseln des menschlichen Geistes und nicht nur bei Menschen zeigt sich dieses Phänomen; ein ähnliches findet sich sogar bei Tieren. Darauf gehe ich später noch ein.

Emotionale Fehlschaltungen haben in erster Linie mit dem »Selbstbild« des Unterbewusstseins zu tun. Die Bedeutung des »Selbstbildes« ist der Schlüssel zu Ihrer menschlichen Persönlichkeit, zu Ihren Überzeugungen im Hinblick auf sich selbst und letztlich Ihrer Reaktion auf innere und äußere Reize. Ihr Selbstbild wird darüber entscheiden, was Sie glauben, dass für Sie selbst gut ist und was nicht. Schließlich wird es bestimmen, ob Sie Ihre Ziele und Träume erreichen oder nicht. Wenn wir einen Weg finden, unser Selbstbild zu verändern und auf eine Ebene zu bringen, die uns unterstützt statt dem zuwider läuft, was wir wollen, werden wir uns von selbst verursachten Niederlagen lösen können und zum Erfolg gelangen. Aufgrund solcher emotionaler Fehlschaltungen kann man entweder eine »erfolgsorientierte« oder »misserfolgsorientierte« Persönlichkeit haben; eine »glücksanfällige« oder »elendanfällige« Persönlichkeit, eine »zu Gesundheit neigende« oder »zu Krankheit neigende« Persönlichkeit.

In das gleiche Muster fallen Menschen, die »anfällig für Unfälle« sind – sie lassen ständig Dinge fallen, holen sich Kratzer am Auto, zerbrechen Geschirr, stolpern und verletzen sich etc. Man sieht das auch bei Kindern, und hier hängt es mit den gleichen Ursachen zusammen. Einige kommen darüber hinweg, wenn sie ihr Selbstbild zurechtrücken, andere nicht.

Das Gleiche erlebt man auch in der plastischen Chirurgie: Einige Leute fühlen sich selbst nach einem erfolgreichen Korrektureingriff elend und unglücklich. Ich habe mit vielen Menschen gearbeitet, die sich nach einer Schönheitsoperation zur Behebung eines körperlichen Mangels, für den sie sich schämten, so erbärmlich fühlten, als hätte sich gar nichts verändert. Hier ein Fallbeispiel, das illustriert, wie das funktioniert:

Mary hatte sich ihr Leben lang schlecht gefühlt. Sie war mit einer deformierten Nase auf die Welt gekommen. Ihre Eltern waren arm und konnten sich keine Schönheitsoperation leisten. Mittlerweile war sie vierundvierzig Jahre alt und ihr Leben lang sehr gehemmt und schüchtern gewesen. Sie sparte jahrelang, um den Eingriff in einer der Top-Privatkliniken in Deutschland vornehmen zu lassen. Das war neun Jahre zuvor geschehen.

Nach dem Eingriff hatte sie eine wunderschöne Nase – der plastische Chirurg hatte ganze Arbeit geleistet. Ich sah die Vorher- und Nachher-Bilder, und es war ein Unterschied wie Tag und Nacht. Sie jedoch beharrte darauf, dass der Eingriff ihr Äußeres überhaupt nicht verändert habe. Sie sagte sogar: »Ich sehe doch genau so aus wie vorher, meine Nase ist jetzt nicht viel besser!«

Ich fragte sie, was die Leute aus ihrem Freundeskreis und ihrer Familie von ihrem neuen Aussehen hielten. Sie sagte, dass alle ihr Komplimente machten und sagten, sie sähe ganz phantastisch aus, aber sie glaube ihnen nicht und dächte, sie sagten es nur, damit sie sich gut fühle. Sie leugnete die Veränderungen komplett und reagierte zunehmend gereizt bei meinem Versuch, ihr diese offensichtliche Tatsache nahe zu bringen. An diesem Punkt wurde mir klar, dass es keinen Sinn hatte, da das alle anderen bereits erfolglos getan hatten.

Sie war sehr schüchtern und sah nie jemandem in die Augen. Mir wurde deutlich, dass ihr Problem darin bestand, sich den Augen eines anderen zu stellen. Also nahm ich an ihr die folgenden Tests vor, um herauszufinden, inwieweit sie mit sich in Übereinstimmung war:

»Ich liebe und akzeptiere mich so wie ich bin.«

»Ich liebe und akzeptiere meine Nase genau so wie sie ist.«

»Ich kann jedem in die Augen sehen, ohne mich meiner selbst zu schämen.«

Bei all diesen Aussagen testeten ihre Muskeln völlig schwach, und ich begann nach ungelösten Problemen aus der Vergangenheit zu fahnden. Es war gar nicht schwierig – der ursächliche Zwischenfall, hatte sich sich unmittelbar nach ihrer Geburt ereignet. Als sie auf die Welt gekommen war, gab der Arzt ihr einen Klaps auf den Po und reichte sie an die Säuglingsschwester weiter. »O Gott, die hat ja eine ganz entstellte Nase!«, rief die Schwester aus. Ein paar Minuten später wurde sie ihrer Mutter in den Arm gelegt, die sie ansah und zu weinen begann. In ihr hinterließ das ein negatives Selbstbild, das besagte: »Ich bin hässlich.« Die blockierten Emotionen waren: Unsicherheit, Angst, Traurigkeit und Stress. Nachdem diese vier Emotionen aufgelöst und losgelassen worden waren, geschah ein Wunder. Sie blickte mir direkt in die Augen und lächelte. Sie sagte: »Es ist, als wäre mir eine Last von den Schul-

tern genommen. Ich fühle mich jetzt so befreit. Das ist super!« Drei Monate später hatte sie das erste Rendezvous ihres Lebens!
Das Ganze brachte mich dazu, zu begreifen, dass die Veränderung ihrer Gesichtszüge nicht durch eine Veränderung ihrer Persönlichkeit gestützt gewesen war. Ein Teil von ihr glaubte, es sei ihr nicht bestimmt, glücklich zu sein und sie verdiene es, sich elend zu fühlen, da ihre Mutter unter der Hässlichkeit ihrer Tochter leiden musste.
Das Beispiel erklärt auch, wieso »positives Denken« bei vielen Menschen nicht funktioniert, und warum Millionen von Menschen Affirmationen praktizieren, ohne dass sich in ihrem Leben etwas ändert. Solche Methoden können nur dann eine Wirkung haben, wenn sie sich mit dem Selbstbild einer Person decken, ansonsten führen sie zur Unterdrückung von Gefühlen und noch mehr Stress im Körper. Um in unserem Leben wirklich eine emotionale Balance zu erreichen und den Weg der Mühelosigkeit zu finden, der uns helfen wird, einfach grundlos glücklich zu sein, müssen wir mit uns selbst zufrieden sein. Nur dann können wir den Zustand bedingungsloser Liebe erreichen, der unpersönlich ist. Unpersönliche Liebe liegt dann vor, wenn wir um der Liebe selbst willen lieben können, und nicht, weil es uns einen persönlichen Gewinn bringt oder einer persönlichen Vorliebe oder Neigung entspringt.

Unterbewusste Programme
Wir haben ein Unterbewusstsein, das genau so programmiert ist, wie Software in einem Computer. Dieses Konzept entstammt der so genannten kognitiven Wissenschaft und wird auch »Funktionalismus« genannt. Der Funktionalismus gibt sich nicht mit der Hardware ab, sei es ein Computer oder ein biologisches Hirn, sondern behauptet, dass intelligenten Funktionen, die ausgeführt werden, um ein bestimmtes Ergebnis zu erreichen, gleiche oder ähnliche Prozesse zugrunde liegen.
Aus funktionalistischer Sicht ist das Unterbewusstsein für den Menschen das, was vergleichsweise das Computerprogramm für die Hardware ist. Die kognitive Wissenschaft ist von diesem Betrachtungspunkt eine eigene Disziplin – wir brauchen nichts darüber zu wissen, wie das Gehirn auf biologischer Ebene funktioniert, um es zu programmieren.
Das einzige Problem bei der kognitiven Wissenschaft ist, dass die Emotionen nicht berücksichtigt werden. Indem wir mit den Emotio-

nen arbeiten, können wir den Widerstand umgehen, der durch all die ungelösten Probleme entsteht, die dann zum Fehlschlag führen; so wie in Marys Fall, wo der chirurgische Eingriff nicht ausreichte. Wir mussten mit den freien radikalen Energien umgehen, die die Ursache für das Nicht-Annehmen-Können der körperlichen Veränderung waren.

Durch Kombination einer Lösung der Emotionen mit einem bestimmten Informationsinput können wir das Unterbewusstsein so umprogrammieren, dass es tut, was es tun soll. Das Unterbewusstsein ist hauptsächlich dazu da, uns beim Erreichen dessen zu helfen, was wir wollen. Es gleicht dem Autopilot, der aktiviert wird, nachdem der Kurs festgelegt wurde, und uns zu dem Bestimmungsort bringt, der dem Unterbewusstsein einprogrammiert wurde. Mit weniger als Erfolg gibt es sich nicht ab. Wenn Erfolg bedeutet, dass Sie sich elend fühlen wollen, wird es alle erdenklichen Wege finden, Ihnen dabei zu helfen. Damit ist der Erfolg dann da, denn das war ja Ihr Ziel. Wenn es Ihr Ziel ist, krank zu sein, wird es Ihnen dabei helfen, die entsprechenden Voraussetzungen zu kreieren, um krank zu sein. Wenn Ihr Ziel jedoch ist, glücklich zu sein, wird es Sie auf den entsprechenden Kurs bringen.

Wenn Sie sich also nun Ihre »Erfolge« betrachten und prüfen, ob es einen Bereich gibt, in dem Sie in der Form Erfolg haben, dass Sie erreichen, was Sie nicht wollen, so kann es damit zusammenhängen, dass Sie die Programmierung in sich tragen, das zu erreichen, was Sie nicht wollen.

Gesundheits-Sabotage
Schmerzen, Unfälle, chirurgische Entfernung von Organen (Gallenblase, Mandeln, Blinddarm, Lunge, Magen, Fibrome, Krebs, Polypen und andere Wucherungen), Knochenbrüche, Narben, vorzeitige Alterung, Schwächung des Immunsystems, Autoimmunerkrankungen, Diabetes, Bluthochdruck, Infektionen, Chronic-Fatigue-Syndrom, Allergien, Steifheit, Schwerhörigkeit, Minderung des Sehvermögens etc. – die Liste ließe sich endlos fortsetzen. Auf diese Liste sollten Sie sich setzen, wenn Sie chronische Erkrankungen und Operationen hinter sich haben und schon so viel Zeit in Arztpraxen gesessen haben, dass Sie gar nicht mehr rekonstruieren können, wie lange genau. Sofern Sie sich keiner blendenden Gesundheit erfreuen, sabotieren Sie sich vermutlich in diesem Bereich. Falls Sie rauchen, mehr als zwei Gläser alkoholische Getränke am Tag zu sich nehmen, mehr als sechs Kilo

Übergewicht haben, sich keine Bewegung verschaffen, noch nie meditiert, Yoga, Tai Chi oder Chi Gong betrieben haben, dann liegt bei Ihnen in Sachen Gesundheit wahrscheinlich eine sabotierende Fehlschaltung vor.

Beziehungs-Sabotage

Der Schlüssel ist hierbei, dass Sie Menschen anziehen, die bewirken, dass Sie sich elend fühlen. Einige Autoren bezeichnen sie als toxisch, als Menschen, die »Gift für Sie sind«.
Nun, nach meiner Philosophie gibt es allerdings keine toxischen Menschen. Lassen Sie es mich anders für Sie formulieren: Das Ausmaß, in dem eine Person Ihnen Stress verursacht (für Sie toxisch ist), entspricht genau dem Ausmaß, in dem Sie zulassen, dass diese Person Sie stresst (für Sie toxisch ist).
Wenn Sie sich verändern, werden Sie zweierlei feststellen:
1. Sie werden in Ihrem Leben andere Menschentypen anziehen
2. Die toxischen Personen werden entweder kein Gift mehr für Sie sein oder – sie ändern sich ebenfalls. Sie werden feststellen, dass die ganze Zeit über Sie selbst die toxische Person waren.

Toxische Menschen sind solche, über die Sie sich ärgern, die Sie nicht unterstützen, die fordernd, erdrückend, bemutternd sind, Sie beschimpfen, Sie nicht beachten, Sie ständig kritisieren, lieblos mit Ihnen umgehen, Sie nicht zu schätzen wissen etc. Wenn Sie sich regelmäßig elend fühlen und meinen, Sie müssten sich mit dem zufrieden geben, was Sie haben, weil das eben alles ist, was es da draußen gibt oder weil Sie meinen, Sie verdienten es nicht, glücklich zu sein oder das Leben sei grausam, dann sind Sie wahrscheinlich emotional in Sachen Glück fehlgeschaltet.

Finanzielle Sabotage

Ihr Gehalt reicht nie für den ganzen Monat, Sie jonglieren mit anstehenden Zahlungen, können nichts sparen oder investieren, können einen Job nicht länger behalten. Es ist nie genug Geld da, Sie geben anderen, ohne genug für sich selbst zu behalten, Sie kaufen Lotterielose in der Hoffnung, den großen Treffer zu landen, das Geld reicht vorn und hinten nicht.
Geldprobleme gibt es in unserer Gesellschaft häufig; viele Menschen

leben von einer Gehaltsüberweisung zur nächsten und sehen keinen Ausweg. Andere üben zwei oder mehr Jobs gleichzeitig aus, um über die Runden zu kommen, während wieder andere mit gutem Einkommen dennoch über ihre Verhältnisse leben.

Viele Menschen verbindet eine Hassliebe mit dem Geld. Viele Sabotagegründe können daher rühren, dass Sie unterbewusst glauben, Geld sei der Keim alles Bösen, Geld mache nie glücklich und viele weitere Ungereimtheiten.

Geld steht für Energie, und wenn Sie nicht genug davon haben, ist das ein Stressfaktor und raubt noch mehr Energie, und schon stecken Sie in einem Teufelskreis, den Sie nur ändern können, wenn sich Ihre unterbewussten Programmierungen in Sachen Geld ändern.

Totale Sabotage
Hier sind sie im Unterbewusstsein darauf programmiert, auf allen Ebenen des Lebens zu versagen. Ihre Beziehung geht schief, Sie haben finanziell Stress, Ihre Gesundheit macht Ihnen Probleme und bei all dem ist kein Ende in Sicht.

Vielleicht sind Sie einmal bei Motivationsseminaren gewesen (ich nenne sie immer »Kurzzeit-Wohlfühlseminare«), bei Psychologen, Ärzten, Meditationsgruppen, Sie haben vielleicht Selbsterfahrungsbücher gelesen und -kassetten gehört, alles das mit nur vorübergehendem oder gar keinem Erfolg. Die Schlüsse, die Sie hieraus ziehen, lauten in etwa: »Das Leben ist hart, ich bin eine Niete, ich kann nichts, ich bin einfach nicht fürs Glück gemacht. Nichts mache ich richtig. Ich mache das hier nur, weil es ja nichts anderes gibt.« Vermutlich schieben Sie viele Dinge auf und tun sich selbst sehr Leid. Das alles gehört mit dazu, dass hier emotional etwas massiv fehlgeschaltet ist.

Mittlerweile sollten Sie sich ganz gut ein Bild machen können, auf welchem dieser Gebiete Sie sich selbst sabotieren. Lassen Sie nicht den Kopf hängen, wenn es mehr als eines ist oder sogar alle – das ist ziemlich verbreitet, und dennoch ist die Lösung einfach und effektiv.

Sehen Sie, alles das sind lediglich die Symptome, die Ihre unbewussten Programmierungen und Ihr Selbstbild anzeigen. Auf die Gefahr hin, mich zu wiederholen: Beantworten Sie die folgenden Fragen so ehrlich wie Sie können und machen Sie sich Notizen in Ihrem Tagebuch, denn all das wird sich in Ihrem Leben bald dramatisch ändern:
Was für ein Gefühl haben Sie im Hinblick auf sich selbst?

Ist Ihnen wohl dabei zu sagen: »Ich bin enorm erfolgreich!«?
Was spielt sich in Ihrem Leben ab, das Ihnen ein gutes Gefühl gibt?
Welche Dinge frustrieren, irritieren oder belasten Sie?
Gefällt Ihnen das, was Sie tun, in der Regel?
Sind Sie morgens beim Aufwachen schon ganz heiß darauf, in den Tag zu starten?
Wie steht es um Ihre Finanzen? Sind Sie zufrieden mit dem, was Sie haben?
Wie sieht es mit Ihren Beziehungen aus (Ehepartner(in), Kinder, Freunde, Familie)?
Haben Sie Menschen in Ihrem Leben, die »Gift« für Sie sind?
Wie war Ihre Jugend und Kindheit?
Wenn Sie an Ihre Eltern denken, fühlen Sie sich dann glücklich oder voller Frieden?
Fühlen Sie sich froh und gesund? Erleben Sie sich als Glückspilz?
Sollte irgendeine dieser Fragen bei Ihnen Unwohlsein auslösen oder Stress, so haben wir es mit Themen zu tun, die bei Ihnen eine Emotionale Fehlschaltung auslösen und Ihnen etwas von Ihrer Lebenskraft rauben können. Vielleicht sind Sie nicht in Berührung mit Ihren Gefühlen oder in einer Verleugnungshaltung; das ist dann definitiv ein Gebiet, an dem es zu arbeiten gilt. Emotionale Fehlschaltungen führen zu viel Schmerz, Leiden, Elend und Unzulänglichkeitsgefühlen.

Schlüsselbegriffe bei emotionalen Fehlschaltungen
Drei der Schlüsselworte, die Sie bei Menschen mit emotionalen Fehlschaltungen immer wieder hören werden, lauten: »sollte«, »versuchen« und »vielleicht«.
Sie sagen Dinge wie:
»Ich sollte besser auf meine Gesundheit achten.«
»Ich sollte mich mehr bewegen.«
»Ich will versuchen, mit dem Rauchen aufzuhören.«
»Vielleicht starte ich morgen eine Diät.«

Andere bringen viele Ausreden für Ihre Fehlschläge vor; sie sagen etwa:
»Mir fehlt da die Willenskraft.«
»Ich bin halt wie ich bin, ich bin nicht perfekt.«
»Ich bin eben zu faul, das war schon immer so.«
»An irgendetwas muss ich ja sterben.«

»Ich habe das Gefühl, glücklich werde ich wohl nie sein, da kann ich tun, was ich will.«

Hier die Probleme die sich aus den drei Worten, die bei emotional fehlgeschalteten Menschen oft vorkommen. Beginnen wir einmal mit »vielleicht«.
Wenn wir *vielleicht* sagen, legen wir uns nicht fest; wir halten uns die Hintertür weit offen, dann doch nicht zu tun, was wir vorhaben. Wir machen es uns selbst leicht, so dass wir keinen Fehlschlag erleiden können. Schon haben wir eine selbst geschaffene Niederlage, bevor wir auch nur anfangen, und so kommt es selten zum Erfolg.
Vielleicht ist für das Unterbewusstsein ein stressbeladenes Wort. Allein schon dieses Wort nimmt unserem Verstand jede Zielsetzung, und wenn wir andere Prioritäten haben, werden wir keine Schritte unternehmen.
Mit *versuchen* ist es ganz ähnlich. Man kann unmöglich versuchen, etwas zu tun und dabei Erfolg haben. Versuchen heißt, nicht zu handeln, allenfalls im Kopf. Nehmen wir einmal ein simples Beispiel: *Versuchen* Sie einmal, den nächsten Satz zu lesen: Wenn Sie diesen Satz lesen, sind Sie nicht dabei, es zu versuchen. Also noch einmal zurück und erneut versuchen! Sehen Sie: Sobald Sie versuchen, etwas zu tun, und sie tun es dann tatsächlich, dann versuchen Sie es ja nicht mehr, sondern Sie tun es! Man kann nicht versuchen, etwas zu tun und es gleichzeitig tun, das ist unmöglich. Tun Sie sich selbst also einen großen Gefallen und streichen Sie das Wort »versuchen« komplett aus Ihrem Wortschatz – auch das ist ein Wort, das Ihrem Unterbewusstsein Stress verursacht.
Betrachten wir uns die Mutter aller ungünstigen Worte: »sollte«
Sollte ist wahrscheinlich das schlimmste Wort aus diesem Dreigespann, denn jedes Mal wenn wir *sollte* sagen, schneiden wir uns ins eigene Fleisch. Wir drücken damit aus, dass wir einen Fehler gemacht haben, unzulänglich sind oder waren oder zu einem zukünftigen Zeitpunkt unzulänglich sein werden. Es bestätigt, dass wir unzureichend sind, wenn es darum geht, zu sein, wer wir sind. Besser als *sollte* ist *könnte*, denn damit haben wir positivere Optionen.
Jedes Mal, wenn wir die Worte *sollte, vielleicht* oder *versuchen* gebrauchen, sabotieren wir uns selbst und sind uns selbst gegenüber nicht wahrhaftig; wir treffen keine wirklichen Entscheidungen und öffnen Selbstsabotage und Hinausschieben Tür und Tor.

All dem liegt unser negatives Selbstbild zugrunde, wir seien »nicht gut genug«. Mit anderen Worten: Wir glauben, nicht liebenswert zu sein, und so lehnen wir uns selbst ab und sabotieren hiermit unsere Ziele. Deshalb können »positives Denken« und Affirmationen nicht funktionieren, wenn sie sich nicht mit unserem Selbstbild vertragen.
Wie kommen wir zu einem negativen Selbstbild?
Negative Selbstbilder hängen davon ab, wie wir Dinge deuten, die in der Vergangenheit auf uns eingewirkt haben. Sagen wir einmal, Ihr Vater hätte Ihnen gesagt: »Ich kann es nicht haben, wie du dich aufführst!«, dann hätte es passieren können, dass Sie sich für schlecht hielten, weil Ihr Vater Ihr Verhalten nicht mochte. Für ein Kind ist es sehr schwer, zwischen Verhalten und persönlicher Identität zu unterscheiden. Unser Kind denkt also nun, es sei nicht liebenswert, da sein Vater es nicht ausstehen kann. Das wird dann seine Wirklichkeit. Unser derzeitiges Selbstbild und das daraus resultierende Selbstwertgefühl ist das Ergebnis von dem, was wir »erfahren« haben (unsere emotionale Realität), nicht von dem, was eigentlich gemeint war oder tatsächlich geschah. Wir müssen nun also diese emotionale Realität verändern, indem wir die negative Ladung unserer früheren emotionalen Wirklichkeit beseitigen. Wir müssen unserer Vergangenheit eine neue Bedeutung geben und so unser Erleben im Jetzt ändern.
Das Geheimnis dabei, Ihr Leben zu verändern, liegt nicht darin, dieses Buch zu lesen, sondern seinen Inhalt zu erleben, indem Sie die Informationen auf Ihre Wirklichkeit anwenden. Der erste Schritt ist, die Problempunkte in Ihrem Leben zu identifizieren, an denen es zu arbeiten gilt und sie sich zu notieren. Der zweite Schritt ist, an sich selbst zu arbeiten, wenn es um die Durchführung bestimmter Übungen geht. Sie werden ungefähr drei bis vier Wochen brauchen, bis sich wirkliche Veränderungen in Ihrem Leben abzeichnen. Eventuelle Erwartungen, dass Erfolge schneller eintreten, sind nicht realistisch, aber durchaus möglich.
Enthalten Sie sich jeglicher Beurteilung und wenden Sie die Hilfsmittel mindestens drei Wochen lang an; so lange dauert es, ein negatives Selbstbild zu verändern und Emotionale Fehlschaltungen und Selbstsabotage zu durchbrechen. Negative Selbstbilder in Selbstbilder umzuwandeln, die uns Kraft geben, entscheidet zwischen Erfolg und Fehlschlag, Ehrlichkeit und Unehrlichkeit, Liebe und Angst, Elend und Glück. Es kann helfen, eine Ehe zu retten, die auf dem absteigen-

den Ast ist, das Leben oder die Karriere mit neuer Kraft aufzuladen, es kann Sie vom Opfer in einen Sieger oder eine Siegerin verwandeln. Ein Selbstbild zu erschaffen, das uns Zugang zu unserer eigenen Kraft erlaubt, entspricht dem Unterschied zwischen emotionaler Freiheit und emotionaler Gefangenschaft.

Die Schlüssel zum Stoppen der Selbstsabotage

Ob wir es so recht wissen oder nicht: Wir haben unterbewusst ein Bild von uns selbst, eine sehr detaillierte Vorstellung von der Person, für die wir uns halten. Das ist das Endergebnis all der Programmierungen und Konditionierungen in diesem Leben und – wenn Sie offen für diese Möglichkeit sind – in vielen Leben. Unser Karma und unsere Pflicht ist es, unsere Akten auf den neuesten Stand zu bringen und aus unserer Software alle Daten zu löschen, die wir bei unserem aktuellen Bewusstsein und Wissensstand nicht mehr gebrauchen können.

Wenn Sie dieses Buch lesen, sollten Sie mittlerweile wissen, dass wir unbegrenzte Wesen sind – all unsere Begrenzungen rühren von ungelösten Problemen her, an denen wir festzuhalten beschlossen haben. Wir haben uns dafür entschieden, die Lügen zu glauben, die unsere Eltern, Gleichaltrige, Lehrer und andere so genannte Autoritäten uns erzählt haben. Wir haben uns dazu verleiten lassen, Schafe zu sein, während wir in Wirklichkeit dazu geboren sind, Löwen zu sein. Wir haben gelernt zu blöken statt zu brüllen. Wir haben uns hinein gekauft in die Illusion der materiellen Wirklichkeit, indem wir eine quintsensorische Person waren statt eine multisensorische.

Wir haben es für uns gewählt, zu glauben, wir seien nicht erfolgreich, nicht liebenswert, unwert, wir verdienten nichts und seien nicht attraktiv. Wir haben es geschafft, uns auf die unteren Ebenen des Glücks zu begrenzen statt uns auf die Ebene des bedingungslosen Glücks zu begeben. Wir haben unsere Demütigungen, Fehlschläge und Zurückweisungen durch andere nicht losgelassen. Wir haben vergessen, dass wir Erschaffer unseres eigenen Schicksals sind und allesamt unsterbliche, unbegrenzte Wesen, die von der göttlichen Quelle der Liebe kommen und auf eigenen Wunsch hier auf der Erde sind, um Wege zu finden, die selbst auferlegten Begrenzungen des Fleisches zu überwinden.

So, nun da Sie komplett das herrliche Wesen sehen, das in der Schöpfung seiner eigenen Phantasie gefangen ist, können wir zur nächsten Stufe des Gewahrseins kommen und anfangen, die Art von Selbstbild

zu erschaffen, die unser Autopilot in Richtung Erfolg, Gesundheit, langem Leben und Glück ist.
Es folgen einige grundlegende Gedanken, die es zu verstehen gilt, bevor wir fortfahren.

Deckungsgleichheit
Alles, was Sie tun, fühlen oder denken, deckt sich mit Ihrem Selbstbild. Sie sind darauf programmiert, so und so zu sein, ob es Ihnen gefällt oder nicht, also werden Sie sich entsprechend verhalten.
Sind Sie emotional fehlgeschaltet in Sachen Erfolg, so werden Sie einen Weg nach dem anderen finden, um Ihrer »Fehlschlags-orientierten« Persönlichkeit Genüge zu tun. Sie werden Ihren Erfolg sabotieren, wo Sie nur können. Beispiele hierfür wären: Auf dem Weg zu einem wichtigen Meeting bleiben Sie im Stau stecken. Naheliegenderweise werden Sie glauben, schließlich könnten Sie ja nichts für einen Stau, insbesondere, wenn mit ihm nicht zu rechnen war. Andere Möglichkeiten: Sie werden krank, haben einen Unfall, vergessen einen wichtigen Termin etc. Wenn Sie von sich das Bild haben, »Opfer« zu sein, werden Sie in Ihrem Leben Situationen anziehen (»erschaffen«), die Sie in diesem Glauben bestärken. Sie werden genau die Menschen finden, die schlecht mit Ihnen umgehen, Sie bestehlen etc., bis Sie dieses Bild verändern.
Wenn wir die Tatsache verstehen, dass wir lebende biologische Radiosender und -empfänger sind, können wir zu der Erkenntnis gelangen, dass wir als Magnete für Menschen und Situationen fungieren, die mit unserem Selbstbild übereinstimmen. Wir erschaffen uns unsere eigene sich selbst erfüllende Prophezeiung. Wenn Sie sich unattraktiv finden, werden Sie diese Wirklichkeit erschaffen und Ihre Überzeugung bestätigt finden.
Es geht sogar noch weiter: Wenn Sie sich selbst nicht für liebenswert halten, wird das Gehirn alle Botschaften ausfiltern, die anderes besagen. Hier ein Beispiel:
Bei einem meiner Seminare kam eine Teilnehmerin auf mich zu, um mich um meine persönliche Hilfe zu bitten. Ihr Problem war, dass sie glaubte, von niemandem geliebt zu werden, auch nicht von ihrem Mann und ihren Kindern. Als ich sie fragte, wie es denn gekommen sei, dass sie jemanden heiratete, der sie nicht liebte, sagte sie: »Anfangs lieben mich ja alle, aber nach einer Weile verlieren sie das Interesse!«

Ich erhielt ihre Erlaubnis, sie vor das Publikum auf die Bühne zu bringen, damit alle aus ihrer Situation lernen könnten. Auch ihr Mann wurde auf die Bühne gebeten. Ich forderte ihn auf, ihr zu sagen, dass er sie liebe. Sofort gaben ihre Muskeln nach – ein Hinweis darauf, dass ihr diese Aussage Stress bereitete. Dann sagte ich ihm, er sollte sie einfach nur liebevoll ansehen und in Kontakt mit seiner inneren Liebe zu ihr kommen. Und auch hier trat sofort wieder Stress bei ihr auf. Dann bat ich ihn, er solle ihr sagen, dass er sie nicht liebe. Nun blieben ihre Muskeln stark, was bedeutete, dass ihr Unterbewusstsein diese Botschaft akzeptierte und sich nicht gegen sie wehrte. Danach forderte ich ihn auf, sie böse und aufgebracht anzusehen und gar nichts zu sagen. Auch dabei fühlte sie sich offenbar wohl, wie ihre starken Muskeln zeigten. Mit anderen Worten, sie war emotional fehlgeschaltet, wenn es um das Geliebtwerden ging.

Ich fand heraus, dass zu der Zeit, als sie drei oder vier Jahre alt war, ihre Schwester geboren wurde und die gesamte Aufmerksamkeit bekam. Sie zog sich so viel wie sie konnte zurück, da sie dachte, ihr Vater liebe ihre Schwester mehr als sie selbst. Sie hörte auch auf, sich bei ihrem Vater auf den Schoß zu setzen und sperrte sich dagegen, liebkost zu werden. Ihr Vater fühlte sich seinerseits von ihr abgewiesen und widmete sich so verstärkt der jüngeren Schwester. Das sorgte für ein Festsetzen von Gefühlen der Verbitterung, der Eifersucht, des geringen Selbstwertgefühls, der Abneigung und Trauer.

Nachdem ich mit ihr Übungen praktiziert hatte, ihrer Schwester und ihrem Vater zu verzeihen, war die Emotionale Fehlschaltung verschwunden. Das wirkte sich stark auf ihre Ehe und ihr Leben aus. Ihr Selbstvertrauen hat sich verstärkt, und sie behauptet sich jetzt leichter. Hier zeigt sich, dass es ein wichtiger Punkt ist, dass wir unser Selbstbild unablässig zu bestärken suchen und es von daher weiter ausbauen, wodurch eine Negativ- oder Positivspirale entsteht. Ich habe schon viele wundersame Wandlungen in Sachen Selbstvertrauen, Karriere, Beziehungen, Gesundheit erlebt, wenn ein Klient oder eine Klientin es schafft, ein Selbstbild aufzubauen, dass ihm oder ihr hilft, sich die eigene Kraft zu erschließen.

Angst und Annehmenkönnen
Unser Selbstbild führt zu einer emotionalen Fehlschaltung, weil wir immer dann, wenn wir etwas wollen, das nicht unserem Selbstbild

entspricht, unverzüglich Angst auslösen. Die Angst rührt daher, etwas zu wollen, das nicht gut für uns ist, da es sich nicht mit dem eigenen Selbstbild deckt.

Wenn Sie also reich sein wollen, haben aber das Bild von sich, Sie verdienten keinen Wohlstand, so wird das Unterbewusstsein Wege finden, das Reichsein für Sie zur beängstigenden Angelegenheit zu machen. Sie werden Ihre Freunde verlieren, so die Vorstellung, andere werden Sie nur um Ihres Geldes willen mögen. Wenn Sie Geld haben, werden »die anderen« versuchen, es Ihnen zu stehlen. Noch viele weitere Gründe werden Ihnen in den Sinn kommen, und unter diesen Umständen will natürlich kein halbwegs vernünftiger Mensch reich sein.

Wie würde sich das auf so etwas wie die Gesundheit auswirken? Gesundheit kann mit Pflichten verbunden sein, mit arbeiten müssen oder damit, keine Aufmerksamkeit zu erhalten, immer stark sein zu müssen. Krankheit kann diesbezüglich angenehmer sein, es bedeutet vielleicht, Aufmerksamkeit, Liebe, Achtung, Fürsorge, Bewunderung etc. zu bekommen. Wenn Sie als Kind primär dann Aufmerksamkeit bekamen, wenn Sie krank waren, und Sie mit dem Schuleschwänzen also Annehmlichkeiten in Verbindung brachten, schufen Sie womöglich unterbewusst das Bild, Kranksein mache Spaß und Gesundsein sei schlecht.

Jetzt denken Sie vielleicht: »Okay, ich kann ja verstehen, dass so etwas in Bezug auf Geldhaben und Gesundheit möglich ist. Aber wie sollte jemand sich elend fühlen wollen, statt glücklich?«

Selbst das Glücklichsein kann mit unangenehmen Gefühlen verbunden sein. Sie können doch nicht glücklich sein, wenn es noch immer so viele Menschen gibt, die leiden. Von daher haben Sie Schuldgefühle. Sie können der Überzeugung sein, dass Sie es nicht verdienen, glücklich zu sein, da Sie ein schlechter Mensch sind. Sie können glauben, dass glücklich zu sein bedeutet, kein Mitgefühl mit anderen zu haben oder sie nicht zu respektieren. Einige Menschen haben so viel Schmerz mit dem Glücklichsein in Verbindung gebracht, dass sie gar nichts genießen und sich an nichts erfreuen können.

Als Psychologin befasste sich Dr. Janet Hranicky mit den Persönlichkeiten hunderter von Krebspatienten und fand heraus, dass viele von ihnen diese Negativassoziationen im Hinblick auf Glück aufwiesen. Sie nannte das die »Vergnügensstarre«. Mit anderen Worten: Wir

können vor dem Angst haben, was wir wollen, wenn wir unterbewusst glauben, es passe nicht zu dem Selbstbild, das wir von uns haben.
Eine der Techniken, die wir hier anwenden, ist die, zu akzeptieren, dass wir vielleicht nie glücklich, gesund oder erfolgreich sein dürfen. Niemand will das hinnehmen, aber indem wir akzeptieren, dass wir womöglich nie bekommen werden, was wir wollen, werden wir die Sabotage aus dem Ganzen herausnehmen, mit der wir uns konfrontiert sehen, wenn wir uns auf unsere Ziele einstellen. Sobald Sie einen Fehlschlag als Möglichkeit akzeptieren, wird er Sie nicht mehr belasten und Sie können die Energie, die Sie zuvor auf die Angst verwendeten, darauf verwenden, Erfolg zu erschaffen. »Ich akzeptiere und liebe mich auch dann noch, wenn ich versage«, ist die Antwort, wenn es darum geht, Angst in Kraft umzuwandeln. Mehr dazu später.

Das Selbstbild lässt sich umprogrammieren.
Die gute Nachricht lautet, dass jeder Mensch jeden Alters sein Selbstbild verändern und von daher geistigen Frieden finden kann. Das bedeutet, an der Ursache zu arbeiten, statt die Symptome zu kurieren. Die Symptome sind das Misslingen, die Krankheit, das Elends- und Armutsbewusstsein; die Ursache ist das entmachtende Selbstbild. Emotionales Gleichgewicht ist nur dann erreichbar, wenn wir beim ursächlichen Faktor anfangen.
»Positives Denken« allein reicht nicht aus, wenn sich nicht gleichzeitig das Selbstbild ändert. Wir müssen ein Selbstbild erschaffen, das sich mit unseren Zielen, unseren Werten und dem deckt, wofür wir uns engagieren. Die Frage, die Sie sich stellen sollten, lautet also einfach: »Welche Art von Selbstbild brauche ich, um in meinem Leben das zu erreichen, was ich erreichen will?«
Um sich ein großartiges Leben zu erschaffen, brauchen Sie ein unterstützendes Selbstbild, das im Einklang mit Ihren Überzeugungen ist. Sie müssen im Stande sein, an sich zu glauben. Deshalb müssen Sie Ihr Unterbewusstsein mit der »Erfolgs«-Software Ihrer Wahl neu programmieren. Das wird zu neuen Denkgewohnheiten, neuen Vorstellungen und Gefühlen führen, die Ihrem neuen Selbstbild entsprechen.
Eine emotionale Komplett-Fehlschaltung lässt sich ganz einfach durch Einsatz einiger Affirmationen umkehren, während gleichzeitig einige Punkte des Emotional Balancing behandelt werden. Auf diese Technik werden wir am Ende dieses Kapitels noch eingehen. Das eigent-

liche Problem jedoch ist, dass wir uns selbst nicht genug lieben. Wir haben das Gefühl, nicht gut genug zu sein, etwas nicht zu verdienen, es nicht wert zu sein. Das alles ist Un-sinn, und es ist Zeit für eine drastische Veränderung und dafür, ein neues Leben anzufangen.

Spezifische Emotionale Fehlschaltungen
Das ist die zweite Kategorie der Sabotage von dem, was wir wirklich wollen, nur nicht so breit angelegt wie die emotionale Komplett-Fehlschaltung. Wir stimmen vielleicht vollkommen damit überein, gesund, glücklich und erfolgreich zu sein und sabotieren uns dennoch auf bestimmten Gebieten. Während *Vollständige Emotionale Fehlschaltung* zu einem Leben voller Depressionen, Fehlschlägen und schlechter Gesundheit führt, wird uns die *Spezifische Emotionale Fehlschaltung* nur in bestimmten Bereichen betreffen. Wir sind vielleicht beruflich sehr erfolgreich und verdienen gut, sabotieren uns aber auf einem anderen Gebiet, etwa in Beziehungen, Ehe, Gesundheit, Ernährung, Lebensweise oder spirituellem Wachstum, komplett. Natürlich können wir auch auf anderen Gebieten, etwa in der Ehe und in Sachen Gesundheit sehr erfolgreich sein, aber ein chronisches Chaos in punkto Finanzen verursachen. Mitunter kann es so wirken, als hätte jemand Pech, ohne dabei zu begreifen, dass Glück oder Pech hiermit nichts zu tun haben. Die nachfolgende Geschichte wird Ihnen einen Eindruck vermitteln, wie das im richtigen Leben funktioniert.

Fallbeispiel eins: Spezifische Emotionale Fehlschaltungen
Ich lernte Joseph im Flugzeug kennen, auf dem Flug von Amsterdam nach Atlanta; ich war auf dem Rückweg von einer intensiven Tournee mit einem Seminar nach dem anderen und Vorträgen in Italien und Holland. Wie meist flog ich in der Business Class, und nachdem ich vielleicht eine Stunde vor mich hingedöst hatte, weckte man mich zum Mittagessen.
Joseph saß neben mir und brachte offenbar keinen Bissen hinunter; er starrte mit einem Blick vor sich hin wie ein geprügelter Hund. Er war ein gut aussehender Mann Mitte zwanzig. Ich fragte ihn, ob etwas mit dem Essen nicht in Ordnung sei. »Nein«, sagte er, »ich fühle mich nur nicht gut, bei mir läuft gerade einiges schief.« Ich verspürte so etwas wie Mitgefühl für ihn, also begann ich ihm Fragen zu stellen, weil ich herausfinden wollte, ob ich irgendwie helfen konnte. Seine Geschichte

war bemerkenswert. Er war vierundzwanzig Jahre alt und seine Eltern waren bei einem Autounfall ums Leben gekommen, als er gerade acht war. Ein seltsames Schicksal hatte es so gewollt, dass sie ihn an diesem Abend zu Hause gelassen hatten, trotz seines lautstarken Protests, sie sollten auch bei ihm zu Hause bleiben. Sie setzten sich durch, und er musste bei ihrer Haushälterin bleiben. Josephs Eltern waren ziemlich wohlhabend und hinterließen ihm in einem Treuhandfond rund fünf Millionen Dollar plus einiges an Immobilien, auch noch einmal im Wert von vier Millionen Dollar.

Mit achtzehn Jahren stand es ihm frei, über das Geld nach Belieben zu verfügen. Er beriet sich mit einem angesehenen Finanzberater und investierte sein Geld an der Börse. Kurz nach dieser Investition brach der Aktienmarkt ein, und er verlor über Nacht zwei Millionen Dollar. Er nahm sein ganzes Geld und investierte es in der Schweiz in Immobilien. Knapp ein Jahr später verlor er eine weitere Million Dollar und hatte nun nur noch zwei Millionen übrig.

Dem Rat neuer Finanzberater folgend, investierte er einen Teil des Geldes in Rennpferde und ein sehr gut eingeführtes Restaurant. Hier verlor er die Hälfte seines Geldes, und so war er als letztes Bemühen, etwas zu unternehmen, nach Amsterdam geflogen, um ein Gespräch mit einer der angesehensten und mit am längsten erfolgreichen Investmentgruppe zu führen. Nun war er ernüchtert, da man ihm gesagt hatte, es würde mindestens acht bis zehn Jahre dauern, seine Verluste wettzumachen. Er dachte daran, seine Immobilien komplett zu veräußern, obwohl der Markt gerade ein Käufermarkt war und er nicht gerade den besten Preis erzielen würde.

Er glaubte, er sei wohl der geborene Pechvogel: Zuerst verlor er seine Eltern, und jetzt war er im Begriff, sein gesamtes Geld zu verlieren. Ich sagte ihm, dass ich gerade Recherchen dazu anstelle, wie unser Unterbewusstsein funktioniert und dass ich der Überzeugung sei, man könne es umprogrammieren. Ich erklärte ihm, dass ich ihm gerne helfen würde und dass ich davon ausging, dass es ihn im schlimmsten Fall zwanzig bis dreißig Minuten kosten würde, mehr nicht. Er habe ja nichts zu verlieren, und für die nächsten sechs Stunden würden wir ja ohnehin in diesem Flugzeug festsitzen.

Also begann ich mit den Muskeltests sein Unterbewusstsein zu ergründen. Die Muskeln testeten stark auf die folgenden Aussagen (was heißt, dass er unterbewusst zustimmte):

»Ich will gesund sein«
»Ich will erfolgreich sein.«

Die Muskeln testeten schwach (unterbewusst stimmte er also nicht damit überein) bei den Aussagen:
»Ich will Geld verdienen«
»Ich will Glück haben«
»Ich will glücklich sein«.

Umgekehrt waren die Muskeln stark (sein Unterbewusstsein stimmte also zu) bei den folgenden Aussagen:
»Ich will mein ganzes Geld verlieren«
»Ich will Pech haben«
»Ich will mich elend fühlen«.

Mittlerweile war mir Josephs volle Aufmerksamkeit sicher, und er war vollkommen »hin und weg« angesichts des Ausgangs, den dieser einfache Test genommen hatte.
»Aber was ist das denn? Wie kann das sein?«, fragte er vollkommen verwirrt.
»Schauen wir einmal tiefer, suchen wir die Ursache hierfür«, antwortete ich, und wir setzten die Tests fort. Die Flugbegleiterin beäugte jedes Mal, wenn sie vorbeikam, die beiden Männer, die da irgendetwas Merkwürdiges machten. Wenn ich bei jemandem die Muskeltests durchführe, fordere ich ihn auf, mit der Spitze des Daumens und der Spitze des Zeige-, Mittel- oder Ringfingers der gleichen Hand ein »O«, einen Ring, zu bilden. Ich nehme dann meine beiden Hände zu Hilfe, um die Finger des anderen auseinander zu ziehen, und so herauszufinden, wie stabil dieser Ring bleibt, während die Person, die getestet wird, die vorgeschlagenen Aussagen ausspricht. Für jemanden, der nicht weiß, was es damit auf sich hat, sieht es schon etwas merkwürdig aus. Ich begann die Überprüfung damit, welche Emotionen bei ihm in Zusammenhang mit dem Wunsch, finanziell erfolgreich und glücklich zu sein, unaufgelöst waren. Dabei ergab sich: Schuldgefühl, Trauer, Verlassenheitsgefühle, geringes Selbstwertgefühl und Nicht-Verzeihen-Können.
Sie alle waren nach dem Tod seiner Eltern unerlöst geblieben. Er gab sich selbst die Schuld daran, dass er es nicht geschafft hatte, die Eltern

dazu zu bringen, mit ihm zu Hause zu bleiben – er war schuld an ihrem Tod und verdiente es nicht, ihr Geld zu erben. Er konnte es sich selbst absolut nicht verzeihen und fühlte sich von Gott im Stich gelassen, und das war die Ursache für sein niedriges Selbstwertgefühl und seine Trauer.

Das Unterbewusstsein und das morphogenetische Feld
Aus dieser Geschichte können wir lernen, dass das Unterbewusstsein Daten zur Verfügung hat, die uns nicht bewusst sind. Man kann das daran sehen, wie Joseph Finanzberater mit einem guten Ruf auswählte, die ihm dann zu Schritten rieten, bei denen er Geld verlor. Es scheint, die Berater waren Teil einer kosmischen Verschwörung, die Joseph beim Erreichen seiner Ziele half: sein Geld loszuwerden.
Eine andere Sichtweise wäre die, dass Josephs Unterbewusstsein über die magische Fähigkeit verfügte, die Immobilienwerte so zu beeinflussen, dass seine Objekte an Wert verloren, oder auf Rennpferde, die normalerweise gewannen, so einzuwirken, dass sie verloren, oder treue Stammkunden dazu zu bringen, das Restaurant nicht mehr so häufig zu besuchen wie zuvor.
Die dritte Möglichkeit wäre, dass beides gleichzeitig geschah: Die eine Seite war hellsichtig und wusste genau, wo investieren, wenn man Geld verlieren wollte, und die andere Seite konnte die Welt so beeinflussen, dass sie ihm gab, was er wollte.
Natürlich wäre da noch die vierte Möglichkeit: Dass all das reiner Zufall war und gar nichts mit Joseph zu tun hatte. Einige würden das am liebsten glauben, weil ihnen die Vorstellung Angst macht, dass wir über ein machtvolles Unterbewusstsein verfügen, das erbarmungslos darauf hinarbeiten wird, unsere unterbewussten Ziele zu erreichen und sein Wissen auf dem Gebiet der Quantenphysik dazu einsetzt, Situationen zu materialisieren und zu erschaffen, die zu unseren Zielen passen. Das ist ein unglaublicher Erfolgsmechanismus, mit nichts zu vergleichen, was wir uns sonst vorstellen könnten.
Ja, es läuft in der Tat eine kosmische Verschwörung; an dem Punkt, wo sich alles an kollektivem Bewusstsein zusammenfügt, um jene Umstände entstehen zu lassen, die dem Karma eines jeden einzelnen dienlich sind. Entweder wir übernehmen also die Verantwortung und beginnen von ihr Gebrauch zu machen, oder wir ignorieren sie weiterhin und halten uns für Opfer oder meinen, wir hätten eben bloß Glück gehabt, wenn etwas gut läuft (oder Pech, wenn es sich schlecht entwickelt).

Fallbericht zwei: Spezifische Emotionale Fehlschaltung
Pete war es sichtlich unbehaglich bei dem, was er mir gerade erzählt hatte, und er starrte auf seine Füße hinunter. Lily war seine Verlobte. Für sie schien die Situation okay, und sie sah aus, als wäre ich so etwas wie ein Richter und solle entscheiden, auf welcher Seite ich stand.
Pete hatte mir berichtet, dass er und Lily seit zwei Jahren miteinander gingen, dass er sie aber immer bedrängen musste, wenn es darum ging, mit ihm zu schlafen. Während des Akts lag sie dann einfach passiv auf dem Rücken und ließ es über sich ergehen, ohne jedoch aktiv bei irgendetwas mitzumachen oder es zu genießen. Er war sechsundzwanzig und sie siebenundzwanzig. Beide sagten, dass sie einander liebten und wollten, dass die Beziehung weiterginge; es war nur so, dass Lily eben keinen Sex mochte und sich nur Pete zuliebe darauf einließ. Pete hatte mich in einer Fernsehsendung gesehen und sich einen Termin bei mir geben lassen.
»Es muss ja einen Grund haben, dass Lily eine solche Abneigung gegen Sex hat«, sagte ich. »Ich teste sie einmal, und dann finden wir mehr heraus, aber davor möchte ich Lily gerne noch fragen: Sind Sie schon einmal sexuell belästigt, vergewaltigt, sexuell missbraucht oder misshandelt worden beziehungsweise Opfer eines Inzests gewesen?«
Sie verneinte alle Punkte; das einzige zusätzliche Symptom war, dass vor zwei Jahren ihre Menstruation aufgehört hatte, davor hatte sie sechs oder sieben Jahre eine sehr unregelmäßige Regelblutung gehabt, manchmal nur vier Mal im Jahr.
Ich begann mit dem Test auf eine Emotionale Fehlschaltung, und ihr Unterbewusstsein stimmte zu bei: »Ich will gesund, glücklich und erfolgreich sein« und »Ich will eine gute Beziehung«. Keine Zustimmung ihres Unterbewusstseins kam bei: »Ich will in der Lage sein, Spaß am Sex zu haben« und »Ich will mit Pete schlafen«. Zustimmung kam wieder bei: »Ich will nicht mehr mit Pete schlafen« und »Ich will, dass ich mich beim Sex schlecht fühle«.
Pete war über das, was er da sah und hörte sehr erstaunt und verfolgte aufmerksam alles, was wir taten. Die Emotionen, die zum Vorschein kamen, waren: Trauer, Scham, Verzweiflung, Traurigkeit, Verletztheit, Verletzlichkeit, Schuldgefühl, Ekel.
Als Lily achtzehn war, erlebte sie etwas, das für sie ein Schock war und bewirkt hatte, dass sie diese Emotionen unterdrückte. Ich fragte sie, ob sie wisse, was vor neun Jahren geschehen sei. Sie brach auf der

Stelle in Tränen aus und konnte fünf Minuten lang nicht mehr aufhören zu weinen. Dann begann sie stockend ihre Geschichte zu erzählen:
Sie war als Achtzehnjährige schwanger geworden. Ihr damaliger Freund war ein Schulkamerad, auch er achtzehn Jahre alt. Sie war in ihn verliebt. Sie wollte das Baby behalten. Ihre Eltern reagierten sehr negativ und waren schockiert. »Wie kannst du uns das antun? Du solltest dich schämen!« Sie zwangen sie gegen ihren Willen zu einer Abtreibung. Sie wollte es nicht tun, da es ihrer Überzeugung nach Mord war und sie das Baby wollte. Ihre Eltern hatten kein Erbarmen mit ihr.
Als sie von der Klinik nach Hause kam, hatten sie Kuchen und Sekt gekauft, um das »Happy End« zu feiern. Sie flüchtete in ihr Zimmer, um sich dort auszuweinen und betete zu Gott: »Lass das nie wieder zu! Das nächste Mal bringe ich mich um!«
Also machte sich ihr unterbewusster Erfolgsmechanismus ans Werk: Nach diesem Trauma wurde ihre Menstruation unregelmäßig und immer seltener. Sie trennte sich von ihrem Freund und ging fünf Jahre lang mit gar keinem Mann, bis sie vor zwei, drei Jahren Pete kennen lernte. Da aber stellte sie fest, dass sie, obwohl sie Pete liebte, keinen Spaß am Sex hatte. Sie hatte die ganze Sache mit der Abtreibung vollkommen verdrängt und nie mehr daran gedacht – bis jetzt.
Wir arbeiteten daran, ihr dabei zu helfen, sich von ihren Emotionen zu lösen und führten eine Übung zum Thema Vergebung durch – um ihren Eltern zu vergeben, dass sie so grob und unsensibel gewesen waren und sie zu der Abtreibung gezwungen haben. Was danach geschah, kam einem Wunder schon sehr nahe.
Sie rief mich eine Woche später an, um zu berichten, dass sie sechs leidenschaftliche Tage und Nächte mit Pete hinter sich hatte und sich schon Sorgen mache, ob Pete ihre Lust auf Sex nicht zu viel werden könne. »Ach ja, und heute früh habe ich zum ersten Mal wieder meine Tage bekommen!« Was die Spezialisten mit ihren chemischen Hormonen nicht fertig gebracht hatten, hatte ihr eigener Geist problemlos und ganz natürlich in Ordnung gebracht.
Das Schönste an diesen Fällen ist, dass sie nicht etwa selten oder ungewöhnlich sind. Sie ereignen sich alltäglich im Leben derer, die Emotional Balancing anwenden, um mit inneren Turbulenzen fertig zu werden. In den Ländern, in denen ich diese Methode weitergebe, wird die Technik mittlerweile tagtäglich von Laien wie auch medizinischen

Fachleuten angewandt. Dieses Buch ist dazu gedacht, diese Hilfsmittel Millionen Menschen auf der ganzen Welt zur Verfügung zu stellen.
Betrachten wir uns nun die dritte Form der emotionalen Fehlschaltung:

Die partielle Emotionale Fehlschaltung
Diese dritte Kategorie ist wie die zweite sehr weit verbreitet und tritt bei den meisten Menschen früher oder später einmal auf. Wir mögen innerlich vollkommen »ja« dazu sagen, glücklich, gesund und erfolgreich zu sein, und wir mögen »ja« sagen zu unseren spezifischen Zielen, und dennoch kann es passieren, dass wir uns selbst sabotieren, zwar weniger offensichtlich als bei der spezifischen oder der totalen Fehlschaltung, aber es kann doch unser Leben, unsere Gesundheit und unseren Erfolg genauso ruinieren.
Bei der partiellen emotionalen Fehlschaltung wollen wir nicht alle unsere Unannehmlichkeiten aufgeben – wir wollen einiges davon behalten. So kann es zum Beispiel sein, dass jemand tagtäglich Kopfschmerzen hat, und beim Test zeigt sich eine Zustimmung zu »Ich will diese Kopfschmerzen loswerden«, nicht jedoch zu »Ich will diese Kopfschmerzen vollständig loswerden.«
Das ist ein eigenartiges Phänomen, das eine Erklärung dafür bietet, warum viele Menschen nicht ganz genesen. Sie erholen sich bis zu einem gewissen Grad, am letzten Rest aber halten sie fest.
Warum sollten wir das tun? Wozu soll es denn um alles in der Welt gut sein, unsere Ziele nicht vollständig zu erreichen, etwas von seinem Übergewicht beizubehalten, etwas von seinem Unwohlsein, seinen Allergien, Schmerzen, seinem Zigarettenkonsum, seinen Gelüsten etc.
Nichts geschieht ohne Grund.
Der Hauptgrund ist der, dass das Unterbewusstsein den Eindruck hat, dass es die gesetzten Ziele verfehlt hat, wenn es alles aufgibt. Der sekundäre Gewinn, der damit verbunden sein kann, einiges von den misslichen Umständen zu bewahren, kann enorm sein – weil das Unterbewusstsein es nämlich am liebsten sähe, wenn Sie mit möglichst geringem Aufwand an ihr Ziel kämen. Wenn Sie also krank sind, und Sie haben das Kranksein satt, dann wollen Sie vielleicht weniger krank sein – sie bekommen dabei trotzdem, was sie wollen.
Nehmen wir eine Situation, in der Sie als Kind die Erfahrung machten, dass Ihre Mutter bereit war, sich einen Tag Urlaub zu nehmen, wenn Sie krank waren, und dann wurden Sie rundum verwöhnt und

bekamen die Aufmerksamkeit, nach der Sie sich sehnten. Nun ist Ihr Unterbewusstsein darauf programmiert, dass Sie sich Aufmerksamkeit und Verwöhntwerden sichern können, indem Sie krank werden. Der einzige Nachteil ist der, dass das Kranksein an sich ja nicht gerade sonderlich viel Spaß macht. Ein Großteil der chronisch Kranken sabotiert von daher den letzten Rest ihrer Genesung.
Betrachten wir das Fallbeispiel einer Frau mit dem Chronic-Fatigue-Syndrom.
Paulina litt seit zwölf Jahren an krankhafter chronischer Müdigkeit und hatte bereits mehr als acht alternative Heiler und Heilerinnen konsultiert, nachdem sie zuvor alle Möglichkeiten der Schulmedizin, von Prozac bis Kortikosteroid-Spritzen, ausgeschöpft hatte – alles ergebnislos. Außerdem war sie von den Besten auf dem Gebiet der alternativen Therapien behandelt worden, unter anderem durch Akupunktur, Homöopathie, chiropraktische Versorgung, Naturheilmittel, Qigong, Yoga, Meditation, Blütenessenzen etc. Bei jeder Therapie fühlte sie sich zwei bis drei Monate besser und schraubte ihre Hoffnungen hoch, nur um kurz danach einen Rückfall zu erleben. Es machte sie fast wahnsinnig
Einer der Therapeuten nahm an einem Training in meiner Academy for Vitality Medicine teil und hatte ihren Fall mit mir besprochen. Ich willigte ein, mich einmal mit ihr zu treffen um herauszufinden, ob ich ihm zusätzliche Erkenntnisse vermitteln könnte.
Er hatte ausgiebige Tests an ihr vorgenommen und sie auf Emotionale Fehlschaltungen überprüft. Es handelte sich um eine junge Frau Mitte dreißig, gutaussehend, und im Grunde gar nicht krank wirkend. Sie sagte mir, ich sei ihre letzte Hoffnung. Ich wies sie darauf hin, das besser nicht zu sagen, da wir mitunter Krankheiten kreieren, da diese uns dazu bringen, unseren spirituellen Weg zu finden. Wenn keine Hilfe von außen, die wir uns gesucht haben, funktioniert, wenden wir uns vielleicht nach innen, um wirklich herauszufinden, warum wir das manifestieren. Ich sagte ihr auch, dass ich sie lediglich unterstützen könne, und dass die Intelligenz ihres Körpers den Rest übernehmen würde.
Sie zeigte ein »Ja« in Sachen Komplett-Fehlschaltung, spezifische Fehlschaltung und partielle Fehlschaltung. Ihre Muskeln blieben stark bei der Aussage: »Ich will völlig darüber hinweg kommen!« und wurden schwach bei: »Ich will nichts davon übrig behalten!«
Charly, ihr Therapeut, mein Schüler, hatte sie ebenfalls hierauf getes-

tet. Also folgte ich meiner Intuition und ließ sie Folgendes sagen: »Ich will ein winziges Bisschen von meiner chronischen Müdigkeit behalten«, und auch hier war die Muskulatur wieder stark und zeigte damit an, dass dies zutraf. Charly fand es absolut spannend, ebenso wie Paulina und ich selbst. Wir hatten das Gefühl, die Erklärung für den Widerstand gefunden zu haben. Ich hatte damit etwas Neues gelernt und sollte herausfinden, wie wichtig es war.

Wir machten uns daran, die zugrunde liegenden Ursachen herauszufinden. Nicht, dass sie wirklich eine Rolle spielen, sondern einfach, weil es Spaß macht, herauszufinden, wie das Unterbewusstsein funktioniert. Wie Sie später sehen werden, ist es nicht wichtig zu wissen, welche Begebenheit die emotionale Blockade verursacht hat; das einzige, was wir wirklich zu tun haben, ist die Vergangenheit loszulassen, welchen Grund es dort auch gegeben haben mag.

In ihrem Fall kam heraus, dass sie sich dann, wenn die Erkrankung völlig ausheilen würde, komplett um das Haus, die beiden Kinder und ihren stundenweisen Job als Grafikdesignerin kümmern müsste. Ihr Unterbewusstsein fand das nicht fair. Sie war das älteste von vier Kindern gewesen. Ihre Familie gehörte zur unteren Mittelschicht, und sie steckten ständig in finanziellen Schwierigkeiten. Als älteste Schwester war sie für den Haushalt zuständig und musste ihre beiden Brüder und ihre Schwester versorgen. Nur wenn sie krank war, wurde sie von ihren Aufgaben befreit. Ihre Emotionen waren Wut, Enttäuschung, Frustration und Sorge. Nach diesem achtminütigen Meeting war Paulina wie ausgewechselt, und innerhalb der nächsten sechs Wochen heilte ihre Erkrankung komplett aus. Im allgemeinen sind für das Chronic-Fatigue-Syndrom mehrere Behandlungen erforderlich. In ihrem Fall ging es so schnell, weil sie bereits von angesehenen Ärzten und Heilpraktikern behandelt worden war, und dies jetzt nur noch das fehlende Bindeglied war.

Im allgemeinen gibt es jedoch enorme Erfolge bei Chronic-Fatigue-Fällen, und ich würde allen mit einer solchen Erkrankung raten, sich mit Emotional Balancing zu befassen. Es kann Ihr Leben positiv beeinflussen, schneller als die meisten Therapien. Wichtig ist, dass selbst dann, wenn das Unterbewusstsein nur ein klein wenig Krankheit möchte, die komplette Heilung blockiert wird. Sabotage bleibt Sabotage und kann dennoch Ihr Leben ruinieren, Ihre Beziehungen, Ehe, Ihren Vorsatz, sich mehr zu bewegen, abzunehmen, sich das Rauchen

abzugewöhnen, und viele andere Bereiche Ihres Lebens, wie etwa Finanzen und Freundschaften.
Betrachten wir uns nun die vierte und letzte Art der Fehlschaltung:

Die Fehlschaltung umständehalber
Diese Kategorie könnte man auch unter »Diverse« einordnen, da alles, was nicht in die drei ersten Kategorien hineinpasst, hier hineingepackt wird. Es gibt dennoch sehr viele Gründe, warum wir unterbewusst glauben, wir sollten unsere Ziele nicht erreichen.
Gehen wir einige davon noch einmal durch:

Timing
Es mag aus verschiedenen Gründen nicht der rechte Zeitpunkt sein; vielleicht wollen Sie einfach noch ein wenig daran festhalten, bis alle davon überzeugt sind, dass es eine tatsächliche Krankheit ist, und nichts lediglich Eingebildetes. Wenn Sie also noch ein wenig länger leiden, können Sie die anderen überzeugen.
Vielleicht werden Sie so lange warten müssen, bis eine bestimmte Person Sie so sieht, wie Sie sind, und wenn Sie deren Aufmerksamkeit erhalten oder Ihre Bedürfnisse erfüllt worden sind, können Sie loslassen.
Vielleicht glauben Sie unterbewusst, Sie sollten noch ein wenig länger daran festhalten, weil Sie noch nicht genug gelitten haben; Sie müssen noch etwas mehr bestraft werden.
Vielleicht wäre es auch schlechtes Timing, wenn Sie gerade jetzt gesund werden, weil enorm viel Arbeit ansteht und Sie nicht das Gefühl haben, dass Sie ihr jetzt gewachsen wären, weil Sie noch schwach sind.
Vielleicht würden, wenn Sie gerade jetzt gesund werden, zu viele Sachen auf einmal auf Sie zukommen; es ist also besser, sie langsam anzugehen, zum richtigen Zeitpunkt.
Offenbar ist das Unterbewusstsein wie ein zweiter Houdini[*], wenn es darum geht, die Gründe zu erschaffen, die Sie dort bleiben lassen, wo Sie sind. Natürlich scheinen die meisten vollkommen vernünftig und zeigen in den meisten Fällen sogar Umsicht.
Und dennoch – alles das ist Sabotage.

---

[*] Harry Houdini: berühmter Magier (Anm. d. Übers.).

Es ist nicht gut für andere
Dieser Grund kommt häufig vor. Wenn wir gesund werden, ist das vielleicht nicht im besten Interesse anderer. Vielleicht hat Mary Ihren Job übernommen, und wenn Sie jetzt kommen, erzeugt das nichts als Stress im Büro, alles muss wieder umgeplant werden.
Oder Ihrem nach westlichen Methoden arbeitenden Arzt könnte es peinlich sein, dass er nicht derjenige war, der Sie heilen konnte, und nach allem, was er für Sie getan hat, tut er Ihnen Leid.
Ihre Frau oder Ihr Mann umsorgt Sie gerne und muss jetzt alles allein machen. Er/sie fühlt sich in dieser Rolle großartig und wird so von Ihnen nicht »herumkommandiert«. Das möchten Sie ungern durcheinander bringen.
Das Unterbewusstsein kann also mehr als einen Grund dafür vorbringen, warum es nicht gut für andere ist – es könnte nicht gut für Ihre Ehe sein, Ihre Beziehung, Freundinnen oder Freunde und so weiter.

Es ist nicht gut für Sie
Es gibt viele Gründe, warum etwas, das Sie wollen, nicht gut für Sie ist.
Viel Geld zu haben, kann reichlich lästig sein und einem eine Menge Kopfschmerzen bereiten, und Sie sind nicht bereit, sich damit auseinander zu setzen. Vielleicht ist es ja besser, einfach nur ganz gut zurechtzukommen, statt nach den Sternen zu greifen.
Verantwortung – auch das eine Lieblingsausrede. Sie werden nicht nur für Ihre Erfolge verantwortlich sein, sondern auch für Ihre Fehlschläge. Vielleicht müssen Sie jemandem etwas verzeihen, was er/sie Ihnen angetan hat, und das wäre dann doch gar zu einfach. Vielleicht tut diese Person ja erneut etwas, was Sie verletzt. Also besser ein wenig von dieser Emotion beibehalten, damit Sie weiter auf der Hut bleiben. Vielleicht haben Sie die kraftraubende Vorstellung, Sie verdienten diesen Erfolg nicht, Sie seien seiner vielleicht nicht würdig, und von daher verzichten Sie lieber auf ihn, um zu vermeiden, dass Sie enttäuscht werden.
Sie denken vielleicht, dass Sie nicht alle Voraussetzungen dafür haben, um es komplett zu schaffen, oder vielleicht erfordert dieses Ziel jemanden mit mehr Mut, Selbstwertgefühl etc., als Sie derzeit haben.
Vielleicht werden Sie an Ihrem Erfolg ja gar keine Freude haben, vielleicht ist das eigentlich gar nicht das, was Sie wollen, vielleicht

übersehen Sie ja etwas, wenn Sie ihn sich wünschen. Vielleicht wird er Sie zu viel Energie kosten, Ihre Gesundheit, Ihre Beziehung zu Ihrem Partner/Ihrer Partnerin; er könnte Ihr spirituelles Wachstum hemmen etc.

Auch hier können wir nur ehrfürchtig staunen, wenn wir uns betrachten, wie unglaublich kreativ das Unterbewusste ist, wenn es darum geht, Ausflüchte zu erfinden. Und – wissen Sie eigentlich, dass es ihm meistens gelingt, Sie so auszutricksen, dass Sie selbst an diese Straßensperren glauben, die Ihnen den Weg zu Ihrem Erfolg versperren? Sie werden zur Marionette Ihres eigenen Verstandes, und wenn Sie nichts dagegen tun, werden Sie immer wieder im gleichen Muster stecken bleiben. Und dennoch wissen wir bei all dem tief in unserem Innern, dass wir es schaffen können, dass wir erfolgreich sein können. Die Aussagen, die ich zur Enttarnung von Fehlschaltungen umständehalber verwende, variieren, die einfachste jedoch lautet: »Ich will keinerlei Gründe haben, mich selbst zu sabotieren.«

Oder wir können unser Unterbewusstsein direkt ansprechen und fragen: »Gibt es noch weitere Gründe für dich, jetzt oder künftig dein Ziel auch weiterhin zu sabotieren? Falls du noch irgendeinen Grund hast, werden deine Muskeln jetzt beim Test schwach sein!«

Sind die Muskeln beim Test schwach, so würde das bestätigen, dass es weiterhin unterbewusste Gründe gibt, warum Sie nicht vollkommen im Einklang mit sich selbst sind und sich sabotieren.

All diese Kategorien von Fehlschaltungen lassen sich problemlos behandeln. Wie wir später sehen werden, geht damit einher, zu akzeptieren, dass wir erfolglos sein könnten. Indem wir akzeptieren, dass wir keinen Erfolg haben werden, akzeptieren wir unsere gesamten Ängste rund um Erfolg und hören auf, uns gegen das zu sperren, was wir wollen. Es ist ein Prinzip, das dem Kampfsport entlehnt ist: Wenn man etwas bekämpft, kommt es zu einem Ringen, und man verliert viel Energie. Man wird einiges gewinnen und einiges verlieren. Indem wir die Sache vollkommen entspannt angehen und die Niederlage als realistische Möglichkeit anerkennen, sind wir lockerer, machen uns weniger Gedanken über den Ausgang des Ganzen und lenken unsere Energie dorthin, wo es auf sie ankommt.

Sehen wir uns einmal anhand des nächsten Fallberichts an, wie das in der Praxis aussieht.

Fallbericht zu Fehlschaltungen umständehalber
Sandra war achtunddreißig Jahre alt, alleinerziehende Mutter mit zwei Söhnen, der eine neun Jahre alt, der andere vier. Sie zog gerade ihr Studium als Heilpraktikerin durch und jonglierte mit der Mutterschaft, dem Studium und ein paar Klienten, die sie behandelte, um etwas dazu zu verdienen. Sie litt unter Periarthritis humeroscapularis, oder, laienhaft ausgedrückt, einer schmerzhaften »steifen« Schulter.
Sie konnte ihren vierjährigen Sohn nicht hochheben, konnte sich nicht kämmen oder bestimmte Bewegungen ausführen, wie die Arme über Kopfhöhe heben, um etwas aus dem Küchenhängeschrank zu nehmen. Es war ganz schön ärgerlich, und mehrere Kolleginnen und Kollegen hatten bereits vergeblich versucht, ihr bei dem Problem mit ihrer Schulter zu helfen. Sie war schon so weit, dass sie sich Steroide spritzen lassen wollte, als eine Schwägerin ihr vorschlug, sie könne doch einmal in meine Praxis kommen.
Sie hatte eine ausgiebige Behandlung auf der emotionalen Ebene hinter sich, und das schien ihr vorübergehend eine gewisse Linderung zu verschaffen, doch es dauerte nicht lange, und sie war wieder am Ausgangspunkt angelangt. Was die totale, die spezifische und partielle Fehlschaltung anging war alles in Ordnung, aber beim Test auf die Fehlschaltung umständehalber testete sie schwach bei der Aussage: »Ich will all die Gründe, die ich für meine Schulterbeschwerden habe, völlig loslassen.« Das zeigte eine Unstimmigkeit an. Ich testete also die umgekehrte Aussage, und sie fand sich in Übereinstimmung mit: »Ich will mich nicht von allen Gründen lösen, die ich für diese Schulterbeschwerden habe.«
Eine Übereinstimmung fand sich auch bei:
»Es ist für mich nicht gut, das derzeit komplett loszulassen!«
»Es ist nicht gut für andere, wenn ich das jetzt komplett loslasse«
»Ich will nicht ohne diese Beschwerden in der Schulter mein Leben genießen!«
»Ich habe es nicht verdient, dass ich komplett gesund werde.«
Also waren bei ihr noch ziemliche Themen übrig geblieben, an denen es zu arbeiten galt. Was dabei herauskam war, dass das Unterbewusstsein glaubte, sie könne nicht mit all dem fertig werden, mit dem sie jetzt fertig wurde, und dass sie über all dem keine Zeit habe, auszugehen und sich mit Männern zu verabreden. Dadurch, dass ihr Unterbewusstsein dafür sorgte, dass sie nicht in der Lage sein würde, alle ihre

Aufgaben zu erledigen, wollte es Zeit dafür schaffen, dass sie einen passenden Partner finden würde. Das war der Grund dafür, warum es für sie nicht gut war, die Probleme mit der Schulter loszulassen. Es war nicht gut für ihre Kinder oder auch für ihre Mutter. Ihre Mutter war ganz versessen darauf, zu kommen und die Kinder zu hüten, und jetzt, wo sie vieles nicht alleine konnte, würde ihre Mutter mehr um sie herum sein. Würde ihre Schulter heilen, würde sie womöglich nie einen Mann bekommen, der ihr helfen würde, also würde sie das Leben nicht genießen können. Sie verdiente es auch gar nicht, wieder ganz gesund zu sein, da das Unterbewusstsein wusste, dass sie zu viele Mängel hatte und in der Vergangenheit zu viele Fehler gemacht hatte. Für sie gab es also vier Gründe, nicht ganz loszulassen.

Durch das Problem mit ihrer Schulter gab es Aufgaben, die sie nicht übernehmen konnte, etwa Rasenmähen, den Gartenzaun reparieren etc. Ihr Unterbewusstsein hoffte, dass vielleicht ein netter, lediger Nachbar vorbeikommen würde, und dann würden sie sich verlieben und von da an glücklich und zufrieden leben bis an ihr Lebensende!

Wir arbeiteten etwa dreißig Minuten daran, alle Emotionen, die die Energiekanäle zur Schulter blockierten, aufzulösen. Danach konnte sie ihre Schulter wieder völlig frei bewegen und war komplett geheilt. Zwölf Monate später hatte sie zwar noch immer keine Beziehung, war aber glücklich, hatte einen neuen Job und war in eine andere Stadt gezogen.

Wie fühlen Sie sich jetzt, wo Sie wissen, dass Sie ein Unterbewusstsein haben, das vor nichts zurückschrecken wird, um das zu bekommen, was Sie wollen? Sie tun also besser daran, vollkommen im Einklang mit ihren Zielen und Wünschen zu sein und kristallklar im Hinblick auf das, was Sie wirklich wollen.

Wir werden auf ein paar einfache Techniken zurückkommen, die ich entwickelt habe, um alle vier Fehlschaltungskategorien vollständig loszulassen, und ich werde Ihnen eine Übung für jeden Tag beibringen, die nur vier bis fünf Minuten dauert und die diese Sabotagemechanismen ausschaltet.

Ich freue mich, dass Sie in diesem Buch so weit gekommen sind – die meisten lesen Bücher nur bis zur Hälfte. Es ist ein Hinweis darauf, dass Sie das Zeug zum Erfolg haben.

Die meisten Menschen wären von Ihrem Unterbewusstsein bereits außer Gefecht gesetzt worden, und es hätte ihnen eingegeben, sie sollten mit dem Lesen aufhören, weil es womöglich weiß, dass ihr Leben sich drastisch ändern könnte, wenn sie das durchziehen. Lesen Sie unbedingt das nächste Kapitel, bei dem es ausführlich um eine der wirkungsvollsten und doch eine sehr einfache Heilmethode geht: das Verzeihen.

In Kapitel dreizehn werden wir Techniken vorstellen, mit denen sich Emotionale Fehlschaltungen durchbrechen lassen.

KAPITEL 10

DIE LETZE HÜRDE AUF DEM WEG ZUR FREIHEIT: VERZEIHEN

*Herr, hilf mir die Wahrheit über mich selbst zu glauben,
wie schön sie auch sein mag.*

Macrina Wiederkehr

Trudy sah mich völlig aufgebracht an. Sie kam nach vorn, als ich um Freiwillige für eine Demonstration der Emotional-Balancing-Technik bat.
Sie litt unter chronischer Hepatitis und Abgespanntheit. Sie war Lehrerin, arbeitete jedoch seit drei Jahren nicht mehr. Es stellte sich heraus, dass sie ungefähr fünf Jahre zuvor von drei Männern sexuell missbraucht worden war. Das Erlebnis verfolgte sie noch immer mehrmals die Woche in Albträumen.
Der Grund für ihre Aufregung war der, dass ich ihr gesagt hatte, um Heilung zu finden, müsse sie diesen drei Männern verzeihen. Sie fauchte: »Meine Hepatitis hat nichts damit zu tun, dass diese drei Männer mich vergewaltigt haben – die ganze Sache tut viel zu sehr weh. Ich will ihnen nicht verzeihen!«
Ich sagte ihr, dass ich verstünde, wie ihr zumute sei, aber die Tatsache, dass sie ihnen nicht verzieh, beeinträchtige ihr Immunsystem und ihre Leber. Sie habe jetzt zwei Möglichkeiten zur Wahl:

Option eins: Durchleben Sie weiterhin immer wieder die Vergangenheit, und Sie machen sich langsam, aber sicher kaputt. Dann haben diese Männer Sie nicht nur missbraucht, sondern Sie haben für sich auch noch gewählt, dass es sich ständig wiederholt. Ihr Groll wird sie völlig kaputtmachen. Ist es das wert?

Option zwei: Sie verzeihen ihnen und lösen sich von der Vergangenheit, Sie entscheiden sich für Heilung und erobern sich Ihr eigenes Leben zurück. Sie haben die Wahl!«

Schließlich begriff sie, worum es bei all dem ging und entschied sich für das Verzeihen. Wir widmeten dem eine ausgiebige Behandlungseinheit. Danach begann sie zu weinen, und man konnte deutlich sehen, dass das daher kam, dass sie an diesen schmerzhaften Emotionen so lange festgehalten hatte. Ihre chronische Hepatitis heilte in den nächsten acht Wochen komplett aus, und sie ging zur Arbeit zurück.

Loslösung von der Vergangenheit
Um voran zu kommen und zu Erschaffern unseres Lebens zu werden, müssen wir die Vergangenheit loslassen und allen verzeihen, von denen wir uns verletzt fühlen. Wir müssen außerdem auch uns selbst verzeihen. Im Kurs in Wundern heißt es: »Alle Krankheit ist das Ergebnis eines Zustands des Nicht-verzeihen-Könnens« und: »Immer, wenn wir krank sind, müssen wir uns ansehen, wem wir verzeihen müssen.« Ich kann dem nur voll und ganz zustimmen, und in den letzten sieben Jahren habe ich im Rahmen meiner Therapien mit erstaunlichen Ergebnissen mit dem Verzeihen gearbeitet. Meine Regel für das Verzeihen lautet: Man kann nie zu viel verzeihen.
Nicht in der Lage oder nicht bereit zu sein, zu verzeihen, ist in unserer westlichen zivilisierten Welt der größte Killer. Es kann zu Herzerkrankungen führen, zu Krebs, einer Schwächung des Immunsystems – diese drei zusammen genommen sind für einen Großteil vorzeitiger Todesfälle verantwortlich.
Es sei Ihnen empfohlen, Meister im Verzeihen zu werden und in Erfahrung zu bringen, wie diese Fähigkeit Sie buchstäblich von der Vergangenheit befreien kann. Die Vergangenheit ist vorbei und lässt sich nicht mehr ändern. Was wir jedoch ändern können, das sind unsre Gefühle und Gedanken über die Vergangenheit. Wir bestrafen uns selbst fortwährend im aktuellen Augenblick, indem wir unseren Groll, unsere Schuldgefühle, Kritik, Verletzung und Ängste der Vergangenheit nicht loslassen.

Eltern und Verzeihen
Ich glaube fest daran, dass wir für uns wählen, wo, wann und wie wir uns inkarnieren. Ich stelle mir vor, dass vor unserer Reinkarnation folgendes passiert: Wir suchen uns per Computer die Eltern, die Kultur, das Land, das genetische Erbe, das unsere spirituellen Zwecke optimal erfüllt. Wenn wir etwas gefunden haben, das diese Voraussetzungen perfekt erfüllt, warten wir darauf, dass wir an der Reihe sind, uns zu inkarnieren. Wir wählen sogar selbst unser Geburtsdatum, unter Nutzung astrologischer Erkenntnisse im Hinblick darauf, was sich wie auf unser Leben auswirken wird. Vielleicht glauben Sie, das sei zu weit

hergeholt, aber das glaube ich nicht. Ich glaube, wir alle wählen die für uns perfekten Eltern, damit wir bestimmte Lektionen lernen können, die uns ein spirituelles Wachstum ermöglichen. Deshalb wählen einige von uns Eltern, die ständig im Clinch miteinander liegen oder die zu sehr beschäftigt sind, um sich um uns zu kümmern, oder die süchtig nach Alkohol, Nikotin etc. sind. Das alles ist Bestandteil unseres karmischen Musters – unser Geschlecht, unser ethnischer Hintergrund, unsere Kultur, die familiären Miasmen, die landesübliche Religionszugehörigkeit etc.

Unser Ziel ist es, alles das zu transzendieren und die Entdeckung zu machen, dass wir unseren Eltern nicht die Schuld dafür geben können, dass sie sind, wer sie sind: Wir haben sie ja exakt aus diesen Gründen ausgewählt. Sie sind perfekt für das, was wir erreichen wollen. Wir haben sie gewollt, eben weil sie unvollkommen sind und uns schlecht behandeln oder nicht lieben, weil sie uns misshandeln oder eben so sein würden, wie sie waren. Aus irgendeinem Grund brauchten wir all das, um unsere spirituellen Ziele zu erreichen. Traurigerweise vergessen wir das alles, und wenn wir dann erwachsen sind, werfen wir ihnen vor, dass sie nicht perfekt waren. Wir wollen an Märchen glauben, und ein Teil von uns will, dass alles perfekt ist, und das heißt, wir wollen nichts Unbequemes und Unangenehmes, in welcher Form auch immer. Das ist unmöglich: Wenn wir wachsen und lernen wollen, müssen wir die Vergangenheit loslassen und die Verantwortung für den gegenwärtigen Augenblick übernehmen.

Hierzu müssen wir unsere Muster betrachten, Situationen, die wir immer wieder erschaffen. Wonach sind wir auf der Suche, das wir nicht bekommen? Die Grundbedürfnisse, die wir von unseren Eltern erfüllt haben wollten, um uns geliebt zu fühlen, waren:

1. Akzeptiertwerden
2. Verständnis
3. Bewunderung
4. Bestätigung
5. Anerkennung
6. Sicherheit
7. Zustimmung
8. Ermutigung
9. Respekt

10. Vertrauen
11. Wertschätzung
12. Fürsorge

Bekommen wir von unseren Eltern hiervon nicht genug, werden wir außerhalb von uns selbst danach suchen. Vielleicht im Sport (Respekt, Bewunderung, Akzeptiertwerden, Ankennung, Ermutigung etc.), viele Trainer werden zur neuen Vaterfigur. Vielleicht auch in der Schule, in Beziehungen, der Ehe, im Freundeskreis, im Beruf etc.
Die meisten von uns werden viel unternehmen, um zu bekommen, was wir wollen oder brauchen. Nehmen Sie sich einmal etwas Zeit dafür, sich diese zwölf Grundbedürfnisse anzusehen, um die herauszusuchen, die Ihnen sehr wichtig sind und sich zu fragen, was Sie unternehmen, um das zu bekommen. Ich habe das von einer Freundin, Fiona Brouwer übernommen, einer Beziehungsberaterin, die diesen Ansatz immer bei ihren Beratungsstunden verwendet, um Paaren aufzuzeigen, was sie von ihren Eltern wollen. Der Grundgedanke ist folgender: Das, was Sie brauchen, müssen Sie anderen und sich selbst in Hülle und Fülle geben. Wenn Sie im Gleichgewicht sind, wird Ihr Bedürfnis nach all dem minimal sein.
Auf diese und andere Weisen rüsten unsere Eltern uns für das Leben, und zunächst einmal müssen wir ihnen für alles verzeihen, was sie unseren falschen Vorstellungen von ihnen zufolge hätten tun oder sein sollen. Unsere Eltern haben mit zu dem beigetragen, was wir jetzt sind, und es ist an der Zeit, selbst das Ruder in die Hand zu nehmen und selbst das Bild von uns zu erschaffen, dem wir wirklich entsprechen wollen.
Viele Eltern geben ihren Kindern die Schuld an ihren Problemen oder daran, nach allem, was sie für sie getan haben, nicht für sie da zu sein. Lassen Sie sich darauf nicht ein, akzeptieren Sie es nicht, dass Sie deshalb Schuld- oder Schamgefühle haben sollten. Auch Ihre Eltern müssen sich spirituell weiter entwickeln, aber es ist ihre eigene Entscheidung, wenn sie es nicht tun. Sie können es nicht übernehmen, sich ihre Verbitterung, ihren Groll, ihre Schuldgefühle oder Ängste aufzubürden – sie müssen selbst ihren Frieden damit schließen. Schicken Sie ihnen Liebe und Hilfe, wo Sie es können und wollen, und lassen Sie negative Gefühle jeglicher Art, mit denen Sie belastet werden, los!

Heilung für das Herz
Viele von uns sind von anderen verletzt worden. Ihr Mann hat Sie wegen einer Anderen verlassen; Ihre Mutter hatte keine Zeit, sich um Sie zu kümmern; Ihr Vater war sehr streng und sagte Ihnen immer wieder, Sie würden nichts taugen; oder einige von Ihnen haben Vergewaltigung, Inzest, Gewalt etc. erlebt. Eine Menge Gründe, mit Verwundungen dazustehen, und mitunter scheinen Dinge auch völlig sinnlos. Ein geliebter Mensch wird von einem Betrunkenen überfahren oder bei einem Überfall erschossen. Solche Dinge können bewirken, dass wir voller Verbitterung, Groll und Hass oder Rachegedanken sind. Man denkt immer wieder: Warum? Warum? Warum? Sie schaffen es nicht, die Vorstellung zu akzeptieren, dass unser Schöpfer all das zulässt, geschweige denn, dass Sie ein Teil von etwas sind, das Sie selbst geschaffen haben.
Gedanken wie diese machen das Ganze noch schlimmer und helfen nicht. Verzeihen ist die Lösung, damit das Herz heilen kann und wir inneren Frieden finden sowie alle emotionalen Verletzungen loslassen können.
Vielen fällt es nicht leicht, zu verzeihen; es ist eine Vorstellung, die ihnen fremd ist. Sie wollen Gerechtigkeit, und Verzeihen wäre ja, als würden sie jemanden einfach so davonkommen lassen. Nicht zu verzeihen, ist für sie das Einzige, was sie weitermachen lässt, in der Hoffnung auf Vergeltung. Wenn Sie wirklich sehen können, was dabei geschieht, werden Sie verstehen, dass Sie durch Nichtverzeihen in der Falle einer nie endenwollenden Vergangenheit sitzen und enorme Mengen an Lebenskraft verlieren.
Im Laufe der Jahre sind mir viele Fragen zum Thema Verzeihen gestellt worden, einige häufiger als andere:

- Was mache ich, wenn ich das Gefühl habe, es ist nicht richtig, in diesem Fall zu verzeihen?
- Muss ich der betreffenden Person sagen, dass ich ihr verzeihe?
- Verzeihe ich den Betreffenden selbst dann, wenn es ihnen gleichgültig ist und sie keine Reue zeigen?
- Wie verzeihe ich Gott?
- Wenn ich all das selbst geschaffen habe, warum sollte ich dann jemand anderem etwas verzeihen, das doch mit zu meiner Verschwörung gehört hat?

- Habe ich gegenüber den Personen, denen ich verzeihe, etwas gutzumachen?
- Wie stelle ich es an, Rachegedanken und Schmerz loszulassen?
- Was, wenn ich verzeihe, und dann gehen die Betreffenden wieder schlecht mit mir um?
- Was, wenn die andere Person nicht aufhört, mich zu beleidigen und versucht, mich zu verletzen?

Diese und noch weitere Fragen kommen immer wieder und sind nicht immer einfach zu beantworten. Die Vorstellung, jemandem zu verzeihen, der einen verletzt hat, kann große Kontroversen auslösen und mitunter Verwirrung stiften.
Betrachten wir also einmal, was Verzeihen eigentlich bedeutet und warum wir so sehr dagegen ankämpfen. Wir betrachten auch die energetischen Blockaden, die entstehen, wenn wir nicht verzeihen. Wir werden darauf eingehen, sich selbst, Gott und anderen zu verzeihen. Nachdem Sie verziehen haben, kann eine Heilung einsetzen, und wir werden uns auch ansehen, wie Sie diese Heilung mit Hilfe der beschriebenen vierzehn Tore beschleunigen und die freien radikale Energie neutralisieren können. Wir gehen auf den Unterschied zwischen einem Verzeihen ein, das im Kopf stattfindet, und einem Verzeihen aus tiefstem Herzen. Viele finden Trost in der Bibel, in der viele Beispiele zum Thema Vergebung vorkommen. Auch indem wir uns der bedingungslosen Liebe Gottes überlassen, können wir Trost und Heilung finden.

Wir sind alle eins
Zunächst einmal müssen wir alle uns darüber im Klaren sein, dass wir ein Teil des Ganzen sind, und dass nichts losgelöst vom Ganzen geschieht. Was jedem von uns widerfährt, ist Teil unseres kollektiven Bewusstseins. Es ist das Ergebnis der zusammengenommenen Wirklichkeit, die wir alle miteinander teilen. Wir erschaffen uns unsere eigene Wirklichkeit, jede Sekunde.
Das ist zunächst einmal der erste Gedanke, den wir akzeptieren müssen, um zu begreifen, warum uns bestimmte Dinge passieren. Es gibt in diesem kollektiven System viele verschiedene Ebenen, wie etwa die physische (materielle), die energetische (elektromagnetische) und die spirituelle. Diese decken sich mit den zuvor erwähnten drei Ebenen der Manifestation.

Das Wort »kollektives Bewusstsein« stammt von C. G. Jung. Durch Edgar Cayce sind wir mit der Akasha-Chronik vertraut gemacht worden, Rupert Sheldrake spricht vom morphogenetischen Feld. Wir beeinflussen und formen diese kollektiven Felder durch unsere Gedanken, unsere Handlungen und unsere Fähigkeit, zu verzeihen. Durch unsere Gesten des Mitgefühls und unsere Bereitschaft, das von uns selbst Geschaffene zu transzendieren, beeinflussen wir dieses Bewusstsein auf die eine oder andere Weise. Der Resonanzeffekt vieler kleiner Akte der Liebe und des Mitgefühls verstärkt die Kräfte, die eine Transformation der Welt ermöglichen.

Wir sind durch unser Tun, Denken und Fühlen ein unverzichtbarer Bestandteil der Veränderung des Bewusstseins auf dieser Welt. Wir haben karmisch die Wahl, in das kollektive Bewusstsein die Energie des Nachtragens, des Grolls, der Angst, Verbitterung, Frustration etc. einzuspeisen – oder aber die heilende Energie der Liebe, der Vergebung, der Freude und des Mitgefühls. Die Wahl liegt wirklich bei Ihnen – entweder Sie entscheiden sich für das Leben und die Erschaffung einer besseren Welt, oder Sie lassen die negativen Energien fortbestehen, die ihren Schmerz überhaupt erst geschaffen haben.

Zusammenfassend gesagt, hat jeder von uns die Macht, die Welt und von daher sich selbst von Grund auf umzugestalten. Es spielt keine Rolle, ob Sie die Absicht haben, sich selbst zu transformieren oder die Welt zu verändern – beides hängt sehr eng zusammen und das eine kann nicht ohne das andere eintreten. Diese Macht haben wir in der Hand, wir alle, ohne Ausnahme. Die Frage ist, ob Sie bereit, gewillt und in der Lage sind, die Verantwortung für Ihren Part zu übernehmen, oder ob Sie bei der Vorstellung bleiben: »Was spielt es schon für eine Rolle, was ich tue. Ich bin ja nur eine einzelne Person.«

Richten Sie sich also, statt dieses entmachtende Denken zu nähren, auf den Prozess der eigenen Transformation aus und helfen Sie hierdurch mit, durch die Intention und das entsprechende Bewusstsein die Welt zu verändern. Der erste Schritt auf der Leiter besteht darin, Ausschau danach zu halten, wo wir stärker verzeihen können.

Fallbeispiel zum Thema Verzeihen

Hal war Vietnamveteran und auch Alkoholiker. Er hatte ein ziemliches Vermögen geerbt und konnte sich allen Luxus erlauben, den er wollte. Was er jedoch am meisten wollte, war innerer Friede. Die folgende

Begebenheit trug sich zu, als ich gerade Urlaub auf Hawaii machte und meine Zeit dort sehr genoss.
Ich nahm an einem Mann, er war Anfang vierzig, Muskeltests vor, da er abnehmen wollte. Als wir gerade hiermit beschäftigt waren, kam Hal vorbei und fragte: »Was macht ihr denn da?«
Es war in der Tat etwas merkwürdig, da zwei erwachsene Männer zu sehen, die am Strand mit ihren Händen an den Händen des anderen herumspielten. Ich erklärte ihm, wie der Muskeltest funktioniert und wie ich darauf hinwirken konnte, dass mein Gegenüber innerlich »Ja« dazu sagte, sich von seinen Schokoladegelüsten zu lösen.
Das weckte Hals Interesse, und er erkundigte sich, ob ich schon einmal mit Kriegsveteranen gearbeitet hätte. Ich bejahte das und erklärte ihm, dass die Erfolge im allgemeinen sehr gut seien. Daraufhin bat er mich, ihn zu testen, und ich willigte ein, mich etwas später mit ihm zu treffen.
Eine halbe Stunde später saßen wir dann zusammen, und er erzählte mir seine Geschichte. Er hatte im Vietnamkrieg gekämpft, und das, was er nicht mehr loswurde, war ein Vorfall, bei dem er Auge in Auge einem Vietkong-Offizier gegenüber stand. Beide zückten gleichzeitig ihre Waffe. Hal schoss dem anderen in die Brust, und der Vietkong-Offizier schoss daneben. Dieses Erlebnis wiederholte sich seitdem Nacht für Nacht in Hals Träumen. Ihn verfolgte der Blick seines Gegners, wie dieser ins Herz getroffen wurde und auf der Stelle starb.
Ich testete Hal, und die einzige Emotion, die sich dabei zeigte, war die, dass er sich selbst nicht verzeihen konnte. Wir behandelten zusammen das Thema Verzeihen, und er verzieh sich selbst dafür, dass er jemandem das Leben genommen hatte, um sein eigenes zu retten. Hal weinte zehn Minuten lang leise vor sich hin und fühlte sich danach enorm erleichtert. Danach hatte er keine Albträume mehr und hörte auf, seinen Fusel zu konsumieren. Ich half ihm noch dabei, mit seinem Verlangen nach Alkohol und seinen körperlichen Beschwerden umzugehen, und zwei Tage später war er wie ein neuer Mensch. Auch dies ist wieder ein Beleg für die heilende Wirkung des Verzeihens.

Der Ausweg aus dem Leugnen
Voraussetzung für das Verzeihen ist, dass wir vollkommen ehrlich mit uns sind. Solange unsere Haltung in Leugnen besteht, funktioniert die Sache mit dem Verzeihen nicht. Gedanken sind Emotionen, die in

Handlungsanreize übertragen werden. Gedanken münden in Handlungen, Wahl, Entscheidungen. Bei emotionaler Ehrlichkeit geht es darum, die eigene Verantwortung zu übernehmen und sich nicht hinter Ausreden oder Leugnen zu verstecken. Sie können nicht wirklich verzeihen, solange Sie sich mit den Ereignissen nicht voll und ganz konfrontiert haben. Wenn Sie Ihre eigenen Gefühle nicht zur Kenntnis nehmen, verzeihen Sie auch nicht. Wir müssen uns damit arrangieren, wie tief wir verletzt worden sind. Wir müssen verstehen, dass wir nur durch unsere Fähigkeit zu unpersönlicher Liebe Heilung finden können, vor allem wenn etwas in unseren Augen absolut sinnlos scheint.

Wenn Sie akzeptieren, dass unser Ziel bei dieser Reise, die wir Leben nennen, spirituelle Evolution ist, um alles, was geschieht, transformieren und auf eine Ebene bringen zu können, auf der wir loslassen und im Augenblick leben können, warum sollten Sie dann nicht verzeihen? Zumal in dem Wissen, dass Sie durch das Nichtverzeihen nur sich selbst und ihrer spirituellen Entwicklung schaden. Hass, Groll, Verbitterung, Schuldgefühle, Scham gehören zu den zerstörerischsten Emotionen, an denen wir uns festklammern können.

Vielleicht haben Sie diese Situation ja auch geschaffen, damit Sie in Ihrem spirituellen Bewusstsein einen riesigen Schritt nach vorn tun können. Zudem müssen wir uns den Emotionen stellen, die uns davon abhalten, zu verzeihen, die uns an die Vergangenheit gefesselt bleiben lassen und die Ursache vieler unserer Beschwerden sind.

Unser Verstand wird uns alle Gründe dafür anbieten, warum wir beim Nichtverzeihen bleiben sollen. Wir wollen Vergeltung und Gerechtigkeit, wir wollen an unserer Bitterkeit festhalten, weil sie uns als Warnung dienen soll, damit wir unseren Fokus weiter darauf gerichtet halten, dass uns so etwas nicht noch einmal widerfährt. Mitunter wollen wir noch etwas Zeit haben, damit der Schmerz etwas nachlassen kann, und dann, so meinen wir, würde uns das Verzeihen leichter fallen. Lassen Sie sich davon nicht hinters Licht führen. Es kann viele Jahre dauern, bis wir auch nur annähernd an ein Verzeihen herankommen. Insbesondere, wenn es um Vergewaltigung, Inzest, den Tod eines geliebten Menschen etc. geht. Wir verspielen unsere Gesundheit, wenn wir darauf warten, dass sich das Verzeihen einstellt. Wenn Sie Krebs oder einen Herzinfarkt bekommen haben, ist es zu spät; dann ist der Schaden eingetreten.

Es ist durchaus nicht so, dass sich das Verzeihen angenehm anfühlen sollte – es kann sehr schmerzhaft sein. Es geht darum, aus dem Leugnen herauszukommen. Wir leugnen die Tatsache, dass wir die einzige Person sind, die dadurch zu Schaden kommt, dass wir an der Vergangenheit festhalten. Wir leugnen die Tatsache, dass wir verzeihen müssen, um weiterleben zu können und uns von Vergangenem zu lösen. Es ist das Beste, was Sie je für sich tun können.

Folgen des Verzeihens
Groll, Feindseligkeit, Wut, Rache, Bitterkeit, Frustration und jemandem etwas nachzutragen sind sehr schädliche Emotionen. Sie wirken sich in erster Linie auf die Leber aus und in zweiter Linie auf Herz und Thymus (Immunsystem). Indem wir an solchen Emotionen festhalten, untergraben wir langsam aber sicher unsere Gesundheit und unsere geistige Verfassung. Viel kostbare Lebensenergie geht verloren. Durch das Verzeihen übernehmen wir Verantwortung und lösen uns von dem Wunsch nach Vergeltung.
Dabei erfolgt das Loslassen auf der körperlichen und der energetischen Ebene, und wir übergeben unseren Schmerz der höchsten Quelle, unserem Schöpfer. Nur durch Loslassen kann emotionale Heilung erfolgen. Wir müssen dabei, wie schon gesagt, zwischen mentalem Verzeihen und einem Verzeihen vom Herzen her unterscheiden. Mentales Verzeihen ist, wenn uns vom Kopf her klar ist, dass es besser ist, zu verzeihen. Es ist richtig. Also verzeihen wir, indem wir unsere wahren Gefühle unterdrücken. Das ist noch schlimmer als überhaupt nicht zu verzeihen, denn es kann uns zu dem Glauben verleiten, wir hätten verziehen, während das in Wahrheit gar nicht der Fall ist. Das ist mir schon viele Male begegnet, immer wieder. Es gehört der gleichen Kategorie an wie das Leugnen.
Von Herzen kommendes Verzeihen ist, wenn wir unsere Verantwortung dafür annehmen, unsere Verletzung erschaffen zu haben und akzeptieren, dass die andere Person nur ein Teil davon war. Wir können ihr eigentlich für die Lektion danken und ihr alles Gute wünschen, da wir dadurch in Verbindung mit der universellen Liebe kommen, die wir tief in unserem Herzen tragen.
Beim Verzeihen müssen wir dennoch mit den vielleicht aufsteigenden Emotionen umgehen, und insbesondere dann, wenn wir diese Person wiedersehen, verspüren wir vielleicht Schmerz und alle erdenklichen

Emotionen, was ein noch schlimmeres Gefühl sein wird, wenn das Gegenüber keine Reue zeigt.

Vergessen Sie nicht: Beim Verzeihen geht es nicht um die Person, die Sie verletzt hat – es geht einzig und allein um Sie!

Es gibt viele falsche Vorstellungen vom »Verzeihen«, darunter einige von Büchern und sonstigen Quellen verbreitete. Einige Menschen meinen, Sie müssten dem Täter sagen, dass sie ihm verziehen haben, aber das ist nicht notwendig. Man kann verzeihen und braucht das Thema nie anzuschneiden, es sei denn man glaubt, dadurch ein sich fortsetzendes Verhalten des Gegenübers beeinflussen zu können und ihm Dinge deutlich zu machen, die zu seiner Veränderung beitragen können. Aber das gilt nur, wenn Sie sich dem gewachsen fühlen.

Andere sagen, wenn Sie jemandem verzeihen, sei das ein Eingeständnis, dass Sie im Unrecht seien. Aber indem wir jemandem verzeihen, lösen wir nur die freie radikale Energie auf; wir unterschreiben oder bestätigen damit nicht die Tat oder ein Fehlverhalten unsererseits. Verzeihen bedeutet nicht das Eingeständnis, dass das destruktive Verhalten in Ordnung war oder dass die betreffende Person nicht wusste, was sie da tat.

Sie brauchen auch nicht zu vergessen, was geschehen ist – wir sind hier, um unsere Lektionen zu lernen und damit unsere Fähigkeiten zu verbessern, Dinge zu erschaffen, die uns dienlich sind. Ist erst einmal die emotionale Ladung von dem Vorfall genommen, können wir ihn loslassen und uns dabei gleichzeitig die gewonnenen Erkenntnisse bewahren.

Verzeihen bedeutet nicht, dass wir zurückmüssen und so tun sollten, als wäre nichts geschehen. Wir brauchen nicht in einer nicht funktionierenden Beziehung zu bleiben, und ebenso wenig müssen wir eine zerbrochene Beziehung wiederherstellen. Sich zu versöhnen, kann eine Möglichkeit sein, aber nur dann, wenn es sich richtig anfühlt für Sie.

Einige Menschen glauben, sie sollten anderen besser die Schuld zuweisen, statt ihnen zu verzeihen. Ihren Eltern die Schuld in die Schuhe zu schieben, wird Sie nur kaputtmachen und es Ihnen nicht erlauben, von der Heilung zu profitieren, die sich einstellt, wenn Sie Ihre emotionalen Fesseln lösen. Ihre Eltern hatten nur eine Aufgabe, nämlich nach der Empfängnis ihr Brutkasten zu sein. Sobald Sie in der Lage waren, für sich selbst zu sorgen, endete ihre Pflicht, und an dem Punkt begann Ihre spirituelle Reise. Der erste Schritt ist der, zu erkennen, dass sie genau so waren, wie Sie sie gewollt haben, und nun können Sie ihr Wachstum fördern, indem Sie sie lieben, wie sie sind, ohne ihnen irgendeine Schuld zuzuweisen oder mit dem Finger auf sie zu zeigen. Sie können wählen, mit welchen Gefühlen Sie die Vergangenheit betrachten und welche Bedeutung Sie ihr geben. Wie wäre es für Sie, wenn Ihre Kinder Ihnen an allem die Schuld gäben, was in ihrem Leben nicht läuft? Schuldzuweisungen haben bislang noch nie jemandem geholfen. Es ist einer der Wege, in der Vergangenheit stecken zu bleiben.

Verzeihen ist nicht einfach – wer sagt, es sei einfach, ist vielleicht ein Meister im mentalen Verzeihen, denn zum Verzeihen aus dem Herzen heraus gehört viel mehr. Verzeihen ist eine Entscheidung, und kein Prozess. Es sollte auf einen Schlag erfolgen und von Herzen, weil wir begreifen, wie das Universum funktioniert. Je früher wir uns darauf ausrichten, zu verzeihen, desto leichter wird es uns fallen. Indem wir verzeihen, begeben wir uns unverzüglich auf den Weg in Richtung emotionale Heilung. Wir brauchen nicht alle Fakten zu kennen, um verzeihen zu können, sie sind halb so wichtig. Das einzige, worauf es ankommt, ist unsere Bereitschaft, zu verzeihen und die emotionalen Ketten zu lösen, die uns an die Vergangenheit fesseln. Es ist, als würde eine Geisel freigelassen: Sie!

Unerledigtes

Nicht verziehen zu haben, ist etwas Unerledigtes, das sich auf Ihre Energiefelder auswirkt. Es schafft eine disharmonische Resonanz, die bewirken kann, dass noch mehr dieser Art angezogen wird. Chronische Trauer rührt oft von Verlustgefühlen her, daher, etwas nicht loslassen zu können, was wir besser loslassen sollten. Unsere Absicht beim Verzeihen ist die, etwas zum Abschluss zu bringen, was wir noch nicht beendet haben – ohne uns selbst zu vernachlässigen.

Wir brauchen Geduld, um den emotionalen Heilungsprozess abzuschließen. Verzeihen ist eine Entscheidung, Entscheidungen sind Karma. Durch Verzeihen lösen wir außerdem negatives Karma. Wir lassen Bitterkeit, Trauer, Frustration, Wut und andere Emotionen los. Von daher sorgt Verzeihen für Ruhe und inneren Frieden.

Verzeihen hat nichts mit Gerechtigkeit zu tun oder damit, Genugtuung zu bekommen, weil der Täter bestraft wird. Verzeihen ist ein Akt der Barmherzigkeit und des Vertrauens in die Gesetze des Universums. Es ist nicht unsere Sache, zu richten und zu strafen. Wir verzichten auf die Rechte, die uns zustehen, aufgrund der Schmerzen, die wir erlitten haben. Deshalb ist es so schwierig.

Verzeihen fängt bei Ihnen an, bei der Bereitschaft, diese Entscheidung zu fällen, den Täter von dem zu befreien, was er Ihnen angetan hat. Verzeihen bedeutet in Wirklichkeit, Ihre Geiseln und Gefangenen freizulassen, Unerledigtes zum Abschluss zu bringen, Ihr Energiefeld zu säubern und karmische Ketten aus der Vergangenheit zu sprengen.

Wem verzeihen?
Wir leben in einer Gesellschaft, in der viele Menschen nur darauf aus sind, ihre eigenen Bedürfnisse zu erfüllen. Dabei nehmen sie sich Dinge, die ihnen nicht zustehen und können hierbei immenses Leid zufügen. Mitunter haben sie bewusst die Absicht, Ihnen Schmerz oder einen Schaden zuzufügen, mitunter werden Sie zum unschuldigen Passanten, der verletzt wird. Manche sind sich nicht bewusst, was sie tun und wie sich ihre Handlungen auf andere Menschen auswirken. Manche sind Wiederholungstäter und werden mit ihrem destruktiven Verhalten weitermachen, bis sie festgenommen werden. Viele werden Sie vielleicht nie wiedersehen, einigen müssen Sie womöglich regelmäßig begegnen. Einige werden Reue zeigen und Sie um Verzeihung bitten, die meisten aber nicht. Macht das die Sache leichter?

Die Antwort heißt: Es spielt überhaupt keine Rolle. Es ist nicht Ihre Sache, das Leben anderer zu ändern; Sie müssen vor allem mit einer Person umgehen, nämlich mit sich selbst. Wir sollten ihnen allen verzeihen – denen, die wir kennen und denen, die wir nicht kennen. Denjenigen, die etwas Entsetzliches getan haben und denjenigen, die uns einfach nur gekränkt haben, indem sie abschätzige Bemerkungen machten. Denen, die Reue zeigen und all denen, denen das Ganze gleichgültig ist. Um die Wahrheit zu sagen: Jede Sekunde unseres Lebens, in der wir diesen Vorgang nicht beenden, verletzen wir uns selbst, immer mehr. Wie lange wollen Sie noch warten?

Selbst wenn jemand Sie weiterhin verletzt, müssen Sie ihm oder ihr verzeihen. Darüber hinaus sollten Sie solange an sich selbst arbeiten, bis die Handlungen Ihres Gegenübers Sie emotional nicht mehr berühren.

Wenn Sie gut darin werden wollen, sich selbst Heilung zu spenden, sollten Sie lernen, sofort zu verzeihen. Jeden Tag geschehen Dinge, von denen wir uns gekränkt fühlen können. Lernen Sie, sobald Ihnen das auffällt, zu verzeihen und loszulassen. Je besser wir hierin werden, desto weniger Unerledigtes staut sich an. Gehen Sie dem Menschen, der Sie kränkt, nicht aus dem Weg. Diese Person ist dazu da, Sie etwas über inneren Frieden, Liebe und Verzeihen zu lehren – so lange, bis Sie sich gut fühlen können, ganz unabhängig davon, was der oder die andere sagt. Dann sind Sie bereit weiterzugehen.

Keine Tat ist zu schlimm, um sie nicht verzeihen zu können. Die Handlung an sich ist nicht der entscheidende Punkt, um den es beim Verzeihen geht. Je größer der Schmerz, desto motivierter sollten wir sein, loszulassen. Selbst Vorfälle, die so verheerend sind, dass es nahezu unmöglich scheint, sie zu verzeihen, sollten verziehen werden. Sie können nie zu viel verzeihen, Sie können gar nicht genug verzeihen! Es spielt also keine Rolle, wie oft Sie gekränkt, beleidigt, gedemütigt, missbraucht etc. worden sind – wir müssen selbst den Schlimmsten aller Schlimmen verzeihen, um frei zu werden. Das ist die Essenz der Heilung. Sie ist nie einfach oder problemlos. Wir haben die Wahl, und indem wir uns für das Verzeihen entscheiden, nutzen wir die Quelle der Liebe in uns, die der Gnade und Barmherzigkeit Gottes gleicht. Jedes Mal, wenn wir verzeihen, tun wir einen weiteren Schritt auf unserer spirituellen Entwicklungsleiter. Wenn wir hierin gut werden, wird es weniger geben, das uns verletzt, da wir zu verstehen beginnen, wie die Wirklichkeit funktioniert, zu deren Erschaffung wir beitragen.

Verzeihen
Viele Menschen fragen, wie sie beim Verzeihen vorgehen, wie sie ihren Beschluss, zu verzeihen, tatsächlich in die Tat umsetzen können. Das ist im Grunde sogar der einfachste Teil, und es existieren keine festgelegten Regeln hierfür. Ich werde hier darauf eingehen, wie ich andere anleite, das zu tun, und was wir noch tun können, damit die Heilung stattfinden kann.

Der erste Punkt ist der, dass das Verzeihen überall erfolgen kann – Sie brauchen dabei keinen bestimmten Ort aufzusuchen oder jemandem gegenüberzusitzen. Es ist etwas, das Sie in Ihren eigenen vier Wänden, ganz für sich tun können. Einige, denen Sie verzeihen werden, sind ja bereits tot oder aus Ihrem Leben verschwunden, von anderen kennen

Sie vielleicht nicht einmal ihre Namen. Selbst wenn die Person verfügbar wäre, brauchen Sie nicht zu ihr hinzugehen, um ihr zu sagen: »Ich habe dir verziehen!« Manche haben den Vorfall womöglich nicht einmal bewusst wahrgenommen. Es ist nicht Ihre Aufgabe, sie zu richten – überlassen Sie das Gott und den Gesetzen des Universums. Das heißt nicht, dass Sie dann, wenn das Verhalten eines Menschen Sie auf die Palme bringt, ihm nicht auf eine liebevolle Weise gegenübertreten und darum bitten können, es abzustellen. Es bleibt dann dem Gegenüber überlassen, ob es etwas ändert oder nicht – Ihre Aufgabe ist damit erledigt.

Verzeihen ist ein spiritueller Akt, der Sie Gott näher bringt und unverzüglich den Heilungsprozess in Gang setzen wird. Es ist etwas, das sich zwischen Ihnen und Ihrem höchsten Bewusstsein abspielt, das ein Bestandteil des Ganzen ist, das wiederum Gott ist. Der einzige Augenzeuge, den Sie dabei brauchen werden, ist Gott. Sie brauchen niemandem davon zu erzählen, schon gar nicht, wenn Sie damit zur Schau stellen wollen, was für ein guter Mensch Sie doch sind. Auf das Thema angesprochen, können Sie jedoch jederzeit darüber sprechen. Sie können auch mit jemandem sprechen, während Sie sich in dem Heilungsprozess befinden, der stattfindet, nachdem Sie verziehen haben. Wichtiger ist es, zu verzeihen und dem Universum die Einzelheiten zu überlassen. Für Sie ist die Sache erledigt, für Sie ist alles bereinigt. Sie haben Ihre Kraft wiederhergestellt und Ihre bedingungslose Liebe angezapft. Für mich ist Gott die Personifizierung der Gnade.

Die Reinkarnationsphilosophie ist so ansprechend, da sie eine Bestätigung der Liebe, Barmherzigkeit und Gerechtigkeit Gottes darstellt. Sie hilft uns dabei, zu verstehen, dass jede Begebenheit ihren Zweck hat – verhungernde Kinder in Bangladesh, Unfalltode, Kriege, Krebs und andere vermeidbare Krankheiten. Gott trifft keine Schuld an all dem: Wir erschaffen das, und aufgrund unseres freien Willens bekommen wir das, was wir erschaffen. Aufgrund der karmischen Gesetze wird die Reinkarnation zum Arm der Gerechtigkeit, den wir nicht beugen können. Indem wir in unserem Leben und in unserem Umfeld Harmonie erschaffen, harmonisieren wir uns mit Seiner bedingungslosen Liebe. Durch unsere Entscheidung dafür, zu verzeihen, wählen wir zwischen Karma und Gnade. Wir lassen mehr Magie in unser Herz. Um zu verzeihen, ist es also immer gut, eine Verbindung zur Quelle bedingungsloser Liebe herzustellen, Gottes Liebe zu allem zu spüren, was Er geschaffen hat und dann in diesem liebevollen Moment den Schmerz loslassen zu können.

Das Beste ist also, wenn Sie sich einen ruhigen Ort suchen, an dem Sie für sich sind und einige Zeit lang ungestört. Sie können sich in Ihr Auto setzen, ins Schlafzimmer, einen Spaziergang unternehmen oder einen stillen Raum finden.

Was ich dann in der Regel empfehle, ist, sich bequem hinzusetzen oder auf den Rücken zu legen und beide Hände auf Ihr Herz zu legen. Atmen Sie langsam ein und aus und entspannen Sie sich vollkommen. Richten Sie Ihre Aufmerksamkeit auf Ihr Herz und schließen Sie Ihr Herz an die bedingungslose Liebe um Sie herum an. Spüren Sie, wie die Energie der Liebe Ihren Körper durchströmt.

Denken Sie an alles, was in diesem und dem vorherigen Kapitel geschrieben steht – dass wir unsere Eltern dazu auswählen, unser Wachstum zu unterstützen, dass wir uns jeden Augenblick unseres Lebens erschaffen. Dass auch diese Situation dazu geschaffen wurde, uns mit uns selbst zu konfrontieren.

Welche Lektionen haben wir gelernt? Vielleicht ist es einfach nur die Tatsache, dass wir verzeihen sollten, selbst wenn jede Zelle unseres Körpers denkt, das sei nicht fair, und dass wir auf die Gesetze des Universums vertrauen müssen. Schicken Sie dem Täter oder der Täterin Ihre Liebe und verzeihen Sie ihm oder ihr für das, was diese Person Ihnen angetan hat. Arrangieren Sie sich außerdem damit, dass Sie nicht auf Rache sinnen werden oder zurückschlagen, sondern diese Energie dazu verwenden werden, Ihr Herz zu heilen. Vernichten Sie dann im Geist die Akte mit den Ihnen zugefügten Formen von Unrecht und vermerken Sie in Ihrer Liste gelernter Lektionen, was für Sie neu hinzugekommen ist.

Mit der Emotional-Balancing-Technik kommen wir dann zum nächsten Schritt und arbeiten nun an der Energie der Meridiane in Ihrem Körper; später können Sie das gleichzeitig tun. Zuerst behandeln Sie die Leberenergie; dort haben sich unsere Wut, unser Groll, unsere Frustration und Schuldgefühle festgesetzt. Wir massieren oder behandeln diesen Punkt, während wir unsere Affirmation sagen: »Ich liebe und akzeptiere mich mit meiner Wut (oder meinem Groll, meinen Rachegelüsten etc.) gegenüber ... (dem/der Übeltäter/in).«

Das wiederholen Sie mindestens drei Mal, bis Sie sich ruhig und friedlich fühlen und es Sie nicht belastet, sich die betreffende Person vorzu-

stellen oder an sie zu denken (der Leberpunkt befindet sich auf der rechten Seite, in der Mitte Ihres Rippenbogens).
Dann geht es weiter zu den Nierenpunkten (direkt neben dem Brustbein gelegen, unter dem Schlüsselbein). Über diesen Punkt behandeln Sie die Angst. Wenn wir nicht irgendwie mit unseren Ängsten umgehen, werden wir den Vorfall womöglich projizieren und etwas Ähnliches wiedererschaffen. Während wir die beiden Nierenpunkte massieren oder behandeln, sprechen wir unsere Affirmation wie folgt: »Ich liebe und akzeptiere mich mit meinen Ängsten, dass etwas wie das wieder passieren könnte!« Auch das wiederholen Sie wieder mindestens drei Mal, bis Ihnen innerlich vollkommen wohlig und friedvoll zumute ist.
Als letzten Teil der Behandlung im Hinblick auf Verzeihen werden dann die Herzpunkte gleich neben dem Nagelbett auf der Innenseite des kleinen Fingers behandelt. Wir massieren oder behandeln diese abwechselnd, auch hier wieder mindestens drei Mal oder so lange, bis wir uns vollkommen friedvoll fühlen. Die Affirmationen hierzu lauten: »Ich liebe mich und verzeihe mir von ganzem Herzen dafür, dass ich dieses Ereignis geschaffen habe, und ich verzeihe ... (Täter/in) dafür, hieran Teil gehabt zu haben und lasse es ein und für alle Mal los!«
Damit ist die Arbeit am Verzeihen abgeschlossen – wir gehen mit unserer Wut/unserem Groll um, unseren Ängsten davor, dass sich das wiederholen könnte, und dann verzeihen wir uns selbst und der Person, die uns verletzt hat, für das Geschehene. Wenn Sie wütend auf Gott waren, können Sie die folgende Affirmation hinzufügen (unter Behandlung der Herzpunkte): »Ich liebe mich und verzeihe mir von ganzem Herzen dafür, Gott die Schuld an diesem Vorfall gegeben zu haben – bitte verzeih mir, Gott, für meine Blindheit!«
Das hat tausenden von Menschen geholfen, ihre Heilung in die Wege zu leiten, und ich konnte schon bei vielen chronischen Erkrankungen beobachten, wie sie sich erheblich besserten oder komplett ausheilten, als die betreffende Person bereit, fähig und gewillt war, die Vergangenheit loszulassen.
Also – sind Sie bereit? Gibt es jemanden, dem Sie jetzt verzeihen wollen? Sie selbst inbegriffen? Sie können jetzt anfangen: Stellen Sie eine Liste aller Personen oder Ereignisse auf, die Ihnen ziemlich viel Schmerz und Qualen bereitet haben. Es gibt keinen besseren Zeitpunkt dafür als jetzt!
Vielleicht ist es für Sie ein ausgezeichneter Gedanke, damit anzufan-

gen und ein paar Menschen zu verzeihen, bevor Sie weiterlesen. Es ist immer gut, seinen Eltern und anderen zu verzeihen, zu denen Sie eine enge Beziehung hatten.

Einige letzte Argumente zum Thema Verzeihen
Sie haben das einzig Richtige getan: sich selbst mit der Sache konfrontiert und verziehen. Es dürfte nun vorbei sein, und Sie können mit Ihrem Leben weitermachen. In vielen Fällen wird das eine Illusion sein. Es kann passieren, dass Sie für Ihre Entscheidung und Ihren Akt des Verzeihens von anderen angegriffen oder ins Lächerliche gezogen werden. Auch Ihr Unterbewusstsein mag protestieren und Zweifel in Ihnen entstehen lassen. Ihre Gedanken sind vielleicht nicht im Einklang mit Ihrer Tat, und Sie fühlen sich vielleicht schlecht deswegen.
Das ist ganz normal; nach dem Verzeihen beginnt die eigentliche Heilung, und das mag nicht ganz so glatt verlaufen. Seien Sie also darauf vorbereitet. Es ist außerdem wichtig, Gott für das zu verzeihen, wofür Sie ihm die Schuld gegeben haben und, am allerwichtigsten, sich selbst zu verzeihen – aus dem Grund, dass Sie dann, wenn Sie sich nicht für die eigenen Fehler und das eigene Versagen verzeihen, womöglich damit weitermachen, sich selbst zu verdammen.
Viele Menschen schleppen Schuldgefühle mit sich herum – Schuldgefühle deshalb, weil ihre Kinder sich nicht zu den vorbildlichen Bürgerinnen und Bürgern entwickelt haben, wie sie es erwartet hatten. Schuldgefühle wegen einer Scheidung, Schuldgefühle, weil Sie in einen Autounfall verwickelt gewesen sind, bei dem andere schwer verletzt wurden oder ums Leben kamen; Schuldgefühle, weil sie ihren Kindern kein gutes Vorbild ware; Schuldgefühle, weil Sie viele Fehler gemacht haben und nicht perfekt waren.
Es gibt viel mehr Gründe dafür, sich schuldig zu fühlen. Vielleicht geben Sie sich die Schuld an einer zerbrochenen Ehe, daran, einen lieben Menschen verloren zu haben etc.. Einige von Ihnen sind vielleicht wirklich in der Lage, das zu rechtfertigen: Wären Sie etwas aufmerksamer gewesen, so wäre es nicht passiert; wenn Sie nicht getrunken hätten, nicht eingeschlafen wären etc.
Haben Sie etwas, wofür Sie sich die Schuld geben können? Bitte listen Sie diese Gründe auf, da auch ihnen Rechnung getragen werden sollte, und zwar möglichst schnell!
Viele von uns fühlen sich unzulänglich; wir schaffen es nicht, unsere

eigenen Erwartungen an uns zu erfüllen. Wir haben viele unserer Träume aufgegeben und unsere Grenzen akzeptiert. Aber wir geben uns noch immer die Schuld. Unser Selbstbild ist völlig verzerrt und kommt der Wirklichkeit nicht nahe. Wir versuchen dazuzugehören, und das andauernde Sperrfeuer von schönen Körpern und Menschen in Fernsehen und Werbung hilft auch nicht viel. Wir geben uns diesen Illusionen hin und versuchen bei einem Kampf mitzuhalten, den die meisten von uns verlieren werden. Nehmen Sie sich nun also einen Augenblick Zeit und praktizieren Sie das Verzeihen sich selbst gegenüber, damit Sie sich wohler fühlen damit, wer Sie sind, mit Gutem und Schlechtem.

Akzeptieren und lieben Sie sich von ganzem Herzen – Sie haben es verdient, und Sie haben es auch verdient, geistigen Frieden zu haben. Dennoch wird es einige von Ihnen geben, die jemandem nicht verzeihen, weil Sie das Gefühl haben, das, was geschehen ist, war mehr, als der Verstand fassen kann. Es war einfach zu viel, zu kaltblütig, zu berechnend, diese Person muss bestraft werden, aus dem Verkehr gezogen! Wenn Sie sich dafür entscheiden, an dem Ereignis festzuhalten, entscheiden Sie sich auch dafür, das Ereignis immer wieder durchzumachen. Mit anderen Worten: Da ist ein Teil von Ihnen, der offenbar masochistisch ist und gerne Schmerz erleidet. Möglicherweise mag das ja der Grund dafür sein, dass Sie daran festhalten, obwohl Sie doch wissen, dass Sie sich durch Vergebung heilen werden, obwohl Sie wissen, dass das Verzeihen nichts über den anderen aussagt, dafür aber alles über Sie. Sie entscheiden sich dafür, weiter den Weg des Schmerzes und der Selbstzerstörung zu beschreiten, und jeder hat das Recht, seine eigenen Entscheidungen zu fällen. Sie entscheiden sich für spirituelle Dunkelheit statt spirituelle Erleuchtung. Gleichgültig, wie sehr etwas schmerzt, wir können immer verzeihen. Millionen haben die schlimmsten Taten verziehen, und Sie können es ganz genauso!

Lasst uns den Heilungsprozess beginnen
Nach dem Verzeihen begeben wir uns auf den Weg der Heilung und Harmonie. Wir sind vielleicht noch immer erschüttert, doch gleichzeitig fest entschlossen, uns zu heilen und alles das hinter uns zu lassen. Ab und zu werden wir darum ringen müssen, unsere Entscheidung für das Verzeihen aufrecht zu erhalten, aber das ist der einzige Weg, aufs Neue die heilende Energie der Liebe anzuzapfen. Durch Nichtverzeihen machen wir unser Herz eng und vermindern unsere Verbindung

mit unserer tiefsten spirituellen Ebene. Hierzu müssen wir uns zunächst einmal von allen negativen Emotionen heilen, die in Verbindung mit dem Täter oder der Tat aufsteigen. Man muss in der Lage sein, für den Fall, dass das unvermeidlich oder notwendig ist, dem Täter gegenüber zu treten und dabei vollkommenen Frieden zu erleben.

Vielleicht brauchen Sie etwas Zeit dafür, dass die Heilung zum Abschluss kommen kann – bis dahin ist es am besten, weiter an den negativen oder schmerzhaften Emotionen zu arbeiten. Stellen Sie sich bildlich vor, wie Sie dem Täter begegnen und sich dabei vollkommen ruhig und voller Liebe fühlen. Mit Hilfe der Techniken in Teil II können Sie allen verbleibenden Schmerz eliminieren.

Wichtig ist dabei, nicht zu versuchen, eine Konfrontation um jeden Preis zu vermeiden, denn das kann eine Form der Leugnung sein. Richten Sie den Blick auf Ihr Ziel, allen Schmerz aus der Vergangenheit loszulassen. Zahlen Sie der anderen Person das Erlittene auch nicht heim, indem Sie sie ignorieren oder ruppig behandeln. Sehen Sie es als Teil Ihrer Reise zur Heilung und als Möglichkeit, selbst zu testen, ob die Heilung abgeschlossen ist. Es ist normal, dabei innere Turbulenzen zu verspüren. Das ist Ihr Kompass, der Ihnen anzeigt, ob die Heilung schon abgeschlossen ist oder nicht. Gehen Sie von vorn herein davon aus, dass Sie einige schmerzhafte Momente durchleben werden, und überlegen Sie sich im voraus, wie sie damit umgehen würden.

Ihre Gedanken lassen sich verändern

Gleichgültig, wie schlimm oder grausam der Vorfall war – die Bedeutung, die wir ihm beimessen, war lediglich die Folge dessen, was wir innerlich dachten und die unserer früheren Erfahrungen. Ihr Denken erzeugt die Gefühle, und diese Gefühle akzeptieren Sie dann als echt und wirklich. Wenn Sie Ihr Denken verändern, werden sich die Gefühle entsprechend verändern. Vergessen Sie nicht: Die Vergangenheit hat nur dann Macht über Sie, wenn Sie ihr diese Macht zugestehen. Wenn Sie sich wieder dafür entscheiden, im Jetzt zu leben, lösen Sie sich von der Vergangenheit. Wir können dann ganz von vorn anfangen, ohne den Schmerz oder die Belastung.

Wir wählen sogar unsere Gedanken, und wir können uns dafür entscheiden, andere Gedanken zu haben. Das ist eine unglaubliche Macht, die uns da verliehen wurde. Sie können standhaft bleiben und alle Gedanken zurückweisen, die Ihnen Lebenskraft entziehen, Sie brauchen sich

nicht damit abzufinden. Lassen Sie Selbsthass, Groll, Schuldgefühle und Schuldzuweisungen los – diese sind sehr negativ. Indem wir konzentriert auf den Gedanken achten, während er aufsteigt, können wir uns selbst daran hindern, in eine Negativspirale zu geraten, die unsere eigene Niederlage herbeiführt. Indem wir unser Denken ändern, zapfen wir die kraftvolle Heilenergie an, die uns in unserem Körper zur Verfügung steht, und wir können die liebevolle Energie spüren, die uns durchströmt.
Jeder Gedanke, der Ihnen in den Sinn kommt, sollte darauf überprüft werden, ob er sich in Ihr neues Muster und Ihren spirituellen Weg einfügt. Beobachten Sie, wie Sie denken, und beurteilen und ändern Sie es sofort.
Erwarten Sie nicht, dass sich das Denken mit einem Schlag ändert, sondern seien Sie auf einen Kampf gefasst. Wenn Sie Ihre Aufmerksamkeit darauf richten, Ihre Emotionen auszugleichen, wird das Ganze früher vorbei sein, als Sie vielleicht denken.

Konfrontation
Mitunter ist es gut, wenn Sie sich mit anderen über Ihren Schmerz austauschen, solange Sie sich dabei nicht in die Opferrolle begeben. Indem Sie sich dafür entscheiden, sich als Opfer zu betrachten, blockieren Sie Ihr Wachstum und Ihre Heilung. Carolyne Myss bezeichnet das als »*woundology*« (Wundologie): Die Verwendung der eigenen emotionalen Verletzungen dient dazu, von anderen Aufmerksamkeit und Fürsorge zu bekommen. Auf diese Weise werden Sie hierin gefangen bleiben, und es wird nicht funktionieren. Sie sollten sich Ihrem Täter gegenüber eine Haltung des Nichtverurteilens bewahren, eine Haltung des Verständnisses und der Bereitschaft, seinen oder ihren Schmerz zu sehen, der dieses Verhalten bewirkt hat (sofern das der Fall ist!).
Gestehen Sie der Person, die Sie verletzt hat, Wert zu; finden Sie etwas Positives an ihr; sehen Sie auch dieses Gegenüber als Menschen, der sich auf seinem spirituellen Weg befindet und seine Kämpfe auszutragen hat. Weigern Sie sich, den anderen zu bekämpfen und finden Sie zu der Liebe in Ihrem Herzen. Es eine gute Idee, für ihn oder sie zu beten und diesem Menschen jeden Tag Liebe zu schicken; das kann helfen, die Welt vollkommen zu transformieren. Jedes Gebet richtet sich an das kollektive Bewusstsein und hilft dabei, den globalen Heilungsprozess zu fördern.

Wenn Sie das alles tun, wird Ihnen auffallen, dass Ihr emotionaler Schmerz allmählich nachlässt, und früher oder später wird er vollkommen verschwunden sein. Dann können Sie sich fragen, ob eine Konfrontation mit der Person, die Sie verletzt hat, notwendig ist. Das lohnt sich nur dann, wenn Sie von einer Haltung der Liebe und des inneren Friedens kommen können. Nützlich kann es auch sein, wenn es zu einer Änderung des Verhaltens kommen kann, das Sie und möglicherweise auch noch andere verletzt. Sprechen Sie offen und in Liebe die Wahrheit aus, ohne Schuldzuweisung, und erklären Sie ganz genau, was an dem Verhalten des anderen Sie oder andere verletzt. Ihre Motive müssen dabei rein sein, sonst führen Sie sich nur selbst an der Nase herum und streben in Wirklichkeit eine Art von Rache an. Wenn möglich, halten Sie zur Selbstkontrolle auch Rücksprache mit anderen, um herauszufinden, ob sie die Sache ebenso erleben wie Sie, aber verstecken Sie sich nicht hinter ihnen, sprechen Sie nur für sich selbst. In einigen Fällen, wenn das Leben Unschuldiger in Gefahr ist, können Sie auch überlegen, die entsprechenden offiziellen Stellen einzuschalten, um die Situation zu handhaben.

Mitunter ist es klüger, keine Konfrontation zu suchen, wenn Sie wissen, dass das nichts nutzen würde oder die Sache sogar noch verschlimmern wird. Mitunter ist es auch nicht angesagt, dass die Konfrontation von Ihnen ausgeht, dann wieder kennen Sie nicht alle Fakten etc. Überlegen Sie vor der Konfrontation, wie Sie am besten an Sie herangehen könnten. Sie müssen bereit sein, Ihre Wunden müssen verheilt sein, Ihr Herz in Frieden.

Manchmal ist es am besten, um Verzeihung für etwas zu bitten, das jemand anderen verletzt haben könnte. Auf diese Weise öffnen Sie die Tür dafür, dass diese Person leichter etwas an ihrem eigenen Verhalten ändern kann. Außerdem müssen Sie die Bereitschaft haben, Ihr Herz zu öffnen und dem anderen zu zeigen, dass er Ihnen wirklich nicht gleichgültig ist und dass Sie nicht auf Rache aus sind. Indem Sie sensibel für die Umstände des anderen und für Dinge sind, die ihn oder sie schmerzen, erleichtern Sie den Prozess erheblich.

Denken Sie auch daran, dass Sicherheit vorgeht – wenn der Täter zu Jähzorn und zu Gewalt neigt, könnten Sie erwägen, ihn anzurufen, ihm einen Brief zu schreiben oder sich an einem öffentlichen Ort mit ihm zu treffen. Sie wollen sich ja nicht in Gefahr bringen.

Manchmal ist es nicht so günstig, den anderen zu treffen, sei es dass die Entfernung zu groß ist oder dass es zu schmerzhaft wäre.
Einen Brief zu schreiben, ist eine gute Möglichkeit. Schreiben Sie den Brief jedoch nicht, ohne ihn gut überdacht zu haben. Vielleicht müssen Sie ihn mehrmals überarbeiten, um die beste Herangehensweise zu finden. Kommen Sie dabei von Ihrer Liebe her, nicht von Ihrem Schmerz. Lesen Sie den Brief mehrmals: Bringt er Ihre Liebe zum Ausdruck? Haben Sie auch um Verzeihung für Ihre eigenen Fehler gebeten? Denken Sie daran, sich auf Liebe zu konzentrieren sowie auf die positiven Lektionen, die Sie aus dem Ganzen gezogen haben.

Der spirituelle Weg
Der ganze Sinn und Zweck des Verzeihens ist der, Ihren Heilungsprozess in Gang zu setzen; es Ihnen zu ermöglichen, auf den spirituellen Weg zurückzugelangen. Das Verzeihen gehört zu den spirituellen Übungen, die uns eine Menge abverlangen können. Wir müssen es so lange üben, bis wir wirklich gut darin werden. Je besser wir im Verzeihen werden, desto mehr wird uns auffallen, dass niemand uns wirklich verletzen kann. Sie können es zwar zulassen, dass jemand Sie verletzt, aber das liegt ganz bei Ihnen.
Der Geist, der Sie beseelt, kann von nichts berührt werden. Ihr Körper kann misshandelt werden, aber der Geist kann über all dem stehen. Ist das erst einmal klar geworden, ist das Verzeihen leicht. Außerdem wird Ihnen zunehmend auffallen, wie vielen Menschen gar nicht bewusst ist, welchen Schmerz sie anderen zufügen. Sie werden andere Menschen sehen, die selbst heftigen Schmerz erleiden und andere verletzen wollen, weil es unfair ist, dass nur sie allein diesen Schmerz durchmachen sollen. Sie werden also anfangen Menschen auf eine Weise zu sehen, wie Sie sie noch nie zuvor gesehen haben.
Menschen werden versuchen, Sie zu verletzen, weil sie sich von Ihnen verletzt fühlen. Vielleicht durch ganz einfache Dinge – etwa dadurch, dass Sie Ihnen nicht genug Aufmerksamkeit schenken. Vielleicht ist es Eifersucht, weil Sie womöglich mehr Zeit mit jemand anderem verbringen und keine Zeit mit ihnen. Ich habe das schon in allen Varianten erlebt. Menschen verhalten sich impulsiv, ohne nachzudenken, selbst die spirituellen, bei denen Sie viel mehr Sensibilität erwarten würden.

Die beste Haltung ist die, frei von Erwartungen zu sein, dann können Sie auch nicht enttäuscht werden. Akzeptieren Sie alle so, wie sie sind, mit allem Guten, aber auch Schlechten. Versuchen Sie niemanden zu verändern – außer sich selbst. Werden Sie Meister im Verzeihen, denn dann zapfen Sie permanent die universelle Liebe an.

Kapitel 11:

GEWAHRSEIN IST EIN PARADOX

Die Einladung
Oriah Mountain Dreamer, indianischer Stammesältester:

Es interessiert mich nicht, wovon du lebst.
Ich will wissen, wonach du dich schmerzlich sehnst, und ob du es wagst, davon zu träumen, dem Sehnen deines Herzens zu begegnen.

Es interessiert mich nicht, wie alt du bist.
Ich will wissen, ob du es riskieren wirst, dich scheinbar zum Narren zu machen für deine Liebe, für deine Träume, für das Abenteuer, am Leben zu sein.

Es interessiert mich nicht, welche Planeten im Quadrat zu deinem Mond stehen.
Ich will wissen, ob du die Mitte deines eigenen Kummers berührt hast, ob dich die Enttäuschungen in deinem Leben geöffnet haben, oder ob du welk und verschlossen geworden bist, aus Angst vor weiterem Schmerz.
Ich will wissen, ob du da sitzen kannst mit Schmerz, sei es dem meinen oder deinem eigenen,
ohne einen Finger zu rühren, ihn zu verbergen, abzuschwächen oder zu beheben.
Ich will wissen, ob du in der Freude verweilen kannst, der meinen oder deiner eigenen; ob du ausgelassen tanzen kannst und dich bis zu den Fingerspitzen von der Ekstase erfüllen lassen kannst, ohne uns zur Vorsicht zu mahnen oder dazu, realistisch zu sein oder die Begrenztheit des Menschen nicht zu vergessen.

Es interessiert mich nicht, ob die Geschichte, die du erzählst, wahr ist.
Ich will wissen, ob du einen anderen enttäuschen kannst, um zu dir selbst zu stehen; ob du es aushältst, des Verrats bezichtigt zu werden und dabei nicht deine Seele verrätst.

Ich will wissen, ob du treu und von daher vertrauenswürdig sein kannst.

Ich will wissen, ob du die Schönheit sehen kannst, selbst wenn es heute nicht schön ist, und ob du dein Leben aus SEINER Gegenwart speisen kannst.

Ich will wissen, ob du mit Fehlschlägen leben kannst, den deinen und den meinen, und dennoch am Ufer eines Sees stehen und dem silbernen Vollmond ein »Ja!« zurufen kannst.

Es interessiert mich nicht, zu wissen, wo du wohnst oder wie viel du verdienst.
Ich will wissen, ob du nach einer Nacht voller Kummer und Verzweiflung aufstehen kannst, zerschlagen und bis auf die Knochen geschunden, und tust, was für die Kinder zu tun ist.

Es interessiert mich nicht, wer du bist oder wie du hierher kamst.
Ich will wissen, ob du dich mit mir mitten ins Feuer stellst und dabei nicht zurückschreckst.

Es interessiert mich nicht, wo oder was oder bei wem du studiert hast.
Ich will wissen, was dich von innen erhält, wenn alles andere von dir abfällt.

Ich will wissen, ob du allein sein kannst mit dir selbst, und ob du die Gesellschaft, die du dir suchst, in den unausgefüllten Momenten wirklich magst.

Viele Menschen glauben, dass wir hier sind, um bestimmte Lektionen zu lernen und spirituell zu wachsen. Die Wahrheit ist, dass wir gar nichts zu lernen haben. Wir brauchen nichts zu unternehmen, um ein besserer oder spirituellerer Mensch zu werden. Wir sind bereits das Beste, was wir sein können, wir haben lediglich die Wahl, uns dessen bewusster zu werden. Wir können uns dafür entscheiden, uns selbst wachzurütteln und uns zu erkennen, und das Höchste zu erleben – die himmlischste und göttlichste Erfahrung von allen: sich daran zu erinnern, wer wir wirklich sind und die Verbindung damit wieder aufzunehmen.

Genau das illustriert die nachfolgende Geschichte:
Ein Farmersohn wanderte hoch oben in den Bergen und entdeckte dort einen Adlerhorst mit einem Ei darin. Er nahm das Ei mit zur Farm zurück und legte es zwischen andere Eier in das Nest einer Henne. Dann vergaß er es völlig, und das Adlerküken schlüpfte irgendwann aus dem Ei und dachte, die Henne sei seine Mutter und es selbst ein Huhn. Der kleine Adler wuchs heran und verhielt sich wie ein Huhn. Er fraß Regenwürmer und Insekten, er scharrte und gackerte. Ebenso wie die anderen Hühner flatterte auch der junge Adler nur ein kurzes Stück in die Lüfte. Der Adler verbrachte sein ganzes Leben als Huhn, und er wurde schließlich sehr alt.
Eines Tages blickte er empor und sah, wie ein herrlicher Vogel über der Farm kreiste. Er nutzte die Winde, um elegant durch die Lüfte zu gleiten. Der Adler staunte ehrfürchtig über diesen majestätischen Anblick. »Was ist das für ein Vogel?« fragte er ein Huhn in seiner Nähe. »Das ist der König aller Vögel, ein Adler«, antwortete das Huhn. »Der Adler gehört dem Himmel an, wie wir auf die Erde gehören, denn wir sind ja nur Hühner.« Der Adler starb am Ende als Huhn, weil er sich selbst als solches wahrnahm.

Wenn wir uns nicht bewusst werden, wie grandios wir sind, werden wir uns immer so verhalten wie der Adler, der sich für ein Huhn hielt. Man muss sogar sagen, dass die meisten Menschen lieber Hühner sind. Der Grund dafür ist der, dass es bequem ist. Aus dieser Illusion zu erwachen, ist kein Vergnügen. Es bedeutet, dass wir viele der uns einengenden Überzeugungen aufgeben müssen.
Es bedeutet, dass wir handeln und sein müssen, wer wir wirklich sind. Wir müssen uns wie ein Adler verhalten, statt davon zu träumen, einer zu werden. Die traurige Wahrheit sieht so aus, dass die meisten Menschen sich ihrer eigenen Herrlichkeit eigentlich gar nicht bewusst werden und sie nicht erfahren wollen. Der erste Schritt, den es für uns zu unternehmen gilt, besteht darin, zu erkennen, dass wir uns in der Phase des Leugnens befinden und ehrlich uns selbst gegenüber zu werden. Wir haben so lange geleugnet, dass es uns schon real vorkommt; wir beginnen an unsere eigenen Illusionen zu glauben, als seien sie die Wirklichkeit. Ein menschliches Wesen zu sein heißt, ein menschliches Wesen zu haben und zu erfahren, wie es ist, sich im Reich der Menschen aufzuhalten. Wir haben gelernt, glücklich zu sein in Verbindung mit

etwas, das wir bekommen. Wenn wir nicht haben, was wir wollen, sind wir unglücklich und leugnen unser ewiges Wesen, das bedingungslos glücklich ist. Wir wollen nicht davon ablassen, für unser Bemühen etwas zu bekommen. Wir wollen, dass unsere Wünsche erfüllt werden. Unsere Wünsche sind, wie wir zuvor gesehen haben, aus Erinnerungen an früher entstanden. Wenn wir unsere Vergangenheit fallen lassen, wachen wir auf und bekämpfen die Vergangenheit nicht länger, sondern wachsen über sie hinaus.
Die größte Herausforderung dafür, unser waches Bewusstsein zu entwickeln, ist die Bereitschaft, uns für eine neue Dimension zu öffnen, die Vergangenheit loszulassen. Sind Sie bereit, Ihre ganzen alten Überzeugungen fallen zu lassen?
Wie viel Wahrheit können Sie verkraften? Die meisten von uns haben Angst, Altbekanntes loszulassen, am Rande des Unbekannten zu leben. Dort, wo wir unsere Illusionen gegen die Wirklichkeit eintauschen, dort ist der Ort, wo alles geschieht. Die Wirklichkeit heißt: Es gibt keine Vergangenheit und es gibt keine Zukunft. Es gibt nur das Jetzt. Die Vergangenheit ist nur das, was Sie aus ihr machen. Im Grund existieren die Vergangenheit und die Zukunft jetzt, in diesem Moment. Was Sie wollen, ist das, was Sie nicht haben. Wie wäre es, sich auf das auszurichten, was Sie jetzt geschaffen haben, damit Sie verstehen, wie Sie das gemacht haben?
Indem wir zum nicht urteilenden Beobachter werden, können wir uns selbst von Grund auf verwandeln. Indem wir uns emotional von unserer Schöpfung lösen, werden wir weniger abhängig von ihr. Dinge zu erschaffen, ist wie Magie, und Magie ist so etwas wie Illusion. Illusion wird zur Wirklichkeit, und wir beginnen zu glauben, die Illusion zeige die Dinge so wie sie sind.
Erleuchtet zu werden bedeutet, Gewahrsein zu entwickeln. Zuerst beobachten wir das, was sich in unserem Leben abspielt; wir erkennen, dass wir diese Szenarien selbst geschaffen haben. Um also eine bestimmte Situation entstehen zu lassen, mussten wir bestimmte Gedanken denken. Haben wir das erst einmal erkannt, gehen wir einen Schritt weiter und nehmen unsere Gedanken wahr. Dann erkennen wir, dass jemand diese Gedanken erschafft, und dieser jemand sind wir. Die spirituellen Meister sagen uns, die Grundfrage im Leben sei: »Wer bin ich?« »Was hat es auf sich mit dieser Wesenheit, die wir ›ich‹ nennen?« Wir können alles über Computer wissen, wir können vielleicht kochen,

wir verstehen uns auf so viele Dinge, doch wenn wir nicht wissen, wer das »Ich« ist, befinden wir uns noch immer in einem tiefen Koma. Wir sind nicht mehr als ein Bewusstloser, der nicht weiß, was sich in Wirklichkeit auf der Welt abspielt. Sind Sie im Koma?
Der erste Schritt, aus dem Koma herauszukommen, ist der, zu erkennen, dass wir im Koma sind und aufwachen zu wollen. Verstehen Sie das? Die Frage lautet: »Wer versteht es?« Wenn Sie das »Ich« betrachten und zum Beobachter werden, werden Sie entdecken, dass Sie nicht frei sind; Sie sind ein Sklave früherer Konditionierungen, Überzeugungen, die Ihnen nicht dienlich sind, Ängsten, die Sie von Ihren Eltern, Ihrer Familie, Ihren Lehrern etc. geborgt haben. Sie sind zum Produkt Ihrer früheren Erfahrungen und Programmierung geworden.

Entscheidungsfreiheit ist eine Farce, wenn Sie nicht aufwachen.

Sie sind in Mustern von Richtig oder Falsch (Ihrer Überzeugung nach) festgefahren. Sie sind so festgefahren, dass Sie nicht sehen können, dass alle festgefahren sind, jeder verteidigt seine eigene Scholle. Wir machen aus unserem Leben eine Misere und glauben wie andere Menschen auch, dass andere an unserer Misere schuld sind!
In Wahrheit sieht es so aus, dass niemand uns ins Elend stürzen kann, wenn wir wach sind. Das Paradoxeste an der Sache ist, dass alle Emotionen falsch sind. Wir haben unseren früheren Erfahrungen eine Bedeutung angeheftet. Wir haben geglaubt, wir sollten perfekte Eltern und eine perfekte Jugend haben. Das war der erste Fehler: Wir haben schon die richtigen Eltern ausgesucht, um das zu lernen, was wir lernen wollten, als wir hierher kamen. Mit anderen Worten: Unsere Eltern waren für unsere Zwecke perfekt. Sollten Sie keine Eltern gehabt haben und bis jetzt überlebt haben, so gehörte das mit zu Ihrem Plan. Niemand trägt die Schuld an was auch immer – alles läuft ganz nach Plan. Das Einzige, was Sie in Erinnerung behalten müssen, ist der Plan.

Hier meine Antwort an viele Menschen, die fragen: »Wozu sind wir hier?« Die Antwort ist das Paradoxeste von allem: »Wir sind hier, um herauszufinden, wozu wir hier sind!«

Unser Ziel ist, uns wieder an unseren Daseinszweck zu erinnern, das Geschehene zu analysieren und Wege ausfindig zu machen, zu entde-

cken, wer wir wirklich sind. Es ist schmerzhaft, wenn wir erkennen, dass wir auf eine falsche Fährte geraten sind und nun glauben, bestimmte Dinge seien wahr, die es gar nicht sind.
Es tut weh, aus dem Koma aufzuwachen und zu merken, dass wir eine Illusion gelebt haben. Wer also ist die Person, die diesen Satz liest? Wer ist der Leser? Wer ist der Denkende? Wer ist der Beobachter? Kann der Beobachter dazu gelangen, sich selbst kennen zu lernen?
Um das »Ich« zu begreifen und zu definieren, müssen wir zunächst einmal wissen, was es nicht ist. Das ähnelt exakt dem Prozess, warum Gott der größte Beobachter von allem ist. Gott ist das »Ich« von allem, was es gibt, allem, was da war und allem, was je sein wird.
Mein »Ich« ist ein Teil des göttlichen »Ich«. Ich bin ein Teil der gesamten universellen Manifestation, die ein Teil von Gott ist. Gott ist universelle Liebe, also muss »ich« ein Teil der universellen Liebe sein.
Was »Ich« nicht bin: »Ich« bin nicht meine Gedanken. Ich mag zwar viele Gedanken haben – Wissenschaftlern zufolge sechzigtausend am Tag – aber ich bin nicht meine Gedanken. Ich recycle viele meiner Gedanken, bis zu neunzig Prozent oder mehr. »Ich« halte mich am Denken, aber ich bin nicht meine Gedanken. Ich habe mir die Frage gestellt: »Bin ›ich‹ jemand?« Die Antwort lautet: »Ich« bin ein Nobody*. Die Wirklichkeit sieht so aus, dass ich diesen Körper dazu verwende, bestimmte Empfindungen (Gefühle) zu erfahren, die ich nur dann erleben kann, wenn ich meine Schwingungsfrequenz herabsetze. Der Körper ist mein »Raumanzug«, den ich mir zugelegt habe, um Energien geringerer Schwingungsfrequenz zu erkunden. Ich drossele mein Tempo und gehe Einschränkungen ein, indem ich mich auf diesen Körper begrenze. Ebenfalls paradox ist es, dass die Geburt (das Anlegen dieses Raumanzugs) eine ernsthafte Einschränkung meines Seins war. Dadurch, dass ich Mensch wurde, bin ich gestorben, um geboren zu werden.«
Das Leben ist eine eingeschränkte Erfahrung des »Ich«. Warum sollte »ich« das wollen?
In einem meiner Workshops lasse ich die Teilnehmerinnen und Teilnehmer einen Tag lang mit verbundenen Augen herumlaufen. Für viele

---

* Engl. für »niemand«, wörtlich: »kein Körper« (Anm. d. Übers.)

ist das eine Erfahrung, die starke Ängste weckt und ihnen unheimlich ist. Sie müssen sich auf andere Menschen und andere Sinne verlassen. Fast alle entdecken ganz neue Dinge an sich selbst, die ihr Leben verändern können. Sie stoßen auf Dinge, die sie nicht entdeckt hätten, wären sie nicht durch den Verlust des Sehvermögens eingeschränkt gewesen. Genau das geschieht auch, wenn das »Ich« sich durch Inkarnation einschränkt: Es entdeckt an sich ganz neue Seiten, die es nicht erfahren kann, wenn keine Einschränkungen existieren. »Ich« bin also nicht mein Körper. Ich bin eine körperlose Niemand-Wesenheit, die jemandem innewohnt oder ihn steuert. Unser Körper ändert sich unablässig, das einzig Bleibende ist das »Ich«.

»Ich« bin nicht meine Überzeugungen, denn Überzeugungen können sich ändern. »Ich« bin nicht meine Arbeit. Einige sagen: »Ich bin Jurist(in), Mediziner(in), Angestellte(r).« Das stimmt nicht; Sie können nicht nur Anwalt, Mediziner oder Angestellter sein. In Wirklichkeit sind das Bezeichnungen, die einschränken, wer Sie sind. Viele Menschen packen sich selbst in bestimmte Schubladen und werden dann zu ihren eigenen Begrenzungen. Wir erschaffen Begrenzungen herstellende Etiketten und identifizieren uns dann mit ihnen. Das Gleiche gilt für Emotionen: »Ich bin wütend, ich bin traurig.« Das ist eigentlich ein falscher Sprachgebrauch; korrekterweise sollten wir sagen: »Ich verspüre in mir ein Gefühl, das ich als Ärger (oder Traurigkeit oder Angst) benannt habe.« Oder, wenn Sie es kürzer haben wollen, können Sie auch sagen: »Ich fühle mich wütend.«

Das »Ich« ist keine dieser Schubladen oder Etiketten, in die wir uns hineinpacken oder mit denen wir uns versehen. Das »Ich« ist unendlich größer als das. Identifikation mit Etiketten erschafft zwangsläufig Leid und Schmerz; das »Ich« dagegen kann nicht leiden. Wenn Sie aus dem Leiden heraustreten, werden Sie beobachten, dass es nicht das »Ich« ist, das leidet. Das »Ich« ist unendlich, unsterblich und deckt sich nicht mit der Identifikation mit unserem irdischen Wünschen und Wollen, unseren Etiketten und Bedürfnissen. Es sind diese Wünsche, dieses Wollen, diese Bedürfnisse, die die Illusion darstellen, die wir unserem Umfeld abkaufen, und wir haben das Gefühl, wir bräuchten irgendeine äußerliche Belohnung, um uns »wohl« zu fühlen.

Alles Leiden entsteht letztlich aus Wünschen. Wünsche kommen aus unserer Erinnerung (Karma); nur wenn wir glauben, wir bräuchten das, was wir uns wünschen, empfinden wir einen Mangel an Erfülltheit und begeben uns aus dem Zustand des »Seins« hinaus, um Handlungen in die Wege zu leiten, durch die wir bekommen, wonach es uns verlangt.

Hier das nächste Paradox: Die meisten Menschen glauben, wenn sie das »hätten«, was sie nicht haben, »wären« sie glücklicher, würden sich sicherer fühlen und geliebt oder ihren Frieden haben. Also beginnen sie die »Schritte« zu unternehmen, um das Gewollte zu bekommen, und bis dahin »sind« sie nicht im gewünschten Zustand. Viele Menschen sind ihr Leben lang damit beschäftigt gewesen, hinter Dingen herzujagen, die sie nicht haben, ohne je das zu »sein«, was sie sein wollen. Sehen Sie sich doch nur einmal um: Tun die meisten Menschen, die Sie kennen, Dinge, um etwas zu bekommen, was sie nicht haben, damit sie dann in einer bestimmten Verfassung sein können? Was ist mit Ihnen selbst? Hier das Prinzip, nach dem alles für die meisten abläuft: Wunsch – Handlung – gewünschter Zustand.

Das Paradoxe ist, dass wir sein können, wie wir wollen, wenn wir erst einmal begreifen, dass das unsere freie Entscheidung ist. Wenn Sie glücklich sein wollen, fangen Sie jetzt sofort damit an; lassen Sie Ihre Misere und Ihr Leid los und entscheiden Sie sich auf der Stelle, glücklich zu sein, mag kommen, was da wolle.

Wenn Sie in diesem Zustand sind und Dinge aus dieser Einstellung heraus handhaben, werden Sie weitere Dinge anziehen, die Sie glücklich machen, und Sie werden alles haben, was Sie sich wünschten.

Hier ein Zitat von Charles Swindoll über unsere Einstellung:

»Je länger ich lebe, desto klarer wird mir, welchen Einfluss die Einstellung auf das Leben hat. In meinen Augen ist die Einstellung wichtiger als die Fakten. Sie ist wichtiger als die Vergangenheit, der Bildungshintergrund, das Geld, die Umstände, die Fehlschläge, die Erfolge, als alles, was andere sagen oder tun. Sie ist wichtiger als die äußere Erscheinung, als Begabungen oder Fähigkeiten. Sie wird über Wohl und Wehe eines Unternehmens entscheiden, einer Kirche, eines Zuhauses.

Das Bemerkenswerte ist, dass wir jeden Tag die Wahl haben, was unsere Einstellung für diesen Tag angeht.

Wir können unsere Vergangenheit nicht ändern – wir können das Unvermeidliche nicht ändern. Das Einzige, was wir tun können, ist auf der einen Saite zu spielen, die wir haben, und das ist unsere

Einstellung. Ich bin überzeugt davon, dass das Leben zu zehn Prozent aus dem besteht, was mir widerfährt, und zu neunzig Prozent daraus, wie ich darauf reagiere. Und so ist es auch bei Ihnen – wir sind für unsere Einstellungen verantwortlich.«

Wenn wir aus unserem Koma herauskommen, wird uns klar, dass alles, was in unserem Leben geschehen ist, für uns genau richtig war. Wir steckten in einer Verschwörung mit tausenden, vielleicht Millionen, wenn nicht Milliarden anderer Seelen, die uns erlaubte, exakt die perfekten Lebensumstände für uns zu erschaffen, durch die wir dorthin kommen würden, wo wir heute sind und dieses Buch lesen.
Einer der bedeutendsten Durchbrüche in meinem Leben war der, dass ich aufhörte, mir Sorgen zu machen darüber, was andere von mir dachten. Ich hatte wirklich die Freiheit, das zu tun, was für mein Empfinden das Beste für mich war. Frei wird man nur, wenn man aufhört, Bestätigung von äußeren Quellen zu brauchen.
Um also die dritte Ebene des Glücks zu erreichen, müssen wir erkennen: Glück ist eine Frage der Entscheidung, nicht das Resultat oder der Ausgang von etwas. Der Schlüssel dazu, alles zu bekommen, was Sie wollen, ist der, sich bereits so zu fühlen, als hätten Sie es. »Gib ihm so lange Gestalt, bis du dazu wirst.«
Indem Sie entscheiden, wie Sie sich fühlen, erschaffen Sie die Bedingungen, die das anziehen, was Sie sich am meisten wünschen. Der Schöpfungsprozess beginnt damit, im eigenen Geist den genauen Ausgang von dem durchzuspielen, was Sie empfinden werden, wenn Sie das Gewünschte manifestieren. Indem Sie alle Sinne einbeziehen und es körperlich spüren, werden Sie eine elektromagnetische Ausstrahlung schaffen, die eine Verschwörung auf der geistigen Ebene in Gang setzen wird, durch die Sie genau das auf sich lenken, was Sie wollen. Das trifft immer zu.

Hier kommt das nächste Paradox: Wenn Sie nicht bekommen, was Sie wollen oder wenn Sie etwas bekommen, das Sie nicht wollen, muss das heißen, dass ein Teil von Ihnen das wollte, was Sie bekommen haben. Mit anderen Worten: Ihr Bewusstsein und Unterbewusstsein stimmten nicht überein. Indem Sie Körper, Verstand und Seele zusammenbringen, indem Sie das, was Sie wollen, bereits in Farbe, mit allen Gefühlen und Einzelheiten erfahren, geben Sie ihm buchstäblich Gestalt und werden dazu (virtuelle Wirklichkeit). Wenn Sie noch etwas spirituelle Würze zu diesem Patentrezept hinzufügen, erschaffen Sie Magie. Die spirituelle Würze besteht darin, anderen das zu geben, was Sie sich am meisten wünschen oder anderen helfen, das zu bekommen, was sie wollen. Die andere spirituelle Zutat besteht darin, es von Herzen zu tun und wirklich zu wollen, dass die anderen so froh sind wie Sie.

Die letzte und wichtigste Zutat ist die, dass Sie es, wenn Sie es erst einmal in Ihrem Verstand haben entstehen lassen, genießen können, ohne daran zu kleben. Was Sie bereits sind, das erschaffen Sie nämlich mühelos. Indem Sie es sind, können Sie es so gestalten, dass es zu Ihnen wird und es Gestalt annehmen lassen, einfach und mühelos. Das Universum wird Ihr Helfer, wenn Sie ihm zu verstehen geben, dass Sie bestimmte Gefühle erleben. Es wird Ihnen helfen, mehr von dem zu bekommen, was Sie bereits haben. Wenn Sie also eine Misere erleben, wird das zu weiterer Misere führen. Indem Sie anderen helfen, indem Sie ihnen von dem geben, was Sie reichlich haben, wird sich noch mehr bei Ihnen einstellen. Sie werden zum Magneten für das, was Sie erfahren. Alles in Ihrem Leben wurde bislang von Ihnen geschaffen und angezogen. Sie haben ihm seine Gestalt gegeben.

Alles das hatte einen Sinn und Zweck, es war Teil Ihrer Überzeugungen, Ihrer Heilungsprozesse oder Erfahrungen. Wenn Sie das verändern wollen, was Sie fühlen, beginnen Sie damit, das zu fühlen, was Sie wollen, und Sie werden Ihr Schicksal genau so prägen, wie Sie es wollen.

Die Wahl liegt jetzt bei Ihnen: Wollen Sie bewusst erschaffen oder unbewusst? Unbewusst bedeutet, dass Ihre alte Programmierung das Kommando übernimmt, oder wollen Sie der bewusste Schöpfer Ihres Schicksals sein? Sie können das tun, während Sie im Koma liegen oder wach sind. Es ist Ihre Entscheidung. Gehören Sie mit zu den vielen oder sind Sie Teil des einen, das die vielen entstehen lässt? Wenn Sie erkennen, dass alles miteinander verbunden ist und begreifen, dass das, was Sie anderen geben, so ist, als gäben Sie es sich selbst und die Kunst des Gebens wirklich genießen können, empfangen Sie etwas an beiden Enden.

Was wir geben, bekommen wir doppelt zurück
Das kann sich nur einstellen, wenn wir verstehen, dass wir Teil des

einen sind, das aus allem besteht. Wach zu sein, ist das Gewahrsein, dass Sie Teil von Gott sind, dem Schöpfer von allem. Unsere Gedanken erschaffen alles, also müssen wir lernen, unsere Gedanken zu steuern und sie für uns arbeiten zu lassen. Alles, was in Ihrem Leben je geschah, ist die Manifestation Ihrer innersten Wünsche, Entscheidungen, Ideen, Vorstellungen davon, wer Sie sind oder zu SEIN wählen. In Ihrem »Sein« offenbaren Sie, für wen Sie sich halten.

Indem Sie Ihr Bild davon verändern, wer Sie sind, verändern Sie Ihr »Sein«. Sie sind nicht mehr das Opfer Ihrer unkontrollierten Gedanken oder der kollektiven Verschwörung, die Sie als Teil ihres Karmas zu nutzen weiß. Sie können zum Schöpfer oder zur Schöpferin werden und das kollektive Bewusstsein zu Ihrem Helfer machen. Im großen Maßstab wachsen wir alle miteinander; je mehr Menschen wir aus dem Koma herausbekommen, je mehr wir einander freigebig zu schenken beginnen, desto mehr werden wir dem Form geben, was wir alle wollen, nämlich Glück darin zu finden, ganz und vollständig zu sein.

Hier sind die drei Ebenen unseres Erschaffens:
Ebene eins: Ihr Unterbewusstsein erschafft Ihre Wirklichkeit.
Ebene zwei: Das kollektive Unterbewusstsein erschafft Ihre Wirklichkeit.
Ebene drei: Ihr kreatives Bewusstsein erschafft Ihre Wirklichkeit durch Partnerschaft mit dem kollektiven Bewusstsein

Und hier das, was Sie wahrnehmen:
Ebene eins: Sie versuchen, die Kontrolle über Sachen zu erlangen, die Sie nicht unter Kontrolle haben. Dinge widerfahren Ihnen, Sie haben Glück oder Pech.
Ebene zwei: Sie versuchen sich an das anzupassen, worüber Sie keine Kontrolle haben. Sie übernehmen Verantwortung für Ihre Reaktion auf Umstände.
Ebene drei: Ihnen werden die kosmischen Gesetze der Manifestation bewusst und Sie lassen die kollektive Verschwörung für Sie arbeiten. »Du formst es dir so lange, bis du dazu wirst.« Das, wozu Sie werden, ist das eine, das aus den vielen besteht. Sie sind ein göttliches Wesen und beginnen die umfassendere gemeinsame Einheit zu erfahren und werden Teil dieser Wirklichkeit, indem Sie sich dafür entscheiden, aufzuhören, Ihre eigene individuelle Wirk-

lichkeit zu erschaffen. Nun sind Sie Teil der Auswirkung Ihrer Entscheidungen. Sie werden ökologisch statt logisch. Das ist Weisheit!

Das nächste Paradox: Negative Gefühle über andere Menschen offenbaren die Negativität in Ihnen.

Die Illusion, die wir geschaffen haben, sieht so aus, dass andere uns dazu bringen könnten, uns so und so zu fühlen. Das trifft nicht zu und ist nicht akzeptabel. Jedes Mal, wenn Sie Negatives gegenüber jemandem empfinden, durchleben Sie aufs Neue einen Teil Ihrer unerlösten oder unterdrückten Emotionen. Die Realität sieht so aus, dass Sie diese Situation geschaffen haben, damit ein Teil von Ihnen heilen kann. Von daher sind Sie die Person, die Heilung nötig hat.

Negative Gefühle erzeugen Anhaftungen; Anhaftung bedeutet, dass Sie nicht in der Lage sind, loszulassen. Wenn Sie nicht loslassen können, bleiben Sie im Koma und sind ohne Gewahrsein.

Wenn wir emotional abhängig von anderen werden, sind wir deren Sklaven geworden. Dann brauchen wir die Bestätigung anderer, um uns glücklich zu fühlen. Das wird zur Droge, und wenn wir sie nicht bekommen, betäuben wir uns so weit, dass wir wieder ins Koma fallen. Wir sind nicht einsam, weil es uns an Gesellschaft mangelt. Wir sind einsam, weil wir abhängig von anderen sind, um uns glücklich zu fühlen. Der einzige Grund dafür, dass Sie vielleicht jetzt im Moment nicht vollkommen glücklich sind, ist der, dass Sie sich auf das konzentrieren, was Sie derzeit in Ihrem Leben nicht haben. Ihr Glück ist von Bedingungen abhängig. Wenn Sie in einem Zustand der Angst oder Sorge sind oder eine andere Emotion durchleben, die nicht freigesetzt wird, dann liegt das daran, dass Sie glauben, Ihnen sei etwas angetan worden – das gehört mit zu den vielen Dingen, denen wir unsere Aufmerksamkeit widmen, und sie sind zu nichts nutze. Wir verwenden dann Energie auf Bereiche, die unsere Aufmerksamkeit gar nicht brauchen.

Wir müssen lernen, diese erworbenen Reflexe zu steuern und unsere Aufmerksamkeit auf die Dinge zu lenken, die Harmonie, Frieden, Liebe und Glück in unser Leben bringen. Wenn wir negative Gedanken oder Gefühle in unser Denken aufnehmen, nähren wir es mit energieraubendem Kram, der uns eng macht. Es saugt uns die Lebenskraft aus. Wir müssen lernen, wie wir die Kontrolle über unsere Gedanken gewinnen. Es ist ganz einfach: Wenn wir uns auf glückliche Gedanken konzentrieren, erzeugen wir in unserem Denken einen Zustand des Glücks. Wenn unser Denken glücklich ist, sind unsere Zellen glücklich. Wenn unsere Zellen glücklich sind, kann unser Körper regenerieren, und wir bekommen größere Vitalität.

Wenn wir uns auf das Traurige in unserem Leben konzentrieren, werden wir traurig sein. Richten wir unseren Fokus darauf, das Leben zu genießen, auf Dankbarkeit und auf die Liebe Gottes. Dies wird negative Emotionen auslöschen und es uns ermöglichen, mehr Lebenskraft, mehr Vitalität zu haben, und von daher anderen gegenüber fürsorglich und geduldig zu sein und sie eher annehmen zu können.

Zeit mit den negativen, unaufgelösten Problemen unseres Lebens zu verbringen, beraubt uns der Gegenwart. »Präsent« zu sein, ist ein Präsent von Gott. Es ist Gottes Geschenk an uns. Wir müssen im Jetzt leben. Der wichtigste Moment in Ihrem Leben spielt sich gerade jetzt ab. Beginnen Sie jetzt, in diesem Moment, damit, sich glücklich und voller Freude zu fühlen. Wenn Sie sich also nicht auf das ausrichten, was Sie nicht haben, werden Sie das Glück zu erfahren beginnen, das darin liegt, das Geschenk des Jetzt zu empfangen.

Glück rührt daher, frei wählen zu können. Frei zu sein bewirkt, dass Sie sich voller Freude und ausgeglichen fühlen. Unwissenheit und Ignoranz erzeugen Angst. Sich Ihres unglaublichen Potenzials nicht bewusst zu sein, bewirkt, dass Sie Angst empfinden. Wir haben also nur zweierlei Wahlmöglichkeiten im Leben: Liebe oder Unwissenheit. Entweder Sie verstehen diese paradoxe Tatsache, oder Sie verstehen Sie nicht. Wenn Sie sie nicht in sich eindringen lassen, werden Sie voller Angst bleiben.

Wie könnten Sie denn Angst haben, wenn Sie wüssten, Sie können gar nicht sterben? Das Sterben ist ja eigentlich sogar eine Befreiung von allen irdischen Sorgen. Sie sind ein unsterblicher, unendlicher Geist, der einen Körper beseelt, um in der Begrenzung zu erfahren, wie es ist, Mensch zu sein. Sie sind nie auf Ihre fünf Sinne beschränkt. Der Geist ist ein Beobachter; Deepak Chopra nennt das den stummen Zeugen, der sich nie verändert. Er kann sich nicht verändern, da er Teil der Einen Quelle ist, die die meisten von uns Gott nennen.

Die Seele ist jener persönliche Teil von uns, der unseren Verstand, unsere Erinnerungen, unsere Persönlichkeit sowie die Werte unseres höheren Bewusstseins enthält. Ihre Seele ist die Summe all ihrer vergangenen Gefühle. Ihre Seele kann sich verändern und von unerledigten

Themen gereinigt werden. Ihr Geist kann nicht sterben; Ihre Seele wird ihn mit all Ihren Erinnerungen und allem Unerledigten begleiten. Unseren physischen Körper können wir mit Nahrung, Wasser und Ruhe nähren. Unsere Seele und unser Geist werden durch Liebe und Mitgefühl genährt. Das ist die Heilung der Seele und der Weg dorthin, Ihr letztendliches Wesen zu erfahren.

Warum sollten wir den Tod nicht fürchten? Das Paradox des Todes zu verstehen, kann uns von der größten Angst befreien, die wir haben: Lebendig zu sein. Eigentlich verhält es sich sogar so, dass wir bei unserer Geburt als reiner Geist sterben und die Einschränkungen eines menschlichen Daseins in Kauf nehmen. Wenn wir sterben, werden wir befreit und erfahren die höchste Freiheit, wir baden im Licht der Quelle allen Lebens. Wir kehren zu unserer spirituellen Heimat zurück. Indem wir diese Wahrheit in unserem Leben akzeptieren, können wir damit aufhören, uns das Am-Leben-Sein zur Hölle zu machen sowie den Übergang zu dem Ort zu fürchten, an dem wir von allen Einschränkungen befreit werden.

Wir sind auf diese Welt gekommen, um die Einschränkungen der Materie zu erfahren und Dinge wie Durst oder körperliche Vergnügungen wie Essen, Sex etc. zu spüren. Wir können Dinge erleben, die in der geistigen Welt nicht allgemein üblich sind, etwa Wut, Angst, Feindseligkeit, Traurigkeit etc. Als reiner Geist kannten wir nichts als Liebe. Um zu definieren, was Liebe eigentlich ist, müssen wir wissen, was sie nicht ist. Sie ist nicht: Gier, Egoismus, Grausamkeit, Angst, Sorge, Enttäuschung, Eifersucht etc. Nun gelangen wir also dazu, zu erfahren, was Liebe alles nicht ist, damit wir den wahren Geist der einzigen Quelle des Lebens verstehen können. Wir begreifen, dass Gott niemanden straft und dass wir durch die karmischen Gesetze die Vergangenheit bereinigen und unsere eigene heilende Kraft werden können.

Wenn es also etwas hier auf der Erde zu lernen gilt, dann ist es das, dass wir unseren reinen Instinkten folgen müssen. Unser Herz wird uns, wenn es erst einmal auf Liebe, universelle Liebe, geeicht ist, führen, um uns zu zeigen, wie wir unsere Seele nähren. Angst, Wut oder andere Emotionen zu haben, die uns von innen auffressen, ist genau das, was wir nicht wollen. Diese Gefühle blockieren Erfahrungen wie die, Liebe, Glück und Frieden zu empfinden. Sie müssen aufwachen und Ihre Seele hüten. Indem Sie nicht zulassen, das negative Emotionen sie beherrschen, können Sie die Verletzungen der Vergangenheit loslassen. Sie sollten jede Begegnung als Spiegel nutzen, der Ihnen zeigt, wie es um Ihre Fortschritte bestellt ist. Indem Sie bewusst wahrnehmen, was in Ihrem Herzen vorgeht, und indem Sie Ihre Seele davor beschützen, von negativen Emotionen beeinträchtigt zu werden, können Sie angstfrei reinste Liebe erfahren.

Die Emotionen als solche sind weder negativ noch positiv. Den Emotionen muss irgendeine Form des Handelns folgen – dieses Handeln ist es, das über die Wirkung der Emotionen entscheidet. Wenn wir in unserem Umfeld Menschen haben, die permanent Stress in unserem Leben erzeugen und sich ungeachtet unserer Liebe und unseres Mitgefühls dafür entscheiden, weiter so zu handeln, dass andere betroffen sind, sollten wir uns von ihnen distanzieren. Wir können sie aus der Ferne lieben, wo sie sich weniger auf uns auswirken. Wenn unsere Heilung fortschreitet und wir stärker werden, können immer weniger Menschen sich negativ auf unsere emotionale Verfassung auswirken.

Das nächste Paradox liegt darin, auf der Ebene Ihres innersten Kerns zu verstehen: Ihr Leben ist genau so, wie Sie es haben wollen. Ihr Leben ist das Ergebnis Ihrer unterbewussten Wünsche. Wenn Sie auf der bewussten Ebene etwas wollen und dabei unterbewusst glauben, Sie könnten es nicht haben, werden Sie das bekommen, was Sie auf der bewussten Ebene nicht möchten. Alles, was äußerlich geschieht, geht auf das zurück, was innerlich geschieht. Die Außenwelt ist ein Spiegel Ihrer Innenwelt. Was Ihnen in Ihrem Innern nicht bewusst ist, wird Ihnen im Außen bewusst. Was Ihnen bewusst ist, das können Sie steuern, was Ihnen nicht bewusst ist, das steuert Sie. Wenn Sie leiden, bedeutet das, dass Sie den Kontakt mit Ihrer Göttlichkeit verloren haben.

Sobald Sie aus Ihrem Koma erwachen, werden Sie die kollektive Verschwörung von Ebene eins verstehen. Die Hauptantriebskraft von Ebene eins besteht darin, die Gesellschaft in einem Koma zu halten. Was als normal proklamiert wird, ist ein falsches Bild, das dafür sorgt, dass alle unablässig das haben wollen, was sie nicht haben. Die primäre Absicht auf dieser Ebene des Konkurrierens ist die Gewinnmaximierung: Ein paar wenige gewinnen, alle anderen verlieren. Aufgrund unserer Ignoranz wird der ganze Planet zerstört. Wir sind zu Schafen geworden, die glauben, wenn wir das bekämen, was wir nicht haben, würden wir zu Löwen.

In Wirklichkeit sieht es so aus, dass wir, je mehr wir uns diese Illusion verkaufen lassen, immer unglücklicher werden und das Gefühl haben, nicht mithalten zu können. Wir beginnen zu glauben, dass wir Versager seien, weil wir nicht so glücklich oder so schön sind wie die Leute in der Werbung. Unsere Rollenvorbilder sind die Reichen und Berühmten und diejenigen, die es auf Ebene eins zu etwas gebracht haben, etwa Filmstars, Sportler(innen), Politiker(innen), Musiker(innen) und Wohlhabende. Den meisten dieser Menschen geht es erbärmlich, während sie so tun, als mache sie ihr äußerer Erfolg glücklich.

Das sind nicht die Standards der Ebene drei oder die unseres göttlichen Geistes. Wenn wir unseren Körper verlassen und in der spirituellen Dimension wiedergeboren werden, wird sich niemand nach unserem Kontostand erkundigen oder danach, welchen Wagen wir gefahren haben. Niemand interessiert sich für Ihre Punktzahl bei irgendwelchen Tests oder dafür, wie teuer Ihr Haus war. Was man dann wissen will ist, ob es uns gelungen ist, unsere Fähigkeit zu erweitern, zu lieben und Mitgefühl zu zeigen. Ob wir Erfolg dabei gehabt haben, denen Stütze zu sein, die weniger Glück hatten als wir. Wie viel haben wir zu Entwicklung des menschlichen Bewusstseins beigetragen?

Reich und berühmt zu sein, hat also nichts mit Erfolg im Leben zu tun. Wenn Sie aus diesem Koma aufwachen, wird Ihnen klar, dass es keine Rolle spielt, was andere von Ihnen denken. Sie erkennen, dass kein Grund besteht, sich wegen irgendetwas Sorgen zu machen. Die Menschen, die es wirklich zu etwas gebracht haben, findet man selten in den Schlagzeilen; sie wirken im Stillen. Sie jagen nicht hinter Dingen her, die für ihr spirituelles Anliegen wertlos sind. Sie fühlen sich von der Kritik anderer oder deren Schmeicheleien oder Lob nicht berührt. Es ist lediglich das Ego, das Angst hat, es sei nicht genug von etwas da und das Bestätigung von außen braucht. Niemand kann Sie glücklich machen, denn wahres Glück lässt sich nicht außerhalb von Ihnen erschaffen. Glücklich zu sein, ist von Geburt an Ihr elementares Recht, und man kann es nicht erwerben.

Die paradoxe Antwort auf die Frage: »Wie kann ich glücklich sein?«, lautet, dass Sie Ihre unechten Beweise und Illusionen loslassen müssen. Sie suchen in der falschen Richtung nach Beweismaterial. Um glücklich zu sein, müssen Sie sich nur von diesen Angeblichen Nachweisen Glücklichmachender Sachen und Taten (A.N.G.S.T.) – unecht, aber so real wirkend – lösen. Sobald Sie sich von diesen Illusionen verabschieden, die Angst, Habgier, Ehrgeiz und das Verlangen nach mehr auslösen, können Sie sich an dem erfreuen, was Ihr Geburtsrecht ist.

Wenn Sie den teuren Wagen kaufen, werden Sie daran Freude haben und damit den Beweis haben, dass Glück von irgendwelchen Dingen in Ihrer Außenwelt herrührt. Und schon haben Sie Besitztümer mit garantiertem Glücksempfinden gleichgesetzt. Früher oder später werden Sie herausfinden, dass das ein Trugschluss war, da das Ego dann neue Gelüste, neue Ängste beisteuert, und dann müssen Sie erneut etwas tun, um glücklich zu werden.

Wir müssen den ganzen Unsinn verlernen, den unsere gesellschaftlichen Konditionierungen uns glauben lassen. Wenn Sie sich schlecht fühlen, liegt das daran, dass in Ihnen etwas gärt, das noch nicht gelöst ist. Es liegt nicht an Ihrem Mann, nicht an Ihrer Partnerin, nicht an Ihrem Chef oder sonstigen. Es ist etwas in Ihnen!

Ihr erster Schritt ist der, dass Sie aufhören damit, anderen oder bestimmten Umständen die Schuld daran zu geben, dass Sie leiden. Sie müssen sich nach innen wenden, um die negativen Gefühle zu finden. Suchen Sie nicht im Außen. Denken Sie daran: Das Äußere ist ein Spiegel des Inneren. Identifizieren Sie sich nicht mit diesen Gefühlen, beobachten Sie sie lediglich. Sie müssen sich verändern, und niemand sonst.

Das wichtigste Paradox ist, dass das, was wir sehen, nicht mehr als eine bloße Illusion ist. Wenn jemand Sie ablehnt oder schlecht behandelt, so reagiert der oder die Betreffende darauf, wie er oder sie Sie wahrnimmt. Diese Person reagiert auf eine Illusion, die durch ihre eigenen unerlösten Emotionen aus der Vergangenheit entsteht. Sie reagiert auf das Bild, das sie auf Sie projiziert, basierend auf ihrer eigenen Vergangenheit. Was sie sieht, ist durch etwas verzerrt, an das sie sich nicht erinnern kann und von dem sie nichts weiß.

Das nächste Mal, wenn Sie sich abgelehnt fühlen, werden Sie sich also in Erinnerung rufen, dass man sich nur dann abgelehnt fühlen kann, wenn man nicht versteht, wie der Verstand eines anderen funktioniert. Wenn Sie leiden, verweist Sie das auf einen unerlösten Anteil Ihrer selbst. Wir müssen also durch das Leben lernen, ohne Erwartungen. Wir können Vorlieben und Meinungen haben, aber machen Sie nicht Ihr Glück von ihnen abhängig. Wir beurteilen andere nicht nach dem Augenschein, wir beurteilen sie auch gar nicht, sondern beobachten nur. Wir wissen, dass wir unserer Wahrnehmung nicht trauen können, da wir von den Emotionen, die wir nie zum Ausdruck gebracht oder

aufgelöst haben, einer Gehirnwäsche unterzogen worden sind. Die Wirklichkeit liegt jenseits des Wissens. Wir müssen in der Lage sein, zu beobachten, was sich im Außen und unserem Inneren abspielt.
Wenn wir unsere Meinungen und Urteile fallen lassen, so hören wir auf damit, Kämpfe um Richtig oder Falsch auszutragen. Spiritualität ist nichts anderes als Gewahrsein, das Gewahrsein, dass wir nichts und niemanden brauchen, um glücklich zu sein. Das Gewahrsein, dass wir dann, wenn wir nicht glücklich sind, in der Vergangenheit leben, und nicht im ewigen Jetzt. Wenn Sie etwas tun, bei dem Sie im nachhinein kein gutes Gefühl haben, so bedeutet das, dass Sie es ohne das entsprechende wache Bewusstsein getan haben. Wenn wir erst einmal die Augen öffnen, begreifen wir, dass Freiheit dadurch zustande kommt, in seinem Herzen zu leben. Wenn Sie den Weg Ihres Herzens zu gehen suchen, verlieren Sie Ihr Verlangen nach äußerer Bestätigung und äußerem Erfolg. Was es auch sein mag, das Sie für sich selbst haben wollen, geben Sie anderen großzügig davon. Ihr Unterbewusstsein wird dann glauben, dass es in reicher Fülle vorhanden ist, und wird mehr davon hervorbringen. Gott bemisst Ihren Wert nach der Zukunft, nicht nach der Vergangenheit. Sie können nur dort sein, wo Sie jetzt in diesem Augenblick sind, denn das Jetzt ist Zukunft und Vergangenheit zusammen genommen. Behalten Sie einfach im Sinn, dass es im Leben um Veränderung geht. Das Paradoxe ist, dass Sie nichts verändern können, da Sie bereits alles sind. Das Einzige, was Sie tun können, ist Dinge loszulassen, die Ihnen nicht mehr nützen, weil Sie die Illusion durchschauen. Ihre Vorstellungen und Ideen bestimmen, wer Sie sind. Sich von alten Vorstellungen und Überzeugungen zu lösen, wird Sie neu definieren. Das beschleunigt Ihr Wachstum und Ihre spirituelle Evolution.

Die drei Bewusstseinsebenen laufen auf Folgendes hinaus:
Ebene eins: Ihre Wirklichkeit entsteht durch Ihre unterbewussten unkontrollierten Gedanken.
Ebene zwei: Sie erschaffen sich Ihre Wirklichkeit bewusst, durch Ihre Wahl.
Ebene drei: Sie sind Miterschaffer Ihrer Wirklichkeit, indem Sie dem kollektiven Bewusstsein dienen und es für Sie arbeiten lassen.

Wenn Sie auf Ebene drei kommen, überlassen Sie sich dem Universum. Sie werden voll und ganz gewahr und begreifen, was universelle

Liebe ist. Sie verstehen, dass wir alle miteinander verbunden sind und dass Sie das, was Sie anderen geben, sich selbst geben. Sie werden Teil des Einen sein, das die Vielen ist, und sich nicht mehr getrennt fühlen.

Das nächste Paradox: Das Paradox der Reise.
Die Wirklichkeit sieht so aus, dass es von vornherein nie eine Reise gegeben hat; Sie waren immer dort, wo Sie sein sollten. Es gibt keinen Ort, an den es hinzugehen gilt, als den im Jetzt zu sein. Sie können sich auf die Vergangenheit ausrichten, auf die Zukunft oder auf Phantasien, und das Jetzt nicht wahrnehmen; das ist ein Bewusstsein, wie es Ebene eins zuzuordnen ist. Ihr Glück wird dann in der Vergangenheit, der Zukunft oder in Ihrer Phantasie angesiedelt sein. Alle Möglichkeiten kommen aus dem Jetzt, Sie müssen nur entscheiden, welche Möglichkeit Sie erfahren wollen. Der Zweck, den Sie dabei verfolgen, ist der, sich selbst zu erfahren. Die Reise, die wir unternehmen, erfolgt dadurch, im ewigen Augenblick zu verweilen, dem Jetzt. Davon werden wir abgelenkt und verlieren den Fokus. Es ist der gleiche Prozess wie bei der Meditation. Meditation ist ein Hilfsmittel, mit dem wir lernen, wach zu bleiben, auf das Jetzt konzentriert. Dann kommen wir in Berührung mit uns selbst. Der entscheidende Punkt dabei und der Zweck des Verweilens im Jetzt ist, zu wählen, wer Sie wirklich sind und sein wollen.

Das nächste Paradox: Das Paradox des Lernens.
Wir haben nichts zu lernen – wir wissen bereits, unser Ziel ist, uns in Erinnerung zu rufen, dass wir es bereits wissen.
Sie erschaffen die Illusion, die wir Leben nennen. Lassen Sie sich nicht von Ihrer eigenen Schöpfung in den Bann schlagen. Bleiben Sie Beobachter, und wenn Dinge auftauchen, die Ihnen nicht gefallen, sollten Sie wissen, dass ein Teil von Ihnen sie geschaffen hat. Heilen Sie diesen Teil von sich und erschaffen Sie etwas, das Sie mögen. Um das tun zu können, um etwas zu erschaffen, das wir mögen, müssen wir zunächst einmal das akzeptieren, was wir nicht mögen. Wir müssen unsere gesamten Schöpfungen akzeptieren. Man kann nichts erschaffen, was man nicht mag. Reden Sie mit diesem Teil von sich, finden Sie seine Beweggründe heraus und geben Sie ihm, was er will: Das ist Annahme ohne zu richten. Zu richten heißt, diesen Teil von Ihnen abzulehnen. Leugnen Sie diesen Teil nicht oder wehren Sie sich nicht gegen ihn, sonst wird er rebellisch und erzeugt noch mehr von dem, was Sie nicht mögen.

Noch ein Paradox: Alle Antworten liegen in der Stille.
Indem wir das verstehen, können wir den Gedanken begreifen, dass Stille der Ort ist, wo die Seele Ihnen die Antwort geben wird. Tägliche Meditation ist ein Weg, mit Ihrer Essenz in Berührung zu kommen. Sie werden mehr darüber herausfinden, wer Sie sind.

Das nächste Paradox: Eines ist das viele, das eines erschafft.
Das Eine ist die Quelle von allem, von dem Alles angetrieben wird, aus dem die Quelle besteht. Das ganze Universum besteht aus einer einzigen Schwingung, die unterschiedliche Frequenzen annimmt, um die Illusion der vielen zu erzeugen. Es ist nicht möglich, sich selbst von der Quelle zu trennen. Wenn Sie sich getrennt fühlen, sind Sie der Gehirnwäsche durch Ihre eigene Illusion erlegen. Sie sind nicht bewusst, Sie sind in einem Koma.
Es gibt nichts zu verlieren, da es ein universelles Gesetz gibt, das besagt, dass nichts verloren gehen kann; alles, was ist, wird alles sein, was immer ist. Was Sie weggeben, geben Sie sich selbst, weil Sie Teil des Ganzen sind. Alles, was Sie tun, tun Sie also letzten Endes für sich selbst. Wenn jemand anders bewirkt, dass es Ihnen schlecht geht, liegt das daran, dass Sie selbst bewirken, dass es Ihnen schlecht geht. Was schlecht für einen anderen ist, ist auch schlecht für Sie.
Alles, was Sie auf dieser Welt suchen, ist bereits in Ihnen. Ihr Herz ist der Tempel Gottes, es ist der Ort, an dem ewige Liebe wohnt. Im *Vedanta* steht der Spruch: »Die Freude der Welt ist so wie ein Knochen für den Hund.« Der Hund findet einen Knochen und beginnt an ihm zu kauen. Während er an dem Knochen herumkaut, stechen ihn Knochensplitter ins Zahnfleisch und es beginnt zu bluten. Der Hund schmeckt das Blut und denkt sich: »Dieser Knochen ist wirklich köstlich!« Je mehr er an dem Knochen herumnagt, desto mehr blutet sein Zahnfleisch. Je mehr Blut er schmeckt, desto aufgeregter und entzückter wedelt er mit dem Schwanz.
Wir befinden uns in einem unentwegt weitergehenden Kreislauf der Selbst-Erkenntnis. Genau wie der Hund merken wir nicht, dass das, was uns glücklich macht, von innen kommt. Wir verwenden die äußere Welt dazu, Zugang zu einem Gefühl in unserem eigenen Inneren zu finden. Deshalb müssen wir uns zu unserer eigenen Quelle in unserem Inneren begeben. Um wahres Glück zu erleben, müssen wir unser Gewahrsein in der Meditation auf das Innere lenken. Das Paradoxe ist,

dass wir gelernt haben, im Äußeren nach den Antworten zu suchen. Überhaupt liegt das Paradox des Ganzen darin, dass man erst zu leben beginnen kann, wenn man keine Angst vor dem Sterben hat. Wenn Sie bereit sind zu sterben, beginnen Sie zu leben. Wenn Sie jeden Augenblick so leben können, als wäre es Ihr letzter, haben Sie den Sinn des Lebens wirklich verstanden. Es gibt dann keine Routine mehr. Alles, was Sie erblicken, zeigt seine Schönheit; jeder, den Sie sehen, weckt Freude in Ihnen, weil Sie erkennen, dass es vielleicht das letzte Mal ist. Sie behandeln alle mit Liebe und verzeihen leicht, weil Sie keine karmische Schuld auf sich laden wollen. Sie erkennen, dass keine Zeit für Negativität vorhanden ist, weil Sie dies davon wegbringt, den Augenblick auszukosten. Das Leben dreht sich nicht um Sicherheit – es ist ein Glücksspiel, es ist voller Risiken.
Die meisten Menschen leben gar nicht, weil sie ständig auf der Suche nach Sicherheit sind. Die Leute glauben, dass es beim Leben darum ginge, am Leben zu bleiben. Dabei trifft das genaue Gegenteil zu: Das Leben ist ein Tanz mit dem Tod. Es ist ein tödlicher Tango. Haben Sie die Angst erst einmal losgelassen, so werden Sie das Im-Fluss-Sein, die Musik, die Bewegungen, den Rest des Lebens genießen. Indem Sie den Tod als Freund akzeptieren statt ihn als Feind zu sehen, können Sie Ihren Fokus darauf lenken, lebendig zu sein und Ihr Leben frei von Angst zu führen.
Angst zehrt an Ihrer Lebensenergie und macht Sie zum Zombie, zum lebenden Toten. Das Leben dreht sich darum, Ihre Anhaftungen und Süchte, Ihr Bedürfnis nach Anerkennung oder Wertschätzung loszulassen. Sie sind dann nicht mehr von anderen abhängig, die Sie glücklich machen oder ins Elend stürzen. Es geht darum, zu sein, also widmen Sie sich Tätigkeiten, die Sie mit jeder Faser Ihres Seins tun können. Lieben Sie das, was Sie tun, und tun Sie das, was Sie lieben!
Die meisten Menschen leiden, aber nicht aus Mangel an Liebe, sondern aus Mangel an Gewahrsein. Mangel an Gewahrsein, dass alle Negativität in ihnen selbst ist. Wir lassen uns im Stich, wir setzen Termine, stellen Forderungen und haben Erwartungen.
Beginnen Sie, Ihre Seele stärker zu nähren, richten Sie sich Zeit ein dafür, sich selbst kennen zu lernen: Meditation, Natur, schöne Musik, Qigong, lesen Sie gute Bücher, suchen Sie sich gute Gesellschaft. Hören Sie auf, sich von der Wertschätzung anderer zu nähren, von Ruhm, Macht, Wohlstand, Aufmerksamkeit etc. Sonst werden Sie süchtig nach

Quellen, die sich außerhalb Ihrer selbst befinden. Hier also Schritt für Schritt der Weg aus der Paradox-Box.

Schritt eins: Seien Sie sich gewahr, dass es nur das Jetzt gibt. Wenn Sie im Jetzt verbunden sind, empfinden Sie Liebe, Harmonie, Frieden, und Sie sind optimistisch. Jedes Mal wenn Sie sich anders fühlen – elend, wütend, voller Angst – sind Sie nicht mit der Quelle verbunden. Gehen Sie zu Schritt zwei über.

Schritt zwei: Identifizieren Sie sich nicht mit Negativität, sondern beobachten Sie sie. Erkennen Sie, dass sie in Ihnen ist und dass die Situation, die Sie geschaffen haben, eine Chance zur Heilung und erneuten Verbindung mit der Quelle ist. Solange Sie denken, die Dinge spielen sich außerhalb von Ihnen ab, werden Sie sich selbst dazu bringen, die Gegenwart und das Präsent des Jetzt zu verlassen. Akzeptieren Sie das Gefühl und das Wunder in diesen Empfindungen. Sie haben das Gefühl, aber Sie identifizieren sich nicht damit.

Schritt drei: Akzeptieren und lieben Sie sich selbst mitsamt dem Gefühl und lassen Sie es einfach geschehen. Nach einer kurzen Zeit wird es verblassen. Ebenso wie der Regen aufhören und die Sonne wieder scheinen wird.

Das sind drei Schritte zur emotionalen Heilung. Wir können sie durch den Ansatz verstärken, der in den nächsten Kapiteln geschildert wird. Aber damit fängt es an, wir müssen zur Kenntnis nehmen, dass wir die Schöpfer dieser Gefühle sind, dann können wir sie verändern. Haben wir erst einmal verstanden, wie das funktioniert, können wir mit der Quelle verbunden bleiben und in allen Lebensumständen Liebe erfahren. Es wird viele Gelegenheiten geben, bei denen es uns nicht gelingt, diese simplen Schritte einzuhalten. Seien Sie nicht zu streng mit sich selbst – es gibt nicht viele Kleinkinder, die in nur wenigen Wochen richtig Laufen gelernt haben. Es ist ein Prozess, der seine Zeit braucht, bis man ihn meistert. Ihn meisterhaft zu beherrschen, gehört mit zu dem, was in unserem Leben oberste Priorität hat. Das Leben bekommt erst dann eine Bedeutung, wenn Sie gut darin werden, wenn Sie dem Tod lächelnd ins Auge blicken können. Wenn Sie das fertig bringen, können Sie sich jeder Negativität stellen. Alles andere ist leicht, verglichen damit, die Ängste vor dem Tod zu überwinden.

Seien Sie sich bewusst, dass die meisten Menschen vom Kopf her sagen können, dass sie keine Ängste hätten, aber nur wenige können es von der Ebene des Herzens her sagen. Das ist der nächste Schritt, an dem wir arbeiten werden: Zu dem zu werden, was wir wissen.
Es folgt eine Zusammenfassung dieses Kapitels – etwas, das Sie am besten mindestens zehn Mal lesen sollten, damit es wirklich in Sie einsinken kann und Sie es sich ganz zu eigen machen können. Es gibt so vieles in diesem Kapitel, was unseren normalen Vorstellungen und Ideen zuwider läuft, dass die Wiederholung notwendig ist, um die einschränkenden Konzepte zu verändern, die wir in unserem Kopf mit uns herumtragen.

Zusammenfassung des Paradoxes des Gewahrseins

- Es gibt keine Lektionen zu lernen. Wir brauchen nichts zu tun, wir müssen uns nur bewusst machen, wie wir jeweils unsere Wahl treffen.
- Wir sind Adler, die sich für Hühner halten.
- Etwas zu wollen heißt, zu bestätigen, dass wir es nicht haben – es ist der beste Weg, es nicht zu bekommen.
- Es gibt keine Vergangenheit und keine Zukunft; es gibt nur das ewige Jetzt. Die Vergangenheit ist das, was Sie aus ihr machen – genau wie Sie Ihre Zukunft erschaffen, sie so lange formen, bis Sie sie herstellen.
- Innerer Abstand von unserer Schöpfung macht uns weniger abhängig und bewirkt, dass wir mehr Kontrolle über unsere nächste Schöpfung haben.
- Um das Jetzt zu ändern, müssen wir unser Denken ändern.
- Wir haben keine Entscheidungsfreiheit, wenn wir nicht wach und bewusst sind.
- Unsere Rolle war der perfekt gewählte Weg, unser Ziel zu verfolgen, um zum Jetzt zu gelangen.
- Wir sind hier, um herauszufinden, warum wir hier sind.
- Gott ist das »Ich« von allem, was es gibt, allem, was es je geben wird.
- »Ich« bin Teil der gesamten universellen Manifestation, die Teil von Gott ist.

- Geboren zu werden, heißt, in einer anderen Dimension zu sterben; zu sterben heißt, dort wiedergeboren zu werden, wo man hergekommen ist.
- Das »Ich« ist die einzige Konstante, die es gibt, es ist der stille Zeuge.
- Man kann Wut verspüren, aber man kann nie wütend »sein«.
- Man kann dem »Ich« kein Etikett anhängen, noch es in eine Schublade stecken, das »Ich« ist der Teil, der keine Identität hat und sich nicht definieren oder beschreiben lässt; es ist unendlich und unsterblich.
- Um etwas zu haben, muss man zuerst einmal das »sein«, was es einem geben wird; wenn man im gewünschten Zustand »sein« kann, wird man problemlos das anziehen, was man will, aber gar nicht mehr braucht. Wunsch -> gewünschter Zustand -> Anziehung des Gewünschten.
- Glück ist eine Frage der Wahl, und nicht das Ergebnis oder der Ausgang von etwas.
- Forme es, bis zu dazu wirst (komplette sensorische Visualisierung: virtuelle Wirklichkeit).
- Wenn Sie nicht bekommen, was Sie wollen, oder wenn Sie bekommen, was Sie nicht wollen, bedeutet das, dass ein Teil von Ihnen das wollte, was Sie bekommen haben.
- Geben Sie anderen das, was Sie am meisten haben wollen.
- Das Universum hilft Ihnen, mehr von dem zu bekommen, was Sie fühlen.
- Wenn wir geben, erhalten wir doppelt so viel wie wir gegeben haben zurück, da wir ein Teil des Einen sind, das aus allen und allem besteht.
- Negative Gefühle im Hinblick auf andere offenbaren die Negativität in Ihnen.
- Alle negativen Gefühle schaffen eine Chance, die Vergangenheit zu heilen.
- Der wichtigste Moment in Ihrem Leben ist Jetzt: Sie sollten ihn also genießen.
- Liebe und Mitgefühl sind Nahrung für Ihre Seele und Ihren Geist.
- Ihr Leben ist genau so, wie Sie es haben wollen.

- Alles, was im Außen geschieht, kommt von dem, was im Innen geschieht. Die äußere Welt (der Makrokosmos) ist der Spiegel Ihrer Innenwelt (Mikrokosmos).
- Die Dinge, die Ihnen innerlich nicht bewusst sind, werden im Außen bewusst. Was Ihnen bewusst ist, das können Sie steuern. Was Ihnen nicht bewusst ist, das wird Sie steuern.
- Die Hauptantriebskraft der Gesellschaft ist die, Sie in einem Zustand des Nichtgewahrseins zu halten (im Koma). Die Gesellschaft will, dass Sie glauben, Sie könnten sich von Schafen in Löwen verwandeln, wenn Sie ihr ihre Illusionen abkaufen.
- Um glücklich zu sein, müssen wir unsere Angeblichen Nachweise Glücklichmachender Sachen und Taten (A.N.G.S.T. ist eine Illusion) loslassen.
- Wenn Sie sich schlecht fühlen, liegt das daran, dass Sie sich der ungelösten Themen in sich selbst nicht bewusst sind.
- Was wir sehen, ist bloße Illusion, Menschen reagieren auf ihre Wahrnehmung von Ihnen.
- Haben Sie keine Erwartungen, nur Vorlieben und Meinungen, aber machen Sie Ihr Glück nicht davon abhängig.
- Sie können nichts ändern, weil Sie bereits alles sind; Sie können nur die Dinge loslassen, die Ihnen nicht mehr nützen.
- Die höchste Ebene des Erschaffens besteht darin, das kollektive Bewusstsein mühelos die Arbeit für uns tun zu lassen.
- Es gibt überhaupt keine Reise – wir sind immer dort, wo wir sein sollten; es gibt keinen Ort, an den es zu gehen gilt, außer dem Jetzt und sich an das zu erinnern, was wir bereits wissen.
- Sie können nicht frei erschaffen, wenn Sie nicht zuerst einmal akzeptieren, wo Sie sind und den Teil von sich akzeptieren, der das Jetzt zu dem geformt hat, was es ist.
- In der Stille liegen alle Antworten der Seele.
- Eines ist das viele, das eines erschafft; man kann nicht von der Quelle getrennt sein. Alles, was Sie tun, tun Sie für sich selbst.
- Was uns glücklich macht, kommt von innen.
- Man beginnt dann zu leben, wenn man die Angst vor dem Sterben aufgibt und jeden Moment so lebt, als wäre er unser letzter.

Drei Schritte zur emotionalen Heilung

Schritt eins: Seien Sie im Jetzt und erleben Sie Liebe, Harmonie, Frieden. Alles andere bedeutet, dass Sie nicht im Jetzt sind.

Schritt zwei: Identifizieren Sie sich nicht mit dem negativen Gefühl, beobachten Sie es einfach.

Schritt drei: Akzeptieren und lieben Sie das Gefühl als Teil von sich. Lassen Sie es geschehen, es wird auch wieder verblassen, und Sie sind wieder im Jetzt

Gottes Geschenk an uns ist die Gegenwart.
Indem wir nicht im Jetzt sind, behandeln wir Sein Geschenk nicht
mit Wertschätzung. Im Jetzt zu sein heißt, vom »menschlichen Wesen« zum
»spirituellen Wesen« zu werden, das gerade Mensch ist.

KAPITEL 12

WWW.GOD.COM

Gebet des heiligen Franz von Assisi
»Herr, mach mich zum Werkzeug Deines Friedens!
Wo Hass herrscht, lass mich Liebe bringen,
Wo Kränkung – Vergebung,
Wo Zwietracht – Versöhnung,
Wo Irrtum – Wahrheit,
Wo Zweifel – den Glauben,
Wo Verzweiflung – die Hoffnung,
Wo Finsternis – Licht,
Wo Traurigkeit – Freude !
O, Herr, lass mich immer mehr danach verlangen,
Andere zu trösten, als selbst getröstet zu werden,
Andere zu verstehen, als selbst verstanden zu werden,
Andere zu lieben, statt selbst geliebt zu werden.
Denn : Nur im Geben liegt wahrer Gewinn.
Im Selbstvergessen der Friede,
Im Verzeihen Vergebung,
Und nur im Sterben erwachen wir
Zum ewigen Leben.«

Stellen Sie sich einmal vor, Gott hätte eine Website: www.God.com.
Welche Suchbegriffe hätten Sie wohl in die Suchmaschine eingegeben, um dorthin zu gelangen? Ich würde denken, so etwas wie *universelle Liebe, *bedingungslose Liebe, *Mitgefühl, *Vergebung, *Himmel, *Frieden, *Harmonie, *Jetzt, *Inspiration, *Wahrheit, *Ehrlichkeit, *Gewahrsein, *Unendlichkeit, *Erleuchtung.
Was fällt Ihnen noch ein?
*Führung, *Engel, *Geborgenheit, *Ewigkeit, *Ursprung, *Quelle, *Leben, *Alles, was ist.
Stellen wir uns einmal vor, wir sehen uns diese Website an. Was würde auf der Homepage stehen?
»Hier bist du bei Gott, der Quelle von allem, was ist, allem, was war und allem, was je sein wird. Wir haben nichts als gute Nachrichten für dich; diese Website wird dich auf eine einfache, aber tiefgründige Weise

dazu hinführen, dir selbst wirksamer verzeihen zu können und zum Teil meines Netzwerks der Liebe, des Friedens, der Harmonie und des Mitgefühls zu werden. Durch Befolgen der nachstehenden Anleitungen wirst du dieses kleine Spiel beherrschen lernen, das ich erdacht habe und das ihr »Leben« nennt.

Die Regeln sind einfach: Es gibt kein Richtig oder Falsch. Ihr könnt nicht verloren gehen. Es gibt keine Sünden. Sünden sind menschengeschaffene Illusionen. Du bist nicht dein Körper, und man kann dir keinen Schaden zufügen und dich nicht kränken. Du kannst auch nicht sterben, denn du bist unsterblich. Was stirbt, sind deine Überzeugungen, Vorstellungen und Konzepte. Du wurdest nie geboren, du hast dich dafür entschieden, zu erfahren, wie es ist, Mensch zu sein, um zu verstehen, was du wirklich bist. Indem du herausfindest, was du nicht bist, wirst du in Erfahrung bringen, was du bist. Du bist verantwortlich für deine Handlungen und Gedanken, und du bist verantwortlich dafür, mit den Handlungen und Gedanken anderer umzugehen.

Du kannst keine Fehler machen; du kannst dir nur dessen gewahr sein, was dir zu Bewusstsein kommt. Dadurch, dass du nicht gewahr bist, wirst du Umstände kreieren, die dir helfen werden, Gewahrsein zu entwickeln. Du wirst Gefühle wie Ablehnung, Einsamkeit, Traurigkeit, Kummer, Wut, Angst, Sorge, Starrheit, Unsicherheit etc. erfahren, um dich daran zu erinnern, dass dir das entsprechende Gewahrsein fehlt. Es wird Leute geben, die dich dafür beschuldigen, dass du nicht gewahr bist, ebenso wie du andere deshalb beschuldigen wirst. Du wirst über andere urteilen und sie werden über dich urteilen, damit ihr einander beweisen könnt, wo es euch an Gewahrsein fehlt.

Das wirksamste Hilfsmittel, das ich euch gegeben habe, damit ihr euch an euer fehlendes Gewahrsein erinnert, ist die Illusion von Schuld und Scham. Ihr werdet oft von diesen Instrumenten Gebrauch machen, bis ihr herausfindet, dass sie Produkte eurer eigenen Phantasie sind. Ihr werdet eure Ängste und euer Unrecht auf mich projizieren, und glauben, ich würde euch dafür bestrafen und zur Hölle schicken. Das ist der ultimative Beweis dafür, dass ihr nicht das entsprechende Gewahrsein habt, denn meine Liebe zu euch ist die Liebe zu mir selbst, und ich würde mich selbst nie ablehnen. Eure Gedanken und unerlösten Emotionen sind eure schlimmsten Feinde. Euer Hund (engl. dog) wird euer bester Freund sein. Buchstabiert ihr das Wort rückwärts, so werdet ihr merken, warum ihr das glaubt.

Ihr seid euch selbst der schlimmste Feind, weil ihr euch schlechter behandelt, als ihr einen Hund behandeln würdet – ihr haltet euch für unwert und glaubt, ihr müsstet bestraft werden für das, was ihr getan habt. Euer eigentliches Karma liegt darin, dass euch das Gewahrsein fehlt. Indem ihr es entwickelt, wird sich die Vergangenheit auf der Stelle auflösen, und ihr werdet erleuchtet sein und euren Schatten umarmen (eure menschliche Seite). Indem ihr eure menschliche Seite ablehnt, werdet ihr euch selbst und andere verdammen, und es wird einen Schatten auf alles werfen, was ihr erreicht. Indem ihr euren Schatten annehmt und liebt, seid ihr wirklich Mensch, und der ewige Geist in euch kann sich ins Licht aufschwingen.

Die Regeln, die hier am allerwichtigsten sind, lauten, dass Angst die letzte und beste Waffe ist, die euch aus dem Gewahrsein herausbringt, gefolgt davon, euch selbst oder anderen die Schuld an eurer Situation oder euren Gefühlen zu geben. Nichts läuft schief, alle Umstände sind perfekt, um euch selbst zu manifestieren. In diesem Spiel genannt Leben könnt ihr euer Leben nicht verlieren, denn ihr seid unsterblich. Nichts geschieht rein zufällig oder wie ein Unfall. Alles geschieht nach Absprache. Alles, was ihr seht, ist ein Ergebnis dessen, was ihr glaubt.

Ein Großteil eurer Überzeugungen besteht in Überzeugungen anderer, die auf deren Vergangenheit beruhen. Der Rest eurer Überzeugungen geht auf eure früheren Erfahrungen zurück. Ihr tragt keine Schuld an irgendetwas. So ähnlich wie ein Schlafwandler sich nicht bewusst ist, was er tut, so seid ihr euch nicht bewusst, wer ihr seid. Ihr schlafwandelt und glaubt an eure Träume. Ihr müsst aufwachen und mit euch selbst Frieden schließen. Eure negativen Gefühle rühren allesamt von unterbewussten Schuld- oder Schamgefühlen her. Ihr habt Angst, nicht liebenswert zu sein. Schuldgefühle oder Scham bedeuten, dass ihr leugnet, ein Teil der Schönheit des einen Gottes zu sein. Dieser Teil war sich seiner Herkunft nicht gewahr.

Wenn ihr euch selbst nicht dafür verzeiht, dass ihr euch schuldig fühlt, könnt ihr nicht bewusst werden. Ihr seid euer eigener Richter, und ihr müsst euer Anwalt werden und für eure Freilassung sorgen, da euch das Gewahrsein fehlte. Ihr seid ein Adler, der träumt, ein Huhn zu sein, und ihr weigert euch, aufzuwachen. Um euch zu führen, habe ich euch einen Kompass gegeben, der euch den Weg nach Hause zeigt. Dieser Kompass ist die Stimme der Liebe und des Mitgefühls; er wird euch helfen, in dem Irrgarten von Spiegeln, den ihr »Leben« nennt, die optimalen Entscheidungen zu fällen. Ihr braucht nur die Frage zu stellen: »Bringt mich das näher daran, mehr Liebe zu erfahren oder nicht?«, und euer Herz wird euch die Antwort geben. Diese Antwort wird immer die richtige sein. Ihr könnt euch nicht verirren, denn an jeder Weggabelung werde ich euch Führer und Boten schicken. Diese Führer und Boten werden in vielerlei Verkleidungen daherkommen: Worte, Straßennamen, Nachrichtenschlagzeilen, Broschüren, Bücher, Engel, Stimmen etc. Ich werde alles mir Mögliche als Boten nutzen, und solange ihr bewusst seid, werdet ihr meine Botschaften erhalten.

Wenn das nicht funktioniert, kann es dazu kommen, dass ihr Schmerzen, Leid, Krankheit etc. durchmacht. Sie sind keine Strafe, sondern das Ergebnis davon, dass ihr Wege einschlagt, durch die euer menschliches Energiereservoire bald erschöpft ist.

Um euch zu lehren, wie ihr optimal auf Empfang gehen könnt, werde ich für euch eine Möglichkeit schaffen, Verbindung zu meiner Website aufzunehmen – durch Meditation, Yoga, Tai-Chi, Gebet, Entspannung, Musik, Lieder, Gedichte und inspirierte Autorinnen und Autoren, die euch meine Botschaften übermitteln werden.

Der größte Verrat ist der Selbstverrat, selbst wenn dieser begangen wird, um zu verhindern, dass man andere verrät. Ihr müsst euch immer zuallererst selbst lieben und alles, was ihr tut, ohne Schuldgefühle oder die Notwendigkeit, einer Bestrafung aus dem Weg zu gehen, tun. Alles, was ihr einem anderen gebt, das gebt ihr mir, und es wird euch zurückgegeben werden. Ihr bekommt es vielleicht in einer anderen Form, zu einer anderen Zeit oder von einer anderen Person. Gebt nicht mit der Erwartung, dafür von dieser Person eine Gegengabe zu bekommen – seht diese Person als Teil von mir und gebt freigebig. Alles, was ihr gebt, werdet ihr mit Zinsen zurückerhalten, und es wird immer mehr sein. Geben ist eine wundersame Vermehrung.

Vergebung ist das höchste Geschenk: Es ist das Geschenk, das ihr euch selbst machen solltet, denn das Leben dreht sich um das Geben. Vergesst nicht, euch selbst zu geben. Der Gewinn, den ihr bei eurem Geben davontragt, ist der, in dem Gewahrsein zu leben, dass ihr euch selbst und sogar Gott etwas gebt, wenn ihr euch selbst beschenkt.

Die einzige wirkliche Kontrolle ist die, auf die Kontrolle zu verzichten, dann habt ihr euer Schicksal in der Hand. Die einzige wirkliche Sicherheit liegt nicht in Besitztümern, sondern darin, nicht von etwas beses-

sen zu sein. Zwanghaftes Sicherheitsdenken ist die größte Unsicherheit, die es gibt.
Ihr seid nicht getrennt, ihr durchlebt eine eigens für euch maßgeschneiderte Erfahrung des Ganzen. Ihr schneidert eure Erfahrungen genau auf euch zu, und auf dieser Grundlage definiert ihr euch. Wenn euch das, was ihr geschaffen habt, nicht gefällt, steht es euch frei, etwas anderes zu erschaffen. Ihr könnt das so lange tun, bis ihr Meister darin geworden seid, euch das zu erschaffen, was ihr mögt. Während ihr weiter wachst, wird euer Geschmack sich verändern, und dann werdet ihr ökologischer und eher spirituell zu erschaffen beginnen.
Ihr könnt erschaffen, was ihr wollt, aber wenn ihr euch selbst nicht liebt, werdet ihr mit euren Schöpfungen nicht ganz so glücklich sein. Was ihr für andere empfindet, spiegelt das, was ihr für euch selbst empfindet. Indem ihr andere von eurer Liebe ausschließt, schließt ihr einen Teil eurer selbst von der Heilung aus. Indem ihr sie mit einschließt, schafft ihr eine Chance zur Heilung.
Andere um Verzeihung zu bitten, bedeutet, dass man darauf zu achten beginnt, nicht länger zu projizieren. Wenn sie euch nicht verzeihen, so ist das ihre freie Entscheidung und es spielt keine Rolle – es zeigt nur, dass sie noch einige Heilungsarbeit vor sich haben.
Tut nie für andere, was sie für sich selbst tun können – es wird sie von euch und anderen abhängig machen und bewirken, dass sie dort stehen bleiben, wo sie sind. Überlasst es auch nicht anderen, Dinge zu tun, die ihr für euch selbst tun müsst. Lasst nicht zu, dass sie zur Quelle eures Glücks werden.
Segnet alle in meinem Namen; und jedes Mal, wenn ihr jemanden segnet, werdet ihr gesegnet. Seid jedes Mal, wenn jemand niest[*], daran erinnert, dass dies ein Moment ist, euch gewahr zu werden, dass ihr euch im Jetzt befindet.
Zeigt euch dankbar für alles, was ihr habt und für all eure Erfahrungen; konzentriert euch nicht auf das, was ihr nicht habt. Fühlt euch genau gleich, ob ihr es habt oder nicht, damit ihr nicht projiziert und euch nicht auf das fixiert, was ihr nicht habt.

---

[*] Im Englischen wünscht man statt »Gesundheit« traditionell »Bless you«= (Gott) segne dich, wenn jemand niest. Von daher wohl die gedankliche Verbindung zu Vorherigem (Anm. d. Übers.).

Alle Erfahrungen sind dazu da, euch stärker bewusst zu machen, was in euch vorgeht. Seid ihr ein Opfer? Das bedeutet, dass ihr euch nicht gewahr seid, warum ihr das in euer Leben angezogen habt, und somit lauft ihr Gefahr, es immer wieder neu entstehen zu lassen. Das mag im wirklichen Leben geschehen oder in eurem Kopf. Für euren Kopf gibt es keinen Unterschied zwischen Wirklichkeit und emotionaler Wirklichkeit. Indem ihr nicht loslasst, erschafft und durchlebt ihr immer wieder dasselbe.

Könnt ihr lernen, dieses Opfersein in einen Sieg umzumünzen? Indem ihr die positive Seite des Ganzen versteht oder euch die Ängste betrachtet, die es in euch entstehen lässt, könnt ihr jenen Teil von euch heilen, der sie angezogen hat. Dadurch, dass ihr diesen Teil annehmt und liebt, hat der Heilungsprozess bereits begonnen.

Ihr seid Bestandteil eines groß angelegten Experiments. Dieses Erlebnis ermöglicht es mir, Gott, zu erfahren, was ich vom Konzept her bereits kenne. Alles, was ihr tut und erfahrt, gehört mit zu diesem Experiment. Ihr könnt jederzeit beschließen, nur das zu erschaffen, was nach eurem Geschmack ist, denn das wird auch nach meinem Geschmack sein. Um das zu erschaffen, was euch gefällt, müsst ihr zunächst einmal euch selbst wirklich kennen lernen. Ihr seid viel mehr als ihr denkt. Die Mission für euer Leben liegt darin, zu entdecken, wer ihr seid, indem ihr wieder in Verbindung mit euch selbst kommt. Dann könnt ihr Wunder und Magie erschaffen: Um Magie im Leben entstehen zu lassen, müsst ihr bereit sein, eure einschränkenden Gedanken loszulassen. Die Grenzen, die ihr euch setzt, werden darüber entscheiden, was ihr erschafft. Ich gab Henry Ford den folgenden Spruch ein: »Was du für wahr hältst oder was du nicht für wahr hältst, ist immer das Richtige für dich!« Shakespeare drückte es sehr eloquent aus: »Sein oder Nichtsein«. Entweder ihr seid oder ihr seid nicht. Mensch zu sein heißt, herauszufinden, was es bedeutet, Mensch zu sein – jede Schublade, in die ihr euch packt, wird eine Selbstbeschränkung darstellen.

Das Erlebnis, Mensch zu sein, ist ein Experiment zum Thema Integration, Transformation und Transzendenz. Integration von Verstand, universellem Geist und Körper bedeutet, dass sie als Einheit zusammenwirken müssen. Der Geist sollte das Kommando führen, da er die höchste Form des Seins darstellt. Wenn der Verstand oder der Körper dominiert, sind wir nichts Seiendes, sondern wir werden zu Tuenden oder Habenden. Indem wir zu allererst einmal sind, brauchen wir nichts zu tun oder zu haben; wir sind bereits das, was wir sein wollen. Das ist das hoch interessante Rätsel bei der Sache. Die meisten handhaben es verkehrt herum: Sie wollen etwas, das für sie außer Reichweite ist und bringen seinen Besitz mit einem bestimmten Gefühl (einer bestimmten Form des Da-Seins) in Verbindung. Die meisten Menschen entdecken, dass Gefühle vorübergehen und dann, wenn sie an äußere Quellen geknüpft sind, Teil der Illusion namens Projektion sind. Transformation ist der Prozess der Übertragung eurer mentalen und physischen Bedürfnisse in Erfahrungen, die die Seele nähren, statt in Handlungen, mit denen ihr Illusionen hinterher jagt. Findet die eigentliche Intention hinter dem Bedürfnis und heilt die Seele, das heißt den verwundeten Teil des Geistes. Sie ist nur deshalb verwundet, weil ihr von Gedächtnisschwund befallen seid im Hinblick darauf, wer ihr seid. Transformation ist der Prozess, bei der die Amnesie kuriert und das Bedürfnis umgewandelt wird.

Das Bedürfnis nach Bestätigung entsteht durch die Überzeugung, dass ihr nicht gut genug seid. Diese Überzeugung wurde euch von euren Eltern eingepflanzt, und diesen wiederum von ihren Eltern. Es ist eine miasmatische Überzeugung. Indem ihr diesen Prozess begreift, braucht ihr keine Bestätigung mehr und könnt diejenigen wertschätzen, die euch nicht bestätigen, und ihr könnt sehen, wie sie ihre eigenen miasmatischen Einstellungen projizieren. Ihr könnt sie darin unterstützen, eine Transformation zu durchlaufen und Heilung zu finden. Zur Transzendenz kommt es dann, wenn ihr erkennt, dass die einzigen Dinge, die wichtig sind, nicht materiell sind. Die Materie ist die allerletzte Illusion und ist völlig unwichtig. Wichtig ist ist lediglich der Ursprung aller Materie, und das ist die liebende Schöpfungsenergie. Indem ihr jenseits der Illusion der Materie gelangt, könnt ihr sie weiterhin genießen, nur ohne an ihr zu kleben, und ihr könnt euch den Dingen widmen, die wirklich zählen: Universelle Liebe zu erlernen, was ein anderes Wort für »Mitgefühl« ist.

Das Mitgefühl ist das Herz von allem, worauf es wirklich ankommt, denn es ist die treibende Kraft des Universums. Vollkommenheit zu suchen, ist die Bestätigung der Unvollkommenheit. Ihr solltet die Vollkommenheit nicht suchen, denn sie ist bereits hier. Ihr solltet euch der Vollkommenheit in euch und anderen gewahr werden. Das wird euch davon befreien, euch von euren Versuchen, perfekt zu sein, frustrieren zu lassen. »Seid« einfach, und alles ist vollkommen. Indem ihr einfach

seid, könnt ihr stärker von eurem Potenzial Gebrauch machen, die Situationen zu erfahren, die ihr euch erschafft; ihr habt die Energie und Absicht, das von euch Erfahrene zu verändern, und erzeugt so eine vollkommen neue Erfahrung.
Indem ihr an bestimmten Verhaltensweisen klebt, beschränkt ihr euch selbst auf das, was ihr schon einmal erfahren habt, und ihr werdet zum Produkt eurer Vergangenheit.
Indem ihr immerzu damit beschäftigt seid, über die Situation zu urteilen, die Unvollkommenheiten zu finden und die Verletzungen und euch elend zu fühlen, weil das nicht euren Erwartungen entspricht, identifiziert ihr euch mit den negativen Gefühlen der Vergangenheit und fühlt euch in dem bestätigt, was ihr nicht seid.
Ihr steht im Mittelpunkt von Veränderungen, euer Name steht für Veränderungen. Zu sein bedeutet Veränderung. Mensch zu sein bedeutet, Veränderung hervorzurufen. Mit jedem Atemzug, mit jedem Gedanken verändert ihr euch.

Ihr seid Veränderung.
Es gibt allenfalls vorübergehende Momente imaginärer Sicherheit oder Gewissheit. Sicherheit liegt darin, Veränderung als Eigenart des Lebens zu begrüßen. Leben ist definitionsgemäß Veränderung, also lebt besser mit ihr. Durch euer Sicherheitsstreben werdet ihr von Neuem eure Vergangenheit erstehen lassen und zum Sklaven eines Netzes von Illusionen werden, die euch dazu bringen werden, die Augen zu schließen und zu jemandem ohne Bewusstsein zu werden. Lernt, Veränderung lächelnd zur Kenntnis zu nehmen; lernt, Menschen mit einem Lächeln zu begegnen, die ihre Meinung ändern. Gratuliert ihnen dafür, dass das der beste Beweis für eine stattfindende Entwicklung ist: Ändert euere Meinung, ändert eure Gedanken und heilt eure Seele.
Versucht nicht, andere oder euch selbst in der Falle der Vergangenheit zu fangen. Gebt euch nicht lange mit der Vergangenheit ab und beschuldigt niemanden seiner früheren Handlungen. Sein Herz zu ändern – das ist die Richtung, die es einzuschlagen gilt. Die Erinnerung zu spüren und sich offenen Herzens kopfüber in die Erfahrung zu stürzen, in dem Wissen, dass niemand euch wirklich verletzen kann. Schmerz ist nur das Gewahrsein von etwas, das nach Heilung verlangt.
Eine freie Willensentscheidung kann nicht stattfinden, wenn ihr euch in der Vergangenheit befindet und euer spirituelles Recht verliert.

Wachstum bedeutet, im Moment zu sterben; was stirbt, ist die Vergangenheit, was geboren wird, ist der nächste Augenblick. Werdet Meister im Sterben, so dass ihr im Geschenk des Lebens verweilen könnt. Einer Sache Bedeutung beizumessen heißt, die Erfahrung einzuschränken. Indem ihr von eurem Herzen aus lebt, zeigt ihr eurer emotionalen Intelligenz, jenseits der Einschränkung dessen zu gehen, was etwas bedeuten mag. Lebt furchtlos, denn ihr seid unsterblich.
Horcht in euch, auf die Intention, und seid offen für Überraschungen. Der einzige Weg, die Absichten anderer herauszufinden, ist der, sein Herz zu öffnen und es zu erfahren. Durch das Sich-Öffnen könnt ihr inneren Abstand finden und einfach sein. Was ihr nicht mögt und was sich für euch nicht richtig anfühlt, das lasst los.
Verliebt euch darin, in alle Menschen verliebt zu sein. Öffnet euch wirklich für universelle Liebe, ohne Anhaftung, das ist Transzendenz. »Liebt Menschen ungeachtet ihrer selbst« – die meisten sind nicht gewahr, wer sie sind. Die Menschen, die Liebe am meisten brauchen, sind diejenigen, die sie am meisten ablehnen. Liebt ohne die Zügel in der Hand halten zu müssen oder eine Gegenleistung dafür zu erwarten, ohne Bedingungen, ohne Anhaftung – das ist bedingungslose Liebe, das ist himmlische Liebe, das ist eine Verbindung mit Mir. Um mit Mir in Verbindung zu treten, dazu müsst ihr lernen, zu verstehen, dass alle Absichten gut sind. Es ist nicht die Absicht, die Schmerz erzeugt; es geht darum, wie ihr eurer Intention entsprechend handelt. Nehmen wir Saddam Hussein: Was er wirklich will, ist Liebe. Er hat gelernt, dass der einzige Weg, Aufmerksamkeit zu bekommen, in Provokation und Kontrolle liegt. Er fordert Aufmerksamkeit; in seinem Kopf bedeutet Aufmerksamkeit Liebe. Ihr solltet alle anfangen, ihm jede Woche liebevolle Postkarten zu schicken, so dass er allwöchentlich Millionen davon bekommt, Millionen liebender Gedanken. Keine Gedanken, die sich darum drehen, dass er sich ändern soll, sondern die ihm einfach sagen, dass ihr ihn liebt und für sein Wohlergehen betet. Ich weiß, dass Saddam sich freuen wird, wenn er erfährt, dass so viele Menschen ihn lieben, und dann braucht er nicht mehr auf alle möglichen kreativen Ideen zu kommen, wie er auf sich aufmerksam machen könnte. Wenn ihr euch also aus vollem Herzen an diesem Projekt beteiligen möchtet, hier die Anschrift:
Saddam Hussein
Headquarters Bagdad – Irak

Schließt ihn außerdem in eure Gebete ein und schickt ihm täglich Liebe und Mitgefühl.

Ihr könnt die Welt erschaffen, die ihr wollt, indem ihr seht, dass es an euch oder jemand anderem nichts Falsches gibt. Ihr habt gelernt, zwischen Gut und Böse zu polarisieren, und all eure Ängste rühren daher. Ihr bestraft Schlechte, statt ihnen zur Heilung zu verhelfen, statt sie etwas über Liebe zu lehren und statt sie zu lieben. Ihr lasst sie frei, nachdem ihr ihnen bestätigt habt, dass sie schlecht, wertlos und der letzte Abschaum seien. Dann stimmt mit einem Mal etwas nicht mehr in der Gleichung: Ihr erwartet, dass sie sich plötzlich anders verhalten. Ihr kontrolliert sie für eine Weile, und solange sie so tun, als seien sie geheilt und würden alle Regeln einhalten, glaubt ihr, mit ihnen sei alles in Ordnung.

Das ist doch verrückt – in Wirklichkeit habt ihr ihnen nur weiter Schlimmes beigebracht. Die meisten von ihnen kommen dann geradewegs wieder dorthin zurück, wo sie jetzt hingehören: ins Gefängnis. Euer System von Richtig und Falsch funktioniert nicht. Statt mehr Polizisten einzustellen und mehr Haftanstalten zu bauen, müsst ihr mehr darin investieren, die Ursachen dieses Un-Wohlseins der Gesellschaft zu beseitigen. Ihr müsst durch Liebe und Mitgefühl Bedingungen erschaffen, die von Gleichheit geprägt sind. Ignoranz ist nach dem Verurteilen und Schuldgefühlen euer schlimmster Feind.

Indem ihr eure Fülle mit denen teilt, die in Umstände hineingeboren werden, die ihre Möglichkeiten einschränken, teilt ihr Liebe und Mitgefühl mit ihnen. Darum geht es bei der Spiritualität ja überhaupt nur. Durch Liebe und Teilen mit den Bedürftigen durchbrecht ihr die karmische Kette und zeigt, worum es im Leben geht.

Wenn ihr glaubt, diejenigen, die bedürftig sind, würden für ihr negatives Karma bestraft, erschafft ihr euer eigenes negatives Karma und beraubt euch der Chance, euch selbst und den Planeten zu heilen. Tut in eurer freien Zeit etwas für die Allgemeinheit – zu geben ist nach dem Verzeihen (was das Gleiche ist) die größte heilende Kraft im Universum!

In Meinem Denken gibt es keine Dualität, keinen Konflikt, keine Entscheidungen, die zu treffen wären, es gibt nur eines: Liebe und Mitgefühl. Sich mit Mir zu verbinden, heißt, jeden als Gottes Kind zu sehen und genauso zu behandeln, wie ihr selbst behandelt werden möchtet.

Das Schlimmste, was jemandem passieren kann, ist, dass er nicht gewahr ist, dass er Teil der göttlichen Quelle ist. Diese Person fühlt sich verletzt, im Stich gelassen, abgewiesen und projiziert ihren Schmerz auf die Welt. Wie oft habt ihr nicht das Gleiche getan? Ihr seid nicht besser als irgendjemand sonst, ihr seid vielleicht mehr gewahr oder weniger. Es findet kein Rennen statt, alle werden zur Ziellinie gelangen, und es ist erst dann vorbei, wenn alle es geschafft haben. Indem ihr euch zusammentut, werdet ihr nur das Bewusstsein und Wachstum eures eigenen Gewahrsein anheben. Ihr könnt den anderen nur verurteilen, wenn ihr selbst nicht gewahr seid, und alles Urteilen und Verurteilen entspringt der Angst, kommt daher, sich von der höchsten Quelle abzuschneiden. Es ist kein Fehler, einen Fehler zu machen, es wird euch nichts wegnehmen, ihr werdet nichts vermissen. Erst wenn ihr glaubt, ein anderer könne euch etwas nehmen, was ihr braucht, werdet ihr es vermissen und einen Fehler nennen.

Wenn Liebe im Überfluss da ist, kann die Liebe nicht versehentlich weggenommen werden – sie ist dazu da, dass alle von ihr bekommen, und manchmal vergessen wir das. Akzeptiert euren Fehler, etwas zu vermissen, und ihr werdet euch geheilt fühlen und den Eindruck haben, euch sei vergeben worden.

Perfektion ist der Ausdruck der Wahrheit, ohne Verurteilung und ohne die Absicht, zu verletzen. Die Wahrheit kann heilen, solange ihr euch erinnert, dass es eure Wahrheit ist. Was wahr für euch ist, mag für andere nicht dasselbe sein. Was ihr euch auch merken müsst ist, dass das, was heute für euch wahr ist, vielleicht einen Moment später nicht mehr wahr sein muss, da ihr euch ja unweigerlich ändert.

Denkt daran, dass ihr in der Stille die Verbindung zu eurer Seele herstellt, und hier entdeckt ihr das, was der Heilung bedarf. Um gute Beobachter zu werden, dazu müsst ihr zunächst einmal lernen, zu beobachten, was geschieht, wenn ihr nichts tut und einfach seid. Durch Stille stellt ihr die Verbindung zu euch selbst und letzten Endes mit Mir her. Stille lässt sich durch Meditation und Atmen erreichen.

Auch anderen zuzuhören und im Jetzt zu bleiben ist ein Heilungsprozess. Indem ihr euch selbst beobachtet und das, was ihr empfindet, könnt ihr herausfinden, welche eurer Teile selbst Heilung brauchen. Werdet gute Zuhörer und Beobachter und ihr werdet euren eigenen Heilungsprozess beschleunigen.

Richten wir unsere Aufmerksamkeit nun auf bedingungslose Liebe. Seid euch gewahr, dass die erste Person, die für Heilung Schlange steht, ihr selbst seid und dass ihr, solange ihr euch nicht die Zeit und den Raum für eure eigene Heilung schafft, anderen nicht helfen könnt.

Um bedingungslose Liebe zu lernen, müsst ihr bedingte Liebe verlernen. Bedingte Liebe basierte auf der Tatsache, dass eure Erzieher glaubten, dass sie von äußeren Quellen abhängig waren, um sich glücklich zu fühlen. Sie haben euch dazu konditioniert, für sie eine Quelle des Glücks zu sein. Mit dieser unmöglichen Aufgabe wurde euch eine schwere Verantwortung aufgebürdet. Um sie glücklich zu machen, musstet ihr euch selbst verleugnen, ihr musstet die Liebe zu euch selbst aufgeben, um jemand anderem das Gefühl zu vermitteln, geliebt zu werden. Die meisten von euch fingen an, diese Gehirnwäsche zu glauben, und es hat euch dazu gebracht, andere so zu konditionieren, dass sie dasselbe für euch tun.

Wann habt ihr das letzte Mal ein Gespräch gehört wie: »Wenn du mich wirklich lieb hättest, dann würdest du ...«. Ersetzt das Wort »lieb haben« durch »respektieren«, »unterstützen«, »akzeptieren«, »schätzen«, »anerkennen« etc. Oder durch: »Wenn ich dir wirklich wichtig wäre«, »Wenn du mir wirklich vertrauen würdest«, »Wenn du wirklich ja zu mir sagen würdest«. Ihr verwendet das in euren Beziehungen, und wenn ihr diesen Liebesbeweis nicht erhaltet, fühlt ihr euch abgelehnt, im Stich gelassen, ungeliebt, wertlos, gekränkt, nicht unterstützt, nicht akzeptiert, habt das Gefühl, ihr seid dem anderen gleichgültig etc.

Denkt einmal an das letzte Mal zurück, als euch etwas Derartiges passierte. Was war der Anlass? Begebt euch in diesen Moment, verfolgt zeitlich zurück, woher es kam, dass ihr diese äußerliche Bestätigung brauchtet, um euch so und so zu fühlen. Geht noch einmal durch, wie ihr aufgewachsen seid und betrachtet euch eure Eltern oder Erzieher. Wie haben sie es angestellt, euch so zu konditionieren, dass ihr von ihnen abhängig wurdet, von einer Liebe, die an Bedingungen geknüpft ist? Inwieweit war ihr Wohlergehen von äußeren Quellen abhängig? Sie waren von ihren Eltern konditioniert worden und handelten nach dem, was sie gelernt hatten. Sie waren durch Schuldgefühle, Scham, Angst davor, nicht gut genug zu sein, konditioniert worden. Nun ist es an euch, euch selbst und andere von dieser karmischen Verkettung zu befreien, ohne jemandem die Schuld zuzuweisen oder ihn beziehungsweise sie zu verurteilen. Es spielt keine Rolle, ob diese Personen noch leben oder nicht – indem ihr die Kette durchbrecht, erlöst ihr beide Parteien von karmischer Schuld: Darum geht es beim Verzeihen letztlich.

Euer nächster Schritt im Heilungsprozess besteht darin, euch selbst das zu geben, was ihr nie gehabt habt: bedingungslose Liebe. Es ist euch überlassen, niemandem sonst. Wenn ihr das nicht tut, wird es auch sonst niemand tun.

Gott hat euch bereits das Beispiel gegeben – Er/Sie liebt euch bedingungslos, ohne dass irgendetwas daran geknüpft wäre. Nun ist es an euch, dem zu folgen.

Seelen-Arbeit
Eure Seele, das ist der Teil, der der Heilung bedarf; eure Seele ist von alten Erfahrungen verwundet, die euch nicht mehr dienlich sind. Die größte Angst eurer Seele wird lauten: »Was, wenn all das nicht stimmt, was, wenn Gott mich gar nicht liebt? Was, wenn ich unwürdig bin?« All diese Fragen sind Produkte der Angst, und ihr müsst euch von ihnen lösen, indem ihr sie akzeptiert und jenen Teil liebt, der voller Angst ist. Ignoriert diese Ängste also nicht, sondern nehmt sie zur Kenntnis.

Hier eine Möglichkeit, wie ihr dabei vorgehen könnt. Es wird die Heilung beträchtlich beschleunigen. Tut das mindestens vier Wochen lang mindestens zweimal täglich, und ihr werdet in eurem Herzen eine immense Veränderung erleben. Je öfter ihr das tun könnt, desto besser. Stellt euch zweimal am Tag vor den Spiegel, schaut euch selbst in die Augen und massiert euch mit einer Hand die Punkte für die Angst (siehe Zeichnung) auf beiden Seiten gleich neben dem Brustbein unter dem Schlüsselbein.

»Ich akzeptiere und liebe mich von ganzem Herzen mit meiner Angst davor, der Liebe Gottes nicht würdig zu sein.«

»Ich akzeptiere und liebe meine Angst, ich sei vielleicht unwürdig, von ganzem Herzen.«

»Ich liebe und akzeptiere mich, auch wenn ich mich unwürdig fühle, mich nicht liebe oder abgelehnt fühle.«

»Ich akzeptiere und liebe mich, selbst wenn diese Angst nie verschwindet und erteile meiner Seele die Erlaubnis, diese Angst vollkommen und auf Dauer loszulassen.«

Das ist die Grundlage der emotionalen Heilung. Es geht nicht um Furchtlosigkeit – es geht darum, sich selbst mit seiner Angst zu akzeptieren und zu lieben. Jene Teile an sich zu lieben, die diese Angst noch brauchen. Schreibt diese Affirmationen auf einen Zettel und tragt ihn überall bei euch. Wenn ihr gereizt, frustriert, wütend oder in Sorge seid und erkennt, dass das von euch kommt, und dass alle negativen Emotionen von Angst herrühren, könnt ihr diese Affirmationen unter Massage der Akupressurpunkte für Angst durchführen. Ihr könnt auch eure eigenen Worte finden, etwa:
»Ich akzeptiere und liebe mich mit meinem Frust, der von der Angst kommt, dass ich nicht gut genug bin.«

Ihr könnt nichts falsch machen; es gibt nichts, was ihr zu euch selbst tun oder sagen könnt, das irgendetwas verschlimmern würde. Beendet jeden Satz mit der folgenden Affirmation (dabei die Angst-Akupressurpunkte massieren):
»Ich akzeptiere und liebe mich bedingungslos und bin absolut würdig, Gottes bedingungslose Liebe zu empfangen, und zwar jetzt und immer.«

Was ihr entdecken werdet: Wenn ihr aus der Illusion der bedingten Liebe aufwacht, und euch selbst bedingungslose Liebe zu schenken beginnt, werdet ihr andere anziehen, die dann dasselbe tun. Je mehr ihr euch diese Affirmationen zu eigen macht, desto weniger bedürftig werdet ihr sein; ihr werdet euer eigener Halt sein und voller Liebe zu euch selbst, und aufgrund dessen könnt ihr andere freigebig beschenken. Ihr werdet immer weniger die Zügel in der Hand halten wollen und schließlich Abstand davon nehmen, andere von eurer Liebe oder Anerkennung abhängig zu machen. Ihr werdet die wachsende universelle Liebe in euch wahrnehmen und Gott in jedem Wesen zu sehen beginnen.
Haben wir erst einmal den Übergang vom Urteilen zum Akzeptieren vollzogen, so öffnen wir unser Herz für das Mitgefühl. Alles fängt damit an, sich selbst zu lieben. Hört also auf, über euch selbst zu urteilen und fangt an, euch in eurer Gesamtheit zu akzeptieren. Am Anfang ist es unmöglich, mit dem Urteilen aufzuhören; je mehr ihr euch darauf konzentriert, nicht zu urteilen, desto mehr werdet ihr über euch selbst und andere zu Gericht sitzen, und einige von euch werden sich dann noch schuldiger fühlen.

Der Weg, dies zu durchbrechen, liegt darin, zu akzeptieren, dass ihr solche Urteile fällt und euch selbst dafür zu verzeiht. Beobachtet einfach, dass ein Teil von euch das noch braucht – akzeptiert und liebt diesen Teil. Dankt ihm für seine gute Absicht. Das Gleiche gilt für die Angst: Akzeptiert sie, liebt sie, spielt mit ihr, bis ihr sie transformiert. Angst ist der Glaube, dass ihr weniger seid als ihr in Wirklichkeit seid; sie ist der Glaube, ihr könntet verletzt werden oder sogar sterben.

Akzeptiert eure einengenden Gedanken, ohne zu versuchen, sie zu verändern. Beobachtet einfach, schickt Liebe und lasst los. Annehmen-Können ist der erste Schritt zur Heilung, es verhält sich absolut nicht so, dass etwas mit euch nicht stimmt – alles ist so, wie es sein sollte. Wir halten Schritt mit der Evolution, alles läuft nach Plan.

Jeglicher Schmerz oder jegliche Angst ist dazu da, sich gewahr zu werden, dass ein bestimmter Teil von euch nach Aufmerksamkeit verlangt, um heilen zu können. Jeder Fehler, den ihr macht, ist eine Chance, etwas über sich selbst zu lernen. Wisst diese Fehler zu schätzen, seid dankbar für die Lektion. Kommt aus dem Leugnen heraus und werdet eins mit dem, was ihr fühlt. Lasst eure Seele aufrichtig durch euch sprechen, indem ihr eure Gefühle zur Kenntnis nehmt und ausdrückt. Werdet euch eurer Gedanken bewusst, beobachtet sie und würdigt sie, lasst sie zu, sie werden sich schon von selbst regulieren. Gefühle wie das, zum Opfer von etwas geworden zu sein, sind Teil eurer alten Vorstellungen. Akzeptiert, dass ihr das als Hilfsmittel verwendet habt, um euch und andere zu manipulieren, um Liebe, Einfühlungsbereitschaft, Aufmerksamkeit und Mitgefühl zu bekommen. Gebt euch diese Dinge reichlich, ohne dabei von diesem Hilfsmittel des Opferstatus Gebrauch zu machen. Denn sonst bekommt ihr das genaue Gegenteil von dem, was ihr wollt – es wird dazu führen, dass ihr glaubt, ihr hättet keine Liebe verdient. Liebt diese Anteile, die verletzt sind und nicht verzeihen können; heilt sie, und ihr werdet euch besser fühlen. Denkt daran, euch all der Dinge gewahr zu sein, für die ihr Grund zur Dankbarkeit habt. Zeigt eure Dankbarkeit, indem ihr andere, die weniger Glück haben, an eurem Überfluss teilhaben lasst. Dankbarkeit ist das Gewahrsein der universellen Segnungen Gottes.

Nehmt alle Geschenke, die ihr erhaltet, mit Dankbarkeit entgegen; lasst alle Negativität im Hinblick auf das Empfangene fallen. Hört vollkommen auf, euch zu verteidigen, rechtfertigt eure Meinung nicht, akzeptiert die Meinung anderer und respektiert sie für das, was sie euch mitgeteilt haben. Seht Gott in jedem und werdet Teil der Heilung, nicht Teil der Krankheit.

Spiritualität hat alles, was wir brauchen, um die Tatsache zu verstehen, dass wir alle eins sind. Ihr seid allesamt Brüder und Schwestern. Behandelt einander, so wie ihr selbst behandelt werden wollt.

Überfluss zu besitzen und andere nicht daran teilhaben zu lassen, bedeutet, die eigene Knappheit an Gütern und den eigenen Mangel an Gewahrsein zu bestätigen. Solange Diskriminierung existiert und es Menschen gibt, die glauben, sie seien verdienstvoller, weiter entwickelt, spiritueller oder stärker im Recht als andere, besteht ein Mangel an Integration.

Wenn ihr lernt, diejenigen zu lieben, die sich gegen euch stellen, habt ihr schon große Fortschritte gemacht. Wenn ihr lernt, euch bei eurer Entscheidung von eurem Mitgefühl leiten zu lassen, habt ihr Gewahrsein.

Spirituelle Führer werden euch nicht den Weg zeigen, sondern die Hilfsmittel an die Hand geben, mit denen ihr euren eigenen Weg entdecken könnt. Gebt nichts weg, was ihr euch selbst nicht gebt; liebt und achtet zunächst einmal euch selbst. Liebt diejenigen, die euch zu manipulieren versuchen, aber trefft die Wahl, euch nicht schuld an ihrer mangelnden Eigenliebe zu fühlen.

Viele Eltern manipulieren ihre Kinder, indem sie ihnen Schuldgefühle einzuflößen versuchen. Viele Kinder fühlen sich schuldig oder sind wütend darüber, tun aber dennoch, was die Eltern wollen. Ihr könnt eure Eltern lieben, ohne euch von ihnen manipulieren zu lassen. Ihre Schuldzuweisungen oder Anschuldigungen sind Ausdruck ihrer Konditionierung und ihres Schmerzes. Betet für sie, zeigt Mitgefühl und habt Geduld. Vergebt und gebt das, was ihr geben könnt, ohne Schuldgefühle, von Herzen.

Wenn ihr euch angegriffen fühlt, geht nicht in Abwehrstellung, sondern werdet wehrlos und spürt den Schmerz des Gegenübers; schickt ihm Liebe und Mitgefühl, trefft alle Entscheidungen von eurem Herzen her, denn dieser Mensch bittet lediglich auf die einzige Weise, die er kennt, um eure Liebe. Denkt daran, das Geschenk des Verzeihens so oft wie möglich einzusetzen; jedes Mal, wenn ihr verzeiht, sprengt ihr karmische Ketten und erfahrt Meine Herrlichkeit. Vergebung ist ein Geschenk, das sich um ein Vielfaches multipliziert.

Verzeihen heißt, mit der Quelle bedingungsloser Liebe in Kontakt zu treten, es ist die Mutter aller Heilung, es ist das Leuchtfeuer, das euch zu Mir zurückbringen wird. Es erinnert euch daran, dass andere euch nichts anhaben können, dass euer Schmerz Heilung nötig hat – ihr verzeiht, um selbst Heilung zu finden.

Verzeihen ist das beste Hilfsmittel, um ein emotionales Gleichgewicht herzustellen und führt zur spirituellen Intelligenz. Es reinigt euer Herz und heilt eure Seele. Verzeiht jeden Tag, vor allem euch selbst und allen, von denen ihr glaubt, dass sie euch Schaden zugefügt haben.

Nachfolgend noch einige weitere Übungen, um eure Seele zu reinigen:

Universelle Liebe als Heilung

Liebe ist das kraftvollste Werkzeug, das ich euch für die Heilung an die Hand gegeben habe; es gibt nichts Wirksameres als die Liebe. Das Geheimnis liegt darin, sie anderen universell zu schenken. Universell heißt, ihr schenkt all Meinen Kindern eure Liebe. Es wird euch ein ganz neues Gewahrsein eröffnen im Hinblick darauf, was es heißt, lebendig zu sein.

Der erste Schritt ist der, andere eure Liebe spüren zu lassen: wählt eure Worte, eure Intonation, eure Haltung so, dass sich darin ausdrückt, was ihr innerlich fühlt, und setzt auch eure Augen, euer Gesicht und euren Körper dementsprechend ein. Wenn ihr universelle Liebe zu praktizieren beginnt und euren Fokus darauf richtet, werdet ihr merken, wie die Welt darauf anspricht. Bekundet Interesse an anderen und macht ihnen Mut, begegnet ihnen mit Achtung, Behutsamkeit und vor allem mit Mitgefühl.

Tut Dinge, die niemand von euch erwartet. Kauft hunderte von schönen Postkarten und verschickt jede Woche ein paar an Menschen, deren Herz ihr berühren wollt. Überrascht Angehörige mit Blumen, ruft Menschen an, mit denen ihr vorher nicht gesprochen habt und gebt ihnen zu verstehen, dass sie euch nicht gleichgültig sind. Überprüft, welche Menschen ihr nach und nach aus eurem Leben ausgeblendet habt. Erstellt eine Liste mit sämtlichen Leuten, die ihr kennt und überlegt euch Gesten, mit denen ihr ihnen zeigen könntet, dass sie euch nicht gleichgültig sind. Nicht weil ihr ihre Liebe wollt, sondern weil ihr universelle Liebe praktizieren wollt.

Seid sehr aufmerksam, nehmt bewusst die Menschen wahr, die euch dienen. Findet etwas, das euch an ihnen aufrichtig gefällt und sagt es

ihnen. Sorgt dafür, dass sie sich gut fühlen, einfach so, ohne dafür eine Gegenleistung haben zu wollen.
Bringt eure Liebe zu eurem Partner oder eurer Partnerin, euren Kindern und allen nahen und entfernten Verwandten zum Ausdruck. Zeigt auch, dass euch Kollegen am Herzen liegen, Menschen, die mit euch oder für euch arbeiten. Macht euch das zur täglichen Gewohnheit.

Tut ab und zu einmal etwas Außergewöhnliches
Lächelt mehr und seht anderen in die Augen. Zeigt, dass ihr sie wahrnehmt und lasst sie wissen, dass ihr ihre Bemühungen zu schätzen wisst. Findet das Gute in allen und sprecht es ihnen gegenüber an. Wenn es da etwas gibt, das ihr gerne anders hättet, sagt ihnen dennoch zunächst einmal, was eures Erachtens gut ist und dann erst, was eurer Meinung nach verbesserungsbedürftig ist. Haltet diesen Teil kurz, richtet nicht, kritisiert nicht, lasst das nicht zwischen euch kommen. Schließt mit etwas Positivem oder Ermutigendem. Seid gütig, freundlich und respektvoll allen gegenüber, selbst den Menschen, die euch anders behandeln. Arbeitet von jetzt an jeden Tag hieran. Wenn es eines Tages nicht so läuft, wie ihr es gewollt habt, denkt daran, das nächste Mal wieder ganz von vorn anzufangen.
Wenn ihr das tut, wird es zur Gewohnheit werden. Ihr könnt dann jedem Liebe zeigen und euch gut dabei fühlen. Unterdrückt nichts, bleibt ehrlich euch selbst gegenüber – das ist keine Schauspielerei, sondern es geht darum, in Verbindung zu kommen mit dem Ursprung von allem: Mir.

Vielen Dank für euren Besuch auf meiner Website. Bei Bedarf könnt ihr sie jederzeit gerne wieder besuchen. Ihr werdet jedes Mal neue Informationen ausfindig machen, und zudem gilt ja: Übung macht den Meister.

Seid gesegnet und findet Frieden in eurem Herzen.

Der beste Freund des Menschen in Ewigkeit,

Gott.

KAPITEL 13

LASSEN WIR DIE HEILUNG BEGINNEN

Sich selbst überlassen, suchen Intentionen automatisch ihre Erfüllung.

Deepak Chopra, Ageless Body, Timeless Mind

Im vorherigen Kapitel sind wir auf die gesamte Grundlage für die emotionale Heilung eingegangen, im vorliegenden erhalten Sie weitere Instrumentarien, um Ihren Heilungsprozess in die Wege zu leiten.

Wenn Sie wirklich Heilung möchten, müssen Sie sich mit allen wesentlichen Punkten Ihres Lebens befassen:
- Angst vor dem Sterben
- Angst, der Liebe Gottes nicht würdig zu sein
- Überzeugungen dahingehend, dass andere Sie verletzen oder ablehnen könnten
- Schuldgefühle für Dinge, die Sie getan haben
- Scham oder sich als Opfer fühlen
- Traumata aus der Vergangenheit
- Nicht verzeihen können oder Angst loszulassen
- Dem Gefühl, alles unter Kontrolle haben zu wollen.

Ergänzen Sie die Liste mit den Aspekten, für die Sie in Ihrem Leben Heilung wollen. (Bei Bedarf zusätzliche Blätter verwenden.) Wir kommen später noch einmal hierauf zurück, wenn Sie die Hilfsmittel zur Verfügung haben.

_____

_____

_____

_____

_____

_____

_____

_____

_____

_____

_____

Zu heilen bedeutet, alle Stressfaktoren in Ihrem Leben auszuschalten, indem Sie jene Anteile heilen, die Stress erleben.
Stress ist nicht das, was geschieht, sondern die Bedeutung, die wir dem Geschehen beimessen.
Um Stress wahrzunehmen, muss Ihnen bewusst werden, was in Ihnen vor sich geht. Wenn Sie sich nicht voller Frieden, Liebe oder Harmonie fühlen, sind Sie gestresst und brauchen etwas Heilung.

Denken Sie daran, dass Sie die Gefühle beobachten wollen, nicht sich mit ihnen identifizieren. Lassen Sie sie einfach stehen und gehen Sie dann zum Akzeptieren und dem Heilungsmantra über, das Sie gleich erhalten werden.
Es ist wichtig, dass Sie sich Ihrer Gefühle und Gedanken gewahr werden. Indem Sie Ihre Handlungen und das, was Sie sagen, beobachten, werden

Sie noch mehr Informationen erhalten. Das Gewahrsein, das zur Heilung führt, besteht darin, dass wir lernen, alles wahrzunehmen, was uns aus der Harmonie (dem eigenen Stillpunkt) herausbringt. Wenn Sie irgendetwas verspüren, was Ihnen Unbehagen verursacht, sei es innerlich oder äußerlich, ist das ein Hinweis darauf, dass dieser Teil Heilung braucht.

Ein Beispiel: Sie stehen im Stau, und jemand benutzt verbotenermaßen den Randstreifen, um an Ihnen und vielen anderen vorbeizufahren und so etwas Zeit zu sparen, oder stellt sich Ihnen einfach in den Weg. Wie reagieren Sie? Verspüren Sie Ärger? Frustration?

Es gibt viele Ereignisse im Leben, bei denen wir es für gerechtfertigt halten, wenn wir uns aufregen, gekränkt sind, wütend, frustriert, gereizt etc. Diese Gefühle kommen von unserer Seele, die Heilung braucht. Wenn Sie betrogen werden und ausgenutzt, und Sie sind nicht gewahr, dass Sie das selbst geschaffen haben, um Heilung zu finden, dann werden Sie sich sehr schlecht fühlen, sehr außer sich sein. Alle werden Ihnen zustimmen, dass das ja auch nicht anders zu erwarten sei. Wenn ein Krimineller oder jemand, der Ihnen oder Ihrer Familie ein Unrecht zugefügt hat, ungestraft als freier Mann herumläuft, scheint es nur logisch, dass Sie sich deshalb schlecht fühlen. Aber nichts könnte weiter von der Wahrheit entfernt sein. Wenn Sie sich weiterentwickeln, werden Sie sich nicht gekränkt fühlen; Sie werden verzeihen und so die karmische Kette durchbrechen.

Hier eine weitere vertraute Situation: Jemand kommt zu spät, und Sie regen sich darüber auf. Sie denken vielleicht, ihr Gegenüber respektiere Sie nicht, vor allem, wenn sich der oder die Betreffende nicht entschuldigt.

Beginnen Sie auf jene Situationen zu achten, in denen Sie sich dazu berechtigt fühlen, bestimmte Gefühle zu haben – wenn Sie sicher sind, dass Sie im Recht sind und die andere Seite im Unrecht, oder wenn die anderen unhöflich oder grob sind.

Es gibt viele Stellen, um mit der Heilung zu beginnen. Ich arbeite seit zwei Jahren gewissenhaft daran, und es sind nicht viele Dinge übrig geblieben, die mich aus dem Gleichgewicht bringen können. Die meiste Zeit über fühle ich mich unglaublich glücklich, und meine Beziehungen sind offener, ehrlicher und stressfreier. Es ist mir nicht weiter wichtig, was andere von mir halten, mein Selbstwertgefühl ist enorm gestiegen. Ich habe neue Menschen in mein Leben angezogen. Meine

Partnerin, Patricia van Walstijn, ist dabei eines der größten Geschenke gewesen, und wir arbeiten zusammen an allem, was gerade hochkommen mag. Ich habe Kontakt mit einigen wunderbaren Leuten aufgenommen, unter anderen mit Deepak Chopra, und wir werden auch gemeinsam an etwas arbeiten. Ich mache viel mehr als je zuvor, mit weniger Mühe, und fühle mich gesegnet.

Ähnliche Geschichten habe ich von tausenden von Menschen gehört, die an meinen Seminaren teilgenommen oder Workshops bei anderen absolviert haben, die Emotional Balancing vermitteln. Sie müssen sich der eigenen Gefühle und Gedanken bewusst werden, um Ihre Seele vollkommen zu heilen. Jeder kann das lernen. Unaufgelöstes nährt die Gefühle und lädt sie emotional auf.

Bereiche Ihrer Seele, die der Heilung bedürfen – die Heilung besteht aus verschiedenen Elementen:
1. Einer Heilformel, die Ihrem Unterbewusstsein dabei behilflich ist, die erste Begebenheit ausfindig zu machen, die die ungelöste Kette von Emotionen verursacht.
2. Bestimmten Akupressurpunkten, durch die ein Gleichgewicht der Akupunkturmeridiane hergestellt wird, um den Heilungsprozess zu beschleunigen.
3. Spezifischen Atemübungen, um diesen ganzen Prozess in die Chakren und das Nervensystem zu integrieren.

Diese Methode wurde eklektisch entwickelt, indem unterschiedliche Elemente aus diversen Disziplinen verwendet wurden, Akupunktur und Affirmationen. All das wurde im Feldversuch an mehr als zwanzigtausend Personen überprüft, um seine Wirksamkeit zu verifizieren. Die Ergebnisse übersteigen die jeder anderen einfachen Technik, mit der ich mich in den letzten zwanzig Jahren beschäftigt habe. Diese kombinierte Technik trägt den Namen »Emotional Healing Formula« und gehört mit zum Emotional Balancing (E. B.). Das Schönste an all dem ist, dass sie vollkommen allein durchgeführt werden kann, ohne dass hierbei Hilfe benötigt wird. Somit kommen Sie in den Genuss, sie überall einsetzen zu können, an jedem Ort, und Sie können sie an alle weitergeben. Sie werden in Erfahrung bringen, wo Ihre Verletzungen liegen und wie Sie sich selbst heilen können. Sie brauchen keine Psychoanalyse – Ihr Unterbewusstsein weiß alles, was es zu wissen gibt.

Emotional Balancing wird in Europa von tausenden von Menschen praktiziert und soll nun weltweit in mehr als zwanzig Ländern vermittelt werden. Die »Emotional Healing Formula« wird Sie mit Ihrer Seele und dem Geist, der Sie beseelt, in Verbindung bringen und Sie zu Ihrer wahren Essenz zurückbringen, Ihrer spirituellen DNS. Sie wird sie mit dem Ursprung von allem verbinden, Gott. Sie brauchen nicht religiös zu sein, um diese Heilformel anzuwenden. Lassen Sie sich von den Worten nicht ablenken oder provozieren; das alles ist universell und nicht dazu gedacht, jemandem Unbehagen zu verursachen
Sollten Sie an Engel glauben, die Boten der Liebe Gottes, so können Sie sie bitten, Ihnen behilflich zu sein und Ihre Heilung während des Prozesses zu leiten. Das Wort »Engel« stammt aus dem Altaramäischen und lässt sich am besten mit »Boten« übersetzen (vergl. Nick Bunick in seinem Buch *In God's Truth*).
Diese Boten oder Führer sind immer bei uns, sie unterstützen uns bei unserer spirituellen Entwicklung und erinnern uns daran, dass wir nur dann, wenn wir uns im Einklang mit dem befinden, was in uns ist, mit unserem göttlichen Geist oder höheren Selbst, dem »Ich«, bedingungsloses Glück finden werden. Greifen Sie so oft wie möglich auf Ihre Engel zurück; es wird Ihre Heilung beschleunigen und Ihnen helfen, inneren Frieden zu finden.

Die Emotionale Heilformel:

Während Sie die Gefühle verarbeiten, massieren Sie die Akupressurpunkte für das Thema »Angst« (neben dem Brustbein).
»Ich akzeptiere und liebe mich selbst aus ganzem Herzen, mit meiner Angst davor, dieses Gefühl loszulassen. Ich akzeptiere mich, auch falls ich dieses Gefühl nie ganz loslassen werde.«
(Tief ein- und ausatmen) Konzentration auf Chakra eins: Flexibilität

Sofern Sie an Engel glauben, sagen Sie Folgendes:
»Ich bitte meine Engel und die Wesen, die mich führen, mir dabei zu helfen, zum Ursprung dieses Gefühls (oder Gedankens) zu ... zurückzugehen, so lange es auch zurückliegen mag, und mir zu helfen, das komplett zu heilen.«
(Tief ein- und ausatmen) Konzentration auf Chakra zwei: Vergnügen

Wenn Sie nicht mit Engeln arbeiten möchten, sagen Sie:

»Ich bitte mein höheres Selbst mir dabei zu helfen, zum Ursprung dieses Gefühls (oder Gedankens) zu ... zurückzugehen, so lange es auch zurückliegen mag, und mir zu helfen, das komplett zu heilen.«
(Tief ein- und ausatmen) Konzentration auf Chakra zwei: Vergnügen

»Ich lasse zu, dass jeder Teil und jede Seite meines gesamten Wesens mir dabei hilft, dieses ursprüngliche Ereignis zu heilen, so lange es auch zurückliegt, und akzeptiere und liebe die ursprüngliche Intention vollkommen.«
(Tief ein- und ausatmen) Konzentration auf Chakra drei: Akzeptieren und Loslassen.

»Ich verzeihe mir durch die Liebe Gottes dafür, mich selbst und andere abgelehnt zu haben, für meine unzutreffenden Überzeugungen, Gedanken, Gefühle und Wahrnehmungen, und ich verzeihe jeder Person, jedem Ereignis sowie anderen und allem, was hiermit zu tun hatte, und lasse jeden Grund oder jede Vorstellung los, dass ich dies noch bräuchte oder bei irgendeinem meiner früheren Erlebnisse brauchte und erlaube so, dass die Heilung vollendet wird und alle zusammenhängenden Ereignisse seitdem mit einbezieht.«
(Tief ein- und ausatmen) Konzentration auf Chakra vier: Friede und Verzeihen.

»Ich lasse jetzt mit bedingungsloser Liebe und Gottes Segen alles Alte los und setze es frei, das Teil meines Fühlens oder Denkens in diese Richtung war, jetzt und auf Dauer. Ich entscheide mich, an seine Stelle ... (positives Gefühl oder positive Gedanken) treten zu lassen. Ich akzeptiere dieses Gefühl ... (positive Gefühle) in jeder Zelle meines Körpers.«
(Tief ein- und ausatmen) Konzentration auf Chakra fünf: Sich selbst der Wahrheit entsprechend auszudrücken.

»Ich erteile mir selbst die Erlaubnis, alles hiermit zusammenhängende Unbehagen auf der physischen, emotionalen, mentalen und spirituellen Ebene sowie alle verwandten Einstellungen, Verhaltensweisen oder Gefühle problemlos und locker loszulassen, jetzt und auf Dauer.«
(Tief ein- und ausatmen) Konzentration auf Chakra sechs: Selbsterkenntnis.

»Ich danke Gott, meinen Führern und Engeln (oder meinem höheren Selbst) für all ihre Hilfe und bringe ihnen gegenüber meine Liebe und Dankbarkeit zum Ausdruck. Ich nehme allen Segen Gottes und seine Liebe an und fühle mich dessen würdig.«
(Tief ein- und ausatmen) Konzentration auf Chakra 7: Universelle Liebe.

Die positiven Gefühle, die Sie an die Stelle der negativen Gefühle treten lassen, sind wichtig. Lassen Sie dies nicht zu einer Übung werden, die lediglich im Kopf stattfindet – es ist wichtig, dass Sie diese Gefühle tatsächlich körperlich spüren. Lassen Sie zu, dass Ihr Körper zum Ausdruck bringen kann, was Ihnen durch den Kopf geht, und lassen Sie dieses Gefühl dann zu jeder Zelle Ihres Körpers wandern. Visualisieren Sie, wie dieses Gefühl durch Ihren Körper fließt, als wäre es Licht, und wie es jede Zelle aufleuchten lässt.

Atmen: Insgesamt werden Sie sieben Mal tief ein und aus atmen. Jedes Mal werden Sie dabei im Unterbewusstsein Kontakt mit einem der Chakren aufnehmen und die Energie in Ihrem System höher bringen. Am besten ist es, sich dabei jeweils auf den spezifischen Bereich der Chakren zu konzentrieren und sich ein Wärmegefühl in dieser Gegend vorstellen.

Chakra eins:	am Steißbeinansatz
Chakra zwei:	im Bereich des Schambeins
Chakra drei:	am Solarplexus oder Nabel
Chakra vier:	in der Herzgegend
Chakra fünf:	um die Kehle
Chakra sechs:	zwischen den Augen (drittes Auge)
Chakra sieben:	knapp über dem Kopf (zwei bis fünf Zentimeter)

Lenken Sie einfach Ihre Aufmerksamkeit auf diese Zone. Sie können auch die Chakren mit bestimmten Gefühlen verbinden. Machen Sie sich anfangs nicht zu viele Gedanken hierum. Wenn die Emotionale Heilformel für Sie mehr zur Routine wird, wird Ihnen das leichter fallen.

Chakra eins:	Flexibilität (Anpassung an alle Herausforderungen)
Chakra zwei:	Lebensfreude (das Leben als Prozess genießen)

Chakra drei:	Akzeptieren und Loslassen (Loslassen mit Leichtigkeit)
Chakra vier:	Friede und Verzeihen (Harmonie)
Chakra fünf:	Sich wahrheitsgemäß Ausdruck verleihen (Gefühle nicht zurückhalten)
Chakra sechs:	Selbsterkenntnis (auf die innere Stimme und die inneren Führer hören)
Chakra sieben:	Universelle Liebe (Anzapfen der kollektiven Einheit)

Das Atmen funktioniert wie folgt: Atmen Sie durch die Nase tief ein, so schnell und tief wie möglich, entspannen Sie sich, schließen Sie dann die Augen, und während Sie sich auf das entsprechende Chakra konzentrieren atmen Sie langsam durch den Mund aus. Dabei stellen Sie sich vor, Sie atmen durch Ihr Chakra. Massieren Sie die Akupressurpunkte für Angst.

Eine Heilung kann sofort eintreten, wenn wir bereit sind; In der Regel ist Heilung jedoch ein allmählicher Prozess, der seine Zeit braucht. Das liegt daran, dass die meisten von uns Zeit brauchen, um ihr Denken, ihre Vorstellungen und Ansichten zu ändern.
Wenn Sie das dies in Ihrem Leben zur Routine werden lassen und die Emotionale Heilformel täglich anwenden, werden Sie immer ausgeglichener werden. Es wird Ihnen zunehmend leichter fallen, am Stillpunkt zu bleiben.
Sie werden sich immer stärker auf die positiven Gefühle konzentrieren, die tief in Ihnen sind. Es ist wichtig, positive Gefühle zu finden, die dann den Platz der alten Gefühle einnehmen; das kann lediglich durch ein Wort erfolgen oder auch mit vollständigen Sätzen. Es spielt keine Rolle, solange Sie zulassen, dass dieses Gefühl in Ihnen ist.
Durch Verwendung der Chakra-Schlüsselworte und Konzentration auf diese Gefühle beschleunigen Sie den Heilungsprozess enorm. Sollte Ihnen kein passendes Gefühl einfallen, das sie an die Stelle der alten Gefühle setzen können, ist es immer gut, bedingungsloses Glück und Harmonie einzusetzen.
Die Emotionale Heilformel bringt uns sofort mit dem »Ich« und der Quelle von allem in Verbindung: Gott.

Es geht nicht darum, die eine Religion einer anderen gegenüber vorzuziehen – es ist Ihr eigenes unmittelbares Gebet um Heilung, das auf alle Teile Ihrer Seele und Ihr höheres Selbst zurückgreift, um Anschluss an die bedingungslose Liebe Gottes zu finden. Es wird Ihre Schwingungen sofort auf eine positive Ebene der Liebe, des Friedens und der Harmonie heben und somit auf die spirituelle Ebene der Heilung. Sie gehen direkt zur Ebene der Antimaterie, der sogenannten holografischen Blaupause, und vereinen alle Systeme miteinander: Ihren energetischen Körper, Kopf, Seele und Geist – die machtvollste Heilkombination, die die Menschheit kennt.

Die Emotionale Heilformel wird weit mehr bewirken als für ein emotionales Gleichgewicht zu sorgen, wenn Sie meinen Vorschlägen folgen, die ich Ihnen zu Ihrer Selbstheilung auf allen Ebenen an die Hand gebe. Es wird Sie Schritt für Schritt auf die Ebene drei der Schöpfung und der Manifestation bringen und Ihnen helfen, »Chosaku« zu leben – einen Großteil Ihres negativen Karmas loszulassen und aufzulösen. Der Begriff »Chosaku« stammt aus dem Japanischen und bedeutet, dass man kein neues negatives Karma erzeugt, sondern altes negatives Karma verbrennt. Er bezeichnet ein bewusstes Leben mit der Ausrichtung darauf, seine Seele zu reinigen und den eigenen Geist zu befreien. Sie werden mehr und mehr auf Gottes liebenden Willen eingestimmt sein und Ihr Herz als Kompass verwenden und das Leben in all seiner Fülle genießen. Auf Ihr Herz zu hören, wird Sie auch zu jenem Weg hinführen, auf dem Krankheit nicht notwendig ist. Es ist der Weg des geringsten Widerstands.

Außerdem lassen sich bestehende Krankheiten durch Anwendung der Emotionalen Heilformel schneller heilen. Denken Sie daran, die Krankheit nicht zu bekämpfen, sondern sie als Ihre eigene Schöpfung zu akzeptieren, als einen Weg, über den Ihr Unterbewusstsein Ihre Aufmerksamkeit auf ein Gebiet in Ihrem Leben lenkt, das nach Heilung verlangt.

Die zentralen Gebiete, an denen es zu arbeiten gilt (Reinigung der Seele):

- Ich verdiene es, geliebt zu werden.
- Ich akzeptiere und liebe mich auf der tiefsten Ebene.
- Ich akzeptiere die Tatsache, dass ich eines Tages sterben werde und habe meinen Frieden damit geschlossen.
- Ich lasse alle Schuld- und Schamgefühle los.

- Ich verzeihe mir für alle Fehler der Vergangenheit.
- Ich verzeihe allen anderen Personen für das, was sie mir meinem Empfinden nach angetan haben.
- Ich bin voll und ganz entschlossen, ein bewusstes Leben zu führen und Gottes Liebe in mein Leben hineinzulassen.

Sie können dabei auch noch genauer werden, etwa indem Sie sagen:
- »Ich bin es wert, geliebt zu werden, obwohl mein Vater mir den Eindruck vermittelt hat, mich nicht zu lieben.«
- »Ich akzeptiere und liebe mich auf der tiefsten Ebene und verpflichte mich vor mir selbst, selbstzerstörerische Angewohnheiten (Rauchen, Trinken etc.) aufzugeben.«
- »Ich akzeptiere meine Angst vor dem Sterben und schließe Frieden mit ihr.«
- »Ich akzeptiere meine Schwierigkeiten damit, meine Schuldgefühle/Scham loszulassen.«

Ich würde empfehlen, die Bereiche nach ihrer Wichtigkeit zu ordnen und bei denen anzufangen, denen die höchste Priorität zukommt. Verpflichten Sie sich dazu, für die nächsten Monate täglich an diesen Bereichen zu arbeiten und fügen Sie eventuell weiteres hinzu, das im Alltag irgendwelche Empfindungen in Ihnen auslöst.

Wenn Sie meditieren, tun Sie das vor der Meditation, dann wird Ihre Meditation enorm davon profitieren, und sie wird Ihnen mehr geben. Außerdem empfehle ich, dass Sie anfangen, sich mit Qigong zu beschäftigen – ich gehe in einem anderen Kapitel noch darauf ein. In diesem Fall ist es ebenfalls gut, zuerst diese Übung zu praktizieren.
Wie bei Meditation oder Qigong ist es wichtig, diese Schritte zur emotionalen Heilung an einem behaglichen, vorzugsweise ruhigen Ort durchzuführen. Richten Sie ihn besonders her, sofern das möglich ist. Zünden Sie eine Kerze an und wählen Sie sich einen Duft aus der Aromatherapie, der Ihnen gefällt oder Räucherstäbchen, und legen Sie schöne »New-Age«-Musik auf. Setzen Sie sich hin und entspannen Sie sich. Schließen Sie die Augen und atmen Sie langsam ein und aus. Konzentrieren Sie sich dann nacheinander auf Ihre sieben Chakren. Verwenden Sie die sieben Worte, die mit den Chakren in Verbindung stehen, und stimmen Sie sich auf die entsprechenden Empfindungen ein:

- Flexibilität
- Lebensfreude
- Akzeptieren und loslassen
- Frieden und Vergebung
- Sich wahrheitsgemäß Ausdruck verleihen
- Selbsterkenntnis
- Universelle Liebe

Dann würde ich an Ihrer Stelle auch meine Engel und Geistführer einladen, näher zu kommen, um mich bei meiner Heilung zu unterstützen und mir zu helfen. Stellen Sie sich mit geschlossenen Augen vor, wie von Liebe erfüllte Lichtwesen sie umgeben, die kommen, um Sie zu unterstützen und Ihnen bei der Heilung Ihrer Seele zu helfen. Sie sind immer in der Nähe und halten sich bereit, zu helfen.
Nun sind Sie bereit, mit der tiefen Heilung zu beginnen. Sagen wir einmal, Sie arbeiten an Punkt 1: »Ich verdiene es, geliebt zu werden.« Dann könnten Sie folgendermaßen vorgehen:
Beginnen Sie den Akupressurpunkt für Angst zu massieren (neben dem Brustbein), und sagen Sie dann Folgendes:

»Ich akzeptiere mich und liebe mich von ganzem Herzen mitsamt meiner Angst davor, diesen Glauben loszulassen, dass ich es nicht wert sei, geliebt zu werden. Ich akzeptiere mich selbst dann, wenn ich diesen Glauben nie ganz aufgebe.«

Tief einatmen (schnell), langsam ausatmen. Richten Sie Ihre Aufmerksamkeit auf die Region um Chakra eins (am Ende des Steißbeins). Lenken Sie Ihren Fokus darauf, flexibel zu sein und bereit, sich an alle Herausforderungen anzupassen. Fühlen Sie sich geborgen und in Sicherheit in dem Wissen, dass Sie mit allem fertig werden, das sich in Ihrem Leben abspielt. Atmen Sie so, als würden Sie durch dieses Chakra atmen.

»Ich bitte meine Engel und Geistführer, mir dabei zu helfen, zum Ursprung dieses Glaubens zu gehen, dass ich es nicht wert sei, geliebt zu werden, so lange er auch zurückliegen mag, und mir zu helfen, dies vollkommen zu heilen.«

Und/oder

»Ich bitte meinen höheren Geist (oder mein höheres Selbst), zu dem Zeitpunkt zurückzugehen, wo ich zum ersten Mal diese Überzeugung erfuhr, nicht genug wert zu sein, um geliebt zu werden.

Atmen Sie tief ein (schnell) und langsam aus, und lenken Sie Ihre Aufmerksamkeit auf die Region um Chakra zwei. Dabei stellen Sie sich vor, Sie atmen durch dieses Chakra (im Bereich des Schambeins). Konzentrieren Sie sich darauf, Freude, Vergnügen und Dankbarkeit für alles Gute in Ihrem Leben zu empfinden. Machen Sie wie folgt weiter (unter Massage der Akupressurpunkte für Angst):

»Ich lasse zu, dass jeder Teil und jede Seite von mir dabei hilft, dieses auslösende Ereignis zu heilen, so lange es auch zurückliegt, und die ursprüngliche Absicht voll und ganz zu akzeptieren und zu lieben.«

Atmen Sie tief ein (schnell) und langsam aus, und lenken Sie Ihre Aufmerksamkeit auf die Region um Chakra drei (um Nabel oder Solarplexus). Dabei stellen Sie sich vor, Sie atmen durch dieses Chakra. Fokussieren Sie sich darauf, sich offen und empfänglich zu fühlen (annehmend), und die Vergangenheit mit Würde loslassen zu können. Stellen Sie sich vor, wie die Vergangenheit sich auflöst und durch dieses Chakra verschwindet.

»Ich verzeihe mir durch die Liebe Gottes dafür, mich selbst und andere wegen meiner falschen Überzeugungen, Gedanken, Gefühle und Wahrnehmungen abgelehnt zu haben und ich verzeihe jeder Person, jedem Ereignis und allem, was dazu gehört und lasse jeden Grund und jeden Glauben los, dies noch länger zu brauchen oder bei irgendeiner meiner Erfahrungen von früher gebraucht zu haben, so dass die Heilung abgeschlossen werden kann, und auch alle hiermit zusammenhängenden Ereignisse, die seitdem geschehen sind, mit einschließt.«

Atmen Sie tief ein (schnell) und langsam aus, und lenken Sie Ihre Aufmerksamkeit auf die Region um Chakra vier (um Ihr Herz). Dabei stellen Sie sich vor, Sie atmen durch diesen Bereich. Fokussieren Sie sich darauf, friedvolle, liebevolle und verzeihende Gefühle zu haben und versprechen Sie sich, Ihr Herz vollkommen zu öffnen, um alle Traumata von früher abzulegen. Stellen Sie sich vor, wie Ihre emotionalen Narben durch Vergebung und die bedingungslose Liebe Gottes verschwinden.

»Ich lasse jetzt mit bedingungsloser Liebe und Gottes Segen alles Alte los, das mich dazu brachte, so zu denken oder zu fühlen, jetzt und dauerhaft. Ich entscheide mich dafür, an seine Stelle Wertschätzung gegenüber mir selbst und das Gefühl treten zu lassen, liebenswert zu sein. Ich akzeptiere dieses Gefühl, wertvoll und würdig zu sein, in jeder Zelle meines Körpers.«

Atmen Sie tief ein (schnell) und langsam aus, und lenken Sie Ihre Aufmerksamkeit auf die Region um Chakra fünf (Kehlbereich). Stellen Sie sich vor, Licht und Energie in diese Zone zu bringen. Lenken Sie Ihren Fokus darauf, sich gelöst zu fühlen, wenn Sie Ihre innersten Gefühle und Gedanken aufrichtig zum Ausdruck bringen. Stellen Sie sich vor, wie dieses Licht oder diese Energie sich durch Ihren ganzen Körper ausbreitet, und fühlen Sie sich erfüllt von Gottes Liebe und Wertschätzung. Bringen Sie es in jede Zelle Ihres Körpers und erfüllen Sie sie so lange mit diesem Licht, bis Sie sich selbst als eine einzige große Lichtquelle sehen.

Fahren Sie jetzt wie folgt fort:

»Ich erteile mir selbst die Erlaubnis, alles damit verbundene Unbehagen auf physischer, emotionaler, mentaler und spiritueller Ebene sowie die damit zusammenhängenden Einstellungen, Verhaltensweisen oder Gefühle problemlos und mit Leichtigkeit loszulassen, jetzt und dauerhaft.«

Atmen Sie tief ein (schnell) und langsam aus, und lenken Sie Ihre Aufmerksamkeit auf die Region um Chakra sechs (zwischen den Augenbrauen) und stellen Sie sich vor, Licht dorthin zu bringen, das Sie in diese Zone hineinatmen. Konzentrieren Sie sich nun darauf, sich für die Führung durch Ihr höheres Selbst, ihre spirituellen Führer und Engel zu öffnen. Stellen Sie sich vor, Sie sehen diese Geistführer und Engel und erhalten von ihnen Botschaften, die Ihnen auf Ihrem spirituellen Weg helfen werden.

Schließen Sie mit:
»Ich danke Gott, meinen Geistführern und Engeln (oder meinem höheren Selbst) für all ihre Hilfe und bringe Ihnen gegenüber meine Liebe und Dankbarkeit zum Ausdruck. Ich nehme alle Segnungen Gottes und seine Liebe an und bin es wert, sie zu empfangen.«

Atmen Sie tief ein (schnell) und langsam aus, und lenken Sie Ihre Aufmerksamkeit auf die Region um Chakra sieben (ein paar Zentimeter über Ihrem Kopf) und stellen Sie sich einen Lichtstrahl vor, der Sie mit der Quelle allen Lebens verbindet, und fühlen Sie Gottes bedingungslose Liebe und sein Mitgefühl für Sie und alle Wesen. Lassen Sie sich von diesem Licht mit Wahrheit und Hoffnung erfüllen und fühlen Sie sich mit dem gesamten Universum verbunden.

Kehren Sie nun zu Ihrem Körper zurück und spüren Sie Ihren Körper, und wenn Ihnen danach ist, öffnen Sie die Augen.

Wie fühlt es sich an, diese Emotionale Heilformel anzuwenden? Achten Sie bewusst darauf, wie kraftvoll das ist, und jedes Mal, wenn Sie es anwenden, wird es sogar noch kraftvoller sein, weil sich die Wirkung verstärkt. Um den vollen Effekt zu erreichen, führen Sie das Ganze mindestens einundzwanzig Mal durch.
Sie können auch mehrere Themen nacheinander angehen, aber übertreiben Sie es nicht. Geben Sie dem Körper Zeit, sich umzustellen. Wenn Sie meditieren oder Qigong praktizieren, ist es ein guter Zeitpunkt, das nach der emotionalen Heilsitzung zu praktizieren. Es ist eine gute Übung und wird Ihnen helfen, noch stärker mit Ihrem höheren Selbst und dem »Ich« Ihrer Identität in Berührung zu kommen.
Schreiben Sie sich die Formulierung auf und tragen Sie sie überall bei sich, verwenden Sie sie so oft Sie möchten. Lesen Sie außerdem noch die weiteren Tipps dazu, wie Sie Ihre Heilung beschleunigen können und emotional ins Gleichgewicht kommen – der schnellste Weg, sich für Spiritualität zu öffnen. Der Grund dafür ist, dass diese spezifische Heilformel die Seele reinigt und eine Resonanz mit ihrer spirituellen DNS aufweist. Ihre spirituelle DNS ist der Daseinszweck Ihrer Seele, der ursprüngliche Plan dahinter, warum Sie hier sind. Diese Praxis wird Ihnen helfen, hiermit in Berührung zu kommen, insbesondere dann, wenn Sie sie mit Meditation oder Qigong kombinieren.

Workshops/Seminare
Ich führe regelmäßig in aller Welt Seminare und Workshops zum Emotional Balancing durch. Es laufen drei- bis siebentägige Workshops, in denen tiefgreifende emotionale Arbeit geschieht, hier können Sie lernen, wie Sie die Tests zur Bestimmung Ihrer Probleme durchführen

und ermitteln können, welche Emotion genau unerlöst ist. In den Workshops für Fortgeschrittene kann man lernen, das tieferliegende karmische Ereignis aufzudecken, das bestimmte Muster in unserem Leben hervorruft.

In den USA halte ich diese Seminare und Workshops in Zusammenarbeit mit Dr. Deepak Chopra's *Center for Wellbeing* ab (nähere Angaben im Anhang). In Europa kann man das *Roy Martina Institute* kontaktieren (auch hierzu nähere Angaben im Anhang).

Es ist wichtig zu wissen, dass Sie mit dieser Technik zur Emotionalen Heilung einen Großteil des Heilens bewirken können. Alle Hilfsmittel sind dazu da, die Wirkung zu vertiefen und Ihnen dabei zu helfen, mehr darüber herauszufinden »Wer Sie sind« und »Warum Sie hier sind«.

Weitere Tipps und Hilfsmittel
Es gibt fünf Kategorien, die mit ungelösten Emotionen oder Gefühlen zu tun haben. Wenn Sie diese analyieren, können Sie Ihre Heilsitzungen intensivieren.
Hier die Kategorien:
1. Mental: Gedanken, Überzeugungen, Ideen, Bilder, Erinnerungen
2. Haltung: Verhalten (Physiologie, Stimme, Gebaren)
3. Ereignisse: Stress (Traumata, Personen, Umfeld)
4. Gefühle: Emotionen, Empfindungen, Stimmungen, Schmerz
5. Körperliche Empfindung: Schmerz, Krankheit, Gelüste

Diese fünf Kategorien hängen miteinander zusammen und beeinflussen einander. Es gibt noch eine weitere Kategorie, die jedoch schwerer zu definieren ist: Spiritualität. Sie steht mehr mit einem Unbehagen in Verbindung, das daher rührt, seinem Empfinden nach nicht auf dem richtigen Weg zu sein, nicht seinem Dharma zu folgen. Sich unglücklich und unruhig zu fühlen, und Unfälle können die Folge sein.
Zur Vereinfachung führe ich diesen Punkt hier nicht näher auf, aber Sie können ihn hinzufügen, wenn Sie gut damit zurechtkommen, ihn einfließen zu lassen.
Verändern wir uns in einer dieser Kategorien, so sind auch alle anderen betroffen. Ihre Überzeugungen zu ändern, wirkt sich enorm auf Ihre Einstellung, Ihren Stresspegel, Ihre Gefühle und Ihren physischen Körper aus.

Jetzt ist ein guter Zeitpunkt gekommen, noch einmal das Kapitel »*www.GOD.com*« zu lesen. Es kann Ihr Leben verändern. Auch eine veränderte Einstellung kann sehr große Wirkung haben und sich auf Ihre Umgebung, Ihre Gefühle und Ihren Körper auswirken.

Betrachten wir uns ein Beispiel:
Pete war acht Jahre alt, ein heller Kopf. Seine Mutter brachte ihn zu mir, da er ständig Dinge vergaß und unentwegt müde war. Es verging kein Tag, an dem Pete nicht irgendetwas irgendwo liegen ließ. Es ging von der Box für sein Pausenbrot über Kleidungsstücke bis hin zu seinen Schuhen. Er erinnerte sich auch an nichts, was in der Schule geschehen war. Eigenartigerweise schnitt er bei den Prüfungen immer gut ab. Pete sah mich mit seinen großen, himmelblauen Augen an, und in ihnen las ich Verzweiflung und Traurigkeit.
Ich fragte ihn, was er mir noch von der Schule an diesem Tag erzählen könne. »Was habt ihr da gemacht?« »Wir haben draußen gespielt«, erzählte er mir. »Noch etwas?«, fragte ich. »Wir waren den ganzen Tag im Klassenraum!«
Was ich auch fragte, genauere Auskünfte konnte er mir nicht geben. Er sagte: »Ich habe ein schlechtes Gedächtnis. Ich vergesse ständig alles Mögliche.« Ich fragte ihn, wie er darauf käme, und er antwortete: »Alle sagen das.« Also glaubte er, er hätte ein schlechtes Gedächtnis. Ich sagte ihm, dass die anderen da vollkommen falsch lägen. Er habe ein prima Gedächtnis. Und dann zeigte ich ihm auf, woran er sich alles erinnerte: Rechnen, Sprechen, Sich-Anziehen, wie man Fußball spielte, Basketball, Football, Monopoly, Dame, Schach und so weiter.
»Weißt du eigentlich, Pete, dass es auf der ganzen Welt nicht einen einzigen Computer gibt, der so viele Sachen kann wie du?« Bis zu diesem Punkt hatte sich Petes gesamtes körperliches Erscheinungsbild verändert. Er lächelte, saß kerzengerade aufgerichtet da und sah zu seiner Mutter hin, ob sie denn auch zuhöre.
Ich zeigte ihm, wie er den Punkt für das Selbstwertgefühl massieren könne und erklärte ihm dabei, das sei der magische Geheimpunkt, um sein Gedächtnis zu verbessern. Er müsse ihn mindestens dreimal am Tag massieren und dabei vor sich hin sagen: »Ich habe ein super Gedächtnis, ich kann mir alles ganz leicht merken.«
Hier die fünf Kategorien, wie sie sich bei Pete darstellten, als er zu mir kam:

1. Mental: Er glaubte, er habe ein furchtbar schlechtes Gedächtnis, und das wurde ihm von anderen ständig bestätigt.
2. Haltung: Geringes Selbstwertgefühl und zu Entschuldigungen neigend.
3. Ereignisse: Stress zu Hause und in der Schule, da er nichts wiederfand und Sachen vergaß.
4. Gefühle: Das Gefühl, den Ansprüchen nicht zu genügen: »Ich bin zu nichts zu gebrauchen.«
5. Körperliche Empfindung: Erschöpfung, niedriges Energieniveau.

Zwei Wochen später war Pete ein völlig anderer Junge. Die dicken Tränensäcke unter seinen Augen waren verschwunden, er war nicht mehr vergesslich, fühlte sich prima und war viel freier als je zuvor.
Diese Situationen ereignen sich ständig; wir fixieren Menschen auf ihre Schwächen, und sie bleiben hierin stecken und kommen nicht mehr heraus. Wir sollten uns mehr darauf ausrichten, anderen zu helfen und sie zu unterstützen.

Hier ein kleines Beispiel, eines, das uns vielleicht noch näher liegt: Die 26jährige Mary ist Alkoholikerin und leidet unter Depressionen. Sie ist suizidgefährdet, will nicht mehr leben. Sie kann nicht glauben, dass sie es wert ist, eine gute Beziehung zu haben und hält sich für eine Niete. Sie sitzt stundenlang vor dem Fernseher, nimmt Unmengen von Knabbereien zu sich und wird mit Prozac behandelt.
Schauen wir uns an, was geschehen war:
Sechs Monate zuvor hatte ihr Verlobter ihr nur drei Wochen vor dem geplanten Hochzeitstermin gesagt, dass er sich in eine andere Frau verliebt habe. Diese Frau sei seine Seelengefährtin und sie seien füreinander bestimmt. Er verließ sie. Sie schämte sich schrecklich und musste die Hochzeit absagen. Das war ihre zweite Beziehung, und sie hatte vier Jahre gedauert, ihre vorherige endete nach drei Jahren. Sie hatte zehn Pfund zugenommen und war vor zwei Monaten entlassen worden, weil sie wiederholt zu spät gekommen war und es nicht schaffte, ihre Aufgaben bis zum Ende durchzuführen. An dem Punkt begann sie dann auch zu trinken.
1. Mental: »Ich bin eine Niete, keiner liebt mich.«
   Wiederholt Selbstmordgedanken. Sie erinnert sich auch, dass ihr Vater nie zu ihr sagte, dass er sie liebte. »Ich bin wertlos«.

2. Haltung: Deprimiert. Spricht sich nicht aus, mitunter auch starkes Aufbegehren und Wut beziehungsweise Ärger. Generell: »Wen kümmert es?«
3. Ereignisse: Absage der Hochzeit, Vater äußerte seine Gefühle nicht.
4. Gefühle: »Ich bin nichts wert.«
5. Körperliche Empfindung: Sucht nach Alkohol, Naschereien zwischendurch, übermäßig viel Schlaf.

Die Bereiche, auf die wir uns beim Heilen besonders konzentrierten, sollten ihre Glaubenssätze im Hinblick auf sich selbst ändern und sie an Ereignisse und Menschen erinnern, die der Beweis dafür waren, dass sie geliebt wurde. Ihre Mutter etwa hatte ihre Liebe immer offen zum Ausdruck gebracht.

Durch die Emotional-Balancing-Technik konnten wir nach und nach Marys Gefühle sich selbst gegenüber verändern, und auch ihre Gelüste nach Zucker und Alkohol legten sich. Es ist immer wichtig, ein Umfeld zu schaffen, das die Heilung unterstützt und sich von Menschen weg zu begeben, die unsere Heilung und unser Wachstum blockieren.

Zum täglichen Einsatz der Emotionalen Heilformel
- Wenden Sie dies immer dann an, wenn Sie sich unwohl, gestresst, ärgerlich, aufgebracht, frustriert fühlen. Denken Sie immer daran, dass die äußeren Auslöser (Ereignisse) immer dann wirken, wenn etwas im Innern der Heilung bedarf.
- Überprüfen Sie genau Ihre Überzeugungen, Ihre Einstellung, Ihre körperlichen Empfindungen und Emotionen und spüren Sie im Anschluss an die Heilsitzung nach, was sich verändert hat. Das Ereignis oder der Auslöser sollte Sie nicht mehr aus der Bahn werfen. Tut er das dennoch, so bedeutet das lediglich, dass Sie diese Praktiken zur Heilung noch öfter vollziehen müssen, bis Sie komplett am Stillpunkt angelangt sind. Stillpunkt heißt, dass Sie Frieden empfinden und es Ihnen nichts ausmacht, an die Situation zu denken oder in ihr zu stecken.

Hierbei ist es eine gute Möglichkeit, sein eigenes Unwohlsein auf einer Skala von Null bis Zehn einzuordnen, wobei Null bedeuten würde, sich vollkommen gelöst und friedvoll zu fühlen, während Zehn die schlimmstmögliche Gefühlsintensität wäre, die Sie sich vorstellen können. Nach der Heilsitzung stufen Sie dann die Intensität der Emotion von neuem ein, und nun dürfte da ein Unterschied sein. Sollte keiner vorhanden sein, so sollten Sie die Technik für die Emotionalen Fehlschaltungen anwenden (siehe das entsprechende Kapitel).

Hilfsmittel zur Anwendung bei Emotionaler Fehlschaltung
(häufig anwenden!)
Ballen Sie die eine Hand zur Faust und beginnen Sie mit dieser Faust sachte gegen die Handfläche der anderen Hand zu schlagen, ohne dass es unangenehm wird. Nach fünf oder sechs Schlägen die Handflächen wechseln. Sollten Sie damit begonnen haben, dass die linke Hand geöffnet war und die rechte zur Faust geballt, öffnen Sie die rechte Hand und ballen die linke zur Faust und beginnen Sie wieder mit den Schlägen. Beschleunigen Sie dies so lange, bis Sie so schnell sind wie Sie sein können. Jetzt sagen Sie die folgenden Sätze (dabei diese abwechselnde Bewegung weiter wiederholen bis zum Schluss):

Erstens:
a) »Ich akzeptiere und liebe mich selbst auf der tiefsten Ebene, selbst wenn ich nie vollkommen glücklich, gesund und erfolgreich werde.«
Tief einatmen (schnell) – langsamer ausatmen und dann weiter.
b) »Ich akzeptiere und liebe mich selbst auf der tiefsten Ebene, selbst wenn ich außerordentlich glücklich, gesund und erfolgreich werde.«
Tief einatmen (schnell) – langsamer ausatmen und dann weiter.

Zweitens:
a) »Ich akzeptiere und liebe mich selbst auf der tiefsten Ebene, selbst wenn ich dieses Gefühl/diesen Gedanken/diese Überzeugung, dass … (fügen Sie das ein, an dem Sie gerade arbeiten) nie loslasse.«
Tief einatmen (schnell) – langsamer ausatmen und dann weiter.
b) »Ich akzeptiere und liebe mich selbst auf der tiefsten Ebene, selbst wenn ich dieses Gefühl/diesen Gedanken/diese Überzeugung, dass … (fügen Sie das ein, an dem Sie gerade arbeiten) loslasse.«
Tief einatmen (schnell) – langsamer ausatmen und dann weiter.

Drittens
a) »Ich akzeptiere und liebe mich selbst auf der tiefsten Ebene, selbst

wenn ich nicht bereit bin, dieses Gefühl/diesen Gedanken/diese Überzeugung, dass ... (fügen Sie das ein, an dem Sie gerade arbeiten) komplett loszulassen und noch etwas davon behalten möchte.«
Tief einatmen (schnell) – langsamer ausatmen und dann weiter.
b) »Ich akzeptiere und liebe mich selbst auf der tiefsten Ebene, selbst wenn ich dieses Gefühl/diesen Gedanken/diese Überzeugung, dass ... (fügen Sie das ein, an dem Sie gerade arbeiten) jetzt komplett und für immer loslasse.«
Tief einatmen (schnell) – langsamer ausatmen und dann weiter.

Viertens:
a) »Ich akzeptiere und liebe mich selbst auf der tiefsten Ebene, selbst wenn es bei mir noch Gründe, Überzeugungen oder Teile von mir gibt, die sich sträuben, dieses Gefühl/diesen Gedanken/diese Überzeugung, dass ... (fügen Sie das ein, an dem Sie gerade arbeiten) jetzt loszulassen.«
Tief einatmen (schnell) – langsamer ausatmen und dann weiter.
b) »Ich akzeptiere und liebe mich selbst auf der tiefstmöglichen Ebene, selbst wenn ich die Gründe, Überzeugungen oder Teile von mir, die sich sträubten, dieses Gefühl/diesen Gedanken/diese Überzeugung, dass ... (fügen Sie das ein, an dem Sie gerade arbeiten) jetzt loslasse und heile.«
Tief einatmen (schnell) – langsamer ausatmen, dann können Sie aufhören mit der Faust.

Nach der Sitzung haben Sie die meisten versteckten Sabotagen gegenüber Ihrer Heilung eliminiert. Gehen Sie jetzt zurück und wiederholen Ihre Emotionale Heilformel. Sie können auch routinemäßig zuerst die Übung zu den Emotionalen Fehlschaltungen durchführen.

Durch die abwechselnde Bewegung der Fäuste und das Atmen erreichen wir Folgendes:
- Ausgleich der Informationen in der linken und rechten Gehirnhälfte
- Stimulierung eines speziellen Akupressurpunkts des Dünndarm-Meridians, die helfen wird, das emotionale Gleichgewicht herzustellen und ungelöste Emotionen zu integrieren

- Indem wir auf diese Weise atmen, erhalten wir Zugang zum limbischen System, in dem das emotionale Hologramm (die Blaupause) aller unaufgelösten Emotionen enthalten ist
- Je schneller wir es tun, desto mehr wird das Nervensystem einbezogen, und die Affirmationen werden dazu beitragen, die ungelösten Themen zu lösen

Wir beziehen das gesamte Gehirn ein und ermöglichen dem Körper Zugang zu seiner göttlichen Heilweisheit.
Ihre Absicht dabei ist, die Intensität des Gefühls auf den Stillpunkt (Null) zu bringen, wo Sie sich voller Ruhe, friedlich und gelöst fühlen. Manche Gefühle haben sich so in das System eingegraben, dass sie mehr Arbeit erfordern. Machen Sie sich hierzu Notizen in Ihrem emotionalen Arbeitsbuch (jedes Notizbuch tut es hierbei) und arbeiten Sie täglich hieran, bis Sie den Stillpunkt erreichen. Sie können auch die anderen Akupressurpunkte für tiefe Arbeit verwenden (siehe später). Werten Sie am Ende des Tages aus, wie Ihr Tag gelaufen ist, und wenn Sie Stress, Irritation und andere negative Gefühle erfahren, so leicht sie auch sein mögen, so praktizieren Sie im Hinblick auf jedes einzelne Ihre Emotionale Heilformel oder machen Sie sich Notizen in Ihrem emotionalen Arbeitsbuch. Notieren Sie Datum und Ereignis. Reservieren Sie etwas von Ihrer Freizeit, um Ihre ungelöste emotionale Bürde zu bearbeiten. Seelenreinigung ist anfangs harte Arbeit, aber sehr bald wird sie intelligente Arbeit und schließlich keine Arbeit!
Praktizieren Sie dies für so viele Auslöser, Stressoren und unerlöste Gefühle wie möglich. Denken Sie daran, dass innere Glaubenssätze in der Hierarchie höher stehen als Gefühle. Achten Sie auch auf wiederkehrende Gedanken, durch die Sie kritisiert werden, abgelehnt, lächerlich gemacht oder herabgesetzt. Ihre Einstellung gegenüber dem Leben und körperlichen Empfindungen sollte auch in diese Gleichung einfließen.
Was Sie im Grunde lernen, ist Aufmerksamkeit und ein besserer Beobachter Ihrer selbst zu werden. Sie kommen mehr und mehr in Verbindung mit dem »Ich«, und das ist eine spirituelle Reise!
Wenn Sie das weiter betreiben, werden Sie in der Lage sein, die Formulierung auswendig zu kennen und bei jeder Gelegenheit parat zu haben.

Hier noch ein wichtiger Warnhinweis:
Lassen Sie die Formulierung nie zu einer reinen Kopfangelegenheit werden, eine Wortfolge, die Sie einfach nur lesen. Vielmehr sollte das Ganze eine holografische Erfahrung sein, bei der Ihr Kopf, Ihr Körper, Ihre Seele und Ihr Geist beteiligt sind. Sie können die Sätze laut oder leise sagen, das spielt keine Rolle. Nur ihre volle Aufmerksamkeit sollte dabei sein.

Ab und zu werden Sie Gefühle haben, die schwer in Worte zu fassen sind. Das ist okay, die Etiketten sind nicht wirklich wichtig. Stufen Sie die Intensität des Gefühls nur einfach auf der Skala zwischen Null und Zehn ein und richten Sie Ihren Fokus auf das Gefühl von Unbehagen, während Sie die Emotionale Heilung praktizieren.

Im nächsten Kapitel werden Sie ein paar zusätzliche Hilfen an die Hand bekommen, mit denen Sie tiefe unerlöste Schichten durchbrechen.

Ich schließe hier mit einem Zitat eines mir unbekannten Verfassers, das mir meine Schwester gab:

Die Entscheidung liegt bei mir

Ich entscheide mich dafür, gewollt zu leben, nicht zufällig.
Ich entscheide mich für Veränderungen statt für Ausreden.
Ich entscheide mich dafür, motiviert zu sein statt manipuliert zu werden,
Ich entscheide mich dafür,
mich nützlich zu machen statt benutzt zu werden.
Ich entscheide mich für Selbstwertgefühl statt Selbstmitleid.
Ich entscheide mich dafür, zu brillieren, nicht zu konkurrieren.
Ich entscheide mich dafür, auf die innere Stimme zu hören,
statt auf die beliebige Meinung der Masse.
Die Entscheidung liegt bei mir, und ich entscheide mich
dafür, mich dem Willen des Göttlichen Geistes hinzugeben
denn in der Hingabe bin ich siegreich.

KAPITEL 14

DER WEG ZU INNEREM FRIEDEN

Ich habe am Rande des Wahnsinns gelebt,
wollte die Gründe kennen, und habe Einlass verlangend an die Tür geklopft.
Sie öffnet sich. Ich habe von innen geklopft.

Deepak Chopra, Love Poems of Rumi

Im Grunde wollen wir alle dasselbe: glücklich sein, uns geliebt fühlen und erfolgreich sein. Nicht unbedingt erfolgreich in Form von Macht, Geld und Ruhm, sondern eher das Gefühl, etwas aus unserem Leben gemacht zu haben. Bedingungslose Liebe und universelle Liebe sind nicht leicht, und sie geben uns die wunderbare Gelegenheit, tiefe emotionale Heilung zu finden und diesen Weg zum inneren Frieden zu erreichen. Hier einige Ideen und Konzepte, wie man diesen Weg finden kann.

Die vier Kreise die Sie beeinflussen:

Schritt eins: Beginnen Sie bei den Personen in Ihrem Leben, mit denen Sie eine enge Beziehung haben: Eltern, (Ehe)partner(in), Kindern und engen Angehörigen, wie etwa Geschwistern und lieben Freund(inn)en.
Das ist Ihr innerer Kreis.

Schritt zwei: Bestimmen Sie dann den nächsten Kreis um Ihren inneren Kreis: Personen, mit denen Sie regelmäßig Kontakt haben, wie etwa Nachbarn, Kolleg(inn)en, Vereinsmitglieder etc.
Das ist Ihr sozialer Kreis.

Schritt drei: Es folgen Menschen, die in Ihrem Leben ein und aus gehen und entweder Fremde sind oder Gelegenheits-Passant(inn)en.
Das ist Ihr äußerer Kreis.

Schritt vier: Schließen Sie mit Menschen, die Ihnen Schaden oder Schmerz zugefügt haben. Hierunter können auch Personen aus den drei ersten Kreisen fallen. Wenn es mit ihnen eine besonders schmerzliche oder traumatische Vergangenheit gibt, setzen Sie sie in Kreis vier.
Das ist Ihr karmischer Kreis der Heilung.

Werfen wir nun einen Blick auf bedingungslose und universelle Liebe und begeben uns dann wieder zu diesen vier Kreisen der Heilung.
Bedingungslose Liebe bedeutet, einen anderen Menschen zu lieben, ungeachtet seiner Persönlichkeit, seines Handelns, seiner Überzeugungen oder Verhaltensweisen. Diese Liebe besteht unabhängig davon, was der oder die andere tut. Sie kann eine vollkommene Einbahnstraße sein, bei der wir unsere Gefühle, Emotionen und Handlungen in Richtung des Gegenübers fließen lassen, ohne dafür irgendeine Gegenleistung zu erwarten, selbst wenn die andere Person nicht mit uns übereinstimmt, uns beschimpft, ausnutzt oder nie Dankbarkeit oder Reue zeigt, oder selbst wenn sie uns hasst oder sich über uns lustig macht. Das ist wahre bedingungslose Liebe – sie hängt nicht von einer Erwiderung der Zuneigung ab oder einer Wertschätzung für uns beziehungsweise für etwas, das wir tun oder geben.
Universelle Liebe bedeutet, alle zu lieben, unabhängig davon, ob wir mit ihnen in einer engen Beziehung stehen oder nicht – sie können uns völlige Unbekannte sein, von denen wir absolut gar nichts wissen. Sie können einer anderen Rasse angehören als wir selbst, einer anderen Hautfarbe, gesellschaftlichen Gruppe, Bildungsschicht, einem anderen politischen Lager und so weiter.
Das zu erreichen, ist ein sehr hohes Ziel, und für die meisten von uns nahezu unmöglich, aber bestimmt den Versuch wert.
Unser karmischer Kreis der Heilung ist der schwierigste: Andere Menschen zu lieben, die uns oder unsere Lieben verletzt haben. Noch schlimmer ist es, wenn diese Menschen keine Reue zeigen oder offenbar nicht vorhaben, sich zu ändern. Die heftigsten Situationen treten dann auf, wenn Menschen, die wir geliebt haben, ums Leben gekommen sind, und die betreffende Person erhielt von den zuständigen Stellen nicht die Strafe, die uns angemessen erschienen wäre. Das ruft eine Menge Wut, Ärger, Frustration und Bitterkeit in uns hervor.
Solche Situationen bieten die Chance zu einer tiefen Heilung und dazu,

mehr an uns selbst zu entdecken. Es wird von niemandem erwartet, sich solchen Situationen stellen zu können, ohne dass es ihm unangenehm ist. Mit Hilfe des Emotional Balancing kann man den Weg zu innerem Frieden finden. Auch das ist einen Versuch wert.

Bei den vier Kreisen, die uns beeinflussen, fällt es uns von Kreis eins bis vier zunehmend schwerer, bedingungslose und universelle Liebe zu entwickeln. Denken Sie daran: Der Weg zu innerem Frieden beginnt mit einem Verzeihen und Loslassen der Vergangenheit.

Beginnen Sie zunächst einmal bei Ihrem inneren Kreis. Erstellen Sie eine Liste aller Menschen, die in diesen Kreis gehören und prüfen Sie, welche Sie am meisten belasten, und prüfen Sie auch, ob Sie irgendwelche typischen Muster (charakteristische Kette von Reaktionen) erkennen. Praktizieren Sie die Übungen zur Heilung diesen Personen gegenüber, bis Sie durch und durch liebevolle Gefühle ihnen gegenüber haben. Nehmen Sie sich so viel Zeit dafür, wie Sie brauchen. Lesen Sie auch, was im weiteren Verlauf dieses Kapitels zu spezifischen Emotionen und dem Umgang mit ihnen steht.

Sobald Sie sich vollkommen gelöst und voller Liebe Ihrem inneren Kreis gegenüber fühlen, gehen Sie zu den Personen im zweiten Kreis über. Hier gehen Sie genauso vor wie mit den Menschen in Ihrem inneren Kreis. Nehmen Sie sich auch hier wieder so viel Zeit wie nötig.

Arbeiten Sie dann an allen Menschen im dritten Kreis, die Ihnen in den Sinn kommen, bis Sie sich vollkommen gelöst und voller Liebe fühlen gegenüber jeder neuen Person, die Ihnen begegnet. Nehmen Sie sich so viel Zeit, wie Sie brauchen.

Zuletzt kommen wir jetzt zum äußersten Kreis. Lesen Sie noch einmal das Thema Verzeihen und verzeihen Sie dann jedem und jeder Einzelnen in diesem Kreis. Dabei verwenden Sie die Akupressurpunkte für Vergebung und Wut .

Dann praktizieren Sie die Emotionale Heilung bei jeder Person. Tun Sie das so lange, bis Sie sich völlig gelöst und voller Liebe fühlen, wenn Sie an diese Personen denken. Das kann eine Weile dauern, aber ich bin sicher, es wird sich enorm positiv auf Ihr Leben auswirken.

Nur dann können Sie bedingungslose Liebe für andere hegen, ungeachtet des Schmerzes oder Schadens, den sie Ihnen oder Ihren Verwandten zugefügt haben mögen. Das ist der einfachste Weg zu innerem Frieden und Harmonie.

Jedes Mal, wenn eine Person Stress und Unbehagen in Ihnen auslöst, werden Sie eine Chance erhalten, einen weiteren Anteil Ihrer selbst zu heilen. Seien Sie froh über diese Gelegenheiten. Im Chinesischen ist das Wort für »Krise« und das für »Chance« identisch, und jetzt verstehen Sie auch, warum: In jeder Krise bergen sich enorme Gelegenheiten, zu wachsen und Heilung zu finden – heißen Sie die Krise als die große Chance willkommen, die sie in Wirklichkeit auch ist.

Das Nächste auf dem Weg zu innerem Frieden ist, an den spezifischen Emotionen zu arbeiten und dabei die vierzehn Tore zum emotionalen Gleichgewicht zu nutzen. Um vollkommene Heilung zu bewirken, muss das Chi ungehindert durch alle vierzehn Meridiane strömen, damit der ganze Körper regeneriert wird. Immer wenn es im Körper zu einer Einschränkung, einem Unwohlsein oder einer Krankheit kommt, sollten wir eine Kombination der Emotionalen Heilformel und dem Ausbalancieren aller vierzehn Tore anwenden, während wir uns auf den Teil oder das Organ, das Unterstützung braucht, konzentrieren (zur Heilung körperlicher Probleme siehe später).

Die sieben Primäremotionen (Rückblick zu Kapitel 8)
Der Weg zu innerem Frieden wird durch Integration der sieben Primäremotionen erreicht: Angst – Wut – Verletztheit – Sorge – Trauer – Stress – Übererregtheit.
Es gibt zwei Möglichkeiten, dies anzugehen. Immer wenn wir eine dieser spezifischen Emotionen, oder eine, die mit ihr verwandt ist, erfahren, greifen wir auf den Intensitätsindex zurück, um sie auf einer Skala von null bis zehn einzustufen. Dann kommen wir zu dem Verfahren, das sich bei emotionaler Fehlschaltung empfiehlt (siehe Kapitel neun). Und danach behandeln wir alle vierzehn Tore mit den entsprechenden Affirmationen und wenden die Emotionale Heilformel an und konzentrieren uns dabei auf dieses Gefühl. Wenn wir nicht »null« erreichen, können wir die vierzehn Tore (Akupressurpunkte) auch noch ein weiteres Mal behandeln.

Täglicher Ausgleich: Inneren Frieden schaffen.
Eine andere, sehr effektive Möglichkeit besteht darin, alle vierzehn Punkte mindestens einmal am Tag zu behandeln, am besten zweimal täglich: Morgens und Abends. Dadurch wird das Chi leichter durch den Körper strömen und die Vitalität und den Regenerationsprozess steigern.

Physische Probleme
Wenn jemand körperliche Beschwerden hat, lässt sich die Heilung durch Anwendung einer Kombination der Emotionalen Heilformel und den vierzehn Toren, die zum Emotional Balancing führen, enorm beschleunigen. Während man die Emotionale Heilformel anwendet, konzentriert man sich auf die körperlichen Beschwerden. Danach kommen sofort die vierzehn Tore mit ihren speziellen Affirmationen.
Beispiel: »Ich liebe und akzeptiere mich selbst mit meiner Angst und Unsicherheit, die mit diesem körperlichen Zustand zusammenhängen.«
Beispiel: »Ich liebe und akzeptiere mich selbst mit meiner Wut und Frustration die mit diesem körperlichen Zustand in Zusammenhang stehen.«
Wichtig ist: Sie brauchen nicht tatsächlich Wut zu empfinden – diese Herstellung des Gleichgewichts zielt auf eine Heilung der Vergangenheit und aller mit ihr zusammenhängenden Vorfälle und Umstände ab. Machen Sie sich also keine Sorgen, nichts kann dabei schief gehen, Sie können nichts kreieren, was Sie nicht bereits haben, Sie können nur das heilen, was Sie haben, selbst wenn es Ihnen nicht bewusst ist. Zur Erleichterung wiederhole ich hier noch einmal die Zeichnungen, Emotionen und Affirmationen:

1. Angst

Angst ist der alles beherrschende emotionale Zustand, der Chi entzieht. Angst rührt von einer auftauchenden Gefahr für unser Leben her. Sie basiert auf dem Gedanken, dass wir eine bestimmte Situation nicht überstehen können und dann womöglich das verlieren, was uns am kostbarsten ist: unser Leben, einen geliebten Menschen, unsere Existenz, unseren Besitz, unseren Verstand etc. Angst ist die Emotion der Materie und der mächtigste Krankheitsauslöser.
Element: Wasser
Organe: Blase, Nieren
Verwandte Hauptemotionen: Unsicherheit, Unentschlossenheit
Sekundäre verwandte Emotionen: Misstrauen, Argwohn, Verzweiflung
Affirmation: »Ich liebe und akzeptiere mich von ganzem Herzen, mitsamt meiner Angst und Unsicherheit.«
Primärer Gleichgewichtspunkt: Auf beiden Seiten des Brustbeins, unter dem Schlüsselbein

Sekundärer Gleichgewichtspunkt: An der Wurzel der Augenbrauen
Verschiedenes: Einer der Schlüssel dafür, Angst unter Kontrolle zu bekommen, besteht darin, sich auf seinen Atem zu konzentrieren. Atmen Sie langsam in den Bauch ein und zählen Sie dabei bis sieben; halten Sie dann während Sie bis drei zählen den Atem an und atmen Sie so langsam und allmählich wie Sie können aus, wobei Sie die Bauchdecke einziehen.

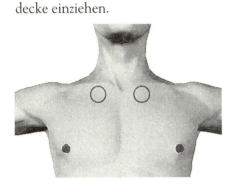

Bemerkungen: Panikattacken und Phobien stehen oft mit Ängsten in Verbindung (Erdelement: siehe Sorgen).

2. Wut

Wut wirkt sich, sofern ihr nicht entsprechend Rechnung getragen wird, sehr schädigend auf unser Herz und andere lebenswichtige Organe aus. Wut hat viele unterschiedliche Ursachen: das Gefühl, ungerecht behandelt worden zu sein, nicht verstanden zu werden, nicht zu bekommen, was man will, gekränkt worden zu sein etc. Der Schlüssel zum Verständnis der Wut ist der, dass es keine Rolle spielt, wer oder was uns wütend macht. Es ist eine Energie, die freigesetzt und aus dem Organismus herausgelassen werden will. Sie vernebelt unsere klare Sicht und unser logisches Denken und bringt uns dazu, übereilte, impulsive Entscheidungen zu treffen.
Element: Holz
Organe: Leber, Gallenblase
Verwandte Hauptemotionen: Frustration, Gereiztheit
Sekundäre verwandte Emotionen: Enttäuschung, Eifersucht, Rage, Verbitterung, Nachtragen, sich missbraucht fühlen, nicht loslassen können

Affirmation: »Ich liebe und akzeptiere mich von ganzem Herzen, mit meiner Wut und meiner Frustration.«

Diese Affirmation kann, wie alle anderen, an bestimmte Befindlichkeiten angeglichen werden, etwa: »Ich liebe und akzeptiere mich von ganzem Herzen, mit meiner Gereiztheit.«

Primärer Gleichgewichtspunkt: (Leber) Dieser Punkt liegt rechtsseitig, etwa Mitte des unteren Rands des Rippenbogens an der Vorderseite des Körpers von der Mittellinie bis zur Seite.

Sekundärer Gleichgewichtspunkt: (Gallenblase) Dieser liegt etwa einen halben Finger breit (auf der waagrechten Linie) vom Augenwinkel entfernt.

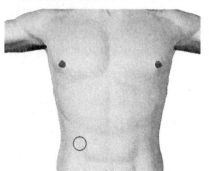

Verschiedenes: Wenn wir auf jemanden wütend sind, müssen wir diese Energie immer loslassen. Dazu müssen wir der Person verzeihen, die unsere Wut heraufbeschworen hat. Solange jemand uns wütend machen kann, heißt das, dass da noch etwas ist, das wir nicht loslassen. Hat aber jemand die Absicht uns zu provozieren, ist es besser, keine Energie darauf zu verschwenden.

Zum Verzeihen: siehe Verletztheit

Bemerkungen: Atemübungen, begleitet von lauten Schreien oder Geräuschemachen, können dabei helfen, die Wut- und Ärgerenergie freizusetzen. Besser ist körperliche Bewegung – Rennen, Hüpfen, Schreien etc.

3. Verletztheit

Sich verletzt zu fühlen ist eines der schrecklichsten Gefühle. Es kann dazu führen, dass wir uns einen Panzer zulegen, uns unzulänglich, einsam, schuldig, deprimiert, wertlos fühlen. Es zeigt uns, dass wir angreifbar sind und oft auch ausgenutzt werden. Es ist ein Gefühl, mit dem wir uns zunächst einmal zwischen allen Stühlen befinden und das sich in jede Richtung entwickeln kann: Rückzug, Leugnung, Verwirrung, Wut, Misstrauen, Angst etc. Das liegt daran, dass Verletztheit am meisten Resonanz auf ein Herz hat, das offen und verletzbar ist. Wir können lernen, dieses Gefühl loszulassen und zu erkennen, dass die Handlungen anderer für uns ein Weg sind, mehr über uns selbst in Erfahrung zu bringen. Nehmen wir es persönlich? Halten wir Ausschau nach Möglichkeiten des Wachstums? Wie gehen wir mit unserer Wirklichkeit um? Kann uns jemand unser Glück wegnehmen? Lieben wir uns selbst?

Der einzige Weg, mit diesem Gefühl umzugehen ist der, uns damit zu konfrontieren, unsere Lektionen zu lernen und mit unserem Leben weiterzumachen. Unsere intimsten Gefühle mitzuteilen kann helfen, solange wir Verantwortung übernehmen und nicht in die Opferrolle verfallen.

Element: Feuer
Organe: Herz und Dünndarm
Verwandte Hauptemotionen: Verletzlichkeit, emotionale Instabilität
Sekundäre verwandte Emotionen: Übersensibilität, Verlassenheitsgefühl, Einsamkeit, Unterdrücken von Emotionen, Übererregung, Schuldgefühle, Scham, Enttäuschung.
Affirmation: »Ich liebe und akzeptiere mich von ganzem Herzen, mit meiner Verletztheit, und ich verzeihe es mir selbst und ... (Setzen Sie den Namen der Person ein, von der Sie sich verletzt fühlen), dass wir das hervorgerufen haben.«
Primärer Gleichgewichtspunkt: (Herz) Dieser Punkt befindet sich am kleinen Finger, an der inneren Ecke des Nagelbetts, angrenzend an den Ringfinger.

Sekundärer Gleichgewichtspunkt: (Dünndarm) Faust ballen, der Punkt befindet sich am Ende der größten Falte am Handteller, an der Stelle, wo die rötliche Haut der Handinnenseite und die hellere des Handrückens zusammenstoßen.

Verschiedenes: Die Macht des Verzeihens ist die befreiendste und heilendste Kraft, die uns zur Verfügung steht, wenn es darum geht, die Vergangenheit loszulassen. Wir können nie zu viel verzeihen! Indem wir verzeihen, sprengen wir die Fesseln der Vergangenheit und lösen uns von Karma. Verzeihen Sie allen, die Sie mit etwas verletzt haben.

Bemerkungen: Indem wir den primären Punkt für Verletztheit stimulieren und gleichzeitig verzeihen, regenerieren wir Herz und Leber und werden uns viel vitaler fühlen.

4. Sorgen

Dieser Typ von Energie bringt uns dazu, eine Menge Energie zu verlieren und Anspannung im Körper entstehen zu lassen! Außerdem wirkt er sich auf Verdauung und Stoffwechsel aus. Wenn wir uns Sorgen machen, verlieren wir die Konzentration und bringen nicht viel zuwege. Langfristig wirkt sich das auf unser Selbstwertgefühl aus. Es führt uns aus der Gegenwart heraus. Wir sind stärker unfallgefährdet und lassen uns leicht ablenken. Durch effektive Bewältigung dieses Gefühls können wir mehr bewerkstelligen und unsere Ziele leichter erreichen.

Element: Erde
Organe: Magen, Milz und Bauchspeicheldrüse
Verwandte Hauptemotionen: Ängstlichkeit, geringes Selbstwertgefühl
Sekundäre verwandte Emotionen: Abhängigkeit, Co-Abhängigkeit, das Gefühl, keine Kontrolle zu haben, Misstrauen, Angst vor der Zukunft, Ekel und Abscheu, Besessenheit von etwas, Nervosität, Unglücklichsein, Angst davor, etwas zu verpassen.
Affirmation: »Ich liebe und akzeptiere mich von ganzem Herzen, auch wenn ich besorgt oder ängstlich bin oder mein Selbstwertgefühl im Keller ist.«
Primärer Gleichgewichtspunkt: (Magen) Dieser Punkt liegt in der Mitte des knochigen unteren Randes unserer Augenhöhlen.
Sekundärer Gleichgewichtspunkt: (Milz) Dieser Punkt ist der einzige auf der linken Seite, und er befindet sich dort, wo sich bei Frauen der

 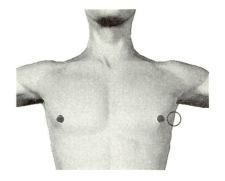

BH mit der gedachten Längslinie kreuzt, die seitlich am Körper entlang führt und genau der Mitte der Achselhöhle entspringt.

Verschiedenes: Jedes Mal, wenn wir uns Sorgen machen und einen Gedanken nicht loslassen können, hilft uns der primäre Gleichgewichtspunkt für Sorgen, diesen Kreislauf zu durchbrechen. Auch wiederkehrende Träume und Ängste werden hierdurch schnell zum Verschwinden gebracht.

Bemerkungen: Viele Phobien sind Angstattacken, die mit Hilfe dieser Punkte wirksam behandelt werden können. Wie bei allen Selbsthilfemaßnahmen gilt auch hier: Finden Sie keine Erleichterung, fragen Sie einen Arzt oder Gesundheitsexperten.

5. *Trauer*

Trauer hängt immer damit zusammen, uns von einem geliebten Wesen oder einem kostbaren Besitz zu lösen. Sie ist ein sehr hilfreicher und notwendiger Prozess.

Wären wir offener für den Gedanken, dass nichts oder niemand je verloren geht und würden wir begreifen, wie das Universum funktioniert, so wäre das viel leichter zu ertragen und zu akzeptieren. Schließlich ist es unsere Anhaftung, durch die eine Sehnsucht nach dem entsteht, was wir nicht mehr in unserem Leben haben. In sehr traumatischen oder akuten intensiven Belastungssituationen überwältigt uns vielleicht eine starke und massive Trauer, bei der wir uns vielleicht sehr schwer tun, sie loszulassen. So kann sie zu einem »posttraumatischen Stresssyndrom« führen, da wir diese Emotionen unterdrücken. Das wiederum mündet in einen unablässigen Kampf gegen die Vergangenheit, und die meisten Menschen, die hierbei keine Hilfe erhalten, werden nicht darüber hinweg kommen und sich in Alkohol, Drogen, Medikamente

etc. flüchten. Da es meist nicht reicht, allein im stillen Kämmerlein viel zu weinen und sich seinem Kummer hinzugeben, müssen wir den Fluss der Meridiane wieder öffnen, um das Wohlbefinden wieder herzustellen. Hier kann Emotional Balancing eine große Hilfe sein.
Element: Metall
Organe: Lunge, Darm
Verwandte Hauptemotionen: Starrheit
Sekundäre verwandte Emotionen: Traurigkeit, Niedergeschlagenheit, Verlorenheitsgefühle, Sehnsucht, Verlangen, Verlust des Glaubens, Hoffnungslosigkeit, Unbeweglichkeit, Weinen, Verteidigungshaltung, Festklammern an Regeln, Perfektionismus, Schuldgefühle.
Primäre Affirmation: »Ich liebe und akzeptiere mich von ganzem Herzen, mit meinem Kummer und Verlustgefühl.«
Sekundäre Affirmation: »Ich liebe und akzeptiere mich von ganzem Herzen, mit meiner Starrheit und meinen Schwierigkeiten, loszulassen.«
Primärer Gleichgewichtspunkt: (Lunge, Lymphe) Dieser Punkt liegt an der Innenseite des Daumen-Nagelbetts
Sekundärer Gleichgewichtspunkt: (Darm) Dieser Punkt liegt am Zeigefinger neben dem Nagelbett, auf der dem Daumen zugewandten Seite.
Verschiedenes: Nach dem Trauern müssen wir immer unser Chi wieder herstellen. Eine schnelle Möglichkeit hierzu ist die Aktivierung aller Emotional Balancing Punkte, einen nach dem anderen, begleitet von den entsprechenden Affirmationen.
Bemerkungen: Die anderen Muster, die in das Element Metall eingeschlossen sind, haben auch damit zu tun, an Sturheit und Perfektionismus festzuhalten. Das ist ziemlich schwer zu durchbrechen, doch mit etwas Übung kann jeder lockerer und flexibler werden.

6. Stress

Der Faktor Stress ist nichts, was wir ignorieren können. Stress ist alles, was uns Energie entzieht. Stress hat damit zu tun, wie wir mit dem umgehen, was uns auf unserem Weg begegnet. Es hängt immer damit zusammen, was sich in unserem Innern abspielt, und nicht von äußeren Ereignissen. Wir haben mehrere Möglichkeiten, mit Stress umzugehen:
1. Ihm widerstehen
2. Unsere Gefühle unterdrücken
3. Ihn akzeptieren, integrieren, auflösen

Wogegen wir uns wehren, das bleibt bestehen, was wir unterdrücken, verfolgt uns ewig. Der beste Weg ist also der, Stress so zum Verschwinden zu bringen, dass er sich in Luft auflöst: Handeln, soweit wir Dinge ändern und steuern können; integrieren, indem wir das akzeptieren, was wir nicht ändern oder steuern können; alle Anspannung lösen, die das ungehinderte Fließen hemmt.

Element: Feuer
Organe: Immun-/endokrines System (Lenker- and Dienergefäß)
Verwandte Hauptemotionen: Unterdrückung von Emotionen
Sekundäre verwandte Emotionen: Leben in der Erinnerung, Verwirrung, Unterdrückung von Wut, Gefühl der Leere, Unsicherheit, Probleme mit Konzentrationsvermögen und Gedächtnis
Primäre Affirmation: »Ich liebe und akzeptiere mich von ganzem Herzen, mit meinem Stress.«
Sekundäre Affirmation: »Ich liebe und akzeptiere mich von ganzem Herzen, selbst wenn ich meine Emotionen unterdrücke.«
Primärer Gleichgewichtspunkt: (Lenkergefäß) Dieser Punkt befindet sich am Kreuzungspunkt des oberen Drittels und der unteren zwei Drittel der Linie von der Nase zur Mitte der Oberlippe.

 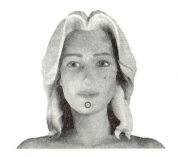

Sekundärer Gleichgewichtspunkt: (Konzeptions- bzw. Dienergefäß) Dieser Punkt liegt am Kreuzungspunkt des oberen Drittels und der beiden unteren Drittel einer imaginären Linie von der Mitte der Oberlippe zum Kinn.
Verschiedenes: Remineszenzen, was bedeutet, immer wieder von Neuem die Vergangenheit aufleben zu lassen, wodurch wir uns nicht in der Gegenwart befinden und in Tagträumen gefangen sind, die uns von unseren eigenen Möglichkeiten abbringen, unser Karma zu bewältigen. Wir müssen loslassen, was hätte sein können und das erschaffen, was wir heute wirklich wollen.
Bemerkungen: Mit Stress umgehen zu lernen, ist eine der hilfreichsten Fertigkeiten, die wir uns in unserem modernen Leben aneignen können. Inmitten von Aufruhr ruhig und in seiner Mitte zu bleiben, ist der Schlüssel zu Gesundheit und einem langen Leben.

7. *Übererregtheit, nervliche Labilität*

Übererregtheit und emotionale Labilität sind nicht weit voneinander entfernt. Auf der Suche nach Vergnügen und Spannung kann es geschehen, dass wir die Verbindung zu unserem Fühlen verlieren, was zu dessen Unterdrückung führen kann. Indem wir auf die Gefühle in uns horchen, können wir die Verbindung wieder herstellen.
Wenn wir eine Hand auf die Stirn legen, verbinden wir die Reflexzonen der linken und rechten Gehirnhälfte, was uns beruhigt und hilft, unseren inneren Aufruhr zu integrieren. Insbesondere wenn wir dabei langsam in den Bauch Einatmen und uns bei jedem Ausatmen darauf konzentrieren, »loszulassen«. Wiederholen Sie die nachfolgenden beruhigenden Worte (aus der primären Affirmation) so lange wie nötig, um Ihr emotionales Gleichgewicht wiederzufinden.
Element: Feuer
Organe: Herzbeutel und Dreifacher Erwärmer (neuroendokrines System)
Verwandte Hauptemotionen: Unterdrückung der Sexualität
Sekundäre verwandte Emotionen: Stimmungsschwankungen, Wahnvorstellungen, Unentschlossenheit, Verwirrung, Libidoverlust, Frigidität, Impotenz, Erschöpfung, Schock, akutes Trauma.
Primäre Affirmation: »Ich fühle mich ausgeglichen und bin in der Lage, in Würde mit allen Herausforderungen umzugehen, die mir begegnen.«
Sekundäre Affirmation: »Ich spüre eine tiefe Liebe zu mir selbst und akzeptiere meine unterdrückten Gefühle über meine Sexualität.«

Primärer Gleichgewichtspunkt: (Dreifacher Erwärmer) Auf dem Handrücken, in der Mitte zwischen den letzten Fingerknöcheln und dem Handgelenk; in der Senke zwischen kleinem Finger und Ringfinger.
Sekundärer Gleichgewichtspunkt: (Herzbeutel) Am Mittelfinger neben dem Rand des Nagelbetts auf der zum Daumen hingewandten Seite.
Verschiedenes: Es gibt viele Wege und Gründe, unsere Sexualität zu unterdrücken, die nicht unmittelbar mit Sex zusammenhängen. Sexualität dreht sich um weibliche und männliche Eigenschaften bei Männern und Frauen gleichermaßen. Männer neigen dazu, ihre weibliche Seite zu unterdrücken und leben mehr in einer Verleugnungshaltung. Indem sie ihre intimsten Gefühle nicht zur Kenntnis nehmen, unterdrücken sie ihre Sexualität. Sie können auch ihre männliche Seite unterdrücken, indem sie sich nicht behaupten. Frauen neigen dazu, ihre männliche, energische Seite zu unterdrücken, indem sie nicht angemessen mit ihrer Wut umgehen.
Bemerkungen: Nervliche Labilität ist in unserer Zeit der Informationsüberflutung sehr verbreitet. Die auf uns einströmenden Sinnesreize können uns zu viel werden, und es gibt nicht genug Möglichkeiten, die angestauten Emotionen loszuwerden, also werden wir hypersensibel und überreizt.
Die andere Seite ist die, dass wir bei diesem Prozess ausgelaugt werden können und erschöpft. In dieser sich rasant ändernden Welt, in der wir leben, können die traditionellen Rollen von Männlich und Weiblich verschwimmen, woraus dann unterdrückte Emotionen resultieren.

Zusammenfassung
Wir, wir selbst, sind dafür verantwortlich, inneren Frieden zu schaffen – es gibt niemanden, der uns das abnehmen kann. Der einzige Weg, das zu tun, ist der, für eine gewisse Disziplin in unserem Leben zu sorgen.

Es ist eine spirituelle Disziplin, denn sie wird Sie näher zu dem bringen, was Sie im Innersten beseelt. Es ist eine zeitlich und anstrengungsmäßige Investition, und für viele ist das sehr desillusionierend. Wir sind so konditioniert, dass wir glauben, es gäbe eine sofortige Antwort und Lösung auf all unsere Probleme. Sie brauchen nur den Fernseher anzuschalten und sich anzusehen, wie viele Illusionen clevere Unternehmen kreieren, um zu versuchen, Menschen so an der Nase herumzuführen, dass sie ihre Produkte und Dienstleistungen kaufen. Leuten wie Michael Jordan zahlt man Millionen, damit sie sich mit einem bestimmten Produkt in Verbindung bringen lassen. Die meisten dieser Berühmtheiten kümmert weder das Produkt noch geht es ihnen um Sie: sie werden dafür bezahlt, etwas zu sagen. Es ist höchste Zeit, aus diesem Koma zu erwachen. Es gibt nur einen Weg zur Ebene der Manifestationen ohne Arbeit, und der führt über kluge harte Arbeit. Je mehr Sie in sich selbst investieren, desto mehr zahlt es sich aus. Im Laufe der Zeit wird Ihr Leben glatter und einfacher laufen. Sie werden in Ihrem Leben einen anderen Typ Mensch und andere Situationen anziehen. Was ist es Ihnen wert, mehr aus Ihrem Leben herauszuholen? Mehr Freude, mehr Glück, mehr Vergnügen, mehr Lebensjahre, mehr Lebensqualität, mehr Leben überhaupt.

Was wäre, wenn Sie dafür nichts weiter zu tun bräuchten, als ein wenig mehr Zeit auf sich selbst zu verwenden? Was, wenn diese Investition so günstig und dabei doch so effektiv wäre, dass Sie Ihnen noch viele weitere vitale Jahre in Ihrem Leben beschere – würden Sie sie dann tätigen? Natürlich. Beginnen Sie also jetzt, beginnen Sie mit fünfzehn Minuten am Tag, und wenn Sie sich besser fühlen und weniger Schlaf brauchen, steigern Sie das Ganze auf dreißig Minuten am Tag, die Sie in die Entwicklung der spirituellen Intelligenz und des emotionalen Gleichgewichts stecken.

Hier die Bereiche, an denen Sie arbeiten wollen:

1 a) Langfristig: Ihre Einflusskreise. Beginnend mit Ihrem inneren Kreis bis zum vierten karmischen Kreis: Erschaffung bedingungsloser und universeller Liebe in Ihrem Leben.

1 b) Akuter Stress: Reagieren Sie tagtäglich auf Stress, der von einem dieser Kreise herrührt, und schaffen Sie mit diesen Techniken ein Gegengewicht zum Stress.

2. Täglicher Ausgleich: Die sieben Primäremotionen: Angst – Wut – Verletztheit – Sorge – Trauer – Stress – Übererregtheit. Das optimale Ergebnis erzielen Sie bei täglicher Harmonisierung der vierzehn Tore.

3. Körperliche Probleme, Erkrankungen oder Unpässlichkeiten
Selbst Muskelsteifheit, Menstruationsbeschwerden, Schlafprobleme und Albträume fallen unter diese Kategorie. Ebenfalls betrachten sollte man sich postoperative Beschwerden.

4. Themen des Lebens: Verantwortung übernehmen
Allen verzeihen, in der Vergangenheit und in der Gegenwart.
Wertgefühl: sich für wert halten, etwas zu bekommen.
Loslassen von Scham, Schuldgefühlen, Groll und Verurteilung.
Loslassen des Bedürfnisses, zu kontrollieren und Machtmissbrauch.
Loslassen des Bedürfnisses nach Anerkennung, Wertschätzung, Bestätigung.
Sich Hindernissen und Herausforderungen gewachsen fühlen.
Die ganze Schöpfung Gottes lieben und unsere in Verkleidung auftretenden Lektionen wertschätzen.
Dankbarkeit für empfangene Segnungen.

Indem wir die volle Verantwortung für unsere Handlungen, Worte, Gedanken, Überzeugungen und Gefühle übernehmen, machen wir uns wirklich auf den Weg zu innerem Frieden.
Nun haben Sie das Instrumentarium – der Rest liegt bei Ihnen. Sie können jederzeit anfangen, mit dem Wissen dass Sie dabei nichts falsch machen können – es ist an mehr als zwanzigtausend Personen getestet und verbessert worden. Daraus ergaben sich ebenso viele Erfolgsberichte. Ihrer ist der nächste.

Freiheit erwartet Sie, und der innere Frieden ist Ihnen sicher.

Eine neue Philosophie, eine neue Lebensweise, erhält man nicht kostenlos.
Man muss für sie teuer bezahlen, und man erlangt sie nur mit viel Geduld und
großem Bemühen.

Fjodor Dostojewski

KAPITEL 15

SYNCHRONOETIK: WIE WIR UNSERE ZUKUNFT ANZIEHEN

*Wir sind Forscher – und die bezwingendste Grenze unserer Zeit
ist das menschliche Bewusstsein.
Unser Bestreben gilt der Integration von Wissenschaft und Spiritualität,
eine Vision, die uns an unsere Verbundenheit mit dem inneren Selbst,
mit den anderen und mit der Erde erinnert.*

Institute of Noetic Science

Das Wort »noetisch« ist aus dem Griechischen abgeleitet, von nous, was den Geist, die Intelligenz oder Wege des Wissens bezeichnet. Die noetischen Wissenschaften umfassen ein interdisziplinäres Studium des Geistes, des Bewusstseins und verschiedener Erkenntniswege.

Ich habe das Wort »Synchronoetik« kreiert, um unsere Aufmerksamkeit auf die Logik hinter der dritten Ebene der Manifestation zu lenken, der Ebene der Synchronizität. Deepak Chopra hält analog hierzu Workshops ab, die er »Synchrodestiny« (Synchroschicksal) nennt. Es geht darum, wie man das Universum dazu bringt, für einen zu arbeiten.

Synchronoetik verfolgt ein ähnliches Ziel: Bei der Synchronoetik beginnt man damit, reinen Tisch mit der Vergangenheit zu machen und durch Emotionale Heilung inneren Frieden zu finden. Indem wir unsere Vergangenheit bereinigen, verändern wir gleichzeitig die Informationen, die wir in das morphogenetische Feld aussenden. Wir setzen eine Schicht karmischer Informationen nach der anderen frei, die uns nicht mehr nutzen, und ziehen über eine Serie unwahrscheinlicher Zufälle, die Deepak Chopra als »Verschwörung des Universums« bezeichnet, neue Chancen und Menschen an. Ich kann dem nur beipflichten. Die Beschäftigung hiermit bedarf mehrerer Zutaten:

Absicht: Ihre Absicht muss klar und für Sie stimmig sein. Sie müssen ein klares Bild von dem erschaffen, was Sie wollen, und vollkommen damit übereinstimmen. Bringen Sie dieses Bild in jedes Chakra und verwenden Sie die Emotionale Heilformel, um alle Überzeugungen, Gedanken, Emotionen oder Gefühle aus dem Weg zu räumen, die Ihr völliges Übereinstimmen damit sabotieren. Verwenden Sie auch das Verfahren, das hier für Emotionale Fehlschaltungen beschrieben wurde, um die Integration zu vervollkommnen. Mit Hilfe der vierzehn Tore können Sie ihre Meridiane, mit dem von Ihnen geschaffenen fünfdimensionalen, multisensorischen Bild, in genaue Übereinstimmung bringen.

Chosaku: Ihr Ziel muss karma-logisch sein, frei von negativem Karma. Es sollte niemandem schaden und Ihrem Entwicklungsprozess förderlich sein.

Innere Losgelöstheit: Auf der dritten Ebene gibt es keine Anhaftung. Akzeptieren Sie, dass etwas vielleicht nie eintreten wird und lösen Sie sich von jedem Gefühl des Glücks, der Erfüllung Ihres Bildes. Sie müssen ohne es so glücklich sein wie mit ihm. Es sollte Ihr Selbstwertgefühl nicht vergrößern und es sollte auch nicht bewirken, dass Sie sich besser fühlen als jemand anders. Lösen Sie sich liebevoll davon.

Geben Sie Ihren Geistführern oder Engeln genaue Anweisungen: Überlassen Sie es ihnen, sich um die Einzelheiten zu kümmern. In Ihrer täglichen Meditation visualisieren Sie lediglich Ihr Bild und erleben alle Gefühle, die damit einhergehen, es in Ihrem Leben zu haben. Behalten Sie die Gefühle in Ihrem Leben und übergeben Sie das Bild Ihren Führern und Engeln.

Achten Sie auf die Zeichen: Das Universum kommuniziert in einer universellen Sprache mit Ihnen und verwendet dabei alle erdenklichen Zeichen und Zufälle. Alles hat eine Bedeutung. Engel mögen die Zahl vier, ist sie doch die vierte Kraft nach der Dreifaltigkeit von Vater, Sohn und Heiligem Geist. Ich habe mich mit meinen Engeln und Führern auf Niesen geeinigt. Wenn meine Partnerin und ich niesen, wissen wir, dass gleich eine Nachricht kommt. In einem zukünftigen Buch werde ich hierauf noch ausführlicher eingehen. Ich habe hunderte von Geschichten hierzu zu berichten und werde Ihnen beibringen, eine Verbindung zu den Wesen herzustellen, die Sie führen, ohne dadurch ein »schräger Vogel« oder eine wirklichkeitsfremde Person zu werden.

- Sie können nun anfangen, indem Sie auf Ihren ewigen Moment des Jetzt achten. Halten Sie Ihre Augen und anderen neun Sinne offen für die Zeichen, die sich einstellen werden. Fangen Sie doch einfach einmal damit an, herauszufinden, welche Verkettung von Zufällen Sie zu diesem Buch geführt hat. Der nächste Schritt ist dann der, herauszufinden, wie Sie mehr darüber in Erfahrung bringen – eine Möglichkeit wäre, einen Workshop oder ein Seminar zu besuchen, weitere Bücher zu lesen, sich ein Video oder eine Audiokassette etc. zu besorgen.
- Versenken Sie sich ganz darin und befassen Sie sich auch mit Meditation.
- Ich praktiziere eine Urklang-Meditation wie sie von Lehrern, die von Deeprak Chopra ausgebildet wurden, gelehrt wird.
- Außerdem praktiziere ich Chi Neng Qigong (in den USA unter dem Namen Chi-lel Qi-Gong bekannt): Auch das bringt Sie zu Ihrem inneren Kern. Ohne eine Form der spirituellen Praxis fällt es schwerer, den vollen Nutzen der Synchronoetik und Ihrer magnetischen Schöpfungskräfte zu erfahren und die guten Dinge und Personen für Ihr Leben anzuziehen.
- Spirituelle Intelligenz ist Synchronoetik, und das ist das Ergebnis der Heilung Ihrer Seele.

Ich möchte Ihnen gerne eine Geschichte über eine meiner Patientinnen erzählen und darüber, wie Ihr Unterbewusstsein und ihr höheres Selbst kommunizieren. Wie Sie sehen werden, hat das Universum eine merkwürdige Weise, mit uns zu kommunizieren. Alles kann etwas bedeuten – es ist an Ihnen, herauszufinden, was dieses Etwas für Sie bedeutet.

Die Geschichte von Anja:
Anja war gut aussehend und hatte funkelnde Augen. Sie war sechsunddreißig Jahre alt und hatte sich wegen eines Krebsgeschwürs in ihrer rechten Brust vor vier Monaten einem chirurgischen Eingriff und Bestrahlungen unterzogen.
Sie praktiziert selbst alternative Medizin und hatte ihre Ausbildung an der Academy of Vitality Medicine abgeschlossen, die ich vor Jahren gegründet hatte. Sie hatte Scharen von alternativen Heilerinnen und Heilern aufgesucht und war verwirrt angesichts all der widersprüchlichen Theorien und Empfehlungen. Sie zeigte mir, was sie einnahm:

über vierzig verschiedene Produkte. »Wie machst du das?«, fragte ich. »Mein Partner testet mich alle zwei Tage mit Muskeltests, um herauszufinden, was ich brauche!«
»Und jetzt?«, fragte ich sie.
Sie erzählte mir, dass nach der Operation, mit der kompletten Entfernung des karzinomatösen Knotens und einiger Lymphknoten, alles eine Zeit lang sehr gut gelaufen sei. Seit ein paar Wochen jedoch habe sie eine Schwellung in der Brust und Achselhöhle. Außerdem war der Farbstoff, der für die Einfärbung der Lymphknoten verwendet worden war, noch immer zu sehen, und ihre Brust war sehr berührungsempfindlich.
»Was hast du also aus dem Ganzen gelernt?«, fragte ich sie als nächstes. Sie sagte, sie sei nicht ganz sicher! Sie hatte das Gefühl, dass es ihr eigentlich gut gegangen sei, bevor der Krebs entdeckt wurde. Sie hatte an ihren Emotionen gearbeitet und eine Menge Dinge in ihrem Leben geändert. Sie fühlte sich mehr im Gleichgewicht, glücklich und dann – gerade als alles so richtig gut lief, bekam sie Krebs. Eine Hellseherin, die sie aufgesucht hatte, hatte ihr gesagt, es gäbe keine Lektionen zu lernen, und das sei nur einiger alter Kram, mit dem sie sich da befassen musste. Sie war sehr froh über diese Aussage.
»Ich stimme zu, was die Lektionen angeht«, sagte ich. »Meiner Meinung nach sind wir nicht hier, um weitere Lektionen zu lernen. Ich persönlich glaube, wir sind mittlerweile über das Stadium der Lektionen hinaus. Ich glaube, wir wissen bereits alles, sind uns dessen aber nicht bewusst. Statt auf die innere Entdeckungsreise aufzubrechen, um unser Potenzial zu entdecken, gehen wir in die Welt hinaus auf der Suche nach Lektionen mit Hife unseres quintsensorischen Systems. Jedes Mal, wenn wir mit dem Kopf gegen eine unsichtbare Wand oder Barriere rennen, holen wir uns unsere Schrammen und halten mit unserem quintsensorischen System Ausschau nach den Lektionen. Wir suchen also immer noch außen nach den Antworten, statt uns zu fragen: ›Was nehme ich hier nicht wahr?‹ Es geht darum, wahrzunehmen, dass wir uns selbst nicht treu sind, wahrzunehmen, dass wir nicht loslassen wollen, wahrzunehmen, welche Anhaftungen und karmischen Muster wir haben. Es gibt keine Lektionen, wir brauchen keine Reise zu unternehmen, um Erleuchtung zu finden. Wir sind bereits erleuchtet, wir müssen uns nur bewusst werden, wer wir wirklich sind!«
Sie schwieg einen Moment und ließ die Information auf sich wirken.

Ich fragte sie daraufhin: »Was ich gerne wissen will, ist: Was versucht dein Körper oder dein Unterbewusstsein dir mitzuteilen? Warum gerade deine rechte Brust, und nicht irgendetwas anderes? Warum jetzt? Was nimmst du nicht wahr? Was läuft in deinem Leben in sich wiederholenden Mustern ab, die du nicht zu durchbrechen schaffst?«
Sie sah mich staunend an. Darauf war sie gar nicht gekommen – sie war so sehr damit beschäftigt gewesen, ihren Krebs zu kurieren.
Konzentrieren wir uns zunächst einmal auf eine Frage: »Warum bestehst du darauf, mich aufzusuchen? Du bist bei mehr als sieben Fachleuten gewesen, den Besten auf ihrem Gebiet – was erwartest du noch darüber hinaus?«
»Ich weiß es nicht«, sagte sie. »Da ist eine Stimme, die mir sagt, ich müsste zu dir kommen, und ich bekomme sie einfach nicht aus meinem System heraus. Abgesehen davon wollte auch mein Partner, dass ich dich aufsuche! Dann sah ich dich im Fernsehen und beschloss sofort, anzurufen.« (Das ist ein synchronoetisches Ereignis.)
Ich überließ mich einen Moment lang meinen Gedanken, da ich spürte, dass hier etwas Synchronisierendes am Wirken war; normalerweise hatte ich so viel zu tun, dass die Leute mindestens sechs Monate warten mussten, um einen Termin bei mir zu bekommen, wenn sie überhaupt einen bekamen. Ich ging zu meiner Assistentin, um herauszufinden, wie es denn kam, dass die Frau so schnell einen Termin erhalten hatte. Meine Assistentin antwortete: »Sie rief just ein paar Sekunden nachdem jemand einen Termin abgesagt hatte, an, und ich beschloss, da ihr Partner ja ein sehr guter Freund von dir ist, würde ich ihr zwei Tage später den Termin geben.«
Noch etwas Merkwürdiges war, dass die erste Frau ihres Partners an Brustkrebs gestorben war. Ich musste also auch ein Gespräch mit meinem Freund führen, um herauszufinden, welche synchronoetische Bedeutung sich hierhin verbarg. Warum zog er das in seinem Leben an?
Ich kam aus meinen Gedanken zurück ins Jetzt und sagte: »Okay, schürfen wir einmal tiefer und machen einen Test, um mehr herauszufinden!«
Als ich sie daraufhin testete, ob sie offen war dafür, getestet zu werden und zuzulassen, dass ich die Ursache finden würde, stimmte sie nur zu vier Prozent damit überein. Die Emotion, die sie hierbei blockierte, war Frustration: Frustration über all die Dinge in ihrem Leben, bei denen sie sich schwer tat, sie anzunehmen. Als ich testete, was der frustrie-

rendste Punkt war, stellte sich heraus, dass er damit zu tun hatte, dass sie sich der Operation unterziehen musste. Ein Teil von ihr konnte die Tatsache nicht akzeptieren, dass sie sich mit ganzheitlicher Heilkunde befasste und auf die Schulmedizin zurückgreifen musste.

Dann nahm ich weitere Tests im Hinblick auf die rechte Brust vor – es hatte mit ihrer männlichen Seite und mit männlichen Partnern zu tun. Als ich ihr spezifischere Fragen stellte, fanden wir heraus, dass sie eine gestörte Beziehung zu ihrem Vater hatte (der, nebenbei gesagt, verstorben war) und dass ihre gesamten früheren Männerbeziehungen und sogar die jetzige gestört waren.

Ihre Geschichte stellte sich so dar, dass ihr Vater ihr Versprechungen machte, die er aber nicht hielt. Der Schluss, den sie daraus zog, war der, dass man Männern nicht trauen konnte und dass sie selbst nicht liebenswert genug war. Außerdem verlor sie das Vertrauen in ihre männliche Seite, darunter auch in ihr Immunsystem. Das Immunsystem ist der männlich-aggressive Part (es wirkt wie eine Armee): Es greift alles an und vernichtet alles, was nicht im Einklang mit dem Körper ist. Nun hatte sie einen Tumor geschaffen, der dafür stand, dass sie es nicht schaffte, im Einklang mit ihrer männlichen Seite zu leben. Der Tumor repräsentierte ihre Unfähigkeit, zu verzeihen. Er war aggressiv und attackierte sie dort, wo es sie am meisten schmerzte: an ihrer Weiblichkeit. Auf diese Weise war sie zudem vor allen Männern geschützt!

Außerdem war ihr fünftes Chakra blockiert und sie hatte Schwierigkeiten, ihre innersten Gefühle zum Ausdruck zu bringen – Intimität mit Männern war ein großes Thema für sie. Ihre früheren Partner hatten alle aufgegeben. Ihr derzeitiger Partner hatte ihr gesagt, er würde nicht aufgeben, er würde sie nicht gehen lassen. Kurz danach sagte er eine Verabredung zum Essen ab. Das war der Auslöser dafür, dass ihr Immunsystem zusammenbrach: Zwei Monate später hatte sie einen Tumor. Sie bevorzugte weibliche Heiler, hörte jedoch dank eines seltsamen Zufalls, wie jemand über mich redete und darüber, wie sehr ich mit meiner weiblichen Seite in Berührung sei, und dabei merkte ihr Unterbewusstsein wohl auf.

Das Universum kümmerte sich dann um die restlichen Einzelheiten, und nun konnte sie zu mir kommen, um mich zu konsultieren und – das Beste von allem – ihre Krankenversicherung übernahm sogar komplett die Kosten für meine Behandlung.

Sie war also völlig hin und weg über das, was hierbei herauskam und darüber, wie alles synchronoetisch zusammenpasste. Ich sagte ihr auch, dass die Person, die ihren Termin storniert hatte, zu den bekanntesten Persönlichkeiten Hollands gehörte, die aufgrund ihrer Behandlung nach der Emotional Balancing Technik beschlossen hatte, ihr Leben radikal zu verändern und von daher zum ersten Mal in fünf Jahren einen zweiwöchigen Urlaub mit ihrem Mann gebucht hatte. Sie wollten in den Fernen Osten, was mehr als sechzehn Flugstunden bedeutete (dabei hatte sie Angst vor dem Fliegen!).

Das Universum hat eigentümliche Wege, für seine Kinder zu sorgen. Die Frau arbeitete als nächstes daran, ihre Vergangenheit zu heilen, ihrem Vater zu verzeihen und sich stärker für Intimität zu öffnen.

Begegnung mit Deepak Chopra
Von den hunderten von Geschichten, die ich erzählen kann, ist diese besonders typisch für die Magie der Synchronoetik oder, wie Deepak sagen würde, für Synchroschicksal. Wie hätte man noch nicht von Deepak Chopra hören können, einem der allerersten Pioniere, die Menschen der Moderne an den alten vedischen Wissenschaften teilhaben ließen, erklärt mit den Mitteln der zeitgenössischen Quantenphysik. Er ist Autor von mehr als zwanzig Büchern, mehrere davon Bestseller. Zudem hat er mehrere berühmte Persönlichkeiten beratend durch schwere Zeiten begleitet. Er bereist die ganze Welt, um seine Botschaft weiterzugeben: dass wir die wahren Schöpfer des Lebens werden können, statt Opfer der kollektiven Verschwörung.
1995 hörte ich zum ersten Mal von Deepak durch einen Freund, Ralph Bakker, der ihn als erster nach Holland brachte. Ralph und ich haben miteinander den Bestseller »Vitality« veröffentlicht. Es war mein erstes Buch, und es zu schreiben, fiel mir sehr schwer. Ich brauchte mehr als neun Monate, um mit meinem Teil fertig zu werden. Ich dachte mir, es müsse da auch noch einen anderen Weg geben, als Ralph mir von Deepak erzählte und davon, wie viele Bücher er schon geschrieben hatte.
Ich beschloss, ihn um Rat zu bitten. Das tat ich auf eine andere Weise, als man es erwarten würde. Ich begab mich in Meditation – damals experimentierte ich nämlich gerade damit, Kontakt mit spirituellen Führern aufzunehmen und sie um Rat zu bitten. Als ich mich bei ihnen erkundigte, wie Deepak es denn anstellte, so viele Bücher zu schrei-

ben, sagten sie zu mir (ich sehe und höre das in meinem Kopf): »Warum fragst du ihn das nicht selbst?«
In dem Moment, wo sie das sagten, erschien Deepak vor mir. Meine erste Beobachtung war seine Ruhe und heitere Gelassenheit; er war offen und stand völlig mit beiden Beinen auf der Erde. Ich stellte ihm die Frage. Er lächelte geduldig, als würde er mit einem jungen Schüler sprechen (der ich ja natürlich auch bin) und sagte: »Du musst deiner göttlichen kreativen Kraft vertrauen. Lass es einfach geschehen, erzwinge nichts. Vertraue darauf, dass es zur rechten Zeit geschehen wird.«
Unmittelbar nachdem das gesagt war, verschwand er, und zwar mit den letzten Worten: »Ich freue mich darauf, dir wieder zu begegnen!«
Ich war wie gebannt. Bildete ich mir das denn nur ein, oder war es real? Ich ging Besorgungen machen und kaufte mir vier Bücher von Deepak Chopra, die ich mir dann auf den Schreibtisch stellte – zur Erinnerung an dieses denkwürdige Ereignis.
Ein paar Monate später hatte ich zwei Bücher geschrieben, jeweils in einer Rekordzeit von einigen wenigen Wochen. Mein bestes Buch, »*Who Are You Really?*«, das in Holland zum Bestseller wurde und unter den Sachbüchern Platz siebenundvierzig erreichte, diktierte ich in acht Stunden.
Dieses ist mein zwölftes Buch in vier Jahren, und es sollen noch viele weitere kommen.

Ein paar Jahre später, irgendwann im November, Dezember 1997 erhielt ich eine Sendung mit Informationen zu Deepaks Workshops. Der bevorstehende trug den Titel »*Verführung des Geistes*«, und sollte im indischen Goa stattfinden: ein einwöchiges Meditationsretreat mit Deepak Chopra im März 1998.
Ich besah mir die Broschüre und hätte mir gewünscht, dorthin zu können, hatte aber weder die Zeit noch die finanziellen Mittel dazu. Ich hatte gerade schwer in ein neues Unternehmen in Holland investiert, und mein Bankkonto wies tiefrote Zahlen auf. Ich stopfte die Broschüre also in einen Papierkorb. Zwei Tage später brachte meine Schwester, die für mich arbeitete, den Müll nach draußen. Aber als mein Papierkorb zurückkam, klebte diese Broschüre innen fest. Ich fischte sie heraus und zerknüllte sie zu einem runden Papierknäuel und spielte Basketball damit: Nach drei Versuchen bekam ich sie in den Papierkorb zurück.

Kurz danach waren meine beiden Söhne Sunray (9) und Joey (7) bei mir in der Praxis, und wie gewöhnlich waren sie mit Spielen und Herumrennen beschäftigt. Nachdem sie gegangen waren, fand ich die Broschüre dieses Mal auf meinem Schreibtisch vor. Da verstand ich plötzlich die Botschaft des Ganzen: Meine Führer versuchten mir etwas zu sagen. Ich versenkte mich wieder in eine geführte Meditation und erhielt die Botschaft: »Du musst nach Indien.« »Warum?«, fragte ich. »Um Deepak Chopra zu begegnen«, lautete die Antwort. »Warum den weiten Weg nach Indien?«

Die Antwort glich einem gewissen Werbeslogan: »Just do it!« (»Tu's einfach!«)

Da stand ich nun also und war ziemlich in Not. Sollte ich nach Indien gehen, so würde ich auch wollen, dass meine Lebensgefährtin, Tricia, mitkommen könnte. Wir waren knapp bei Kasse. Nun, nach einigem Hin und Her entschieden wir uns dann für die Reise. Ich hatte noch mein Meilenguthaben, damit würden wir einen First-Class-Flug mit Delta Airlines nach Indien bekommen.

Am 26. Februar ging es dann los nach Bombay, mit einem Zwischenstop in Frankfurt. Wir kamen am 28. Februar, einem Samstag, um die Mittagszeit in Goa an. Es war ein sehr langer Flug, denn wir kamen aus Florida.

Am Sonntag, dem 1. März begannen wir mit einer Einführung in die Meditation auf den Urklang. Meine Kursleiterin war Mallika, eine sehr nette und gutaussehende junge Inderin. Sie sprach mit sanfter Stimme und gab mir ein besonderes Mantra, das für jeden einzelnen Menschen formuliert wird, basierend auf Uhrzeit und Datum seiner Geburt. Als wir ein wenig ins Gespräch kamen, erzählte sie mir, dass sie Deepaks Tochter sei. Ich lächelte daraufhin und sagte: »Sie sind das erste Zeichen.« Sie verstand nicht, was ich meinte, und ich bemühte mich auch nicht, es zu erklären. Ich hatte um Zeichen gebeten, die mir zeigen sollten, dass das alles genau so war, wie es sein sollte, und dass auf Ebene drei der Manifestation alles nach Plan lief.

»Meinen Sie, es gibt eine Chance, dass ich einmal ein paar Minuten lang ein persönliches Gespräch mit Ihrem Vater führen kann?« »Eine gute Chance«, antwortete sie, »während dieser Seminare ist er ja mit nichts anderem beschäftigt.«

Nach unserem Gespräch war ich ganz aufgeregt und froh über diesen guten Start. Am Montag Morgen widmeten wir uns etwas Yoga und

einer Gruppenmeditation, und am Nachmittag machte Deepak die Gruppe mit einigen besonderen so genannten Sutras bekannt.
Es war hoch interessant, ihm endlich zu begegnen, und er wirkte genau so wie in meiner Meditation vor einigen Jahren. Der Tag verging wie im Fluge. Ich genoss ihn sehr und fand ihn sehr lohnenswert.
An diesem Abend kam etwa um die Essenszeit eine Freundin von mir, Lucy Romero, eine Psychologin und Meditationslehrerin aus Mexiko, auf mich zugelaufen. Sie sagte: »Deepaks Frau, Rita, hat eine allergische Reaktion auf irgendetwas, und keiner kann ihr helfen. Ich habe ihnen gesagt, dass du sie kurieren kannst!«
Ich war etwas geschockt. Das war nicht das Zeichen, das ich erwartet hatte (man kann übrigens gar nichts Bestimmtes erwarten). Ich willigte ein, sie mir anzusehen und zu prüfen, was ich für sie tun könnte. Nach dem Workshop ging ich also mit Tricia auf mein Zimmer. Tricia hatte einige Salben und Cremes eingepackt – Sonnenmilch, Aftersun, Mückenschutzmittel etc. Außerdem hatte sie eine homöopathische Salbe gegen Allergien dabei, die »versehentlich« zwischen die restlichen Packungen geraten war.
Ich nahm die Salbe mit zu meinem Treffen mit Rita. Sie war ganz ruhig und zeigte mir die Stelle in ihrem Nacken, wo die allergische Reaktion aufgetreten war. Ich wandte den Muskeltest an, und siehe da: die Salbe war für sie das perfekte Heilmittel. Eine Chance von eins zu einer Million. Ich war völlig perplex und begann an mir selbst zu zweifeln, wollte sie besser komplett emotional durchchecken und mit ihr arbeiten. Aber da war eine Stimme in meinem Kopf, die sagte: »Hab Vertrauen – es ist alles okay und Teil des Plans!«
Also löste sich innerlich etwas in mir, und ich gab ihr die Tube mit den Anwendungshinweisen und sagte ihr, falls sich nichts ändern würde, solle sie es mich wissen lassen.
Am Dienstag traf ich sie dann in der Mittagspause wieder. Es ging ihr viel besser, und sie war erleichtert. Am Mittwoch, nach dem Workshop, ging ich auf Mallika zu, die hinten im Workshopraum hinter einem Schreibtisch saß.
Ich hatte gerade ein Fax von einer Freundin erhalten, Dr. Rosa Moreschi aus Italien, die mich fragte, ob ich Deepak nach Italien einladen könne, um einen Vortrag für unsere italienische Gruppe zu halten. (Wir veranstalteten jedes Jahr einen besonderen Event, und die von mir ausgebildeten Ärzte brachten dann immer ihre Patienten zu diesem

Workshop. Wir arbeiteten dann zusammen an unseren kritischen emotionalen Themen.) Sie wollten gerne, dass Deepak dorthin kommen und vor ihnen sprechen würde.

Ich hatte meine Unterhaltung mit Mallika gerade erst begonnen, da trat auch Deepak durch eine Tür hinten im Saal. Völlig aus heiterem Himmel hatte ihn Rita mitgebracht, damit er mich kennen lernen könne. Ich hatte das gar nicht mitbekommen und war gerade dabei Mallika zu fragen, ob es vielleicht möglich sein würde, ihren Vater kennen zu lernen. »Warum fragen Sie ihn nicht selbst?«, sagte sie da und zeigte auf Deepak und Rita, die genau in diesem Moment bei mir ankamen, und Rita sagte zu Deepak: »Darf ich vorstellen, Deepak: Das ist Dr. Roy, der mir bei der Sache mit meiner Allergie geholfen hat.« Deepak gab mir die Hand und bedankte sich. »Kann ich etwas für Sie tun?« Ich lächelte auf seine Frage hin und sagte: »Ja, ich würde Sie gerne für fünf bis zehn Minuten in Anspruch nehmen, wäre das für Sie in Ordnung?«

»Wie wäre es mit morgen beim Mittagessen?«, gab Deepak zurück.

Am 5. März aßen wir also gemeinsam zu Mittag. Dieses Mittagessen sollte enorme Auswirkungen auf mein restliches Leben haben und schließlich meinen Umzug nach Kalifornien nach sich ziehen, um enger mit Deepak zusammen arbeiten zu können.

Wir vereinbarten, dass ich ab 1999 Gastredner bei einigen von Deepaks Workshops sein würde und dass seine Organisation als Gastgeberin für einige meiner Workshops zu innerem Frieden und Heilung fungieren würde. Es gibt noch so viel mehr zu sagen über das, was dann weiter geschah, aber es wird ja noch mehr Bücher geben, eines davon darüber, wie Sie in Ihrem Leben Magie erzeugen, indem Sie weniger tun.

Es beginnt alles jetzt in diesem Augenblick – damit, auf das Universum und Ihren Körper zu lauschen. Hören Sie es? Das Universum sagt Ihnen gerade, dass es an der Zeit ist, Ihre Reise zu innerem Frieden und Heilung anzutreten. Solange diese Reise nicht begonnen hat, ist nichts anderes wirklich von Bedeutung.

Es liegt ganz bei Ihnen! Lieben Sie sich genug, um zu entdecken, wer Sie wirklich sind?

Wenn Sie so weit gekommen sind, so weiß ich, dass die Antwort »Ja« lautet und dass jetzt, in diesem Moment, eine kosmische Kettenreaktion synchronistischer Raum-Zeit-Ereignisse in Gang kommt, die dazu führen kann, dass wir uns irgendwo im Cyberspace begegnen.

Ich wünsche Ihnen eine prächtige Gesundheit, bedingungsloses Glück und inneren Frieden!

Namaste.

Roy.

30. November 1998

Anhang:

Workshops und Diverses

Addressen für Workshops mit Roy Martina

Deutschland
Josef Bauer
Am Fuchssteig 6
82067 Ebenhausen
Tel 08178-4931
e-mail: creationoffice@aol.com
www.RoyMartina.de

Niederlande
Roy Martina Institute
Wetering 17
1261 ND Blaricum
(31) 35-525-4800
(31) 35-525-8566
e-mail über : www.RoyMartina.com

Italien
Istituto Italiana NEI
Martina Medical International Research
Via S. Marco 20
Cortine di Nave (Brescia)
(39) 030-253-0870 tel/fax
e-mail : nei@agora.stm.it

Roy Martina
Chakren im Wassermannzeitalter

Alle sprechen vom Übergang in das Wassermann-Zeitalter, aber was bedeutet das eigentlich für uns persönlich? Dieses Buch erklärt praktisch und übersichtlich die Veränderungen, die dabei in unserem Chakren-System stattfinden und wie wir unsere neuen Chakren in ein Gleichgewicht bringen können. Unsere wichtigste Aufgabe in diesem Leben ist, unsere Seelen von den Traumata der Vergangenheit zu heilen. Alles Leiden will uns nur daran zu erinnern, dass wir vom Weg der Liebe, dem Weg unserer Bestimmung, abgekommen sind. Die Öffnung der Chakren des Wassermann-Zeitalters macht unser Leben leichter und müheloser, denn die Erkenntnis, dass das Universum durch bedingungslose Liebe zusammengehalten wird, kann uns weitere schmerzhafte Lektionen ersparen. Wir lernen neue Möglichkeiten der Stärkung kennen und uns selbst genauso wie Andere bedingungslos zu lieben.
ISBN 3-929512-97-1
€ 17,40

Glenda Green
Unendliche Liebe
Jesus spricht...
Glenda Green ist eine in den USA landesweit bekannte Malerin. Ihre Werke waren unter anderem im »Museum of the City of New York« ausgestellt. Eines Tages malte sie ein Portrait von Jesus und dabei erschien er ihr. Dies veränderte ihr Leben von Grund auf. Jesus sprach zu ihr und sie schrieb mit. Sie stellte Fragen, enthüllte die »großen Geheimnisse« über unseren Ursprung, die Erschaffung des Universums und wie wir ein glückliches und erfolgreiches Leben führen können.
ca. 420 Seiten, gebunden
€ 23,50   ISBN 3-929512-19-X

Gregg Braden
Der Jesaja Effekt
Die in Vergessenheit geratene Wissenschaft des Gebets und der Prophetie neu entschlüsselt
Uralte Vergangenheit hat einen Schimmer von Wissen darüber zurückgelassen, in welcher Beziehung wir zu der Welt und den anderen Menschen stehen. Es geht in diesem Buch um machtvolle Werkzeuge, die uns erlauben den Zustand unserer Körper und unserer Welt zu heilen.
Paperback, 256 Seiten
€ 19,50   ISBN 3-929512-73-4

Masaru Emoto
Die Botschaft des Wassers Band 1

Angeregt von dem amerikanischen Biochemiker Dr. Lee H. Lorenzen begann Emoto Mitte der achtziger Jahre, die energetische Struktur des Wassers zu erforschen. Er fotografierte erstmals die Kristalle von gefrorenem Wasser. Unter schwierigsten Bedingungen entstanden atemberaubende Aufnahmen. Er nahm Wasserproben von verschiedensten Gewässern; er beschallte Wasser mit der Musik von Beethoven, Mozart oder auch Elvis Presley; er zeigte dem Wasser verschiedene Wörter in verschiedenen Sprachen... Hier wird erstmals der Beweis geliefert, dass Wasser auf Gedanken und Gefühle, Worte und Bilder anspricht.
gebunden, 144 Seiten Bildband
€ 25,00 ISBN 3-929512-21-1

Drunvalo Melchizedek – Die Blume des Lebens

In diesen beiden Bänden findet sich Drunvalos gesammeltes Wissen über die Geschichte unseres Universums. Ein Meisterwerk über die heilige Geometrie und die Entwicklung der Menschheit von Atlantis bis in unsere nächste Zukunft.
Die Blume des Lebens Band 1, ISBN 3-929512-57-2
Die Blume des Lebens Band 2 ISBN 3-929512-63-7
gebunden, je 250 Seiten
jeweils € 24,60

Bärbel Mohr
Nutze die täglichen Wunder –
Was das Unbewusste alles mehr weiß und kann als der Verstand
Dieses Buch ist eine inspirierende Quelle wichtiger Informationen für das tägliche Leben. Bärbel beschreibt, wie sie ihren Verstand zur Ruhe bringt, wenn er ihrer Intuition zu viel reinplappert.
128 Seiten, gebunden
€ 10,20
ISBN 3-929512-77-7

Jasmuheen

In Resonanz

Jasmuheen studierte 22 Jahre lang die metaphysischen Resonanzgesetze und vermittelt uns leicht verständlich Themen wie Erhöhung der Schwingungsfrequenz, Channeln, Meditation, Fähigkeiten wie Telepathie, Hellsichtigkeit und vieles mehr.
Auch in englisch: »In Resonance«
ISBN 3-929512-36-X
380 Seiten, gebunden
€ 23,50
ISBN 3-929512-28-9